U0780931

上海市哲学社会科学中青班专项资助项目

上海大学重点教材建设资助项目

"十三五"高等院校财务与会计规划教材

企业集团财务管理

邬烈岚　编著

立信会计出版社
LIXIN ACCOUNTING PUBLISHING HOUSE

图书在版编目(CIP)数据

企业集团财务管理 / 邬烈岚编著. —上海：立信会计出版社,2017.4(2022.7 重印)

"十三五"高等院校财务与会计规划教材

ISBN 978-7-5429-5434-3

Ⅰ.①企… Ⅱ.①邬… Ⅲ.①企业集团—财务管理—高等学校—教材 Ⅳ.①F276.4

中国版本图书馆 CIP 数据核字(2017)第 092978 号

策划编辑	方士华
责任编辑	方士华
封面设计	南房间

企业集团财务管理

QIYE JITUAN CAIWU GUANLI

出版发行	立信会计出版社		
地　　址	上海市中山西路 2230 号	邮政编码	200235
电　　话	(021)64411389	传　　真	(021)64411325
网　　址	www.lixinaph.com	电子邮箱	lixinaph2019@126.com
网上书店	http://lixin.jd.com		http://lxkjcbs.tmall.com
经　　销	各地新华书店		
印　　刷	江苏凤凰数码印务有限公司		
开　　本	787 毫米×1092 毫米	1/16	
印　　张	20.75	插　　页	1
字　　数	463 千字		
版　　次	2017 年 4 月第 1 版		
印　　次	2022 年 7 月第 3 次		
书　　号	ISBN 978-7-5429-5434-3/F		
定　　价	45.00 元		

如有印订差错,请与本社联系调换

前　言

　　企业集团作为一种高级的经济组织形式,是市场经济和社会化大生产高度发展的产物。目前,世界生产量的 40%、技术转让的 30%、国际贸易的一半以上,都掌握在 6 万余家世界跨国企业集团手中。一国企业集团的发展状况在相当大的程度上折射出该国经济实力的强弱。随着上海自贸区政策的持续深入推进,我国企业集团如何利用自贸区的全球资金管理平台优势"做大做强",是集团管理者们面临的新机遇与新挑战。

　　企业集团财务管理由于突破了财务管理假设中的理财主体假设,属于高级财务管理的范畴,与单体企业财务管理相比有五大特点:第一,管理主体多元化;第二,以集团整体价值最大化为管理目标;第三,以控制为基础;第四,管理手段更加多样;第五,资本运作地位畸重。本书围绕这五大特点,分专题介绍企业集团区别于单体企业的特殊财务管理问题。

　　本书第 1 章总论(介绍企业集团和企业集团财务管理的基本概念和特征)、第 2 章企业集团的财务战略与组织结构、第 3 章企业集团的财务管理体制体现了企业集团财务管理主体多元化的特点。第 4 章企业集团的资金管理、第 6 章企业集团的内部转移定价和第 7 章企业集团的税收筹划体现了集团整体价值最大化的特点。第 4 章企业集团的资金管理、第 5 章企业集团的预算管理体现了以控制为基础的特点。第 6 章企业集团的内部转移定价、第 7 章企业集团的税收筹划还体现了管理手段更加多样的特点。第 8 章企业集团的资本运作体现了资本运作地位畸重的特点。

　　由于企业集团的复杂性,企业集团财务管理尚未形成公认、"经典"的理论体系。尽管如此,企业集团财务管理的相关材料是相当丰富的。因此,除正文所述内容外,本书还提供大量的背景资料(如发展历史、理论基础等)、相关法律法规和典型案例等,请有兴趣的读者扫一扫二维码。这种体系结构的安排是否合理,还需经过读者的检验。

本书由邬烈岚设计提纲,各章的编写分工为:第1章、第2章由邬烈岚撰写;第3章由黄陈静撰写;第4章由邬烈岚、傅佳艺撰写;第5章由邬烈岚、闻剑撰写;第6章由陈迪菲、黄靖撰写;第7章由邬烈岚撰写;第8章由邬烈岚、陈迪菲、邵蔚撰写。初稿完成后,由主编邬烈岚统一定稿,朱淑俊协助主编做了大量的统稿工作。

真诚感谢上海市哲学社会科学规划中青班专项对我们研究的大力支持;感谢上海大学重点教材建设项目对本书撰写和出版的资助;感谢同济大学任浩教授对本书写作贡献的宝贵意见;感谢宝钢集团、中国移动为本书提供的案例资料;感谢上海大学管理学院会计系陈可喜副教授及全体同仁对本书写作提供的帮助;感谢2007—2017年选修我开设的课程——《企业集团财务管理》的本科生和研究生与我进行的互动和交流,感谢我们在本书中参阅引用的理论成果的各位作者,感谢立信会计出版社方士华副编审为本书出版所付出的辛勤努力,感谢我的家人对我工作的默默支持。谢谢你们!

本书涉及的内容是一个比较新的领域,相关的体系结构还未定型,企业集团财务管理这门课程应当包括的内容还有众多纷争。本书在主导思想、体系结构上反映了我们的想法,难免会有不当与疏漏之处,敬请读者不吝指正。另外,对于所参考和吸收的成果,我们都会在参考文献中一一指出,如有疏漏之处,我们表示歉意并真诚希望指出。

邬烈岚

2017年4月

于上海陆家嘴

目 录

第8章

企业集团的资本运营 ⋯⋯⋯⋯⋯⋯⋯⋯⋯⋯⋯⋯ 273

二维码目录

第一章
总　论

通过本章的学习,应当能够:

1. 掌握企业集团的概念和特征;
2. 比较企业集团和集团公司、控股公司、卡特尔、辛迪加、托拉斯;
3. 了解企业集团的类型;
4. 描述中外企业集团产生和发展的历史;
5. 掌握企业集团财务管理的特点。

引例

万 宝 之 争

2015年年底,各大新闻媒体纷纷被"万宝之争"事件刷屏。2015年7~12月,包括钜盛华、前海人寿在内的宝能系企业连续4次举牌万科,在A股、H股方面同时操作,几度超越华润集团,成为万科的第一大股东。举牌所耗资金超过450亿元。

2015年7~8月,宝能系企业前海人寿和钜盛华分别开始举牌万科。截至2015年12月初,宝能系对万科持股增至22.45%,超过华润集团的15.23%,晋升为第一大股东。期间,万科的第一大股东在华润集团和宝能系企业之间几易其主,亦有安邦保险集团通过其旗下安邦人寿保险、安邦财产保险、和谐健康保险及安邦养老保险持有万科A股6.83亿股(占万科总股本的6.18%),举牌万科,成为万宝之争中决定万科控制权的关键。

更有意思的是在"万宝之争"进行得如火如荼之际,有媒体报道称全国企业信用信息公示系统显示,宝能系旗下宝能地产股份有限公司的第二大股东为华润深国投信托有限公司,持股比例达到了17.88%。华润深国投的最大股东即为华润股份有限公司。针对媒体的报道,华润深国投发布澄清公告称,通过信托计划持有宝能地产股份已于2015年7月全部转出,并已在深圳联合产权交易所完成交割,"不持有宝能地产股份有限公司股权"。另外,也有媒体报道称安邦保险也是宝能系的同盟。若果真如此,宝能系控制的筹码将距离触发30%的要约收购只有一步之遥。随后,安邦保险发表声明力挺万科,从而破除了安邦保险与宝能系为一致行动人的传言。

万宝之争尚未落下帷幕,事件的主角万科集团、宝能系企业,配角安邦保险集团均是典型的企业集团。万科集团是中国目前最大的专业住宅开发企业,至2008年年末,业务覆盖到以珠三角、长三角、环渤海三大城市经济圈为重点的31个城市,市场占有率在深圳、上海、天津、佛山、厦门、沈阳、武汉、镇江、鞍山9个城市排名首位,在全国20多个城市设有分子公司,其中持股比例超过50%的子公司就有72家,其核心企业万科企业股份有限公司注册资本110.5亿元,总资产超过5 000亿元[1],市值超过2 000亿元。相比之下,宝能系低调神秘得多。宝能系是以宝能集团为中心的资本集团。公开资料显示,深圳市宝能投资集团有限公司,是宝能系的核心,成立于2000年,注册资本3亿元。宝能集团旗下包括综合物业开发、金融、现代物流、文化旅游、民生产业等五大板块,下辖宝能地产、前海人寿、钜盛华、广东云信资信评估、粤商小额贷款、深业物流、创邦集团、深圳建业、深圳宝时惠电子商务、深圳民鲜农产品等多家子公司[2]。企业集团往往是热门新闻事件的主角、行业的领军人物、跨行业的资本运作高手,在国民经济中的地位举足轻重。什么是企业集团?企业集团中成员企业之间的关系如何?企业集团的边界如何界定?企业集团的财务管理有何特点?通过本章的学习,我们可以获得以上问题的答案。

1.1 企业集团的基本理论

1.1.1 企业集团的概念

企业集团(conglomerate, enterprise group, business group)是以一个或少数具有法人地位的实力雄厚的大企业为核心,以一批具有共同利益、受核心企业不同程度控制或影响的企业、事业单位为外围,以产权联结为主要纽带,以产品、技术、经济契约等为辅助纽带,以实现整体价值最大化为目标的多层次多法人经济联合体。它作为一种新型的经济组织形式,是市场经济和社会化大生产高度发展的产物。目前,世界生产量的40%、技术转让的30%、国际贸易的一半以上,都掌握在6万余家世界跨国集团手中[3]。

企业集团这一名称在20世纪50年代首先使用于日本。[4]企业集团在美国称为利益集团或财团(business group,conglomerate),在德国称为康采恩(kon zerne)、联合企业群,在日本称为"ke iretsu",在韩国称为"chaebol",在巴基斯坦称为"twenty-two families",在中国台湾称为"关系企业",在中国香港通称集团或称集团公司,其中规模名列前茅的称为财团。

各国学者从多个角度对企业集团进行了界定。金森久雄认为:"企业集团是多数企业互相保持独立性,并相互持股,在融资关系、人员派遣、原材料供应、产品销售、制造技术等方面紧密关系而协调行动的企业群体。"[4]占部都美在其《新版·企业形态论》中认为:"所谓企业集团是在维持各参加企业法律上……的独立性,依靠共享资本的效率、营业上的效率或者金融上的效率而带来的利益,以高水准地维持各企业的经济效率为共同目的,主要采取股份所有关系、高级管理者派遣等手段结合起来的两个以上企业的集合形态。"[6]钱德勒(1987)认为,企业集团是企业发展的高级形式,呈现出两个主要特点:①包含了许多不同的经营单位。②内部管理是由各层级支薪的行政人员进行。厉以宁认为:"企业集团是企业之间横向经济联合的产物,它是由若干企业在同一地区、同一部门或跨地区、跨部门的经济联合体。"[7]熊楚熊认为:"企业集团是一个法律意义并不十分明晰的商业术语,通常指若干企业在承认某一章程条件下组建的企业联合体,这些公司可能存在着股权关系,也可能不存在股权关系。"[8]

有学者曾提出"海军舰队说":企业集团就像一个海军舰队。舰队中除了旗舰外还有其他舰船。旗舰本身有战斗力,是舰队的指挥、神经中枢,对舰队中的其他舰船拥有指挥、控制权,这就相当于企业集团中的母公司。舰队中除了有旗舰外,还有其他舰船,如巡洋舰、驱逐舰等,它们相当于集团子公司。旗舰对它们是指挥关系。这些舰船可以在旗舰统一指挥下独立作战,各自的功能不一。舰队就是众多舰船的集合。舰队并不是指具体的舰船。旗舰不等同于舰队,旗舰是舰队之首,对外代表舰队。舰队要有统一指挥,舰船又各自独立作战。集团要有统一规划和战略,各子企业又要独立经营。既要实现集团经营的规模和优势,不能各行其是,又要发挥各自独立经营的积极性,不能统得过死。集团公司与子公司间的关系是控制与被控制的关系。集团公司对外代表企业集团。[8]

在中国,企业集团是指以资本为联结纽带的、以母子公司为主体、以集团章程为共同行为规范,由母公司、子公司、参股公司及其他成员企业或机构共同组成的具有一定规模的企业法人联合体。企业集团不具有企业法人资格。成员单位包括母公司及其控股51%以上的子公司;母公司、子公司单独或者共同持股20%以上的公司,或者持股不足20%但处于最大股东地位的公司;母公司、子公司下属的事业单位法人或者社会团体法人[9]。组建企业集团应当依法登记,国家工商行政管理局和地方各级工商行政管理局是企业集团的登记主管机关。未经登记不得以企业集团名义从事活动。

根据我国《企业集团登记管理暂行规定》的规定,设立企业集团应具备下列条件:

第一,企业集团的母公司注册资本在5 000万元人民币以上,并至少拥有5家子公司。

第二,母公司和其子公司的注册资本总和在 1 亿元人民币以上。

第三,集团成员单位均具有法人资格。

国家试点企业集团还应符合国务院确定的试点企业集团条件。

企业集团的登记由企业集团的母公司提出申请,原则上与母公司的设立或者变更登记一并进行。企业集团的登记事项包括:企业集团名称;母公司名称、住所;成员企业。组建企业集团,依照国家法律、行政法规需由有关政府部门审批的,应当提交有关部门的批准文件。国家试点企业集团,应当提交国务院的批准文件和其他有关文件。

企业集团经登记主管机关核准登记,发给《企业集团登记证》(见图 1.1),该企业集团即宣告成立。母公司可以在企业名称中使用"集团"或者"(集团)"字样;子公司可以在自己的名称中冠以企业集团名称或者简称;参股公司经企业集团管理机构同意,可以在自己的名称中冠以企业集团名称或者简称。经核准的企业集团名称可以在宣传和广告中使用,但不得以企业集团名义订立经济合同,从事经营活动[10]。

经核准登记的企业集团往往可以享受一般企业不能享受的税收优惠(如合并纳税)、政策倾斜(如设立财务公司、设立本外币资金池)等一系列优惠待遇。但是,除了这些企业集团,我国经济生活中还存在很多大大小小的经济意义上的企业集团,它们虽然在规模上无法达到《企业集团登记管理暂行规定》的要求,没有经过主管机关核准,但是其运作方式、成员企业间的关系等方面都符合国际通用的企业集团定义,这些经济组织亦是我们研究的范围。

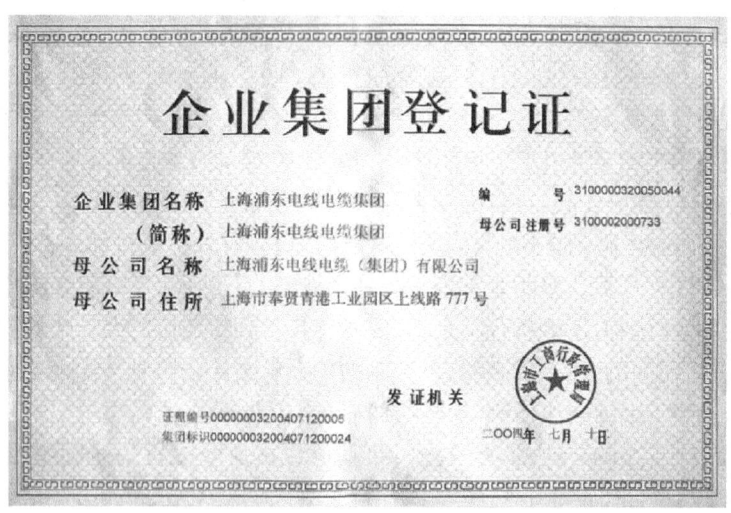

图 1.1　企业集团登记证①

1.1.2　企业集团的基本特征

企业集团主要有以下四个基本特征。

---

①　上海浦东电线电缆集团网站 http://www.kwdl.net。

一、多个法人

企业集团是由多个法人组成的联合体,但作为整体的"企业集团"本身并不具有法人资格,不具有独立承担民事责任的主体资格,也没有相应的法人财产权。组成企业集团的成员可以多种多样,包括工商企业、科研单位、金融组织等,一般都具有法人地位(企业法人或事业法人),有独立的资产并以其承担民事责任。它们既有各自独立的经济利益,又有共同利益,企业集团是基于共同利益建立的。

二、以产权纽带联结为主,其他纽带联结为辅的多种联结方式

企业集团作为一个多法人联合体,产权是维系其生成和发展的主要纽带。产权体现为一家企业对另一家企业的投入,企业间借此形成"投资与被投资""投资—控股"关系。产权具有排他性,它衍生或直接体现为对被投资企业重大决策的表决权、收益分配权、剩余财产分配权、优先股认股权等一系列权力,母公司通过对外投资及由此形成的产权关系,维系着企业集团整体运行和发展。产权是企业集团组建与运行的"黏合剂"。[11]

除了产权纽带之外,企业集团各成员企业间还存在多种联结纽带,如财务方面的资金融通,人事方面的高层管理人员派遣与相互兼职,新技术新产品的共同研发、资源共享,信息方面的联网、相互交换和共享,采购、营销、服务网络的共享等。可以认为围绕企业各种业务活动和职能,均可形成集团成员企业之间的联结。[6]

但是,产权纽带是最主要最基本的联结方式,它在一定程度上可以对其他联结方式产生决定或影响作用。例如,由于母公司对子公司的绝对控股,母公司在子公司的高层经理的安排上具有决定性的话语权,在资源共享和目标市场分配和定位上也有话语权。

三、组织结构呈现多样性、层次性和动态性

组织结构的多样性由以下原因形成:

(1)资本、契约、产品、技术、人事等多种联结纽带,决定了企业集团组织的复杂性和多样性。

(2)兼并、收购、分拆、重组等多种组建形式必然形成多样化的组织结构。

(3)由于企业集团不是独立法人,各子公司、孙公司是独立法人,有各自的经济利益,因此对于企业集团的管理,不可能采用固定的方式和强制的关系,这更促成了企业集团组织结构的多样性。

组织结构的层次性是指按照产权联系纽带,企业集团内部呈现"金字塔"形的组织架构。处于金字塔塔尖的是集团公司(母公司),母公司对外投资形成子公司,子公司对外投资形成孙公司,以此类推。

第一层次是集团公司(即母公司),是企业集团的核心企业,它除了进行生产经营、资本运作外,还是企业集团的战略管理中心,负责集团整体战略规划、组织与运营协调、内部管理控制等。

第二层次是控股层企业(也称紧密层企业),是由集团公司的控股子(孙)公司组成。控股分成三种形式:全资控股、绝对控股和相对控股。全资控股是投资企业拥有被投资企业100%有表决权的股份。绝对控股是投资企业拥有被投资企业50%以上有表决权

的股份,对被投资企业拥有绝对控制权。相对控股是投资企业拥有被投资企业有表决权的股份低于50%,但在被投资企业的所有投资者中属于较高时(母公司成为被投资企业的第一大股东),或者对被投资企业财务和经营能产生重大影响或实质控制。此时,会计核算上并不一定将被投资企业纳入企业集团合并报表范围,但在产权和财务控制上,被投资企业被视为企业集团成员,纳入企业集团管理之中。作为特例,紧密层企业还包括集团公司通过控制性协议拥有较长期控制权的企业(如租赁企业、承包企业,但不改变产权归属关系的企业)[12]。

第三层次是参股层企业(也称半紧密层企业),由集团公司(母公司)的参股公司组成。参股是指持有股份但未达到控制权的投资行为,参股企业在法律上被视为企业集团的关联企业。也有学者(王斌,2010)认为,这类企业由于未达到控股权而不应当纳入企业集团的管控范围。

第四层次是协作层企业(也称松散层企业),由与集团公司和子公司以生产经营合同、协议和托管等方式建立较为稳定的协作关系的企业构成。这类企业依据其与集团成员的关系不同,分为战略联盟企业、协作企业等多种类型。也有学者(王斌,2010)认为,它们也不属于企业集团成员。

综上所述,部分学者(王峰娟,2012;张家伦,2010;杨雄胜等,2007)认为,企业集团包括以上四个层次;部分学者(王斌,2010)认为,企业集团包含两个层次,参股企业和协作企业不应包含在企业集团成员之中。根据我国国家工商行政管理总局在1998年颁布的《企业集团登记管理暂行规定》:"母公司可以在企业名称中使用'集团'或者'(集团)'字样;子公司可以在自己名称中冠以企业集团或者简称;参股企业经企业集团管理机构同意,可以在自己名称中冠以企业集团或者简称。"由此可见,该《规定》认为母公司和控股层企业是无可争议的企业集团成员,参股公司经允许也可以成为企业集团成员,而协作企业不是企业集团成员。这一问题涉及企业集团的边界问题。本书比较倾向于王斌教授的观点,企业集团成员包括母公司和控股层企业,企业集团财务管理的重点也应放在这两个层面上。而第三和第四层次,并不属于企业集团本身,而是与企业集团联系密切的企业,如果集团公司管理能力较强,可以将其纳入企业集团财务管理的范畴;但如果集团公司管理能力有限,也可以量力而为,不进行重点管理。

组织结构的动态性是指企业集团的组织结构与单体企业相比更加多变,其边缘部分也更加模糊。由于合并、收购、分拆、重组等资本运作行为,组成企业集团的各种经济利益在不断变化中,旧的经济利益会调整或消亡,新的经济利益会产生,由此形成了企业集团组织结构的多变。

四、存在一个或少数几个起主导作用的核心企业

任何企业集团都存在一个或少数几个核心企业,这些核心企业往往规模较大,实力较强,对成员企业具有稳固持久的控制力和影响力。正是这些控制力和影响力的存在,使核心企业成为企业集团的决策中心、管理中心、指挥中心,使企业集团总体战略得以贯彻和执行,企业集团整体利益最大化得以实现。

1.1.3 相关概念辨析

一、企业集团与集团公司

企业集团与集团公司是一组比较容易混淆的概念,部分文献资料中也出现两者混用的情况,它们的区别主要有以下几点:

(1)从概念范围上看,企业集团是多个法人的联合体,是一个集合;集团公司是一个独立的个体,它是企业集团中的母公司(核心企业)。如果以海军舰队比喻企业集团,那么旗舰就是集团公司。

(2)从法人资格上看,企业集团本身没有法人资格,不能以企业集团名义从事经营活动。如果以企业集团名义订立经济合同,从事经营活动,依照《企业法人登记管理条例》的相关规定,将会受到处罚。集团公司是独立的法人实体,可以独立从事经营活动。

(3)从运行机制上看,企业集团各法人间在法律上是平等的,依靠资本、契约、人力、信息等联结纽带,依靠市场机制和部分行政机制,实现平等互利。集团公司内部是一种纵向的领导与被领导、支配与被支配的关系,按照行政机制运行。

在企业实践中,集团公司有多种名称,如母公司、集团母公司、集团总部等。

二、母子公司与总分公司

母子公司体制与总分公司体制是企业集团广泛采用的两种主要的管理体制。子公司与分公司在设立与运作方式上有相同的地方,如两者都是由公司法人出资,依法定程序设立,都具有相应的营业资格,都有相应的名称、组织机构和经营场所,都能以自己的名义签订合同、独立从事民事活动,都受到创设它的公司的控制,等等。

子公司是指一定数额的股份被另一公司控制或者依照协议被另一公司实际控制、支配的公司。子公司在法律上具有以下特征:

(1)其股份的一定数额被另一公司控制,该持股公司凭借其持有的股份可以对子公司加以控制。

(2)子公司具有法人资格,是独立的法人,拥有自己的名称、章程、董事会和财产,对外独立开展业务和承担责任。

(3)虽然子公司是独立法人,但在涉及公司利益的重大决策或者重大的人事安排时,往往要受制于母公司。

分公司是总公司在其住所地以外设立的、有营业资格但没有法人资格的经营机构。分公司在法律上具有以下特征:

(1)分公司是总公司根据其业务经营需要在其住所地以外设立的分支机构,它在业务、资金、人事等方面受总公司的管辖。

(2)分公司有自己的名称、营业场所、负责人、经营范围等,具有经营资格。

(3)分公司没有法人资格,没有独立的财产,没有独立的章程,没有独立的法人机关,因而不能承担责任。

两者最根本的区别是,母子公司分别属于两个独立的企业法人,总分公司则统归于一个企业法人。子公司是独立的市场运营主体和企业法人实体,具有独立的民事权利能力、行为能力和责任能力,因而具有完整的法律人格。子公司享有企业法人财产权和独立的经营自主权。分公司是总公司内部的一个组成部分,其权利能力即经营性质和范围,是总公司的一部分。分公司的行为能力受到总公司具体授权的限制,根据《营业执照》和总公司的授权开展经营,在授权范围内享有相应的经营自主权,不具有独立的民事责任能力,总公司对其经营活动承担连带责任。正是这一点,决定了它们在许多方面存在不同。

第一,从管理方式上看,母公司对子公司的管理,以出资者(股东)身份出现,母公司按出资额依法对子公司享有资产收益、重大决策和选择管理者等出资人(股东)权利,母公司通过选派或聘用出资者代表进入子公司,代表出资人利益、行使出资者权利,以维护出资人权益为己任,对出资人(股东)负责;总公司对分公司的管理则以授权经营为前提,通过任命经理人员,实行经理负责制和经济责任制开展经营活动,总公司按照其下达的经营目标对分公司进行经济责任考核。

第二,在担保资格上,子公司作为独立的民事主体,可以成为独立的民事行为保证人,具有保证人资格;分公司为非独立的民事主体,不得为民事行为的保证人,除非获得公司法人书面授权,并在授权范围内代表总公司为其他民事主体提供保证,而最终的连带责任主体仍为总公司。

第三,在投资决策权上,子公司可以依法以自己的名义作为股东对外投资,享有投资决策权;分公司不能以自己的名义对外投资,但总公司可以授权分公司,对总公司的投资行使股东的权利。

三、企业集团与卡特尔、辛迪加、托拉斯

卡特尔(Cartel)、辛迪加(Syndicate)、托拉斯(Trust)是资本主义经济进入垄断时代出现的多企业联合的主要形式,是企业集团发展的早期形式。现代企业集团与它们既有相同之处,也有不同之处。这些经济联合体的比较,如表1.1所示。

表 1.1　不同的企业联合体比较[4]

项目	卡特尔	辛迪加	托拉斯	企业集团
总体法律地位	非法人	非法人	法人	非法人
联结纽带	契约	契约	资本一体化	资本
联合期限	暂时	暂时	永久	永久
联合目的	避免同业竞争	避免同业竞争	独占市场	独占市场
协调与控制	产品销售	供销	完全由托拉斯董事会控制	母公司控制子公司
成员企业法律地位	保留	保留	取消	保留

企业集团以资本为纽带形成紧密的联合,成员企业间开展全面的协作。而卡特尔、辛迪加都是以协定为纽带,只限于某类商品的生产、销售方面或者在同一生产部门的原料采购、商品销售方面进行联合,这种联合对协定以外的经营业务不具有任何约束力,因而这种联合不牢固、不全面,只是一种初步的联合。

企业集团是多法人的联合体,其子公司、孙公司都是独立的法人。而托拉斯是一个

大企业通过兼并、接管多个企业而形成的庞大经济组织,其内部实行统一管理,对外是一个统一的法人。也就是说,无论其组织如何庞大、兼并的企业如何众多、分支机构多么复杂,托拉斯本身就是一个大企业,而不是多法人的联合体。托拉斯的总公司与分公司之间的关系是领导与被领导、管理与被管理的关系,而不是企业集团的核心企业与子公司、孙公司之间因持股形成的控制与被控制的关系。

1.1.4　企业集团的类型

企业集团有多种类型。从不同角度,用不同标准可以对企业集团进行多种分类,如表1.2所示。

表1.2　企业集团分类表

分类依据	主 要 模 式
经营目标	①金融控股型;②产业型;③产融结合型
集权分权程度	①集权型;②分权型;③折中型
形成途径	①自主联合式;②行政捏合式;③"翻牌式";④自生式
形成过程	①工厂演变型;②行政机构转换型;③强强联合型
联结纽带	①合同纽带型;②产权纽带型;③混合纽带型
联合范围	①产品配套型;②市场销售型;③产业链型;④多元化型;⑤产学研一体型

集团的类型不同,其财务管理的重点也不同。按照经营目标,企业集团可以分为金融控股型企业集团、产业经营型企业集团和产融结合型企业集团三大类,如图1.2所示。

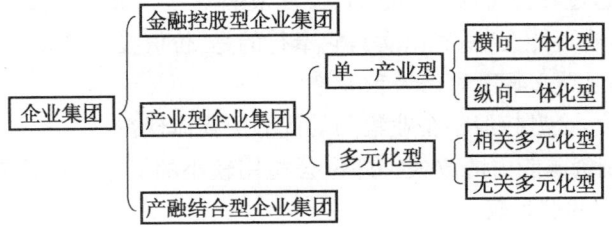

图1.2　企业集团类型

一、金融控股型企业集团

1. 金融控股型企业集团的含义

金融控股型企业集团的母公司设立的目的只是为了掌握子公司的股份,控制那些公司的股权,然后利用控股权影响股东大会和董事会,支配被控制公司的重大决策和生产经营活动,而其本身并不直接从事生产经营活动。如:投资公司、财团、基金型控股公司。"母公司的作用是根据资本的收益状况不断地对掌握的金融投资进行决策。正是母公司的这种决策职能赋予了集团以金融的性质。"(F·莫兰,1974)金融控股型企业集团大约在1915年前后产生于英国。世界上第一家纯粹从事资本运作的控股公司是英国的联合日用有限公司(United Dairies Ltd.)。

金融控股型企业集团的特征是：

(1) 没有明显的产品特征和产业特征。

(2) 子公司之间没有相关性。

(3) 不从事任何商业活动以及与公众进行交易活动。公司经营的唯一目标就是管理投资组合,使资本增值,追求最大化的投资回报率。

金融型企业集团特别强调母公司的财务功能,母公司在企业集团中所扮演的角色主要体现为：

(1) 融资中心。母公司是一个事实上的融资中心,通过融资活动(通常具有较高的杠杆性特征)满足其对子公司的投资需要。

(2) 投资和收益实现中心。母公司作为集团财务资源的掌控者,根据投资收益率标准对子公司业绩进行财务评价,以决定其对子公司的再投资决策:或追加投资并持续持有,或出售子公司股份并最终退出。作为收益实现中心,母公司的收益实现形式有两种:第一种为资本利得收益(产权买卖所取得的收益)。母公司作为投资中心,其经营的业务就是适时、适地地买卖子公司股权并从中取得买卖差价收益。通常做法是,在初始阶段由母公司通过兼并、收购来取得目标公司的控制权,然后交由职业经理去管理,重整目标公司并产生盈利,然后从市场角度对子公司进行评估,伺机出售其股权并取得股权"买卖"的利得收益。第二种为分红收益。即母公司在持有子公司期间从子公司净利润中分得的红利。一般情况下,母公司的"经营收益"主要是资本利得收益。

(3) 财务业绩评价中心。在金融控股型企业集团中,财务业绩评价非常重要。母公司通过对子公司的财务业绩进行持续评价来辅助其总部"经营"决策,也就是说,母公司并不关注子公司的"经营过程",而只关注子公司的"财务结果",即当子公司实际财务业绩或股价表现超过母公司预先设定的"投资报酬率"或"价值增值"目标时,母公司可能会"长期持有",也可能会"适时出卖",它奉行的是"价值投资"理念[11]。

2. 金融控股型企业集团的优势和劣势

从母公司角度,金融控股型企业集团的优势主要体现在：

(1) 资本控制资源能力的放大。即母公司用较小的资本控制着较大的资产资源,并保持对下属公司的控制权。

(2) 收益相对较高。如前所述,母公司收益主要来自于资本利得和分红收益,且以前者为主。

(3) 风险分散。母公司与子公司、子公司之间的业务关系相对独立,因此某一经营实体的经营亏损不会影响其他经营实体的业务经营和盈利能力,因此企业集团的整体风险可以被合理分散。

当然,金融控股型企业集团的劣势也非常明显,主要表现在：

(1) 税负较重。与单一法人的大型企业组织相比,母公司收益来自子公司、孙公司等税后利润分配,从而存在双重或多重纳税情形,且难以抵免。另外,由于各子公司法人独立,纳税分散,一方亏损也不能为另一方的收益所抵减,与大型企业组织内的合并纳税相比,其净纳税额更高。

(2) 高杠杆性。金融控股型集团公司一般资本实力雄厚,但大多存在高额负债倾向,"高杠杆性"及高风险是这类集团的一大特点。

(3)"金字塔"风险。由于集团控股所呈现的金字塔结构,当塔基企业(多为实体性经营企业)收益较高时,处于金字塔顶端的母公司,其资本回报率会因财务杠杆作用而被放大;当塔基企业出现亏损时,"杠杆性"会使母公司资本回报率因此锐减。因此,母公司的分红具有很强的波动性,这一波动性即"金字塔"风险[11]。

二、产业经营型企业集团

1. 产业经营性企业集团的含义

产业经营型企业集团是指母公司及其成员企业主要从事产业经营并以谋求产业竞争优势、取得经营收益为导向的企业集团。与金融控股型企业集团相比,产业经营型企业集团的母公司不仅关注对成员单位的股权投资及其收益实现,而且更为关注企业集团整体战略、产业布局及整合、内部运营与管理协调,以谋求产业竞争优势。

产业经营型企业集团的特征是:

(1)有明显的产品特征和产业特征。

(2)子公司拥有较强的相关性。

(3)从事非金融生产经营活动、商业贸易活动。

2. 产业经营型企业集团的类型

从集团战略与产业布局角度,产业经营型企业集团又可分为单一产业型企业集团和多元化型企业集团两种类型。

(1)单一产业型企业集团。这类企业集团所涉及的产业领域相对单一、目标集中,如医药业、煤炭业、电子业、石油石化、银行保险业、航空业等。由于产业概念相对宽泛,有时需要对"产业"进行进一步细分。也就是说,单一产业企业集团既可指在某一产业内经营的集团,也可指专注于某一产业内的某一领域或细分市场的企业集团。例如,医药行业作为一个大的产业,从事与药品生产、经营有关的业务的企业集团都可归为医药类企业集团之列,但是,医药行业可进一步细分为化学原料药、化学制剂、生物制药、医疗器械、中医药、药品流通等细分领域,于是就产生了各细分市场的医药类企业集团。单一产业型企业集团的组建与运营,与集团总部及其核心竞争力的培植密不可分。核心竞争力理论认为,专注于单一市场或产业领域,加大对其领域、市场的深度开发,有利于谋取产业竞争优势,并取得垄断利润。

单一产业型企业集团还可进一步细分为横向一体化企业集团和纵向一体化企业集团。

横向一体化企业集团是指在所专注的产业内只从事某些产品的生产或者经营,并通过横向投资、并购及所产生的规模优势取得竞争优势的企业集团。例如,钢铁企业专注于钢铁生产与制造,而不投资铁矿石或钢铁贸易等。谋取规模优势是横向一体化企业集团的主要动因。

纵向一体化企业集团是指在某一产业内通过纵向投资、并购以形成该产业的完整产业链,从而将产业内"原料提供—产品生产与经营—产品销售"等一系列交易活动"内部化"并形成竞争优势的企业集团。例如,钢铁企业集团投资控股产业的"上游"企业——铁矿石企业,投资控股产业的"中游"企业——钢铁生产与制造企业,投资控股产业的"下游"企业——钢铁贸易企业等,从而打造一条完整的产业链。节约交易成本、谋求企业集团生产经营稳定性是纵向一体化企业集团的主要动因。

（2）多元化型企业集团。多元化型企业集团是指那些涉及产业在两个或两个以上的企业集团。多元化企业集团也可具体分为相关多元化企业集团和无关多元化企业集团两类。

相关多元化企业集团是指所涉及产业之间具有某种相关性的企业集团。例如，房地产企业在进行房地产开发经营的同时，还从事酒店服务业。煤炭企业在从事煤炭采掘、煤炭深加工、煤炭销售、煤炭机械制造的同时，还从事铁矿石的采掘、加工与生产等。"相关性"是这类集团谋求竞争优势的根本。"相关性"意味着资源共享性以及由此而产生的协同效应与经营管理优势，主要表现为：①优势转化。将专有技能、生产能力或者技术由一种经营转到另一种经营中去，从而共享优势。②降低成本。将不同经营业务的相关活动合并在一起，从而降低成本。③共享品牌。新的经营业务借用公司原有业务的品牌和信誉，从而共享资源价值。

无关多元化企业集团（也称混业经营型集团）所涉及业务相对多元，业务之间不具相关性。这类集团产生动因源于人们对资产组合理论的迷恋。在这类企业集团中，母公司需要融入大量资本进行多元化投资，因此与金融控股型企业集团具有类似的特征。"高杠杆"是这类企业集团总部的重要财务特征，其逻辑是：只要子公司所提供的收益大于银行贷款利率，则进行资本运作就是有利可图的。

三、产融结合型企业集团

产融结合型企业集团是指集团内部既存在产业部门又存在金融机构的企业集团。企业集团的产业集中和规模扩大导致其对资金的需求不断扩大，自身产生的现金流或一般银行信贷无法满足其发展的需要，迫切需要金融业的更为积极和直接的参与，同时产业型企业集团现金流稳定、信用可靠，也对金融业产生了吸引力，因此，产融结合便应运而生。产融结合型企业集团的核心企业或者以大金融机构为主，并且涉及非金融的工商业部门，后者在集团中的作用日益加大；或者以大型工商企业为核心，并且涉及非工商业的金融部门，非工商业的金融部门在集团中的地位不断上升。美国的通用电气集团、德国的德意志银行财团、日本的三菱集团以及我国的中信集团，都是典型的产融结合型企业集团。以美国通用电气为例，它从最初的电气产品生产进入了租赁服务业，并于20世纪80年代涉足金融服务业。公司年报资料表明，2005年金融服务业净利润占美国通用电气公司净利润的45%左右。同时，该公司进军电视网络行业，并成为美国电视网络巨头 NBC Universal 的最大股东。中国石化、海尔、中国国航、新希望等都不同程度地参股银行、证券、保险等机构，在分享金融业的资本回报的同时，利用资本做大产业，增强竞争力[6]。

1.2　企业集团的产生和发展

1.2.1　西方国家企业集团的产生和发展

一、西方国家企业集团的产生

1865 年在德国首先出现了企业集团的雏形——卡特尔，即生产同类产品的企业在划分销售市场、制定商品价格等方面通过协议而形成的契约式垄断销售联合体。以后，在德国又出现了辛迪加，即同行业企业通过签订产品销售和原材料采购协定而建立的供销联合组织，参加者保持生产上的法律上的独立性，供销业务则由辛迪加本部(亦称辛迪加联营公司)统一办理。卡特尔、辛迪加是横向联合的代表，它们在19世纪末20世纪初的美国、德国、英国、俄罗斯等欧美国家十分盛行。

1882年，美国出现了世界上第一个托拉斯，即由若干个生产同类产品或生产上有密切联系的企业，通过合并组成的大公司[13]。这是企业集团由雏形向成熟型转变的中间阶段。它是一个统负盈亏，统一缴纳所得税的经济实体，参加者在法律等方面均已丧失独立性，亦无自愿退出可言，其生产、销售和财务活动均由托拉斯董事会控制。通过合并，成员企业过去的所有者以托拉斯股东的身份参与管理。托拉斯是公司的一种形式，从设立到解散的全部过程都必须严格履行公司法的规定，而它具有总体法人地位这一特征与其他企业联合形态有明显区别。应该指出，托拉斯是资本积聚和资本集中高度发达的产物，它比卡特尔和辛迪加紧密得多，也稳定得多。事实上，它已实现了公司法人之间从契约联合到资产合并的飞跃。

20世纪20年代，在托拉斯的基础上，一种新的巨型垄断组织——康采恩集团(企业集团)在德国出现[13]。它是发达国家企业联合体中最重要和最复杂的形式，是资本主义商品经济高度发达的产物。企业集团以资本控制为基础。它的核心既可以是大银行也可以是大工业企业，它们除了从事本身的经营业务外，还持股公司，通过持、控股参与所属企业董事会的经营决策活动，以此将成员企业置于自己的控制之下。经过这种股份参与制，大银行或大工业企业往往能够控制比它本身资本额大许多倍的企业群体，从而在竞争中居于更强的优势地位。从企业集团的组织形式看，参加者虽然在法律、生产经营和财务方面是独立的，但在资本上已构成母公司与子公司或关联公司的关系。由于这种组织形式的核心企业(母公司)与从属的子公司、孙公司、关联公司的持控股关系很难导源，要准确说出企业集团有多大是相当困难的，因此它并不具备总体的法人地位[13]。至此，企业集团正式诞生。

二、西方国家企业集团的发展

企业集团的发展有内源性发展和并购性增长两种模式。内源性发展是企业通过内部积累而逐步发展壮大。企业通过将留存利润投资和再投资于本企业或新设企业，从而实现扩张。在这种模式下，企业发展相对稳健，但由于自身资本积累速度有限，所以发展速度相对较慢。并购性增长是通过资本市场融资功能以及企业间并购重组等做大企业。这是企业实现快速增长的有效模式。

西方企业集团的发展与并购密不可分。世界最大500家企业几乎都是通过并购、参股、控股等手段发展起来的[11]。以美国为例，20世纪的美国企业先后经历了横向并购、纵向并购、混合并购、融资并购和跨国并购等五次并购浪潮。美国经济学家史蒂格勒在考察美国企业成长路径时发出这样的惊叹："没有一个美国大公司不是通过某种程度、某种形式的并购而成长起来的，几乎没有一家大公司主要是靠内部扩张起来的。"[14]美国的五次并购浪潮对企业集团的形成和发展影响巨大，美国的企业集团发展史在某种程度上就是企业并购史。

阅读材料1.1 　　　　　　　　　　美国的五次并购浪潮

（请扫二维码1.1。）

二维码1.1
美国的五次
并购浪潮

通过五次并购浪潮，一批巨型、超巨型的企业集团产生和发展起来。美国企业集团是在市场经济由自由竞争向垄断竞争过渡过程中，通过资本的积聚和集中发展起来的。其发展模式是市场主导型，在产权运作上就表现为自由并购。其治理是以所有权为基础的母子公司层级管理制。重大的权力集中于集团核心企业或母公司，一般的权力分散在集团的各个层次。

由于美国证券市场高度发达、公司股份高度流动、股权高度分散以及拥有成熟的经理人市场和健全的监管体制，美国企业集团的外部监督主要来自股票市场。美国强调股票在证券市场上的流动，因此其公司股权结构高度分散，股票主要由个人持有，但每个持有者只持有公司股份的很小份额；机构投资者虽然发展迅速，但分散的股权仍限制其作用的发挥；银行只是纯粹的资金提供者，在公司外部治理中的作用难以发挥。高度分散的股权使美国集团公司的权力大多集中于管理层，中小股东的权利较为弱小，股东不直接控制、监督经营者，而是通过证券市场让经营者按自己的意志办事[15]。

1.2.2　日韩企业集团的产生与发展

一、日本企业集团的产生与发展

日本企业集团是在第二次世界大战后，政府通过多种经济政策恢复经济并调整产业结构扶持发展起来的[15]。第二次世界大战结束后，旧财阀系统下的部分企业适应企业系列化及产业调整的要求，重新集结和聚合而成企业集团组织。日本政府相继通过"贸易立国、科学技术立国"等经济政策恢复经济并进行产业结构调整来扶持企业集团的发展[16]。日本企业集团的产生与发展有三大特点：

（1）主银行制度。日本企业集团发展模式是一种自然演进的主银行方式。企业集团的基本纽带是资本的结合关系，一个大企业集团的核心企业往往是主银行，如三菱财团的三菱银行、三井财团的三井银行，银行通过持股、系列贷款来控制和监督一个成员企业。主银行不仅为企业提供存贷款、外汇融通、股票发行等服务，而且以股东的身份参与企业的经营管理，对企业的经营决策进行事前、事中和事后监督，发挥内部监督者的作用。同时，由于主银行对于相互持股的企业了如指掌，使这种内部监督，不仅具有较强的机动性和灵活性，而且成本低、效率高。

（2）以经理会为中心的相对分权管理制。经理会由集团主要企业的经理或董事长组成，相当于集团公司的大股东会（经理会成员不完全以所持股份为选择依据，只要能得到大家的认同即可），具有最高决策权，是一个议事、协调、决策机构，拥有集团重组权、投资决策权、重要人事任免权、对外活动决定权等。基于日本企业集团之间的相互持股关系，集团内各企业之间互派管理人员以沟通信息、协调行动，加强了企业集团的凝聚力。

（3）特殊的法人相互持股。法人相互持股是日本式经营的主要特点，具体包括：①资金联系。这种相互持股十分稳定，股票不会出售，双方仅为固定企业关系而持股。

②人事联系。企业派遣或兼任高级职员的目的是为了加强联系,不因人员的改变而松动。③融资联系。企业和银行通过相互持股形成长期而稳定的借贷关系,主银行和企业的关系不会轻易改变。④共同利益基础上的企业集团。相互持股使企业之间具有了共同利益,有利于企业集团的建立[15]。

二、韩国企业集团的产生与发展

韩国企业集团是在摆脱了日本的统治后在政府的直接管理与主导下发展起来的。20 世纪 40 年代,韩国基本上仍是一个半封建农业和手工业经济占主导地位的国家,1945 年摆脱日本的统治独立后,得到了美国的经济援助,韩国政府通过廉价出售归属财产和美援物资给私人资本,促进了企业集团的形成,并积极促进企业集团的合并和实力的壮大,制定了以经济现代化为目标的一整套经济政策与一系列五年计划,对一些战略产业进行重点投资,使这些企业集团直接受益而发展起来[16]。韩国企业集团的特点有:

(1) 政府与企业集团高度结合。韩国的企业集团是韩国政府推行扶植鼓励政策的结果。从韩国企业集团的发展史来看,它们主要是依靠政府的政策倾斜而获得垄断地位的。大企业集团不但可以得到低息贷款,而且可以优先使用外资,并能得到大量出口补贴和各种补助金。韩国企业集团的核心层是产业性大公司,非金融机构本身不具备信贷能力,因而政府提供贷款成为韩国财阀赖以生存的"生命线"。因此,韩国企业集团的私人垄断资本与政府的政治权力结成密不可分的关系,其密切程度超过其他任何国家或地区。

(2) 高度集中的内部家族控制。韩国企业集团的治理是所有权与经营权高度结合的家族集权管理制。企业集团所有权高度集中,它主要通过家族股份和子公司互相持股实行所有权控制。由家族控制的核心企业,通过法人持股的方式占有其他企业,是韩国企业集团化的基本模式。由于外部持股分散,财阀所有权仍牢牢控制在家族手中。财阀通过持有子公司股份来形成,将全体旗下企业结合在最高控股公司之下,并通过高级职员兼任、融资等方式来加强,使集团内企业的行为统一在最高司令部的控股公司之下。

(3) 多元化与高负债经营策略。韩国企业集团所经营的领域几乎涵盖了第一、第二、第三产业。多元化的经营结构是企业集团之间竞争的结果,企业集团之间不互相订购原材料、零部件,甚至建筑、运输、销售也要自己经营。因此,企业集团的扩张不仅向核心企业的上游或下游产业延伸,而且向一些不相关产业延伸。例如,"三星"涉及电子、化工、汽车、造船、造纸、制糖、纺织、通信、飞机、金融保险、建筑、贸易、旅游、医疗、报社等几十个行业。韩国企业集团多元化经营结构需要大量的资金支持,其资金来源主要靠举债借款。因此,韩国企业集团的资本负债率非常高[15]。

1.2.3 我国企业集团的产生与发展[17][18]

我国企业集团的发展是与我国经济转型的过程相适应的,企业集团的产生与发展一直与政府的开放扶持政策和法律建设(尤其是与企业集团直接相关的一系列政策)紧密相伴。因此,学者们划分企业集团产生和发展的依据主要是政府发布的有关企业集团改革政策的时间和内容,体现了国家政策、法规的变迁对企业集团成长的特殊作用。我国企业集团的产生和发展历程大体经历了以下四个阶段:

第一阶段:孕育与起步阶段(1979—1985 年)

1979 年改革之前,我国国有企业都是按照地区、部门内各级政府直接管理,企业之间缺乏横向联系,没有产生企业集团的环境和土壤。中共十一届三中全会后开始经济体制改革,从扩大企业经营自主权和发展横向经济联合两个方面,孕育了企业集团的诞生。

1980 年国务院颁发的《关于推动经济联合的暂行规定》、1984 年国务院发布的《关于进一步扩大国营工业企业自主权的暂行规定》、1984 年中共中央作出的《关于经济体制改革的决定》从各个角度和层面明确了发展横向经济联合的重要性和必要性,赋予了企业参加和组织经济联合体的自主权。

在党中央、国务院的大力倡导和支持下,在全国范围内出现了多种多样的经济联合形式、其中有些成为向企业集团发育的胚胎。例如,汽车制造行业以"一汽"为主组成解放汽车工业联营公司(1982 年成立),以"二汽"为主组成了东风汽车联营公司(1981 年 4 月成立),以济汽、川汽、陕汽等为主体组成了重型汽车工业联营公司(1983 年 3 月成立)。

但是,这些联合体形成于改革初期,还难以冲破传统计划经济体制的束缚,多半属于半紧密或松散型,企业之间的关系主要靠联合协议、章程等来维系,彼此间的约束力很弱,很容易出现"有利则联、无利则散"的情形,内部经济关系很不牢固。

第二阶段:创建与发育阶段(1986—1993 年)

1986 年国务院颁发的《关于进一步推动横向经济联合若干问题的规定》中首次在政府正式文件中提出"企业集团"这一名称。1987 国家体改委、国家经委下发的《关于组建和发展企业集团的几点意见》明确规定了企业集团的含义、组建原则和条件、集团内部管理及其发展的外部环境。

此后,各种形式的企业集团在全国迅速组建起来。到 1988 年年底,经地、市以上政府有关部门批准成立的企业集团有 1 630 个。许多以横向经济联合为基础的企业联合体发育成为初具规模的企业集团。但是,这些企业集团多数靠行政手段成立,没有建立起资产纽带关系,80％没有紧密层企业,实质上还是属于行政性公司或较紧密的经济联合体。1989 年以后,企业集团数量的增长趋缓,重点转向增强连接纽带,使集团的结构和功能发育成型,并将一些不具备企业集团基本条件的企业联合体,通过整顿改组,改革为真正的企业集团。

1990 年,《国民经济和社会发展十年规划和"八五"计划》中提出要"有计划地组建一批跨地区、跨部门的企业集团"。1991 年,国务院批准国家计委、国家体改委、国务院生产办公室《关于选择一批大型企业集团进行试点的请示》(即 71 号文件),确定了首批 55 家大型企业集团试点名单(后经过调整,增至 57 家),并对选择试点企业集团的条件、原则等一系列重大问题作出了规定。在此基础上,国家还陆续颁布了《试点企业集团审批办法》《乡镇企业组建和发展企业集团暂行办法》《关于国家试点企业集团登记管理实施办法(试行)》以及 11 个配套文件(关于国家试点企业集团人员出国、登记、统计、物资计划、国家计划单列、国有资产授权、经营、财务问题、劳动工资管理等），对试点企业给予扶植政策，规定企业集团的核心企业（母公司）对紧密层企业（控股成员）的主要活动实行"六统一"。

这些政策，为试点工作顺利开展创造了较好的外部环境，进一步推动了企业集团的发展。第一批企业集团试点取得了积极的成果，表现在：进行了以资本为连接纽带、理顺企业集团内部关系的探索；扩展了企业集团功能，增大了集团实力，初步形成了一批在市场上具有一定竞争力的企业集团，对促进结构调整和提高规模效益起到了积极作用；深化了企业集团内部改革，促进了企业经营机制的转变，提高了企业经营管理水平，对全国企业集团的建设、发展起到了很好的示范作用。

第三阶段：完善和规范化阶段（1993—2004 年）

这个阶段呈现以下特点：一是由政府直接参与推动企业集团发展转变为主要依靠市场机制来引导企业集团的发展；二是集团成员资本联结纽带普遍增强，规范的母子公司管理体制和运行机制逐步形成；三是实行了集团规模的低成本扩张，通过市场化的并购重组，实现资产质量的整体提高。

1993 年 11 月，中共十四届三中全会通过了《关于建立社会主义市场经济体制若干问题的决定》，明确指出："发展一批公有制为主体，以产权联结为主要纽带的跨地区、跨行业的大型企业集团。"此后，企业集团发展很快，截至 1993 年年底，全国已组建企业集团 7 500 多家。

中共十五大针对以往我国企业集团发展中存在的问题，明确提出"以资本为纽带，通过市场形成具有较强竞争力的跨地区、跨行业、跨所有制和跨国经营的大企业集团"，把发展大型企业集团放在极为突出的位置。中共十五届四中全会通过的《中共中央关于国有企业改革和发展的若干重大问题的决定》进一步提出："着力培育实力雄厚、竞争力强的大型企业和企业集团，有的可以成为跨地区、跨行业、跨所有制和跨国经营的大型企业集团。发展企业集团，要遵循客观经济规律，以企业为主体，以资本为纽带，通过市场来形成，不能靠行政手段勉强撮合，不能盲目求大求全。要在突出主业、增强竞争优势上下工夫。"

在国家的大力支持和倡导下，企业集团在这个阶段获得实质性的进展。以 57 家试点为例，到 20 世纪 90 年代中后期，有 32 家通过股票上市实现了公司制改建，其中发行 A 股的公司有 30 家，发行 B 股的有 3 家，境外上市的有 10 家；有 54 家企业集团享有自营进出口权，51 家获得了外事审批权；38 家企业集团成立了财务公司；43 家有子公司上市，25 家由集团公司实行统一纳税；一部分企业集团实行了国有资产授权经营试点。在此基础上，1997 年，《关于深化大型企业集团试点工作意见》（即 15 号文件）又批准了 63 家大型企业集团作为第二批国家试点企业集团。

2001 年，《关于发展具有国际竞争力的大型企业集团的指导意见》（即 90 号文件）称，企业集团要突出主业，做好内部重组工作。以提高核心竞争力为原则，精干主业，分离辅业和社会职能，集中力量发展核心业务；要做好存量资产的重组和优化配置，不断提高资产质量。我国企业集团进入了相对理性、规范化的发展阶段。

2004 年，我国大企业集团数目达到 2 764 家。资产达到 5 亿元及以上的有 2 175

家;营业收入达到 5 亿元及以上的有 1 877 家;利润总额超过 10 亿元的有 111 家。2004 年我国资产规模最大的 10 家企业集团依次为:国家电网公司、中国石油天然气集团公司、中国中信集团公司、中国石油化工集团公司、中国电信集团公司、中国移动通信集团公司、中国网络通信集团公司、中国南方电网有限责任公司、中国联合通信有限公司、上海宝钢集团公司[2]。

第四阶段:深层次发展阶段(2005 年至今)

在这个阶段,具有一定国际竞争力的大公司、大企业集团已经形成并且不断发展壮大。进入世界 500 强的企业增多,而且排名提升。在政策导向上显现两大特点:一是进行产业结构调整,抑制部分行业产能过剩和重复建设,大力发展符合市场需求的产业(如服务业、船舶工业、平板玻璃行业等),鼓励在这些行业优先培育和发展大规模企业集团。二是完善国有资本有进有退、合理流动的机制,鼓励和支持民营企业进入和发展成为具有国际竞争力的大型企业集团。

这一阶段,国家在某些战略性行业,重点发展大企业集团。2005 年的《政府工作报告》指出,积极发展具有自主知识产权、知名品牌和国际竞争力的大公司大企业集团。《国务院 2005 年工作要点》提出,推进流通体制改革,加快培育大型流通企业集团。2006 年《国务院关于发布实施〈促进产业结构调整暂行规定〉的决定》提出,提高企业规模经济水平和产业集中度,加快大型企业发展,形成一批拥有自主知识产权、主业突出、核心竞争力强的大公司和企业集团,并提出发展竞争力较强的大型服务企业集团。2009 年,《国务院批转发展改革委等部门关于抑制部分行业产能过剩和重复建设引导产业健康发展若干意见的通知》指出抑制部分行业产能过剩和重复建设,大力发展符合市场需求的高新技术产业和服务业,鼓励企业联合重组,在符合规划的前提下,支持大企业集团发展电子平板显示玻璃、光伏太阳能玻璃、低辐射镀膜等技术含量高的玻璃以及优质浮法玻璃项目。2010 年,政府提出支持农业龙头企业通过兼并、重组、收购、控股等方式组建大型企业集团;培育一批大型旅游企业集团;打造一批大型出版传媒、印刷复制和发行企业集团。2013 年,政府提出在船舶工业推进企业兼并重组,发展具有国际竞争力的船舶企业集团;在平板玻璃行业支持联合重组,形成一批产业链完整的企业集团;培育一批能够提供高质量环保服务产品的大型企业集团。

此外,国家开始鼓励和支持民营企业发展成为具有国际竞争力的大型企业集团。2010 年《工商总局关于进一步促进个体私营经济发展的若干意见》(工商个字〔2009〕208 号)提出鼓励私营企业做大、做强、做活,重点支持符合国家产业政策、具有竞争优势的私营企业,通过兼并、重组等方式,组建跨行业、跨地区经营的大型企业集团。2012 年银监会发布《银监会关于鼓励和引导民间资本进入银行业的实施意见》,支持符合国家产业政策并拥有核心主业的民营企业集团,申请设立企业集团财务公司[5]。至此,企业集团财务公司向民营资本开放。

综上所述,与西方国家企业集团发展路径不同,中国企业集团的产生有其转型经济的特定制度背景。西方国家企业集团主要是"母公司通过不断投资、并购和控股子公司"而形成的,"先有母公司,后有子公司"。中国企业集团产生和发展的路径则有别于此。中国企业集团(尤其是国有控股企业集团)产生于原国有企业的各种经济联合体

（如行业企业联合体等）的产权梳理与股份制改制。普遍情形是，某一行业或区域事先存在许多"子公司"，应"子公司"国有产权梳理与产权责任落实、战略转型、行业管理等的需要，在政府主导下，将这些联合体内的子公司进行改组或股份制改造，从而将这些"子公司"股权归口划转给联合体的管理总部（"母公司"）。相比于子公司，"母公司"大多属于新设公司，它被授权承担某一行业、某一部门或某一区域的国有资本出资者角色。"先有子公司，后有母公司"是中国又一企业集团产生的主要特征。随着企业集团成立及"母—子"产权关系、管理关系的不断理顺。母公司加大了对子公司的产权管理及管理控制力度，企业集团发展逐步迈入正常运营轨道。

（我国企业集团的产生与发展的相关法规和详细资料请扫二维码 1.2。）

 **【案例 1.1】**

二维码 1.2
我国企业集团
的产生与发展

中国石油集团发展历程[11]

1. 组建与产生

"中国石油天然气集团公司"前身是"中国石油天然气总公司"。"中国石油天然气总公司"的主要功能是行业行政管理，下属各企业（各大油田，如大庆石油管理局等）与其的关系是行政隶属关系而非产权关系。至 1998 年 7 月，根据国务院对中国石油石化行业的战略性重组方案，决定在原中国石油天然气总公司的基础上组建成立中国石油集团，在对各下属企业进行产权划转和改制的同时，将"中国石油天然气总公司"转变为"中国石油天然气集团公司"，并承担下属改制企业的"出资者"和母公司角色。

2. 发展与壮大

中国石油集团通过母公司的不断对外投资并购，已发展成为一家具有国际竞争力的石油能源企业。在其发展过程中，标志性是投资成立"中国石油天然气股份有限公司"。该公司作为中国石油集团公司下属最大的子公司（母公司拥有该子公司 86.32% 的股权），相继在纽约、香港两地上市（2000年 4 月）和回归 A 股市场，大量融入国际资本并进行规范运作与管理，从而成为中国石油集团旗下的核心子公司。

1.2.4 企业集团产生的原因

任何事物的形成与发展都有原因，企业集团这一经济组织的形成与发展同样有其动因。多年来，不少专家学者对其形成动因进行了广泛的探索，形成了多种理论解释。

一、纵向一体化的理论解释

主要有技术经济、交易费用和资产专用性等方面的原因。技术经济方面的原因，如铁和钢的生产者为了避免运输和再加热所造成的成本增加而相互联合或兼并，解释了那些由于技术的不可分割性所引发的纵向联合或并购的行为。

交易费用，按照科斯的解释，是市场机制的运行成本，即"利用价格机制的费用"或"利用市场的交换手段进行交易的费用"，包括搜寻相关价格的费用、讨价还价与签订合同的费用，以及监督合同执行的费用。按照交易费用理论，如果利用市场方式协调企业之间关系的交易费用大于利用一体化组织的协调费用或管理费用，那么，为降低交易费用，就可能出现一体化组织，即通过兼并、收购等方式将原来独立的企业组成一个新的企业。反之,如果组织内协调的费用大于用市场方式协调企业间关系的费用,企业就会保持原来独立的状态。有时,无论是利用市场还是利用组织协调,企业的协调费用都很大,从而使单一方式的协调无法降低企业之间的交易费用。由于市场协调与组织协调各有利弊且存在互补关系,因而从节约交易费用的角度来看,当需要同时采用市场与组织这两种协调方式,就会出现介于两者之间的中间组织或混合组织。

企业集团就是一种介于市场和企业之间的中间组织,它同时利用市场和组织两种方式协调企业间的关系。按照科斯和威廉姆森等人的观点,企业集团是对市场和企业的一种替代,是介于两者之间的混合组织。在一定条件下,企业集团能通过市场协调替代企业内部协调,在降低企业组织行政费用的同时,又比纯粹的市场机制节约了市场的协调费用,从而降低集团组织运行的总费用。[23]

威廉姆森在其资产专用性理论指出,当一个企业的资产专属于另外一个企业,后者可能会采取机会主义的行为以掠夺由专用性资产产生的准租金。为了避免由此所导致的市场失效,必须让这些资产由一个单一的纵向一体化的企业所拥有。条件再放宽一些,专用性资产可以由联系紧密的企业集团所拥有,这样可以减少围绕准租金所展开的讨价还价的成本,提高资源的利用效率。

二、横向一体化的理论解释

横向一体化主要有规模经济、团队生产等方面的理论解释。规模经济反映的是生产要素的集中程度同经济效益之间的关系,它的存在是导致企业集团产生的一个技术经济原因。所谓规模经济是指规模增大时,单位投资可获得更高比例的经济效益,或者是规模达到某一水平后单位成本和交易费用下降。企业集团通过横向一体化将要素资源和产品集中起来,以获取规模经济。

关于团队生产对横向一体化的解释,阿尔钦和德姆塞茨(1972)在其著作《生产、信息费用与经济组织》中并未直接点明。普雷斯科特和菲瑟尔(1980)对阿尔钦和德姆塞茨的理论进行了扩展,他们从分析企业在信息上的特性出发,区分出三种形式的信息——合称为组织资本:①将雇员分配到他们能够完成的好的任务中所需要的信息;②将雇员搭配组成团队所需的信息;③每个雇员所获得的关于其他雇员或组织本身的信息。后两种形式涉及工人与作业的匹配和工人与其他工人的匹配,体现出团队效应。工人与作业的匹配一般来说属于行业专属信息,可以通过横向一体化在同一行业中转移。[24]

三、多元化的理论解释

多元化分为相关多元化和非相关多元化。对相关多元化的解释较多地用到范围经济的概念。非相关多元化一般出于寻找新的机会、组合业务、提高收益、降低风险的考虑。

范围经济(economies of scope)是指由厂商的范围而非规模带来的经济,也即是当同时生产两种产品的费用低于分别生产每种产品时,所存在的状况就被称为范围经济。只要把两种或更多的产品合并在一起生产比分开来生产的成本要低,就会存在范围经济。范围经济利用了相互关联的业务在技术、生产设施、管理经验、采购或销售网络、商誉等方面的互补和协作优势。就单项要素而言,随着经营活动的多样化,使用该要素的收益提高或单位成本降低。范围经济可以降低成本和改善营销效果,因此许多集团都是多样化经营的。

相关多元化有产品多元化和市场多元化及其组合的形态,产品多元化是指公司生产和销售相关的产品,而市场多元化则是指公司在相关的市场出售产品和提供服务(服务于类似的客户)。范围经济的观点解释了那些产品多元化和市场多元化的相关程度都较高的现象,而对于那些相关程度较低的集团则缺乏说服力。解释该类集团存在的一种观点是随着全球范围内交易成本的降低和行业间界限的模糊,在传统观点看来相关性并不大的产品和市场间也可以共享类似的设施或技能(如网络等)[24]。

非相关多元化是和相关多元化相对的概念,上述相关多元化随着相关程度的降低而趋于非相关多元化。对于非相关多元化,有资产组合与分散风险、转移一般管理能力、获取在本行业难以获取的技能、到成长中的行业寻求机会等解释。

资产组合与风险分散理论认为,单一企业因受规模或行业等多种因素限制而难以避免风险,而为抵御市场风险,企业不仅需要在某一行业内做大做强,而且还需要涉足其他行业并力图做大做强,因为只有这样才能在一定程度上保证某一行业(或企业)的不良业绩及风险能被其他行业(或企业)的良好业绩所抵消,从而使得企业集团总体业绩处于平稳状态,达到规避风险的目的[11]。企业可以通过相关的联合,通过多元化途径结成企业集团,这样甲产品供大于求,乙产品可能供不应求;甲产品处于衰退期时,乙产品可能处于上升期,从而可以使风险分散。可见,按该理论的观点,企业集团本质上是一个"资产组",它由不同子公司或业务部等的"资产"构成,通过不同行业、不同风险状态的"资产"组合,平滑企业集团整体风险。

四、其他理论解释

除上述理论解释外,还有其他理论解释企业集团的产生和发展。

1. 垄断理论

垄断具有一定结构上的经济性,如可以产生规模经济,可以集中更多资金从事研制新产品,可以通过产品来控制产品价格等。因此,走向垄断的联合企业比单个企业具有更大的竞争优势。另外,大企业通过垄断,不断提高了新企业的准入门槛,进而强化了其垄断地位。大企业取得垄断地位并对市场具有控制力的时候,垄断利润因此而产生。

我国学者马健行在《当代资本主义的特征依然是垄断》一文中指出:克服利润率下降和克服阻碍平均利润率形成诸因素的最有效最重要的办法是企业间的联合,建立联合企业。通过横向联合,可以废除自由竞争,人为保持高价以便获得本行业的平均乃至高额利润。而纵向联合,是通过增强企业本身的市场垄断地位来获得高额利润,至少是能分享平均利润。[25]

2. 分摊巨额的固定投入

为了适应快速变化的消费者需求,为了跟上技术换代的步伐,公司的固定投入有不断升高的趋势,为了分摊这些巨额的固定投入,公司或采取寻求合作伙伴的形式,或通过并购扩大生产和销售规模来降低单位产品的固定投入。这种观点本质上和从技术经济角度解释纵向一体化相一致。

3. 角色缺失理论

针对转型经济体(如我国),理论界提出了角色缺失理论。在转型经济中,企业集团的产生与发展,在很大程度上是由于企业集团能够在转型经济中扮演替代制度缺失的角色。比如,我国企业集团是在经济转型过程中产生的。在从计划经济向市场经济过渡的过程中,国家所有权的行使主体往往缺失,而集团母公司正好担当了这一角色。同时,研究表明,我国企业集团的产生与发展不仅有利于解决所有权缺失问题,而且有助于产业结构的调整和集团整体业绩的提高。

4. 企业资源和能力积累理论

企业集团的形成和发展是企业对环境适应—反应的结果,企业在积累独特资源和组织能力的过程中,成为既相对独立又相互依存的行为主体,这种自主且依赖的对立统一使多法人联合体形态的企业集团的出现成为可能。如果将企业视为一种"间接定价"机制,将市场上难以直接定价的要素,如企业家才能,转移到企业内部并通过剩余索取权来"定价",那么企业集团则是将难以定价的企业异质化的资源和组织能力以股权的形式加以"定价",并成为交易完成后母公司对下属进行企业协调和控制的依据。[24]

1.3 企业集团财务管理概述

财务管理是企业管理的重要组成部分,它是根据财经法规制度,按照财务管理原则,利用一定的技术和方法,组织企业财务活动,协调和处理企业与各方面财务关系的综合性管理工作。财务管理的本质是一项以资金运动为对象,是有关资金的获得和有效使用,并处理在这种资金运动中的财务关系的经济管理活动。在企业集团中,财务管理的这一本质也并无改变。但是,企业集团作为区别于单体企业的组织形式,在财务管理主体、财务管理目的、财务管理基础和财务管理手段等诸多方面都具有不同于普通企业的特点,在财务管理的内容和重点上具有区别于普通企业的特殊性。

1.3.1 企业集团财务管理的特点

企业集团是一种介于市场和企业之间的中间组织,它虽然不是独立法人,不能构成法律主体,但它却是独立的财务主体。它不仅存在单体企业存在的财务问题,而且存在一些特殊的财务问题。企业集团财务管理的特点有如下几个方面。

1. 集团财务管理主体的多元化

从财务管理的主体上看,企业集团呈现一元中心下的多层级复合结构,具有多元化特征。一方面,母公司是企业集团财务管理的核心,其凭借出资人身份或集团核心地位,对所控制的子(孙)公司及其他成员企业的融、投资决策以及利润分配等制定统一战略,实施统一规划,发挥着一元中心的作用。另一方面,子(孙)公司以及其他成员企业均是独立的法人,不仅有着独立的经营自主权,而且也有着独立的理财自主权。这种法人权利与地位的独立性,使得集团的成员企业必然要求成为各自财务管理的主体。

但是,成员企业财务管理主体地位的确认,并非意味着它们就可以脱离母公司的核心领导而完全依照自身偏好进行理财。企业集团是一种成员间联系较为紧密的外部组织形式。财务资源是企业集团最重要的经济资源之一。企业集团内部各成员、各部门与资金不发生联系的现象很少。企业集团的财务管理只有在总部一元核心的领导以及一体化的财务战略、财务政策与财务制度的基本规范下,才能谋求财务资源的聚合优势,保障集团战略目标的实现。

2. 集团财务管理的目标是集团整体价值最大化

集团整体价值强调企业集团作为一个整体的系统价值及其财务表现,它并不完全强调企业集团内各个成员单位的自身价值最大化。或者说,企业集团内部每个成员单位的价值相加之和可能并不等于企业集团整体价值。

企业集团财务目标的特殊性,缘于财务主体的多层级复合结构。由于成员企业与母公司在法律上有着同等的法人地位,是彼此独立的利益主体,因此,各成员企业在理财过程中不可避免地会产生谋求自身局部利益最大化的倾向[26]。对于这种倾向如不及时加以引导与规范,势必导致成员企业个体财务目标对集团整体财务目标的偏离,产生成员企业经营理财活动的过分独立或缺乏协作精神,威胁集团整体财务目标最大化的实现。

企业集团整体价值最大化最终体现为母公司股东价值最大化[11]。在企业集团中,母公司股东和子公司少数股东都是企业集团的股东,他们在企业集团的控制权配置不同,因而母公司财富和少数股东财富有时是不一致的。由于这种不一致,母公司有时可能会利用控股权扩大自身财富,却使少数股东利益受损。因此企业集团在财务管理目标的定位上,必须从集团整体利益最大化出发,依据一体化战略,对母公司与子公司、母公司与其他成员企业、子公司以及其他成员企业相互间的利益冲突与财务目标进行统一协调与统一规划,最终在确保集团整体财务目标最大化的前提下,实现成员企业个体财务目标的最大化。

除了股东之外,企业集团还有多个其他利益相关者,如债权人、集团管理者、子公司管理者、供应商、客户、政府相关部门等。企业要想在激烈的市场竞争中获得长期的竞争优势,同样需要维护利益相关者的利益。因此,追求集团价值最大化应建立在维护利益相关者利益的基础上[6]。

3. 集团财务管理的基础是控制

控制,就是凭借某种特定的条件使特定的对象依照自己的意识运行的机制。企业集团是企业联合体,是一个通过以资金为主的多种联结纽带联合的多法人集合,核心层对集团其他层次的控制成为管理的基础。只有集团内部实现了有效的控制与协调,企业联合的初衷才能实现,否则就会导致"集而不团",企业集团名不符实。由于集团的主要联结纽带是资本,集团成员各自的法人地位决定了只有从财务角度对企业集团实施一体化的管理与控制,才可能使企业集团真正成为一个经济利益的整体。

就企业集团来说,控制有两个层面,一是对集团中成员企业的经济控制;二是对企业集团经营业务的实际控制。这两个层面,前者其实是组织架构和权力分配的问题;后者为控制的实际操作以及确定标准、衡量业绩、纠正偏差的过程。两者都反映在目标控制、过程控制与结构控制之中。照此,企业集团财务控制可以理解为一个基本层面(即控制的框架,包括集权与分权的安排、组织结构的设计与财务人员的职能)与三个环节

（目标控制、实施过程控制与监督评价）[27]。

企业集团财务控制的难度较单体企业而言明显增加。企业集团财务主体的多元性、组织结构的层级性、复杂性导致管理权力分散，企业集团经营的广泛性、复杂性导致财务环境的多变性、不确定性，企业集团财务管理难度的提高造成财务管理的人才相对缺乏，这些都使企业集团财务控制的难度大大上升。

4．集团财务管理手段具有多样性

为了实现集团整体价值的最大化，集团财务管理同时使用市场和管理两种方式来组织财务活动，处理财务关系，在管理手段上既非完全市场化，亦非完全内部化。集团财务的管理关系往往"超越"法律关系。例如，在集团资金的管理上，集团往往采用集中管理的模式。各子公司和成员企业并不单独对外融资，而是由集团出面，统一对外融资；各分子公司需要资金时，向集团内部财务公司进行借贷。在对外融资上，集团与外部金融机构之间严格遵循市场规则；在内部资金使用上，各分子公司与集团财务公司之间往往模拟市场规则，同时兼顾集团战略导向和整体价值，确定资金使用权价格和借贷数量。另外，在内部转移价格的确定上，往往既要参考市场价格，同时又要满足集团整体税收筹划、利润转移、扶植重点产业和部门的需要，人为高估或低估转移价格。

集团财务的管理关系往往"超越"法律关系。为了更好地发挥集团财务资源优势，集团财务管理并不完全以法律关系为基础。理论上，集团总部从控股链条及法律关系上只管到"子公司"一级，且即使对于子公司这一级的管理，也面临着因为子公司是独立法人，需要处理好集团总部与子公司股东会、董事会等之间的法律关系与管理关系的问题。但从集团资源整合的角度，集团内部管理往往超越法律关系，子公司、孙公司甚至更低级次的下属成员单位，也可能因其重要性、战略性等而成为集团总部的直辖单位。这种超越法律关系的集团内部管理体制，一方面有助于提升集团内部资源整合力度、集团总部对下属成员单位的财务控制力度，从而保障集团战略的有效实施；另一方面，有可能引发集团内部治理与内部管理间的矛盾，增加集团财务管理的复杂性[27]。

5．资本运作在集团财务管理中的地位畸重

资本运作又称资本运营、资本经营，它是指利用市场法则，通过资本本身的技巧性运作或资本的科学运动，实现价值增值、效益增长的一种经营方式。企业的资本运作分为资本扩张与资本收缩两种运营模式。实践中，单一企业可以仅仅从事产业经营，而不进行资本运作，但大企业、大集团除了产业经营外，一般都离不开资本运作，而且资本运作在集团财务管理中的地位特别重要。很多集团总部的财务管理工作主要就是进行卓有成效的资本运营。正如诺贝尔经济奖获得者、美国经济学家史蒂格勒所说："纵观世界上著名的大企业、大公司，没有一家不是在某个时候以某种方式通过资本运营发展起来的，也没有哪一家是单纯依靠企业自身利润的积累发展起来的。"只有把企业的各种要素，包括产品、技术、设备、厂房、商标、战略、服务、文化、管理团队等，以资本的形式进行流动、整合和重构，进一步优化配置，形成合力，才能实现企业集团资本的最大限度增值。

1.3.2　企业集团财务管理的内容及本书写作思路

企业集团财务管理是高级财务管理的重要内容之一。高级财务管理和初、中级财务管理的分界点是财务管理假设。凡是符合财务管理假设的内容,都属于初、中级财务管理;凡是突破财务管理假设的内容,都属于高级财务管理。由于企业集团财务管理突破了理财主体的假设(在全资子公司和控股子公司中,理财主体的地位已经部分消失,因为许多财权掌握在母公司手中),因此,它和企业破产财务管理、非营利组织财务管理、中小企业财务管理、国际财务管理等一样,都属于高级财务管理的内容。

企业集团不仅存在单体法人企业所存在的财务问题,而且存在一些特殊的财务问题;既有单体法人企业的理财问题,也有集团层面的理财问题。集团内部的总部与成员企业各自都是独立的理财主体,这些企业自身的财务管理类似于单体法人企业。单体法人企业的财务管理问题是《公司理财》《财务管理基础》《中级财务管理》研究的对象。作为上述课程的后续课程,本书主要以企业集团的特殊财务问题为研究对象,结合企业集团财务管理的特点,分专题介绍集团特殊财务问题的处理。

如1.3.1所述,企业集团财务管理一共有五大特点。第一个特点是管理主体的多元化。企业集团呈现一元中心下的多层级复合结构。这就使企业集团的组织设计与组织结构和一般企业有很大不同。又因为企业组织与企业战略有着天然的密切的联系,因此我们在第二章中介绍企业集团财务战略与组织的相关问题,在第三章中介绍企业集团的财务管理体制。

企业集团财务管理的第二个特点是以集团整体价值最大为管理目标。这一特点贯穿于集团财务管理的始终,任何集团财务管理活动都以此为目标导向。因此,本书的每个章节都多多少少体现了这一观点,其中最突出的是第四章企业集团的资金管理、第六章企业集团的内部转移定价和第七章企业集团的税收筹划。

企业集团财务管理的第三个特点是以控制为基础。企业集团是介于市场和企业的中间组织,其控制由于集团主体的多元性、组织结构的复杂性、管理权力的分散性,较单体企业而言,难度明显增加。但是为了实现企业集团资源的整合效应和协同效应、避免"集而不团",实现企业集团组建的初衷,控制向来是集团财务管理的重中之重。因此,我们在第四章企业集团的资金管理、第五章企业集团的预算管理这几个专题中多角度多方面阐述了企业集团的控制问题。

企业集团财务管理的第四个特点是管理手段的多样性,既非完全市场化,亦非完全内部化。在管理手段上,常常在集团整体价值最大化的目标导向下,采用非市场化的手段进行运作。第六章企业集团的内部转移定价、第七章企业集团的税收筹划就体现了这一特点。

企业集团财务管理的第五个特点是资本运作的地位畸重。因此,我们专门用第八章介绍了企业集团的资本运作,包括资本扩张和资本收缩。

本 章 小 结

1. 企业集团(conglomerate, enterprise group, business group)是以一个或少数几个具有法人地位的实力雄厚的大企业为核心,以一批具有共同利益、受这个核心企业不同程度控制或影响的企业、事业单位为外围,以产权联结为主要纽带,以产品、技术、经济契约等为辅助纽带,以实现整体价值最大化为目标的多层次多法人经济联合体。

2. 与单一企业组织相比,企业集团具有如下几个基本特征:①多个法人;②以产权纽带联结为主,其他纽带联结为辅;③组织结构呈现多样性、层次性和动态性;④存在一个或少数几个起主导作用的核心企业。

3. 按照经营目标企业集团可以分为金融控股型企业集团、产业经营型企业集团和产融结合型企业集团三大类。

4. 企业集团产生的原因有多种理论解释。纵向一体化的理论解释有技术经济、交易费用和资产专用性;横向一体化的理论解释有规模经济、团队生产等;相关多元化的解释较多地用到范围经济的概念;非相关多元化的解释一般认为是寻找新的机会、组合业务、提高收益和降低风险。其他理论解释有垄断理论、分摊巨额的固定投入、角色缺失理论、企业资源和能力积累理论。

5. 企业集团财务管理的特点有:①集团财务管理主体的多元化;②集团财务管理的目标是集团整体价值最大化;③集团财务管理的基础是控制;④集团财务管理手段具有多样性;⑤资本运作在集团财务管理中的地位畸重。

关 键 概 念

企业集团　集团公司　控股公司　母子公司　总分公司　卡特尔　辛迪加　托拉斯　金融控股型企业集团　产业经营型企业集团　产融结合型企业集团　资本运作

复 习 思 考 题

1. 简述企业集团的基本特征。
2. 简述企业集团财务管理的特点。
3. 寻找一个企业集团,以图的形式解释其成员企业关系。
4. 寻找一个产融结合型企业集团,对集团的组织架构进行介绍。
5. 阅读最近一期《中国大企业集团年度发展报告》,了解中国大企业集团的最新发展情况。

本章参考文献

[1] 万科企业股份有限公司.万科企业股份有限公司 2015 年第三季度报告[R].2015.

[2] 赵燕华.姚氏兄弟凭什么拿下万科[N].羊城晚报,2015.12.19(A2 版).

[3] 王婷,何学忠.试论企业集团现金流量管理[J].企业经济.2007(4):175-177.

[4] 张家伦.企业集团财务管理专题研究[M].北京:中国金融出版社,2010.

[5] 金森久雄,等.经济词典[M].东京:有斐阁,1986.

[6] 王峰娟.企业集团财务管理[M].北京:经济科学出版社,2012.

[7] 厉以宁.企业集团与垄断竞争[N].光明日报,1986-10-18.

[8] 熊楚熊.集团公司理财学[M].上海:立信会计出版社,2008.

[9] 中国银行业监督管理委员会.企业集团财务公司管理办法(中国银行业监督管理委员会令 2006 年第 8 号)[Z].2006.

[10] 国家工商行政管理局.企业集团登记管理暂行规定(工商企字[1998]第 59 号)[Z].1998.

[11] 王斌.企业集团财务管理[M].北京:中央广播电视大学出版社,2011.

[12] 周放生.什么是企业集团[J].中国商贸,1996(9).

[13] 熊波,王志强,陈柳,等.金融控股公司理论与实践[M].北京:经济管理出版社,2002:305.

[14] 罗新宇.美国企业五次并购浪潮的启示[J].上海国资,2006:6.

[15] 刘琳,朱清香.美日韩企业集团发展模式的比较及借鉴[J].河北企业,2008(06):67-68.

[16] 刘巨钦,吴维辉,周洋.企业集团发展模式的国际比较及启示[J].云南财贸学院学报(社会科学版),2006(03):100-104.

[17] 宋旭琴,蓝海林,向鑫.我国企业集团的演化与发展分析[J].科技管理研究,2007(04):179.

[18] 中国集团公司促进会.母子公司关系研究——企业集团的组织结构和管理控制[M].北京:中国财政经济出版社,2004.

[19] 新华社.国家统计局调查显示我国大企业集团增至2 764家[Z].2005:2013.

[20] 新华社.2006年我国有24家企业集团年营业收入超千亿元[Z].2007:2013.

[21] 银监会.银监会关于鼓励和引导民间资本进入银行业的实施意见[Z].2012:2013.

[22] 任浩,陶向京,何太平.企业集团组织设计[M].上海:学林出版社,2005.

[23] 席酉民.企业集团发展模式与运行机制比较[M].北京:机械工业出版社,2003.

[24] 郭建吕,臣余蓉.企业集团的演进及在我国的发展策略[J].商业时代,2007(1).

[25] 郑法胜.企业集团财务管理特点刍谈[J].冶金财会,2004(2).

[26] 王化成.高级财务管理学[M].北京:中国人民大学出版社,2011.

第 2 章

企业集团的财务战略与组织结构

☞ 本章学习目标

通过本章的学习,应当能够:

1. 掌握战略和战略管理的概念;
2. 理解企业集团的战略层次;
3. 了解企业集团战略管理的特点;
4. 掌握企业集团财务战略的特征;
5. 掌握企业集团财务战略管理的内容;
6. 了解三种组织结构的含义、特点和局限性;
7. 掌握企业集团组织结构的分类;
8. 掌握企业集团三类组织模式的主要区别和相互联系;
9. 了解影响企业集团组织结构的因素;
10. 理解企业集团战略、财务战略与组织结构之间的关系。

引例

万科的战略

万科企业有限公司最初是通过实施多元化战略发展起来的。该公司成立于 1984 年,最初从事录像机进口贸易,接着"什么赚钱就干什么"。到 1991 年年底,万科的业务已包括进出口、零售、房地产、投资、影视、广告、饮料、机械加工、电气工程等 13 大类。在企业发展方向上,其创始人王石曾提出,把万科建成一个具有信息、交易、投资、融资、制造等多种功能的大型"综合商社"。1992 年前后,万科通过增资扩股和境外上市筹集到数亿元资金,一方面将业务向全国多个地区、多个领域扩展,另一方面向国内 30 多家企业参股,多元化发展的速度和程度达到其历史顶点。

虽然万科的每一项业务都是盈利的,但是,从 1993 年开始,万科的经营战略发生了重大改变:第一,在涉足的多个领域中,万科于 1993 年提出以房地产为主业,从而改变过去的摊子平铺、主业不突出的局面;第二,在房地产的经营品种上,万科于 1994 年提出以城市中档民居为主要客户群,从而改变过去的公寓、别墅、商场、写字楼什么都干的做法;第三,在房地产的投资地域分布上,万科于 1995年提出回师深圳,由全国 13 个城市转为重点经营京、津、沪、深四个城市,其中以深圳为重中之重;第四,在股权投资上,万科从 1994 年开始,对在全国 30 多家企业持有的股份进行分期转让[1]。其中一项重大举措就是将"怡宝饮用水"从万科集团中分拆出来,卖给了国有企业华润集团。怡宝食品饮料(深圳)有限公司是在中国第一个做纯净水饮品的公司,当时"怡宝"所生产的饮用蒸馏水销量居于全国纯净水销售市场的首位。目前全国饮用水市场占饮料市场近 40% 的份额,且每年以超过 15% 的速度增长,是饮料行业最赚钱的领域。万科为何将这个"最赚钱领域"里的龙头企业出售?为何只专注于住宅地产市场?是什么影响了万科的战略选择?通过本章学习,应当能找到以上问题的答案。

2.1　企业集团的财务战略

2.1.1　企业集团战略概述

一、战略与战略管理的含义

"战略"最早来源于军事,是指为了赢得战争而进行的谋划。对商业活动来说,战略是指什么?学者们从不同角度对该问题进行了研究。钱德勒(1962)认为,战略是为确立企业根本长期目标并为实现目标而采取必需的行动序列资源配置。安索夫(1965)认为,战略是企业的日常业务决策同长期计划决策相结合而形成的一系列经营管理活动。魁因(J. B. Quinn)认为企业战略是一种模式或计划,它将一个企业的主要目的、政策与活动按照一定的顺序结合成一个紧密的整体。企业战略应包括三个基本因素:可以达到的最主要的目的(或目标)、指导和约束经营活动的重要政策、实现预定目标的主要活动程序或项目。企业战略既要处理不可预见的事件,而且要处理不可知的事件。每一个管理层次都应有相应的战略来保证企业战略。波特(2004)把战略分为三个层次:一是定位(战略就是创造一种独特、有利的定位,以组合各种不同的价值链活动);二是取舍(战略就是在竞争中做出取合,其实质就是选择做与不做哪些事情);三是匹配(即在企业的各项运营活动之间建立一种匹配)[2]。

综合学者们的观点,企业战略可以定义为:战略是指企业为了实现其使命或长期目标,在与环境的互动中所展开的决策行为、采用的行动模式或遵循的基本观念。企业与环境互动,意味着企业首先对自身进行行业定位。企业的决策行为既可以是深思熟虑的,也可以是即时反应的;既可以是详细的计划制定,也可以是针对特定问题的策略。而战略管理则是围绕战略活动所进行的一系列管理工作的通称。

国外对企业战略和战略管理的研究开始于 20 世纪 60 年代,它经历了一个兴起、热潮、回落、再度引起重视的发展过程。小艾尔弗雷德·D·钱德勒(Alfred D. Chandler Jr.)的《战略和结构》一书,开始了企业战略问题的研究,美国在 20 世纪 60 年代企业战略研究中还形成了几个学派。如设计学派(design school)、计划学派(planing school)。20 世纪 70 年代,企业战略的研究形成了热潮,先后有《公司战略思想》《战略管理》《日本的管理艺术》等论述企业战略和战略管理的专著出版,85% 的美国大公司组建了战略计划部门,日本和美国都宣称进入了"战略经营时代"。20 世纪 80 年代企业战略与战略管理不像年代六七十年代那样热,曾一度相对有所回落。20 世纪 90 年代以来,由于科学技术的迅猛发展,特别是信息技术的发展,整个世界变得越来越小,国际政治、经济的格局也在不断变化,企业的外部环境越来越复杂,市场竞争也日趋激烈,企业不得不考虑,如何去预测市场? 怎样安排产品的研究与开发? 如何才能把握竞争的主动权? 而企业战略和战略管理又成了企业竞争获得优势的"法宝",又被重视了起来[3]。

二、战略的层次

战略层次(level of strategy)是指由不同级别的管理人员所制定的处于不同地位、发挥着不同作用的战略。这些不同级别的战略相互作用构成了企业的战略体系。一般企业的战略分为三个层次:公司战略、业务战略和职能战略。

公司战略又称企业整体战略,是指为实现企业总体目标,对企业未来发展方向作出的长期性和总体性战略。例如,某企业正在策划进军汽车制造领域,这一战略层次属于公司战略。它是统筹各项分战略的全局性指导纲领,是企业最高管理层指导和控制企业的一切行为的最高行动纲领。公司战略规定了企业使命和目标、企业宗旨及发展计划、整体的产品或市场决策以及其他重大决策。公司战略由企业最高管理层制定,包括CEO、董事会成员、总经理及其他高级管理人员和相关专业人员。

业务战略也称竞争战略,是指在总体战略指导下,一个业务单位进行竞争的战略。它是经营某一特定业务所制定的战略计划,主要解决的问题是在选定的每一业务领域内如何进行竞争,改进其竞争的地位。比如,大公司内部各事业部制定的战略就属于业务战略。"战略业务单位"被赋予一定的战略决策权力,可以根据外部市场的状况对产品和市场进行战略规划并进行战略决策,其目标是取得竞争优势。业务战略的制定者是事业部管理层。

职能战略是指企业中的各职能部门(如市场营销部、财务部、人力资源部)制定的指导职能活动的战略,描述了在执行公司战略和业务战略的过程中,企业中的每一职能部门所采用的方法和手段。比如,营销战略、生产战略、财务战略、人事战略、研发战略等,主要解决资源利用效率最大化问题。职能战略的关键作用体现在:①职能战略是保证公司战略和业务战略成功的基础;②各项职能的发挥为企业制定战略提供条件。职能战略的制定者是职能部门管理层。

企业集团的战略层次比一般企业多一层,即在一般公司战略之上,还有企业集团战略。企业集团战略是最高层次的,处于总领性地位,对其他层次战略的制定起着指导作用。企业集团战略是指集团总部制定的战略,它是企业战略中最高层次的战略,对其他层次战略的制定起着指导性作用。它根据企业集团的目标,选择企业集团可以参与竞争的经营领域,合理配置经营所必需的资源,最终使各项经营业务相互支持、相互协调,取得最终的战略业绩[4]。

综上所述,企业集团的战略层次分成:企业集团战略、公司战略、业务战略和职能战略。企业集团战略是企业集团发展的蓝图,制约着企业集团经营管理的一切具体活动,涵盖企业集团的整体、全部,把企业集团当作一个统一整体来制定战略,要照顾到企业集团各方面和各阶段的不同要求。企业集团的各个部门、各个方面都要按总体战略的要求去执行。低层次的战略要服从和服务于高层次的战略。母公司通常对集团战略具有最终决定权,而各级子公司、孙公司的战略决策权则通常小于母公司的战略决策权,并且常常要服从母公司代表集团总部作出的战略决策。

三、企业集团战略管理的特点

尽管人们对企业集团战略的内涵认识和理解不同,但对企业集团战略的特征认识都是大同小异的。企业集团战略的基本特征主要有:

(1) 企业集团战略具有长远性。企业集团战略考虑的是集团未来相当长一段时期内的总体发展问题。一般来说,企业集团战略考虑的时间短的应在 3～5 年,长的可达 20～30 年,甚至更长。没有长远的考虑,目标也不可能远大。实际上企业集团的面貌也不是短时期可以改变的。

(2) 企业集团战略具有总体性。形象地说,企业集团战略就是企业集团发展的蓝图,制约着企业集团经营管理的一切具体活动。总体性也可以说是全局性,一方面要涵盖企业集团的整体、全部,把企业集团当作一个统一整体来制定战略,集团的各个方面都要照顾到,要照顾到各方面和各阶段的不同要求。另一方面企业集团的各个部门、各个方面都要按总体战略的要求去执行,要保证战略的总体性。在纵向企业集团中,处于不同地位的集团成员单位的战略决策权限是不一样的。作为集团核心企业的母公司通常对集团战略具有最终决定权,而各级子公司、孙公司的战略决策权则通常小于母公司的战略决策权,并且常常要服从母公司代表集团总部作出的战略决策。

(3) 企业集团战略具有阶段性。一般地说,战略都是分阶段的,或者说,战略在实施过程中是分步骤的。所谓分步骤,就是把战略所要达到的最终目标按照时间的先后顺序进行分解,划分为几个阶段性,分步实施。客观事物的发展过程是有阶段性的,这是事件发展的矛盾法则所决定的。企业集团的发展过程也同样是有阶段性的,所以企业集团战略必定具有阶段性。

(4) 战略目标的差别性。在企业集团中,母公司与子公司的战略目标存在很大差异。子公司的战略目标通常是通过业务的有效竞争追求本公司利益最大化,其战略要点通常是竞争战略问题;而母公司在战略管理中则追求集团各单位的业务协同和新业务的开发,通过通盘考虑而整个集团的利益最大化[2]。

除此以外,单体企业战略所具有的现实性、指导性、稳定性等特征,企业集团战略也同样具备。（具体请扫二维码2.1。）

2.1.2 企业集团的财务战略

一、企业集团财务战略的概念及特征

所谓财务战略，是指适应公司总体的竞争战略而筹集必要的资本，并在组织内有效地管理与运用这些资本的方略，分为筹资战略、投资战略和分配战略。它与生产战略、营销战略、人才战略等组成的职能战略。

企业集团的财务战略是指企业集团为实现整个集团战略而制定的有关整个集团未来较长时间内的筹资、投资、利润分配等方面的战略安排与步骤。与单个企业相比，企业集团财务战略的特征如下。

1. **战略的多层次性容易引起集团整体利益与子公司利益的冲突**

单个企业的财务战略一般只对单个企业未来的筹资、投资等方面进行安排，其战略制定只需要围绕单个企业进行，而企业集团财务战略的制定是对整个集团的未来财务活动安排，需要考虑集团总部、各子公司以及集团母公司股东的发展战略。

战略的多层次性给企业集团财务战略的制定带来了复杂问题。这些问题主要表现在两个方面，一方面是财务战略的制定需要在保证集团整体目标实现的情况下，满足各子公司的发展目标需求；另一方面是集团财务战略需要在各个子公司资源配置方面进行综合平衡，而这两个方面问题在实际经济生活中很难解决[6]。

2. **战略控制的间接性要求集团财务战略保持一定的灵活性和动态性**

单个企业的财务战略具有对未来财务活动的直接控制效果，这是因为单个企业的财务战略由战略制定者（企业经理）自己亲自执行；而在企业集团中，财务战略由最高管理层制定出来后，需要由各子公司和事业部执行，因此企业集团财务战略对未来的控制就不是直接控制。这种控制的间接性使企业集团管理者在制定财务战略时，要考虑战略目标的可行性和前瞻性，并保留一定的调控余地；若战略制定得过于详细和紧密，则执行者很难根据实际情况调整自己的管理行为[6]。

3. **战略管理的过程复杂、信息不对称危害严重**

企业集团财务战略的制定者是集团公司。企业集团财务战略是在汇集内部大量财务信息的基础上得出的结论，而集团内部经常出现财务信息失效和失真现象。一方面因为集团内部财务信息传递渠道长、速度慢；另一方面，目前各企业集团都加强了绩效考评与管理，对子公司的资产经营责任的监督和考核力度越来越大，集团总部管理层如果对众多的子公司财务信息无法实施有效的监督，将会导致财务信息失真。失效与失真的财务信息会导致企业集团财务战略失误。

二、企业集团财务战略的选择

1. **组织财务活动的战略选择**

（1）筹资战略的选择。筹资是企业准备必要的资金，是保证企业集团运转的起点。一般而言，企业集团包括核心企业、控股层企业、参股层企业和协作层企业四个层次。根据企业集团对各个层次的控制程度，分别赋予不同的筹资权限。重点是核心企业和控股层企业,由它们集中筹资,能够发挥集团的整体优势,增加在筹资中的谈判能力和经济实力,能更加经济、有效地实现资金的筹集。从企业实践情况来看,集团公司成立财务公司是一种比较有效的方式。企业集团通过财务公司对母、子公司的资金实行统存统贷、统一结算,并对资金的投放进行有效的监控,从而发挥集团资金的整体效益。对于第三层次,核心企业可以通过参加参股企业的董事会,通过股权表决适当地控制其筹资决策。对于第四层次,核心企业就没有权力干预其筹资活动,只能提出一些好的建议。

(2) 投资战略的选择。投资是企业集团财务管理的核心。企业集团应该处理好虚拟资本投资与实体资本投资、当前发展与可持续发展的关系。对于大多数企业集团而言,应以实体经济为基础,兼顾虚拟经济。对于控股子公司应以实体资本投资为主,大力发展主导产品,为企业集团创造利润来源。对于虚拟资本投资的投资权限应该收归到核心层的集团公司,以便更好地发挥控股公司的资源优势,实现虚拟经济对于企业集团的价值再造。在决策的过程中,应该坚持可持续发展的决策观,根据企业内外部环境的特点,分别采用扩张型投资战略、收缩型投资战略、稳固发展型投资战略,适时对集团内部产业结构和产品发展方向进行调整。

(3) 分配战略的选择。获取更大的经济利益是企业间相互结合的根本目的,对利益进行合理的分配是增强企业集团凝聚力的重要保证。分配的首要环节是通过税收的征纳实现企业集团与国家之间的利益划分。接下来的利益分配集中在企业集团内部,应以满足企业集团再投资资金需求后的剩余部分作为分配基础,以投资额和贡献度为标准分配,注意防止超额分配。值得关注的是,核心企业与协作企业没有资本关系,应完全从市场交易的角度按市场价格和预先定好的分配金额或比例进行收益划分。

2. 处理财务关系的战略选择

(1) 处理股东与债权人财务关系的战略选择。股东和债权人作为企业的外部出资者,其同为企业提供资金来源。股东通过收益分配和股票升值来获取收益,债权人通过约定的利息获取收益,其收益实现的基础都依赖于企业的经营。从这一点来说,股东和债权人有着共同的需求,但也有分歧。由于债权人不直接参与企业的经营管理,对企业的约束和控制弱于股东;加之企业集团规模巨大、层级关系复杂、业务多重交叉等特性,导致外部债权人的利益常常受到股东的侵犯,得不到很好的保障。因此,在强调股东和债权人各自利益的同时,有必要建立起短期与长期利益相结合的合作关系,解决财务冲突。一个重要的途径是通过财务控制权的相机配置,让债权人部分地分享企业的财务控制权。现实地看,银行是企业集团最重要的债权人,且银行与企业的关联度较其他债权人高,因此可借鉴美日银行与企业财务相协调的机制,将银行引入企业集团的财务治理机制中,且在条件成熟时,可实行银行与企业集团之间的人事结合。

(2) 处理股东与经营者财务关系的战略选择。在所有权与经营权分离的现代公司制企业中,股东与经营者之间的财务冲突几乎不可避免。由于激励不相容和信息不对称,企业存在"内部人控制"。经营者在处理企业事务中,往往会从自身利益出发而牺牲股东的利益,使股东承担其"道德风险"和"逆向选择"的损失。由于企业集团代理关系复杂,原始产权主体对法人产权主体的控制力减弱,因此企业集团"内部人控制"现象更加普遍。解决股东与经营者财务冲突的措施:一是对经营者设计有效的财务激励,包括工资、奖金、股份激励等方式。因为有效的报酬激励计划能够使经营者选择对股东有利的行动,从而最大限度地化解两者的冲突,并以最低的代价促进股东投资价值的实现。二是建立有效率的业绩评价制度以对经营者进行约束。有效率的评价体系应该能够将经营者个人业绩与企业业绩区分开,业绩评价指标的导向应该以利益相关者为基础。三是合理配置财权,强化出资人对于重大事项的决策权、对于人事的任免权、对于收益的分配权。

(3)处理母公司与子公司财务关系的战略选择。企业集团通过股权投资,层层控制,形成了母子公司之间复杂的组织关系;同时母子公司又都是独立的法人,有着各自独立的经济利益,因而母子公司之间必然会出现财务冲突。例如,大股东的虚假出资、利润操纵,尤其是许多上市公司被母公司掏空、被迫为母公司提供巨额担保等,这些都严重损害了上市公司利益。这主要是因为现阶段我国国有企业都是国家控股的,国有股"一股独大",股权集中度高,母公司作为大股东享有绝对控股权,易操纵子公司而导致不利于中小股东的局面。对于母子公司财务冲突的解决,应该合理界定母子公司之间的财务责任和财务利益,明确有所为有所不为。

三、企业集团财务战略管理的内容

与单个企业类似,企业集团财务战略主要包括对筹资、投资、利润分配等方面的未来设计。但在集团背景下,财务战略有着不同的层次划分,包括集团总部、事业部(子公司)和职能部门各自的财务战略内容。

1. 集团总部的财务战略

集团总部的财务战略,是集团最高管理层从集团整体角度制定的未来较长时期集团的投资、投资和利润分配战略。集团总部财务战略是集团企业战略的重要支持,体现了集团公司所有者的利益和目的。

考虑到企业集团管理总部的管理职能,集团总部的财务战略一般包括如下内容:

(1)建立和管理全局性的多种经营组合决策(如收购、强化现有经营项目的市场地位等)。企业集团管理有多种职能,其中首要职能是确定整个企业集团的战略发展重点和各个经营方向的组合,以实现既保证集团核心竞争力的发展,又使各个相关产业协调前进。为实现集团经营组合决策,财务战略还需要包括对增加、调整和减少的产业方向和规模确定实现的途径。

(2)建立投资项目的评价体系,将公司资源投入最有吸引力的投资机会。企业集团有多个经营产业,下属多个子公司,因此集团总部不可能对集团每一个投资项目都进行直接决策。因此,为保证集团投资的有效性,集团总部需要制定投资项目的评价体系,间接控制集团投资战略的落实。例如,某集团公司总部为控制集团下属子公司投资,制定了投资项目评价体系,如表2.1所示。

表2.1 某集团公司投资评价指标体系

评价指标	评价指标可行标准
内含报酬率	≥12%
对现有产品的市场影响	对其他现有产品销售收入的减损不超过其年收入的30%

（续表）

评价指标	评价指标可行标准
行业相关度	只限于集团发展战略规定的方向
回收期	不超过 10 年
目前人力资源储备情况	主要技术骨干已经具备,管理人员能够在建设期结束时完成配备

（3）对事业部(子公司)战略进行评价,修正或统筹各事业部(子公司)财务战略。企业集团的各个事业部(子公司)具有相对独立的经济利益,它们会根据本部门情况确定自身的发展战略。它们提出的发展战略有可能与整个集团的要求不符合,因此集团需要对事业部(子公司)的战略进行评价和修正。

（4）确定整个集团未来的资金筹集总量和资本结构。在集团企业中,下属企业一般不具备独立的对外筹集资金的权力,因此如何从外部筹集资金保证集团发展需要就成为集团财务战略的一个重要问题。企业集团确定筹资战略时,需要考虑的主要是筹资总量和资本结构。筹资总量的确定需要考虑公司整体发展战略和下属单位未来的投资安排情况,而资本结构的确定需要考虑公司下属子公司股权结构安排、筹资方式和最优资本结构的要求。

2. 事业部(子公司)财务战略

事业部(子公司)财务战略是事业部(子公司)负责人为实现本部门的战略目标而制定的财务战略。受事业部(子公司)在管理权限和工作内容上的限制,其财务战略具有如下特征:

（1）服从于集团总部财务战略,为本部门战略目标的实现提供支持。事业部(子公司)负责人在制定财务战略时,首先要根据集团总部确定的筹资规划,估算集团对本部门可能投入的资金。在此基础上,根据本部门发展战略,确定本部门的具体投资规划。

（2）事业部的财务战略以投资战略为主。从事业部角度说,资本筹集是集团总部的主要任务,而利润分配则是股东和董事会的职责,事业部经理主要负责投资项目的规划和落实,因此投资战略成为事业部的主要财务战略。此外,事业部的财务战略还可能包括:未来营运资金管理的指导思想、未来的盈余预测等。

（3）事业部财务战略更具体、详细。由于事业部是企业战略的执行部门,因此事业部的财务战略应比总部的财务战略更详细具体。一般来说,集团总部的财务战略可能是总额控制,包括投资总额、资本筹集总额等,而事业部的财务战略需要具体落实到项目、执行时间和具体数额。

3. 职能部门的财务战略

在企业集团中,具有财务战略的职能部门一般是总部的职能部门。职能部门在企业集团的战略管理中主要起支持作用,因此除集团财务部门外,大部分职能部门的财务战略主要在于确定本部门未来一段时期主要工作以及相应的费用预算。集团财务部门的财务战略比较特殊,除本部门的费用预算外,还要考虑未来集团财务管理的思想、制度,进行财务管理体制的设计。

2.2 企业集团的组织结构

2.2.1 企业组织结构概述

组织分为作为名词的组织(organization)和作为动词的组织(organizing)。作为名词的组织是指一个自觉协调的社会单元,它是由两个或两个以上的人所构成,用以实现一个或一组目标。作为动词的组织是指决定执行什么任务,由谁去做,任务如何组合,谁向谁报告,决策在哪里作出[5]。

组织结构(organization structure)是为了完成组织目标而设计的,组织内各构成要素以及他们之间的相互关系[6]。企业组织结构是企业全体员工为实现企业目标,在工作中进行分工协作,在职务范围、责任、权力方面所形成的结构体系。这个结构体系的内容主要包括:

(1) 层次结构,即各管理层次的构成,又称组织的纵向结构,它决定了组织中的正式报告关系、管理层级的数目(管理层次)和主管人员的管理幅度。管理层次与管理幅度成反比。在组织规模一定情况下,管理幅度越大,管理层次越少。

(2) 部门结构,即各管理部门的构成,又称组织的横向结构,它决定了个体组合成部门、部门再组合成整个组织的方式。部门划分常用的方法有:按人数划分、按时间划分、按职能划分、按地区划分、按服务对象划分等。

(3) 职能结构,即完成企业目标所需的各项业务工作关系。

(4) 职权结构,即各层次、各部门在权力和责任方面的分工及相互关系[7]。

它不仅包括组织的结构框架,而且包括确保跨部门沟通、协作与力量整合的制度设计。一个理想的组织结构应该鼓励成员在必要的时间和地点通过横向联系提供共享信息和协调[8]。

企业组织结构通常可以用组织结构图来表示。组织结构图是有关组织的正式职权和联系网络的描述图表,它是对组织关系的一种静态描述或者说是一种抽象的模型,如图2.1所示。

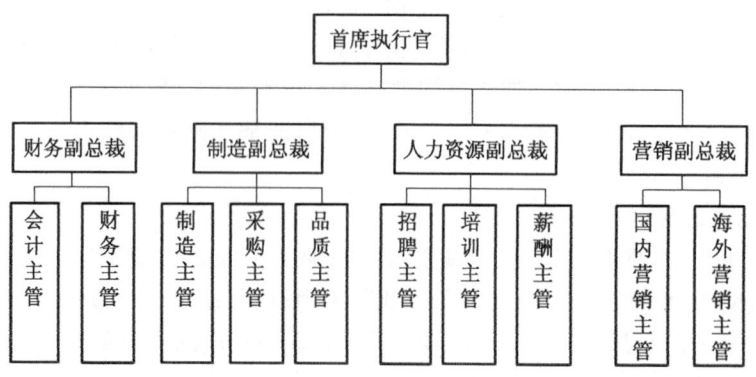

图2.1 组织结构示意图

组织结构多种多样,常见的组织结构包括简单结构、U 型结构、M 型结构、H 型结构及其他结构。

一、简单结构

这是一种低复杂性、低正规化和职权高度集中的组织结构,在小企业中广泛应用。这种组织结构扁平,仅有两三个纵向层次,员工队伍松散,决策集中于一人,其组织结构如图 2.2 所示。

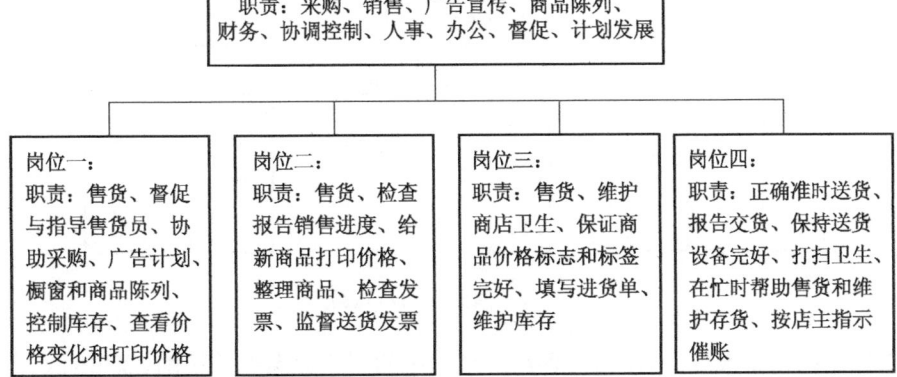

图 2.2 简单组织结构示意图[7]

这种组织结构的优点是:结构简单、权力集中、指挥统一、决策迅速。其缺点是:

(1) 由于直线指挥与职能管理不分,管理权限高度集中。

(2) 各层领导机构实行综合管理,无专业化分工,不易提高专业管理水平。

(3) 在层次较多的情况下,横向信息沟通较困难[7]。

这种组织结构,由于受多种因素的限制,企业的规模不可能很大,只适于小型企业。业主制的商品流通企业通常采用这种组织结构形式,如专卖店、便利店等。

二、U 型结构

U 是英文“unitary”的缩写,其基本含义是“单一的”。U 型结构(unitary structure)是以权力集中于企业高层为特征的功能垂直型结构。在 U 型结构的公司中,企业的生产经营活动按照功能等被分成若干垂直管理的系统,每个系统又直接由企业最高机关和领导指挥,实行高度集权的决策管理和财务管理。企业内部的各个工厂及部门,不是自负盈亏的经济实体,只负责一定的经济核算,只有整个企业才是独立的利润核算单位。企业的资金运用、投资决策、营销策略、技术开发等,都是由总部控制的[9]。

U 型结构最早是在 1892 年成立的通用电气公司发展起来的。它是在吸收了由铁路发展起来的高阶层管理方法和由家族式企业发展起来的中阶层管理方法的基础上综合而成的。经过一段时期的发展,到第一次世界大战前,杜邦公司的 U 型结构发展到达了该组织发展的鼎盛时期。1917 年,U 型结构已经成为美国制造业最为流行的企业组织制度,当时美国最大的 236 家公司中有 80% 以上采用了这种组织制度[10]。U 型结构是现代公司早期占主体地位的组织结构,主要的形态有直线制、职能制、直线职能制。

1. 直线结构

在直线结构(line structure)中,各基层单位之间的全部相互联系都置于一条渠道上,如图 2.3 所示。在直线组织中,每一个部下只有一个顶头上司,在一个环节上可以通观下属单位所发生的各种问题的全貌[11]。直线组织的特点是有数级领导。

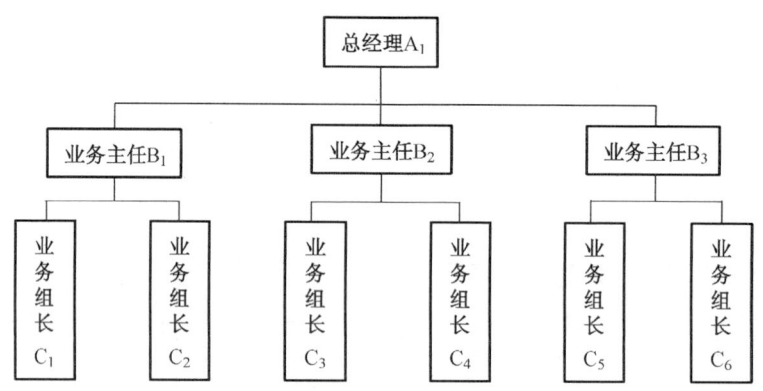

图 2.3　直线结构示意图

直线结构是有效率的,因为这种组织结构中的相互关系十分精确,简单明了。正因如此,数千年来在各种社会管理系统中都存在直线组织结构:生产的、军事的、宗教的、政治的等。

但是直线结构也有严重的缺点,即缺乏专家和良好的信息。比如:业务组长 C_1 和业务组长 C_5 需要协调,必须由总经理 A_1 发布命令,而且必须通过业务主任 B_1 和业务主任 B_3,即命令必须经过系统中的各个层次。在这种组织中,每个组织单元均不能独立完成商务活动,而需要得到来其他组织单元的配合。各单元的功能则需要公司的总经理来协调,总经理要接受并处理来自各个组织单元的各种信息。信息传递很慢,而且在从一级转入另一级时往往失真。另外,直接结构最严重的问题是:领导对所属各个环节工作中各方面问题必须是内行。基于这些原因可以得出结论,即管理活动内容简单者可以采用直线结构,而且组织的一般成员承担的职责要相差不多。如果命令和信息量不太大,这个组织结构是有效率的。

2. 职能结构

在职能结构(functional structure)中,组织从下至上按照相同的职能将各种活动组合起来。所有的工程师安排在工程部门中,主管工程的副总裁负责所有的工程活动。财务、制造、人力资源管理、营销、研究开发等的组织也作同样安排,如图 2.1 所示。

职能结构是将所有与特定活动相关的人的知识和技能合并在一起,从而为组织提供纵深的知识。当深度技能对于组织目标的实现至为重要,或者当组织需要通过纵向层级链进行控制和协调时,以及当效率是成功的关键因素的时候,职能结构是最佳模式。换句话说,在横向协调需要量较少的情况下,这种结构可以是相当有效的。

职能结构的优点是:它促进了职能领域内规模经济的实现,有利于知识和技能向纵深发展,促进组织实现其职能目标。它最适用于只有一种或少数几种产品的组织。

职能结构的缺点是:部门间横向协调差,决策堆积于高层,层级链出现超载。这可能导致企业对外部环境的反应迟缓。因为外部环境反应需要跨部门的协调。另外,由于横向协调差,也可能导致创新乏力,每位员工对组织总目标的认识有限。

3. 直线职能结构

直线职能结构(line-functional structure)亦称直线参谋结构,它将领导人直接指挥和职能人员的业务指导相结合,并具有直线结构和职能结构的优点,一方面保持了直线结构领导、统一指挥的优点,另一方面又吸收了职能结构专业化的长处,其组织结构如图 2.4 所示。

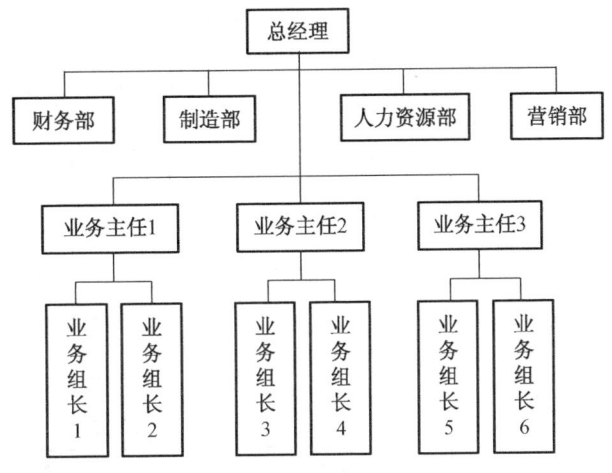

图 2.4　直线职能结构示意图

直线职能结构的特征是:第一,将公司的计划管理职能与执行机构分开,设立若干职能参谋部门,以协助执行机构制定经营计划、提供决策支持;但职能部门没有直接的指挥权力。第二,职能管理部门与业务执行机构,均由总经理直接指挥和协调。第三,对规模较大的公司实行"例外原则",即公司领导对日常事务授权下级管理人员处理,而保留对例外事项、重要事项的决策权和监督权。

直线职能制的优点是:第一,可以确保高层管理者维护企业基本活动的权力与威望。第二,符合业务专业化原则,使人力资源的利用更为有效。第三,有利于专业管理部门之间的统一与协调。第四,职能专业化减轻了主管部门经理被日常事务所缠绕的负担。第五,可以调动各职能部门的积极性。

直线职能制的缺点是:第一,权力集中在最高管理层,职能部门缺乏必要的自主权。第二,各职能部门之间的横向协调性差,容易产生本位主义。第三,企业信息传递路线长,容易造成信息丢失或失真,对环境变化反应迟缓。

综上所述,U 型结构的优点是:权力集中统一,各部门之间协调性较好,总部直接控制和调动资源,能够将有限的资源集中用于效益较好的一些项目。这种企业结构在 19 世纪末至 20 世纪初相当普遍,许多著名的大公司,如杜邦、通用汽车、通用电气等,都采用了 U 型结构。

但是,U 型结构也有一定的缺陷,主要表现在两个方面:第一,本来应负责长远资源配置的高级经理,由于处理日常经营的负担越来越重,缺乏精力考虑长远的战略发展。任何需求的急剧变化,都会在每个阶段上造成存货的过剩或短缺。第二,由于行政机关越来越庞大,各部门的协调越来越困难,造成企业运转不灵,造成信息和管理成本上升,难以有效地进行产品创新和市场开发[9]。因此,这种组织结构的主导地位逐步让位于 M 型结构。

三、M 型结构

M 是"multidivisional"的缩写,其基本含义是"多个部门的,多元的"。M 型结构(multidivisional structure)即多部制结构,是以总部与各事业部分权为特征的组织结构,又可以分为事业部结构和矩阵结构。

1. 事业部结构

事业部结构(divisional structure)也称产品部结构或战略经营单位[8],是在总经理领导下,按照产品(服务)、地区、客户等设立事业部。各事业部具有相对独立的权力和责任,是相对独立的利润中心。事业部结构与职能结构的区别如图 2.5 所示。

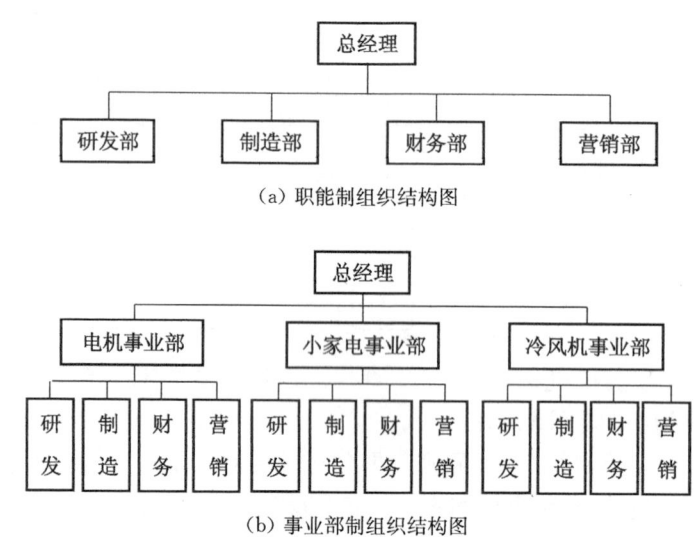

（a）职能制组织结构图

（b）事业部制组织结构图

图 2.5　事业部制与职能制组织结构对比图

事业部在总经理的领导下,依据企业的战略方针和决策实行分权化的独立经营。各事业部作为利润中心,实行独立的财务核算,总部一般按事业部的盈利多少决定对事业部的奖惩。但事业部的独立性是相对的,不是独立的法人,只是总部的一个分支机构,企业战略方针的确定和重大决策集中在总经理。它的利润是依赖于公司总部的政策计算的。在人事政策、形象设计、价格管理和投资决策方面一般没有大的自主权。事业部内部通常又是一个 U 型结构[7]。

事业部结构诞生于 20 世纪 20 年代,虽由杜邦公司开始尝试,但正式推出却是由杜邦控制的通用汽车公司完成。当时,在世界性经济衰退冲击下面临破产的通用公司大胆改革,推行由管理专家斯隆提出的事业部结构,将政策制定与行政管理分开,分散经营和协调管理相结合。企业经营迅速改观,随后各大公司纷纷仿效。由于事业部制由斯隆发明,故又称"斯隆模式"。据统计,到 1969 年,美国的 500 家大公司中,有 380 家以不同方式采用通用的事业部制结构;在日本,约有 50% 的大公司采用了事业部制[12]。

划分事业部的方法通常有"纵切法""横切法"和"混切法"三种。纵切法是按不同的产品、地区或客户划分为若干自主经营的事业单位,各自拥有完整的业务价值链,其一般模式为：

  ——A 产品事业部

  ——B 产品事业部

  ——C 产品事业部

  ……

纵切法是切割事业部的经典方式。广东美的电器股份有限公司(000527)截至 2009 年的事业部即采用此划分方法,其组织结构图如图 2.6 所示。

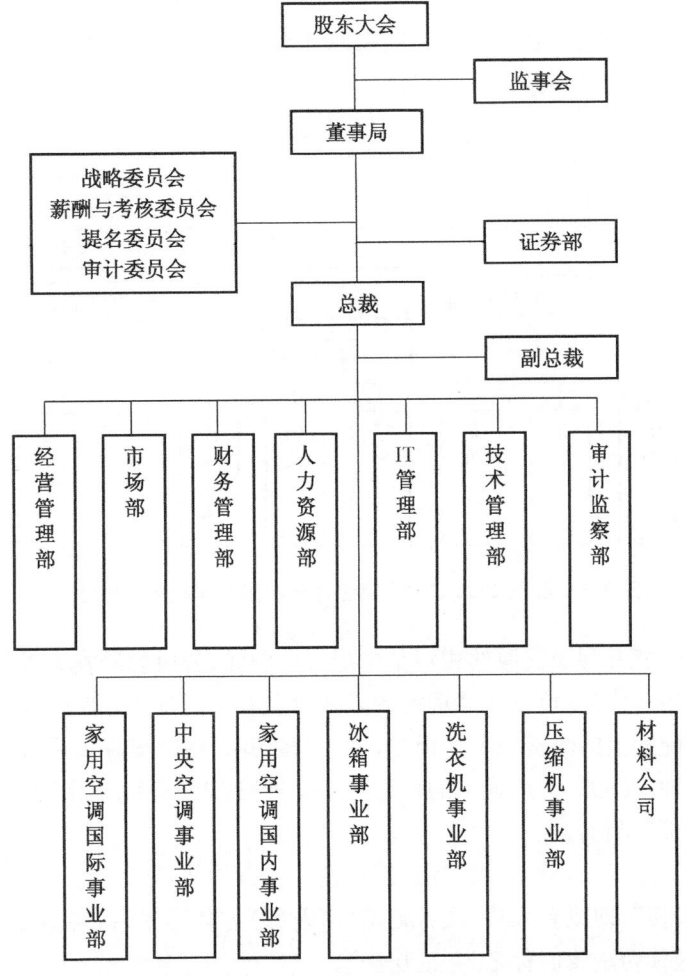

图 2.6　截至 2009 年广东美的电器股份有限公司组织结构图[13]

采用纵切法划分的事业部价值链完整。从产品研发、原料采购、生产制造、市场营销"一条龙",各事业部均自成体系,减少了事业部之间的内部核算关系,有利于调动各事业部的积极性、强化其责任心,有利于事业部之间的公平竞争。但是,这种事业部切割方式资源重复配置问题突出。各事业部在生产平台、营销网络和研发队伍上均自成一体,资源浪费现象非常突出,以至于令人难以容忍。因而,真正实行"纵切法"事业部制的集团公司非常少见[12]。

鉴于"纵切法"资源浪费现象,很多的集团公司是将(一部分)业务价值链横向切断,由集团公司设置统一的平台,以便实现资源共享,即"横切法"。

"横切法"的一般模式是:

——研发事业部

——采购事业部

——生产事业部

——营销事业部

……

中兴通讯股份有限公司(000063)的事业部主要采用"横切法",其截至 2008 年年末的组织结构图如图 2.7 所示。

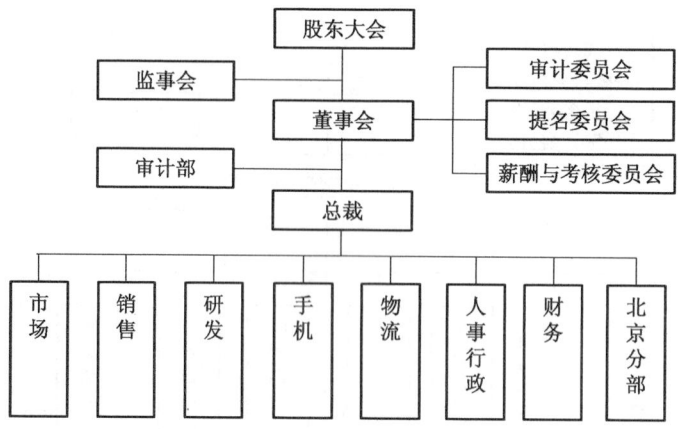

图 2.7　截至 2008 年中兴通讯股份有限公司组织结构图[14]

采用"横切法"有利于资源的相对集中配置。例如,公司的研发力量相对集中,比分散到各事业部更具优势;负责产品销售的外地分公司或办事处,均由销售事业部管理,不会出现资源配置上的浪费现象。但是,采用"横切法"内部核算关系较多,有可能影响事业部的独立性。例如,生产成本的核算受采购价格影响很大,但采购价格又不是生产事业部所能直接控制的。

根据企业实际特点,结合"纵切法""横切法"各自优势,在以"纵切"为主的同时,辅之以一定的"横切",即或者采购、或者营销(事业部)为共享平台,各事业部为不完整的产品事业部,这种切法我们称之为"混切法"。

"混切法"的一般模式为:

——采购事业部

——A 产品事业部(研发、生产与销售)

——B 产品事业部(研发、生产与销售)

——C 产品事业部(研发、生产与销售)

……

或者:

　　——营销事业部

　　——A 产品事业部(研发、生产与采购)

　　——B 产品事业部(研发、生产与采购)

　　——C 产品事业部(研发、生产与采购)

　　……

　　美的集团有限公司(000063)2009 年以后的事业部采用此类方式切割,其截至 2013 年 9 月末的组织结构图如图 2.8 所示。

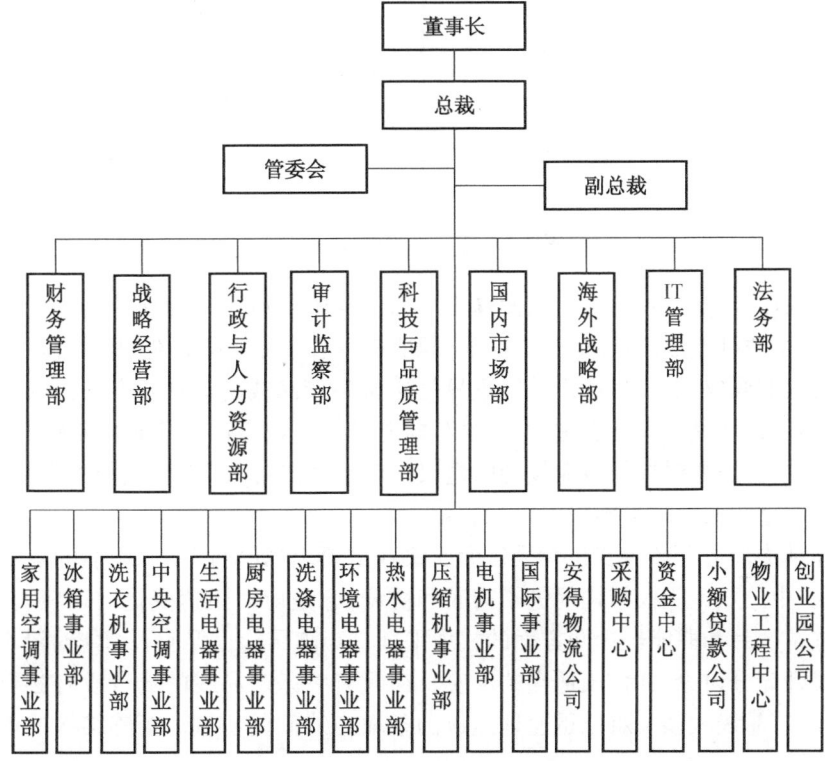

图 2.8　截至 2013 年 9 月末美的集团股份有限公司组织结构图[15]

　　采用"混切法",有利于共享采购或销售等平台,实现资源共享;有利于对规模不够、资源配置较弱的事业部进行扶植。但是,因其有一定的内部核算关系,也可能影响事业部的独立性。

　　2. 矩阵结构

　　从"混切法"到矩阵结构只有一步之遥,按业务流程"横切"与按业务性质"纵切"进行交叉切割,便产生了矩阵结构,其典型组织结构图如图 2.9 所示。

　　矩阵结构同时使用产品事业部(横向的)和职能(纵向的)结构。产品经理和职能经理在组织内拥有同等的权力,员工们同时向他们报告工作。

　　矩阵结构是在传统纵向层级链的基础上正式配备横向的团队,并设法保持两条线上权利的平衡。然而,这种矩阵可能发生某种变形。许多公司发现,由于矩阵结构中某

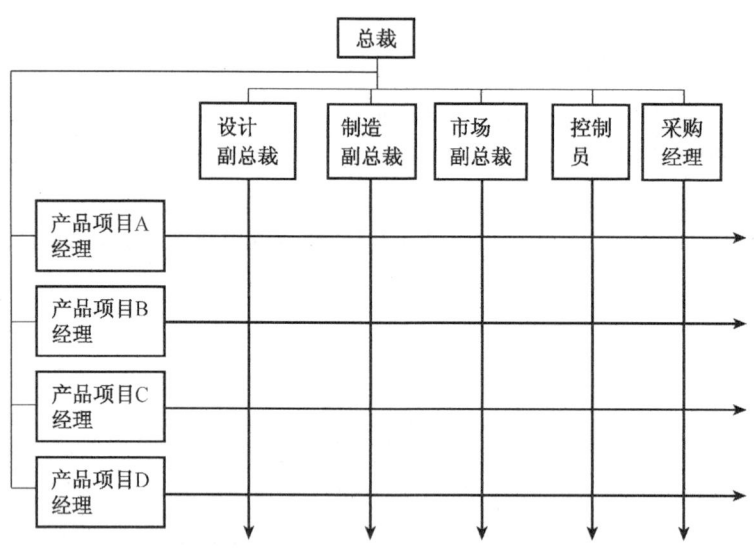

图 2.9 矩阵结构的双重职权

一边的职权可能强于另一边,从而使真正平衡的矩阵难以推行和保持。认识到这一倾向,发展出了两种变形的矩阵型结构——职能矩阵和产品矩阵。在职能矩阵中,职能经理拥有更大的职权,而项目或产品经理只是协调各产品线的活动。产品矩阵中的情形则相反,项目或产品经理拥有更大的职权,职能经理只是将有专门技术的人员分派到各个项目中,并在需要时提供专业技能的建议。对于许多组织来说,这其中某种变形的结构可能比双重职权线的平衡矩阵更为有效[8]。

矩阵结构最适合环境变化大且目标反映双重要求(如对产品和职能的双重目标要求)的组织中。双重职权结构促进了沟通和协调,它是应对迅速变化的环境所必需的。它还促进了产品和职能经理两方面的权力平衡。矩阵结构也促使人们能对没有预见到的问题展开充分讨论,并作出适当的反应。在只有一条产品线的场合没有必要使用矩阵结构,而产品线太多又难以迅速地达成两条权力线间的协调。矩阵结构的优缺点如表2.2所示。

表 2.2 矩阵结构的优缺点

优　　点	缺　　点
(1) 满足顾客所提出的双重要求	(1) 导致员工面临双重的职权关系,容易产生无所适从和混乱感
(2) 促使人力资源在多种产品线之间得到灵活的共享	(2) 需要员工具有良好的人际技能
(3) 适应不确定性环境中频繁变化和复杂决策的需要	(3) 耗费时间,需要频繁开会协调及讨论冲突解决方案
(4) 为职能和产品两方面技能的发展提供了机会	(4) 需要管理者适应矩阵结构对信息和权力共享的要求
(5) 横向信息沟通容易	(5) 需要做出很大努力来维持权力的平衡
(6) 最适于拥有多种产品线的中等规模的组织	(6) 缺乏稳定性

矩阵结构的优点是：它使组织能满足顾客所提出的双重要求。资源（人力、设备）可以在不同产品线之间灵活分配，这样组织就能很好适应不断变化的外界要求。这种结构还给员工提供了根据自己的兴趣获取职能技能或一般管理技能的机会。

矩阵结构的缺点是：有些员工面临双重的职权关系，容易产生无所适从和混乱感。他们需要高超的人际技能和解决冲突的能力，而这可能需要专门的人际关系训练才能获得。矩阵结构也迫使管理者将大量时间耗费在开会协调上。而且，如果管理者不能适应矩阵结构对信息和权力共享的要求，这一体制也难以奏效。管理者在制定决策中必须相互精诚合作，而不是依赖纵向的职权[8]。

矩阵结构出现于 20 世纪 50 年代，由美国洛克希德飞机公司、休斯飞机公司率先采用[12]。医院、咨询公司、保险公司、政府机构和许多类别的工业企业，都有使用矩阵结构的经验。IBM 公司、联合利华公司（Uniliver）和匹兹堡世界钢铁公司（Worldwide Steel）已经成功地使用了矩阵结构。世界钢铁公司的矩阵结构如图 2.10 所示。

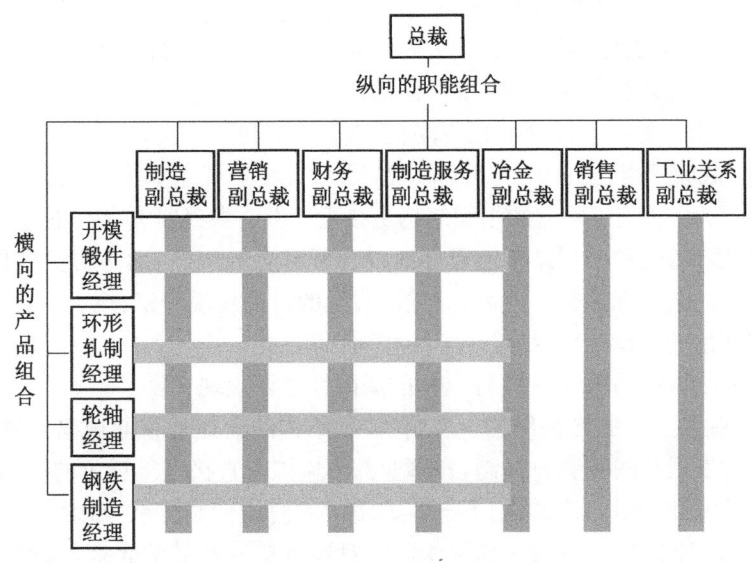

图 2.10　世界钢铁公司的矩阵结构

世界钢铁公司有 4 个产品线：开模锻件、环形轧制产品、车轮和车轴以及钢铁制造。每个产品线的业务经理均被授予一定的权责，包括为各自负责的产品线制定业务计划，设定产品成本、库存以及毛利率方面的目标。这些产品线业务经理拥有达成这些目标所需的职权，同时他们要确保所负责的产品线获利。职能副总裁则负责该职能相关的技术决策。职能经理要跟踪了解其专业领域的最新技术动态，对他们手下的人员进行新技术培训并使这些新技术能应用于各产品线。世界钢铁公司每月会接到约两万种特殊钢及几百种新品种的订单，因此，职能人员的技能必须能保持与技术发展趋势的同步。因为现场销售和工业关系这两个职能部门是独立运作的，因此它们没有纳入到矩阵结构中。这样，最终的设计就是一个具有矩阵和职能两类关系的混合矩阵结构[8]。

从某种意义上来讲，矩阵结构是在直线职能制的基础上，再建立一套横向的组织系统,两者结合而形成一个矩阵。将其视为企业内部的一种管理网络更合适一些,因为矩阵结构工作小组是随规划目标的存在而存在的,不是一种常设性组织机构或部门,缺乏稳定性,这就是矩阵结构迟迟不能成为集团化公司主流组织模式的重要原因。

3. M型结构的特点及局限性

(1) M型结构的特点。M型结构的最大特点是试图将市场机制引入企业,将按计划机制分配资源与按价格机制分配资源这两种资源配置方式的优点结合起来。企业的业务根据产品、服务、客户类型或地区的不同,划分为若干个事业部,公司总部授予事业部以很大的经营自主权;各个事业部下设立自己的职能部门,能够像独立的企业那样根据市场情况自主经营、自负盈亏,企业总部则从繁重的日常经营管理活动中解脱出来,集中精力策划企业长期战略发展战略。简而言之,一个M型公司相当于多个U型公司。

钱德勒将M型公司的起点确定在20世纪40年代。威廉姆森将这类公司的特点概括为以下几点:①经营决策由基本独立的分部各自作出。②直接附属于总部的所谓"精英集团",通过提供参谋和审计等方式,协助总部对分部进行控制。③总部负责战略决策或长期发展规划和目标,只注重总体的绩效,不直接过问各分部的绩效。④由于M型结构有着很好的协同性,因而更有利于追求总的利润最大化。

1975年,威廉姆森还提出了M型假说:M型大企业的组织和运营,在目标的追求和最低成本行为方面,比U型的组织结构更接近于新古典经济学关于企业利润最大化目标的假定,因而,这种公司结构能更好地符合所有者的偏好,而不再更多地朝着有利于职业经理的复杂目标靠拢。此后,对这一假说的讨论众说纷纭,莫衷一是。很多人还做了许多实证性的检验工作,结论也不尽相同[9]。

(2) M型结构的局限性。M性结构的局限性主要表现在:

第一,要有多元化的产品结构。实行M型结构的前提是企业规模经营后,不同产品需要独立的发展空间和竞争体制,各事业部不应该有直接重复竞争的产品或市场,否则会产生内部恶性竞争。例如,松下电器集团中的商用传真机和家用传真机两个事业部的市场雷同,无法区分,导致了恶性竞争。对经营单一产品的企业,虽然也可按销售地域或客户划分为不同的事业部,但其实质还是一种分公司体制,在放权程度上与M型结构不能相提并论。

第二,产业领域跨度不能太大。既然要让各分部之间相互公平竞争,其间就要有相应的可比性,企业经营范围就不能过于分散。换言之,电视机、冰箱与空调之间可以按事业部制进行管理,但房地产、金融证券和生物制药等之间的产业领域跨度过大,投资经营模式和行业利润率明显不同。在相当程度上讲,M型结构仅适用于单一产业结构的经营体制。

第三,投资地域分布不能太广。出于地域文化和社会资源的不同,集团公司对国内不同地区的业务单位,一般难以完全按M型结构进行管控;跨国公司更是如此,出于所在国的法律政策、人文环境等方面的限制,往往需要与当地企业进行合资来开展业务。

国内不少多元化投资经营的集团公司,进行M型组织变革之所以不成功,往往就是以上方面因素所限。因此我们需要研究和考虑H型结构了。

四、H 型结构

1. H 型结构的含义

H 型结构(holding structure)也称母子公司制、子公司制或控股制,是在公司总部下设若干个子公司,公司总部作为母公司对子公司进行控股,承担有限责任,从而限制经营风险。H 型结构是公司内部分权的一种组织形式,是一种比 M 型结构更为分权的组织结构,其组织结构如图 2.11 所示。

以中集集团[China International Marine Containers(Group) co. LTD, CIMC]为例,截至 2011 年 12 月 31 日,纳入合并范围的子公司共计约 284 家。中集集团主要控股公司包括集装箱业务的 60 余家控股子公司、道路运输车辆业务近 80 家控股

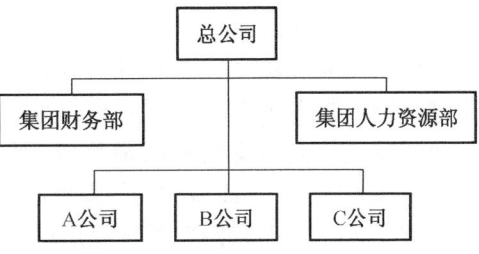

图 2.11　H 型结构组织结构示意图[7]

子公司、能源化工食品装备业务 30 家子公司、空港设备 1 家子公司、铁路货运装备 1 家子公司、物流装备与服务 4 家子公司、海洋工程 3 家、房地产 13 家、金融产业 4 家、其他产业 13 家[16]。

H 型结构与 M 型结构的不同之处是:在 M 型结构中,各个事业部虽然拥有很大的权力,但不具有法人资格;而在 H 型结构中,已经不是一个独立的公司法人,而是多个企业法人的组合,其中总公司处于控股地位,是权力的中心,各个子公司或分公司具有法人地位,拥有比事业部更大的权力。总公司对子公司的投资承担有限责任,风险得到限制。子公司可分布在完全不同的行业,有利于分散总公司的财务风险[9]。同时,子公司经理层也有较强的责任感和经营积极性。

但是,总公司对子公司的决策影响必须经子公司的股东会或董事会的讨论通过,投入和调出资源均受到一定的限制,监督和控制也比较间接[9]。母公司对各子公司绩效的评价能力和资源调配能力有限,各子公司的投机倾向较为严重,具体表现为子公司对各自收入有占先权,往往不愿将利润上交母公司,而是过度进行再投资;各子公司有可能从跨子公司的利润转移中得到好处,从而避免市场监督;各子公司的经营可能会相互庇护,出现局部决策情形[12]。由于子公司的独立性强,如果缺乏有效的总体战略的联系和协调,有可能使资源的整体性和战略性运作遇到困难。

2. 采用 H 型结构的动因

采取 H 型结构的动因,一般不外乎以下方面:

(1) 为了介入有一定政策和法律限制的特殊市场和地区,如我国对汽车行业限制较多,境外跨国公司必须与国内汽车企业合资或合作。

(2) 为了在收购、兼并中与竞争对手达成一致,或有效控制购并成本,而为被购并方保留一定(参)股权。

(3) 为了迅速进入新的事业领域或支配更多的社会资源,而通过优势互补的方式合资控股。

(4) 为了合理避税,或规避经营及法律风险而设立子公司。

（5）大型国企为了股份制改造、推行现代企业制度，将全资附属企业改组为控股子公司[12]。

根据钱德勒的描述，H型结构较多地出现于由横向合并而形成的公司中。横向合并（horizontal integration）亦称水平式合并。生产和销售相同或相似产品，或经营相似业务、提供相同劳务的企业间的合并，如美国波音飞机制造公司与麦道飞机制造公司的合并，法国雷诺汽车制造公司与瑞典伏尔加汽车制造公司的合并，均属横向合并。H型结构在美国本来并不普及，第一次世界大战前，大型工业公司极少利用H型结构来管理。但在欧洲，H型结构却被广泛采用。在英国，在M型结构没有充分发展的场合，H型结构是控制分支机构的最普遍的形式。德国还专门出台了关于控股公司的法规——康采恩法，对H型结构的发展起了积极的促进作用。

到了20世纪60年代，美国经历第三次并购浪潮，出现大量混合型企业，大都采取H型结构，经营从制造业到旅游、餐饮业等完全不同的行业。但是，美国H型结构的实践并不成功。混合型企业往往缺乏战略优势和凝聚力，难以适应高强度竞争。不少实证研究还显示，20世纪60年代以来，美国的H型企业突出主业经营，开始纷纷卖掉它们难以驾驭的一些不相关的产业单元，而另外一些H型企业则向M型企业转化[17]。

3. H型结构成功的关键——控制力

H型结构成功的关键在于集团公司的控制力。自身缺乏核心竞争力的集团公司，很难驾驭子公司。集团公司的真正核心竞争力，就是对子公司及关联企业的控制管理水平。子公司的经营领域跨度越大，对母公司的控制能力要求就越高。一般而言，控股方的控制地位表现在以下方面：

（1）最大的业务控制权。不仅涉及利润的分享，更涉及产品形象和产销等方面的控制。

（2）最高主管的任命权。

（3）确保经营政策符合投资者利益。

（4）有利的股权交易价格。在股价计算上，卖方常要求包括商誉的折价；买方也可以要求分期支付，甚至约定当年度税后净利润达到某一水准后才予以支付。

（5）促进技术的转让。拥有技术等知识产权的一方，往往要取得实际控股权后才愿意转让技术；只有实际控股，才可有更多的获利渠道。

拥有控制力不仅要占据关键岗位，更重要的是要保证贯彻母公司的战略意图和部署。相应的体制性保证措施可以包括：

（1）在合资协议、公司章程中，利用法律形式争取保证自身最大权益。对被定义为重大事项的决策问题，均须合资双方或足够比例的持股股东通过，保持尽可能多的否决权。

（2）尽可能地将（绝对）控股子公司纳入事业部管理体制，如深圳万科集团公司，其控股的天津万科公司和香港银都公司，其他股东方均愿意将企业交由万科相应的房地产事业部管辖。

（3）建立健全公司法人治理结构，完善产权代表制度，提供贯彻母公司战略部署的组织保证。产权代表是指出资方（股东）向被投资企业（合资公司）委派的高层管理人员,他们负有贯彻执行出资方战略部署、维护出资方合法权益的义务。一般而言,外派的董事、监事、正副总经理及财务经理等关键岗位人员,均被列入产权代表的范畴[12]。

五、其他结构

1. 虚拟组织结构

虚拟组织结构(也称网络结构、N 型结构),是一种以项目为中心,通过与其他组织建立研发、生产制造、营销等业务合同网,有效发挥核心业务专长的协作组织形式。

虚拟组织有时也被称为"动态网络组织""虚拟公司"或"影子公司",它是产业合作网络中具有代表性的一种经营形式,是企业在组织上突破有形的界限,虽有生产、设计、销售、市场、财务等完整的功能,但企业体内却没有完整的执行这些功能的组织。这是一种只有很小的中心组织的结构,以合同为基础,依靠其他组织进行制造、销售等非关键业务,自己从事擅长的核心业务,也即供应链管理。

企业在有限的资源背景下,为了取得竞争中的最大优势,仅保留企业中最关键的功能,而将其他的功能虚拟化,其目的是在竞争中最大效率地发挥企业有限的资源优势,进而创造企业本身的竞争优势。

这种组织结构的优点是具有灵活性和柔性,便于整合各种资源,组织结构简单、精炼、高效。缺点是可控性差、设计上的创新很容易被窃取。

虚拟结构是小型组织的一种可行的选择,也是大型企业集团在联结松散层企业时通常采用的组织结构类型。

2. 任务小组结构

任务小组结构是一种为了完成某项特定的明确规定的复杂任务而临时组成的组织结构形式。这是一种临时结构,成员具有流动性和不确定性,需要组织的其他单位人员参与。任务完成后,小组自行解散。任务小组最大的特点是灵活性,常常在组织中有些重要任务具有特定的期限和工作绩效标准或者任务是独特不常见的,需要跨职能界限的专门技能时使用。

3. 委员会结构

委员会结构是由一些具有丰富经验和知识背景的专家跨部门组成的一种组织结构。它既可以是临时性的,也可以是长久性的。前者类似于任务小组,后者具有稳定性和持久性。委员会可以是正式的,也可以是非正式的。这种组织结构将交叉职能部门的人组织在一起解决问题。这些不同经验、背景的人聚集在一起,跨越职能界限处理问题[7]。委员会结构最大的优点是灵活性,往往在组织需要跨越职能界限的专门技能时使用。

4. 超事业部结构

在 M 型结构的基础上,在公司总部和事业部之间增加一个管理层级,增加的这个管理层级被称之为执行事业部或超事业部。这种模式是为了克服 M 型结构各事业部的本位主义,加强总部对各事业部的有效控制。实际上是分权基础上的一种集权。

5. 多维组织结构

多维组织结构也称主体组织结构,是在事业部制结构的基础上发展起来的。它是由事业部、职能机构、地区等多种因素构成的一种组织结构,如图 2.12 所示。

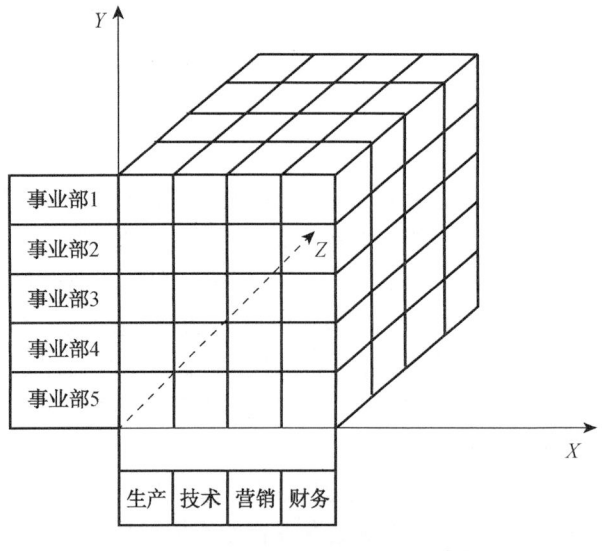

图 2.12　多维组织结构图[17]

多维组织结构由三方面的管理系统组成:①纵轴(Y 轴)是按产品划分的事业部,是产品的利润中心;②横轴(X 轴)是按职能划分的参谋机构,是专业成本中心;③Z 轴是按地区划分的管理机构,是地区的利润中心。每一个方格作为一个成本中心,每一行方格的总和构成利润中心,每几行相关的事业部构成战略中心。

在多维制组织结构中,由事业部经理、专业参谋机构与地区部门的代表三方面共同组成的产品事业委员会,负责管理各类产品的产销工作,有关的决策也由三方共同协调,事业部经理不能单独作出决定。这样就把产品事业部经理和地区经理以利润为中心的管理,与参谋部门以成本为中心的管理较好地结合起来,从而有利于加强各方面的协作,密切各方之间的相互联系,能充分协调事业部和参谋部的意见,能充分了解各方面的情况,作出正确的战略决策。该组织结构一般适用于集团公司或跨国公司[17]。

2.2.2　企业集团的组织结构

一、企业集团组织结构的主要类型

企业集团通常选用的组织结构有三种,分别是:U 型结构、M 型结构和 H 型结构,如图 2.13 所示。

这三种组织结构类型所适用的业务种类、集权程度是不同的:U 型结构对下属机构的控制能力较强,权力也较为集中,适用于业务种类较为单一的企业集团;H 型结构对下属机构的控制能力较弱,适用于业务种类繁多的企业集团;M 型结构,其业务种类和集权程度介于 U 型结构和 H 型结构之间。根据这三种组织结构,可以组成更为复杂的混合型组织结构。

企业集团是以资本为纽带形成的多法人的企业联合体,其本质特征在于母子公司控股体制,在法律框架和组织模式上必然以 H 型控股制为主。但是,这并不排斥 U 型、M 型等组织模式的独立地位和相互交混的格局:其一,绝大多数企业集团在发展初期都是采用 U 型结构;其二,虽然在母子公司关系上采用 H

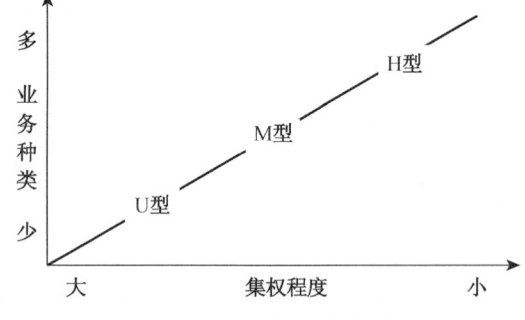

图 2.13　企业集团组织结构类型图

型结构,但集团公司本部必然是 U 型或 M 型体制;其三,不少企业集团在形式上采用 M 型或 H 型模式,但却直接干预子公司日常经营活动,实质上仍是 U 型管理体制[12]。

1. 三类组织模式的主要区别

(1) 集团总部是否作日常经营决策。与 U 型不同,M 型和 H 型结构的集团总部原则上只负责集团资源配置和战略规划。不过,如果公司法律形式是 H 型,而子公司的业务决策却经常要请示集团总部,则企业集团实际上是按 U 型结构运作的。

(2) 集团总部是否控制战略协调。M 型和 H 型结构的相同之处是事业部和子公司都是独立经营的,区别之处不仅是法律形式,更重要的在于:M 型公司中,是由总部制定整体经营战略并对事业部进行战略协调;H 型公司则注重对子公司的财产风险和人事进行控制。

(3) 下属单位是否独立经营、具有独立的法律形式。U 型结构的下属单位其日常经营管理受集团最高领导层直接指挥;M 型结构的事业部虽然独立经营,但不是独立的法人企业;只有 H 型结构的子公司具备独立的法人资格。

2. 三类组织模式的相互联系

(1) U 型结构是"原子式"的基本结构。首先,M 型结构可视为企业内部若干个 U 型单位的叠加,因为 M 型结构内的每一个业务单元(事业部)本身又是按 U 型结构组织的,只不过是在此基础上形成了专门致力于制定战略性计划和资源分配的总部机构,并完善了监督、控制和评估业务单元绩效的机制;其次,H 型结构虽然各子公司是独立的法人单位,但总部职能部门本身的管理,以及各子公司内部的运作实际上都是 U 型的。

(2) 组织结构不是单纯的。例如,日本的综合商社,对国内外贸易业务采取 M 型结构,但对辅助性业务如运输、仓储则采取 H 型结构;又如,韩国的许多大财团如现代、大宇,法律上为 H 型结构,但由于家族拥有绝对控制权,公司总部配备强大的战略计划部门,实际上是按 M 型结构的原则进行经营的。

(3) 实际运作与组织模式不一定是完全吻合的。例如,应由甲职能部门承担的工作,公司领导可能交给乙职能部门去操作;本由事业部 A 负责的项目却转交事业部 B 来完成,这与企业集团组织资源的具体配置、计划调整、机构变动乃至领导个人偏好等因素有很大关系。

(4) 组织结构不是一成不变的。随着战略计划和环境技术的变动,企业将根据情况不断选择具有主导性的组织模式。例如,美国大型公司在 20 世纪 60 年代的多元化浪潮推动下纷纷采用 H 型结构,却因经营不善很快又退回到 U 型或 M 型结构中[12]。

二、企业集团组织结构的其他分类

企业集团组织结构除上述分类外,还有学者(任浩,陶向京,2005)按照集团中各成员企业的股权联结方式将企业集团组织结构分为金字塔型(垂直型)组织结构,环状组织结构和混合型组织结构。

金字塔型的企业集团组织的形成是核心企业通过全资拥有、控股、参股成员企业,即通过对成员企业进行垂直控制所形成的。金字塔型企业集团中成员企业一般形成了上下游的产业关系。环状持股型企业集团的成员企业之间相互占有对方的股份,形成一种"你中有我,我中有你"的结合关系,是成员企业之间的横向结合状态。环状持股型企业集团中成员企业之间的关系一般是协作生产或提供服务的关系,体现了横向水平协调的基本特征。混合型企业集团则是由上述两种类型的企业集团混合而成的,体现了多元化的经营思想,成员企业之间一般不存在产业关系[18]。

1. 金字塔型的组织结构(垂直式组织结构)

这种结构是在 20 世纪 20 年代兴起的,经过几十年的发展目前已发展为成熟的以母子公司体制(H 型结构)为主体的企业集团。这类企业集团一般都利用股权控制式的组织模式,即通过层层控股型联结方式构成企业集团,集团内的母公司(核心企业)经过层层控股分别产生了子公司、孙公司、重孙公司等,从而组成"金字塔"型的企业集团,这是一种在公司制和股份制都得到充分发展的市场经济条件下的比较理想规范的组织模式。

这类企业集团主要有以下几个特点:

(1) 以某个产业当中规模巨大、实力雄厚的生产企业或流通企业为核心,组织结构呈母公司—子公司—关联公司(指参股公司)的垂直式结构,如图 2.14 所示。

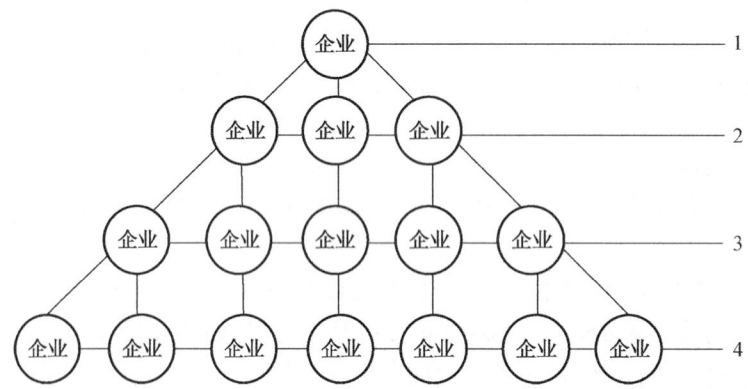

注:第 1 层:核心层;第 2 层:紧密层;第 3 层:半紧密层;第 4 层:松散层

图 2.14 金字塔型企业集团结构[18]

在集团内部,基本成员之间相互持股,但都是射线式持股(有的学者也称此类企业集团为"单元辐射型企业集团"),非环形持股,核心企业对子公司实行垂直控制。

(2) 核心企业与成员企业之间具有明显的资产纽带,资产结合程度有的比较紧密,有的比较松散。

(3) 成员企业间有广泛稳定的承包、订货、加工、销售等业务活动。

(4) 集团由核心企业的董事会领导,不设经理会组织,对子公司通过派遣董事和管理人员进行控制,操纵子公司及关联公司的人事任免权。

金字塔型组织结构的优点是核心企业可以直接影响以至控制各成员企业的经营活动,而且见效较快;另外,这种类型的企业集团比较易于组建。但是,这种组织结构要求核心企业要拿出相当多的精力来处理与各成员企业的关系,解决生产经营中的各种问题,这不仅会造成核心企业沉重的负担,而且过大的管理幅度实际上不是限制了集团规模的扩大,就是造成了管理和协调中的简单化倾向。此外,这种组织结构也使其他成员企业之间失去了有机联系,这对集团经营很不利。

从我国企业集团的现状来看,无论是"强弱结合型",还是"强强联合型"的企业集团,大多沿用的是高度集权的 U 型(直线职能制)的组织结构,从而导致从小企业到大企业直至大型企业集团在组织结构上的趋同。可以说,目前我国企业集团的管理制度存在一种集权过度和分权不当并存的状况[18]。

2. 环状组织结构

如果说"金字塔"型的组织结构的基本特征是通过股权进行垂直控制的话,那么环状持股型联结方式形成的环状企业集团则是成员企业之间的横向结合状态,这种组织结构体现了横向协调的基本特征。

环状持股型的联结方式是指企业集团成员之间相互占有对方的股份,形成一种"你中有我,我中有你"的结合关系。鉴于这种相互持股是有机的多面的,如果用图来表示则呈环状,所以称之为环状组织结构(也称水平协调型组织结构),如图2.15 所示。

环状持股型联结方式主要表现为:首先 A 公司和 B、C、D……公司之间相互持股;然后B 公司又同 A、C、D……公司之间相互持股;C 公司则与 A、B、D……公司之间相互持股。这种联结方式主要出现在英国垄断财团、德国企业集团和日

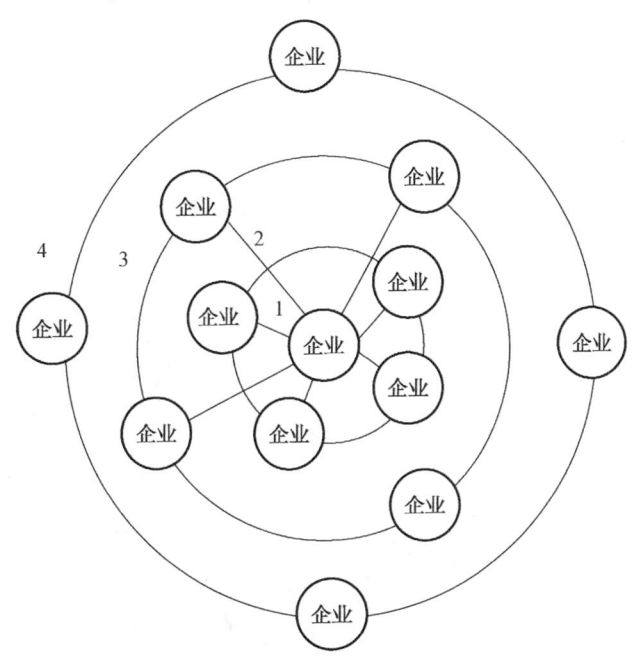

注:第 1 环:核心层;第 2 环:紧密层;第 3 环:半紧密层;第 4 环:松散层

图 2.15　环状企业集团结构

本六大财团。在环状持股型联结的英国、德国和日本的财团中,全体成员既是持股者又是被持股者,但其中持股率最高的是银行等金融机构。银行等金融机构是环状持股型联结的企业集团的核心企业;但是居于核心地位的银行等金融机构的股份又由其他成员企业所拥有,不能说是由银行等金融机构单方面支配企业集团[18]。

交叉持股是日本和德国的企业具有标志性的制度安排。交叉持股,亦称交互持股,相互持股或相互参股,是指两个或两个以上的公司之间为实现某种特定目的而相互持有对方的股权,从而互为投资者的一种经济现象。由交叉持股所形成的企业集团组织结构即环状组织结构。国内外学者常常使用"稳定持股比例"作为衡量某一时期某一国家的交叉持股状况的指标①。这里的"稳定持股"特指以与对方企业建立长期稳定的交

---

① 参见李彬. 日本稳定持股经营效率的实证检验[J]. 日本学刊,2010(2).

易关系为目的,不为获取股权投资收益而进行的持股,既可以是稳定的单向持股,也可以是双向互持,且不会因股价的变动而轻易转让所持股份。

阅读材料 2.1　　　　　日本和德国企业集团的交叉持股

（请扫二维码 2.2。）

二维码 2.2
日本和德国企业
集团的交叉持股

3. 复合型组织结构

复合型组织结构由垂直型组织和环状组织交叉形成(见图 2.16)或者由垂直型组织混合形成(见图 2.17)。

(1) 由垂直型组织和环状组织交叉形成的企业集团组织结构。这类组织结构的代表是日本金融系企业集团与独立系企业集团在发展中形成的交叉。例如,独立系企业集团的日立公司,又分别是芙蓉、三和、第一劝业集团的成员;日商岩井综合商社同时又是三和、第一劝业集团的成员,从而构成了复合结构,如图 2.16 所示。

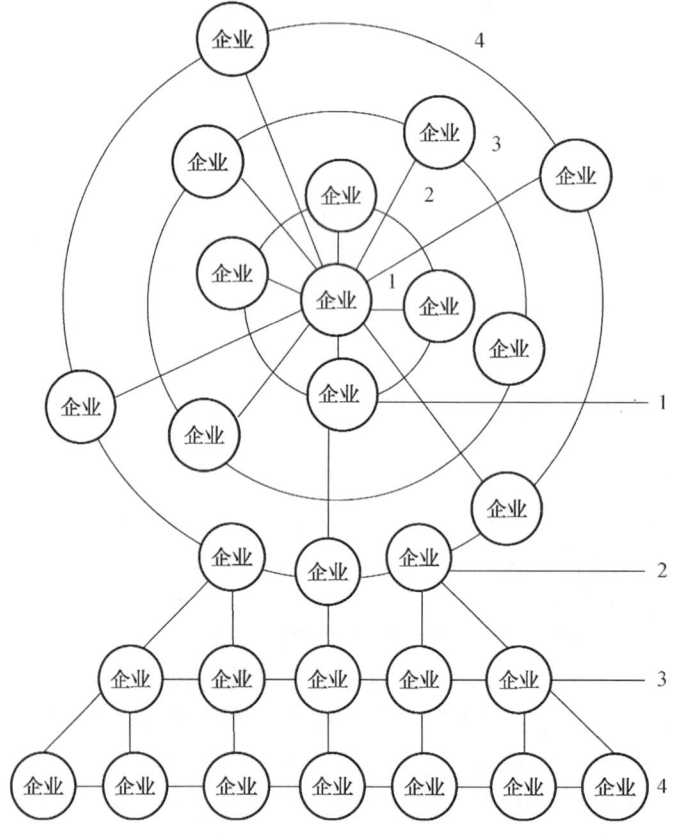

注:第 1 环:核心层;第 2 环:紧密层;第 3 环:半紧密层;第 4 环:松散层。
第 1 层:核心层;第 2 层:紧密层;第 3 层:半紧密层;第 4 层:松散层。

图 2.16　复合企业集团结构

在混合型企业集团中,环状结构的紧密层、半紧密层和松散层都可以以自己为核心,组成垂直控制的母公司、子公司、孙公司的形式,它本身又构成了一个企业集团,只不过它隶属于一个更大的企业集团,它具备了环型和垂直型双重结构特征。

(2) 由垂直型组织混合而成的企业集团组织结构。这类组织结构的代表是美国的企业集团。美国的企业集团大力发展个人股东,经历美国历史上的五次兼并高潮,造就了其独特的混合结构的企业集团。个人股东占据优势地位。20 世纪 70 年代,个人持股率达 70%,后虽有下降,但仍保持在 50% 以上。银行是企业集团最有势力的股东。大财团之间资本相互渗透。有些世界闻名的特大企业已由几大企业集团分别持股,企业集团的界限划分比较困难。美国的企业集团的组织结构开始多为垂直式结构,并以此为基础,近年来又逐步发展为混合式结构[18],如图 2.17 所示。

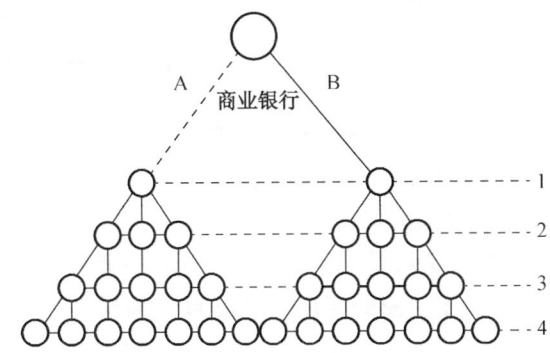

注:第 1 层:核心层;第 2 层:紧密层;第 3 层:半紧密层;第 4 层:松散层。

图 2.17　美国混合型企业集团结构

三、现实中企业集团的组织结构

在现实中,混合控股型企业集团的组织结构往往表现为 U 型结构、M 型结构、H 型结构和 N 型结构等的混合型形态,而不从事具体业务经营的纯粹控股型企业集团,其管理组织结构就是 H 型结构。

企业集团的组织结构多数以混合形态存在,不存在绝对的单一结构,而是相对的单一结构。国外知名大型企业集团的组织结构呈现出多种多样的混合形态。例如,直线职能制是波音公司的主要组织形态,但它也拥有 7 家子公司,可以认为它是一种 U 型结构和 H 型结构的混合体制。松下电器公司被认为是实行事业部制的公司,围绕音像及通信网络、家电、元器件和工业设备等四大核心业务,形成了 14 个系统,其中有 9 家是社内公司(类似事业部),5 家法人公司。这 14 家公司实行自主经营,在全球拓展自己的业务,承担全球经营责任,其"连接结算子公司"有 320 家。松下公司还在北京、新加坡、新泽西、伦敦设立四大地域公司,替代总部行使职权[19]。它被认为是 M 型结构和 H 型结构的混合体制。西门子公司是一家大型跨国公司,其下属的 14 个业务集团、90 个业务单元,与分布在全球的 64 个地区性公司形成矩阵组织结构。通用汽车公司是事业部制的始作俑者,其组织体系分为领导部门、直线指挥部门、职能部门三个层次。直线指挥部门又由总公司、经营部门(分公司)及工厂三级组成;在三级直线指挥部门中,又都设有职能部门。集团总部管理着近百家控股子公司、一批参股公司、约 2 万家销售部门和 140 个工厂[19]。

由于企业集团及附属集团的组成不同,企业集团组织架构混合的种类也不相同。U型结构、H型结构、M型结构、N型结构的混合型形态是包含最全的架构形态。

如图2.18所示,如果企业集团没有子公司、关联公司与协作企业,那么采用U型与M型的混合结构;如果企业集团没有协作企业,可以考虑采用U型、M型、H型的混合结构。如果企业集团存在松散层的协作企业,在资源有限的背景下拓展经营领域,以实现最大化竞争优势的目的,通常会采用N型结构。我国的大型企业集团基本是国有控股企业集团,国家是大股东,股份制是联系集团各层次的纽带。但是这个纽带的作用并不明显,企业集团对子公司更多的是采用行政命令的管理方式,而不是基于产权的管理方式。虽然基于表象的架构选择是H型架构,但基于实际的架构选择是U型架构[20]。

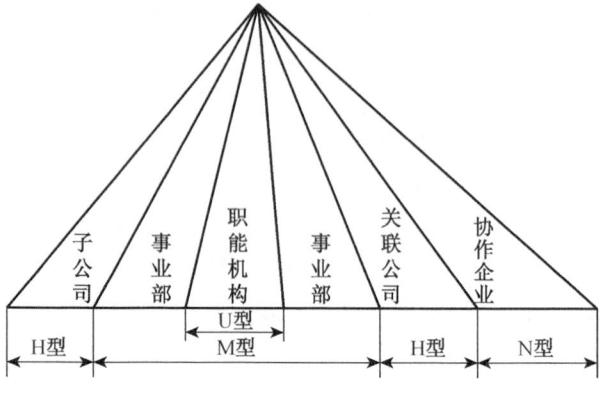

图2.18　企业集团混合型结构内部单位构成

四、影响企业集团组织结构的因素

在一定的社会环境、市场环境下,企业集团要面对现实,作出战略选择,为适应这一战略选择和实现战略目标,企业集团必须设计与其相适应的组织结构。所以,集团战略决定了组织结构,也就是说影响企业集团组织结构的主要因素是战略。除了这项最重要的因素之外,影响企业集团组织结构的因素还有合理避税、投资风险、法律规定、企业规模、业务特点、竞争环境、管理传统、企业家风格等多种因素。

例如,集团母公司要在外地设立分支机构,组织形式采用子公司还是分公司(事业部),从税收因素考虑,需预计该公司在异地的营业活动初期阶段是否会亏损,如果是亏损就设定一个分公司,使该地的开业亏损能在合并纳税时减少母公司的应税税基;预计初期阶段就能盈利,如果异地税收有优惠政策(较低的税率),就可以建立一个子公司。

从投资风险考虑,海运业设立单船子公司是为了规避投资风险,也就是当这艘运输船一旦发生事故造成货物损坏或海域污染时,由该单船公司承担民事责任,母公司不承担连带责任。

近年,发达国家的一些企业,为适应经济全球化、信息化的新形势,组织结构也正经历着不断创新的过程。为提高组织适应市场的能力,节约管理成本,以减少管理层次为特点的扁平化组织结构成为探索的方向,虚拟组织、矩阵和网络组织结构被广为采用。

企业集团组织结构的选择是对这些因素的综合权衡的结果,现实存在的组织结构则是一种不断变革的结构。近年来,权变理论的运用范围逐渐扩大到组织理论,权变理论的组织结构设计观念认为,不可能建立一种万能的管理模式,也没有一种"最好"的管理模式,只有"最适宜"的管理模式,企业的组织结构需要根据不同条件来选择和设计不同的组织模型[19]。

2.2.3　企业集团战略与组织的关系

生产力水平决定了企业组织结构模式的发展趋势,在一定生产力水平制约下,企业集团采用什么组织结构,是与它采取什么样的行为密切相关的。而决定企业集团行为的正是企业所制定的战略。企业集团组织结构的调整,并不是为调整而调整,而是要寻找、选择与经营战略相匹配的组织结构,切不可生搬硬套。企业集团是按产品设置组织结构还是按职能设置组织结构,是按地理区域设置分公司还是按用户设置分部,是建立战略事业部结构还是采用更为复杂的矩阵结构,一切必须以与战略相匹配为原则,以提高沟通效率、激励员工参与为目标。埃德森·斯潘赛说:"在理想的组织结构中,思想既自上而下流动,又自下而上流动,思想在流动中变得更有价值,参与和对目标分担比经理的命令更为重要。"对特定战略或特定类型的企业集团来说,都应该有一种相对理想的组织结构。

企业集团总是处在一个复杂多变的生态环境中。企业集团生态环境是指企业集团生存与发展所处的自然与社会环境,它包括市场环境、政策环境、科技环境、地域环境、地缘政治环境等。因为企业集团本身是一个开放的系统,它不断地与其生态环境发生物质、能量、信息的交换,企业生态环境的复杂性使企业与其环境的相互作用异常复杂。企业集团对周围环境的反应速度和企业本身组织结构的弹性,成为企业能否持续生存和发展的关键所在。企业面临的生态环境随时都发生着变化。当环境变化只是细微的、不影响全局的时候,企业集团可以通过对战略行为的微调,使自身在运行中达到平衡;一旦这种变化对企业集团有重大影响,那么制定新战略在所难免,此时创建与新战略相匹配的组织结构是战略顺利实施的重要保障。

战略决定企业集团的组织结构,反过来,组织结构对企业集团战略的顺利实施也有着重大影响。由于技术和竞争行为的变化,通常认为,对企业战略的威胁往往存在于外部。肯定外部变化的作用是毫无疑问的,但是,对战略的更大威胁往往来自于企业内部。一个可靠的战略也会因为竞争观念的误导或组织的重大失误而大失其效。企业集团的组织结构不仅在很大程度上决定目标和政策是如何建立的,而且还决定了企业集团的资源配置。战略指导下的组织行为演变的同时,其组织结构也应相应地发生变化,以新的组织结构实施新的战略,使企业集团行为达到目标最大化[7]。

本 章 小 结

1. 战略是指企业为了实现其使命或长期目标,在与环境的互动中所展开的决策行为、采用的行动模式或遵循的基本观念。企业与环境互动,意味着企业首先对自身进行行业定位。企业的决策行为既可以是深思熟虑的,也可以是即时反应的;既可以是详细的计划制定,也可以是针对特定问题的策略。而战略管理则是围绕战略活动所进行的一系列管理工作的通称。

2. 战略层次(level of strategy)是指由不同级别的管理人员所制定的处于不同地位、发挥不同作用的战略。这些不同级别的战略相互作用构成了企业的战略体系。企业集团的战略分为四个层次:

企业集团战略、公司战略、业务战略和职能战略。

3. 企业集团战略的基本特征主要有长远性、总体性、阶段性和战略目标的差别性。

4. 企业集团财务战略是指企业集团为实现整个集团战略而制定的有关整个集团未来较长时间内的筹资、投资、利润分配等方面的战略安排及步骤。

5. 企业集团财务战略的特征主要有：①战略的多层次性容易引起集团整体利益与子公司利益的冲突。②战略控制的间接性要求集团财务战略保持一定的灵活性和动态性。③战略管理的过程复杂、信息不对称危害严重。

6. 与单个企业类似，企业集团财务战略主要包括对筹资、投资、利润分配等方面的未来设计。但在集团背景下，财务战略有着不同的层次划分，包括集团总部、事业部（子公司）和职能部门各自的财务战略内容。

7. 企业组织结构是企业全体员工为实现企业目标，在工作中进行分工协作，在职务范围、责任、权力方面所形成的结构体系。这个结构体系的内容主要包括层次结构、部门结构、职能结构和职权结构。

8. 企业集团是以资本为纽带形成的多法人的企业联合体，其本质特征在于母子公司控股体制，在法律框架和组织模式上必然以 H 型控股制为主。但是，这并不排斥 U 型、M 型等组织模式的独立地位和相互交混的格局：其一，绝大多数集团公司在发展初期都是采用 U 型结构；其二，虽然在母子公司关系上采用 H 型结构，但集团公司本部必然是 U 型或 M 型体制；其三，不少集团公司在形式上采用 M 型或 H 型模式，但却直接干预子公司日常经营活动，实质上仍是 U 型管理体制。

9. 企业集团的组织结构多数以混合形态存在，不存在绝对的单一结构，而是相对的单一结构。

10. 战略决定企业的组织结构，反过来，组织结构对企业战略的顺利实施也有着重大影响。

关 键 概 念

战略　战略管理　战略层次　企业集团财务战略　组织结构　组织结构图　U 型结构　M 型结构　H 型结构　金字塔型的组织结构　环状组织结构　复合型组织结构

复习思考题

1. 简述企业集团战略的层次。
2. 简述企业集团财务管理的特点。
3. 绘制一家上市公司的组织结构图。
4. U 型结构的优缺点是什么？
5. M 型结构的优缺点是什么？
6. H 型结构的优缺点是什么？
7. 简述企业集团的金字塔型组织结构、环型组织结构和混合型组织结构。
8. 简述影响企业集团组织结构的因素。
9. 如何理解企业集团战略、财务战略与组织结构的关系？

本章参考文献

［1］梅子惠.现代企业管理案例分析教程［M］.武汉：武汉理工大学出版社，2006.

［2］王凤彬，赵民杰.企业集团管控体系——理论·实务·案例［M］.北京：经济管理出版社，2008.

［3］王泰平.企业集团论［M］.北京：企业管理出版社，2003.

［4］贾永轩.企业战略十论［M］.北京：企业管理出版社，2005.

［5］Stephen P. Robbins.组织行为学［M］.14 版.北京：中国人民大学出版社，2012.

［6］任浩.现代企业组织设计［M］.北京：清华大学出版社，2005.

［7］许玉林.组织设计与管理［M］.上海：复旦大学出版社，2010.

［8］Richard L. Daft.组织理论与设计［M］.北京：清华大学出版社，2003.

［9］徐茂魁.现代公司制度概论［M］.2 版.北京：中国人民大学出版社，2006.

［10］钱德勒.看得见的手——美国企业的管理革命［M］.北京：商务印书馆，1994.

［11］r. x 波波夫，r. a. 札瓦多夫.社会生产管理组织［M］.北京：人民出版社，1983.

［12］裴中阳.集团公司运营管控［M］.广州：广东经济出版社，2004.

［13］中信证券股份有限公司.广东美的电器股份有限公司公开增发 A 股招股意向书［R］.2009.

［14］国泰君安证券股份有限公司.认股权与债券分离交易的可转换公司债券募集说明书［R］.2008.

［15］大公国际资信评估有限公司.美的集团股份有限公司短期融资券跟踪评级报告［R］.2013.

［16］招商银行股份有限公司.中国国际海运集装箱（集团）股份有限公司 2012 年度第一期中期票据募集说明书［R］.2012.

［17］何永芳.现代公司制度前沿问题研究［M］.成都：西南财经大学出版社，2006.

［18］任浩，陶向京，何太平.企业集团组织设计［M］.学林出版社，2005.

［19］中国集团公司促进会.母子公司关系研究——企业集团的组织结构和管理控制［M］.北京：中国财政经济出版社，2004.

［20］卢勃，李学伟.企业集团效益型组织理论［M］.北京：北京交通大学出版社，清华大学出版社，2006.

第3章

企业集团的财务管理体制

本章学习目标

通过本章的学习,应当能够:

1. 掌握企业集团财务管理体制的定义和内容;
2. 掌握企业集团财务管理体制的三种模式;
3. 掌握企业集团财务管理体制的影响因素;
4. 了解企业集团财务组织制度;
5. 了解企业集团财务决策制度;
6. 了解企业集团财务控制制度。

引例

万科的财务管理体制

万科集团一直采用"总部相对集权"的管理模式,其"强势总部"管理模式的特点在于总部与子公司权力的划分。万科将诸如投资决策权、财务承诺权、融资权、人事权和工资制订权等很多权力都上移到了总部,子公司更多地只是一个执行和操作的机构。例如,万科的资金由总部统一管理,一线公司的主要款项支付都是通过集团结算网络统一支付,各一线公司的主要销售回款也集中存放在集团资金中心。

尽管万科一直坚持采用"总部相对集权"的管理模式,但也并不是所有的权力都集中在总部,总公司与子公司、总公司职能部门与子公司职能部门之间也并不完全是指挥与被指挥、领导与被领导的关系,而是根据发展的需要和职能的种类,决定权力的划分。有些部门总部集权的程度极高,如财务管理部门、资金管理部门、规划设计部门等;而其他职能部门,包括营销企划部门、工程管理中心等部门,总部更多的是通过制定政策和管理制度、规范业务流程和监督项目执行来指导、服务子公司。总部集权控制,下属区域在总部标准化的基础上进行创新。这样既保证了总部对子公司的掌控和管理,又保证了一线子公司拥有相当的自主权,从而在具体业务中发挥自己的活力。同时,万科内部形成了万科"忠实于制度""忠实于流程"的价值观和企业文化,这些使制度和规范得以自觉和充分落实。

由此可见,万科的管理体制体现了有序与无序的平衡。一方面,组织是有序的:集团管控财务、人力和文化等,即总部拥有资金调配权,总部拥有人事任免权和投资决策权,各子公司财务信息及时通过内部网进行汇报;另一方面,组织是无序的,具有一定的灵活性,万科还将总部的部分权力下放到了区域。这种强有力的总部集权管理模式,不仅可以使万科对关键环节进行控制、对战略及标准化进行布局,还可以对万科发展战略的调整作出快速反应。这些规范的制度和流程,是万科在 30 多年的发展中一点一滴积累和沉淀下来的,随着企业发展进一步的成文化、规范化和优化,经过多年的使用和完善,这套系统已经成为万科核心竞争力的重要组成部分。

3.1　企业集团财务管理体制的概述

3.1.1　企业集团财务管理体制的定义

财务管理体制是指财务关系以及由此引发的对权力的要求及责任的界定,表现为企业财务活动中的各种制度和程序。对于企业集团,财务管理体制不仅包括集团母公司的财务管理体制,也包括集团公司与成员企业以及各成员企业之间的财务管理体制。因此,企业集团财务体制是在特定经济环境下处理集团公司与成员企业以及成员企业之间财务行为和财务关系的制度和程序。企业集团需要有一定的制度和程序来规范集团内的各项财务活动,决定各项财务事项的决策者和执行者,以及各项财务事项决策者和执行者进行决策和执行的具体步骤,这样才能保证企业财务活动有目的有计划地执行[1]。

理解企业集团财务管理体制这一概念应把握以下几点:

(1)企业集团财务体制是一系列的制度安排。企业集团财务管理体制是管理企业集团财务活动的制度,包含一系列的制度和程序,约束企业集团财务活动参与者的行为,明确各个参与者的权利、职责和分工。通过这一系列的制度安排,实现企业集团对集团公司与成员企业以及成员企业之间财务行为和财务关系的有效管理。

（2）企业集团财务体制涵盖集团内部各个财务管理层级，而不局限于集团总部。与单个企业财务管理体制相比，企业集团的财务体制更为复杂。企业集团财务管理体制不仅需要制定集团公司的财务管理体制，还需要制定管理集团公司与成员企业以及成员企业之间财务行为和财务关系的财务管理体制。而关于集团公司与成员企业以及成员企业之间财务行为和财务关系的财务管理体制是企业集团财务体制不可轻视的部分。

（3）企业集团财务体制的核心问题是财务权限的分割，以及与此相对应的责任划分和利益分配。其中以分配母公司与子公司之间的财权为主要内容。财权体现为各个管理层对财务活动的决策权和控制权，因此，财务权限的分割是决策权和控制权的划分问题。在企业集团中，集团所有者、经营者、财务人员都参与集团的财务活动，但每个参与者所扮演的角色不同，所拥有的职权和责任也不同。如何划分母、子公司之间的财务权限及其对应的责任和利益，如何划分每个财务活动参与者的职权和责任，如何将每项财务活动的决策权和执行权在各个管理层之间的合理分配，使集团的财务活动能够顺利进行、实现高效率工作，是财务管理体制的重要任务。

3.1.2 企业集团财务管理体制的内容

企业集团财务管理体制的主要内容包括：基本的集权分权模式、财务组织制度、财务决策制度和财务控制制度。

一、基本的集权分权模式

依据集团总部财权集中程度可将企业集团财务管理体制分为三类：集权型、分权型和折中型。集权型财务管理体制是指在集团财务管理活动中，大部分决策权和控制权都归属于集团总部，母公司对子公司采取严格控制和统一管理方式的财务管理体制。与集权型财务管理体制相反，分权型财务管理体制是指大部分的财务决策权集中在子公司，母公司对子公司实行以间接管理方式为主的财务管理体制。折中型财务管理体制则介于集权型和分权型之间。

选择哪种类型的财务管理体制，影响企业集团整体的财务活动。财务管理体制确定财务管理权限的划分。三种类型的财务管理体制所对应的集团公司与成员公司之间的权责和分工不同，财务管理权限也不同。集团企业对财务管理体制的选择，从体制上来看，关系着组织结构的设置与权责利的明确；从管理战略上看，关系着集团总部对成员企业积极性的判断与专业分工和团队协作机制的塑造[2]。

上述三种类型财务管理体制，将在本章第二节进行详细介绍。

二、财务组织制度

企业集团财务组织制度是指企业集团组织财务活动的基本规范，它明确了集团各层级财务管理组织机构的分工与协作关系，规定了各层级财务机构及其人员的职权和职责。财务组织制度需要解决的基本问题：一是财务管理组织机构的设置；二是各层级财务组织机构的职责定位；三是财务管理组织机构人员的配置[3]。

企业集团财务组织制度是企业集团实行财务控制的组织保障。企业集团由多级独立法人组成,完善的财务组织制度有利于提高集团整体财务决策能力、财务管控能力和财务执行能力,从而提高集团整合资源能力,提高集团整体价值。

本章第三节将对这一制度进行详细介绍。

三、财务决策制度

企业集团财务决策制度是企业集团用于明确财务决策规则和程序,界定财务权限和责任的制度,包括企业集团投资决策制度、筹资决策制度、利润分配决策制度等。财务决策权历来是企业集团各方面所关注的首要问题,因为它直接关系着各成员企业的切身利益,是整个财务管理体制的核心[3]。因此,如何划分并界定集团内各层级财务管理组织的财务决策权限,是财务决策制度研究的基本点。

本章第四节将对这一制度进行详细介绍。

四、财务控制制度

财务控制制度是集团总部基于集团发展战略与管理目标,规范、监控与督导各方面、各利益主体、各层级财务管理组织的理财行为,实现财务资源配置的秩序性与高效率性而建立的财务控制的制度体系,包括股权管理制度、投资管理制度、筹资管理制度、现金流量管理制度、预算管理制度、财务信息报告制度、绩效考核与薪酬管理制度、财务人员委派制度等[3]。

集团企业集团财务控制实质上是对参与集团财务活动的各层财务机构、财务人员的行为进行控制,以期达到协调各方利益和目标,保证实现集团整体利益和目标的目的。财务控制制度通过集团的制度体系控制和约束子公司的财务行为,降低子公司财务活动参与人员的逆向选择风险。

本章第五节将对这一制度进行详细介绍。

3.1.3 企业集团财务管理体制与战略、组织之间的关系

企业集团成员企业的行为不仅影响到本企业,也会影响到其他企业。要使集团成员的共同活动成为可能,并为参与活动的各方带来满足,就需要有约束和调整各方行为方式和关系的规则,这就是企业集团管理制度。企业集团管理制度是整合企业集团战略、组织与人力资源的纽带,对企业集团而言具有重要的意义。

企业集团管理制度是一个由许多子系统构成的多层次的系统:

第一个层次的制度是战略管理制度。战略问题极其复杂,涉及多方面的知识、信息和资源,需要众多人员的参与和努力。协调、集中众多参与战略活动的人员和部门的力量,提高战略管理的效率,制定出富有创造性的、积极适应环境变化的战略,有必要根据战略活动的内在规律性,形成一系列有关战略管理活动的规范、对企业战略职能的活动内容、原则、基本过程、步骤与方法以及所涉及单位、部门、人员的职责分工与合作关系等予以明确,这就是战略管理制度。

第二层次的制度是组织管理制度。战略必须通过组织机构去贯彻实施,如果没有适应战略要求的有效组织结构作为支撑,企业集团的任何战略都不可能得到有效的实施。公司必须根据战略的要求调整原有的组织结构,更新进行职能的划分与有机组合,

设定组织的职责权限系统,建立新的沟通渠道,明确组织内各部门、各层次间的相互关系以及协调方式等,这些形成企业集团管理中组织行为的规范,即企业集团的组织管理制度。

第三个层次的制度是经营业务职能制度。企业集团的战略与经营目标归根到底要通过各种具体业务活动来实现。企业经营业务职能可概括市场营销、生产制造、研究开发、人事、财务五大职能。企业集团管理层通过对这五项职能领域活动的计划、组织、指挥与控制,并把它们有机地组合起来,就可以把握日常经营的全局,保证战略的有效实施和经营目标的实现。各职能领域的计划、组织、指挥、控制等管理活动,同样有其特定的内容、原则、程序和方法,将职能领域的管理行为规范化,形成关于日常经营管理制度,这就是企业集团经营业务职能制度。

企业集团财务管理体制属于企业集团经营业务职能制度,是企业集团制度第三层次的制度。经营业务职能制度是一个对外部环境变化以及内部各个子系统的变化作出反应的动态平衡系统。这个系统的优劣和整体效能的高低,取决于它与外部环境的协调以及它自身的一体化的程度,系统中每一项制度的优劣及效能的高低,也不仅仅取决于它自身的特点,而且取决于它与整个制度体系的有机协调。因此,财务管理体制需要与市场营销、生产制造、研究开发、人事其他四大职能制度相配合,相协调,共同促进一体化系统的形成。例如,筹资制度与投资制度必须与生产、营销和科研开发制度相协调;人员的考核评价必须与人员的选拔、提升、培训以及工资报酬相结合,工资报酬制度必须与组织对人力资源的要求及激励、开发的其他制度相适应。

结合第二章内容我们可以知道:战略是企业集团形成与发展的指引和方向。在战略这个大方向确定后,企业集团要通过组织制度的设计设定相应的层级机构为战略的实现服务。可以说,组织是实施战略的载体,组织制度设计的好坏直接影响到战略的实施。组织确定后,需要"人"切实地去将企业集团的目标变为现实,人力资源是支持企业集团达成战略目标的条件和资源保障。人与人的合作产生了团队工作。在团队工作中,各人之间的想法(动机)、行为都不同,因此需要一系列的管理制度加以规范,使所有团队成员朝着一个战略目标前进。企业集团财务管理体制正是通过财务制度,与市场营销、生产制造、研究开发、人事其他四大职能制度协调一致,形成一体化的企业集团经营业务职能制度,整合战略、组织和人力资源等要素,随着战略的调整,调整组织、调整人力资源,促进企业集团的发展。

3.2 企业集团财务管理体制的模式

3.2.1 集权与分权的内涵

按照集团总部财务权力集中程度,企业集团财务管理体制分为三种类型:集权型、分权型和折中型。其中,集权型是指在企业集团财务管理中,大部分权力归集团总部;分权型是指子公司大部分财务管理事项由子公司自己负责;折中型是处于集权和分权两者之间。如图3.1所示。

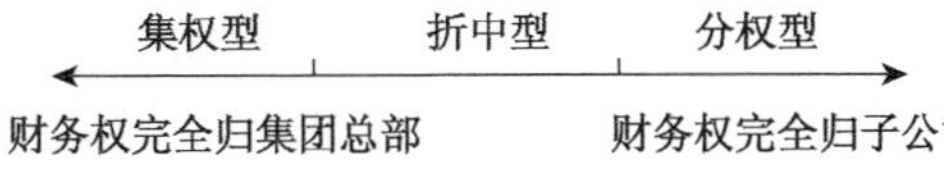

一般而言,企业集团中的"权"是指生产权、经营权、财务权、财务信息权和人事权。其中,围绕财务目标产生的不同层次和角度,财务权又可以分为财务决策权、财务资源调配权、财务资源使用权和财务监控权[4]。

集权型	折中型	分权型
财务权完全归集团总部		财务权完全归子公司

图 3.1　企业集团财务管理体制的基本模式

财务决策权是指对各项财务活动和财务交易所具有的决定权[5]。这是宏观上企业集团管理者财务权的最高层次,从广义上看,它包括了其他的财务权。财务决策权可以分解为财务战略决策权和财务运作决策权,其主要内容包括投资决策权、筹资决策权、资产处置权、资本运营权、成本费用管理权、财务收益分配权、担保管理权、审计监督权、会计政策决定权、财务领导任免权、绩效考核权、薪酬福利分配权等[4]。

财务资源调配权是指根据项目运营情况和企业生产情况调动财务资源的权力,是从财务决策权中分化出来的权力。这种权力依据生产特点和项目性质分布,依据职务等级分配,如预算审批权、流动资金调配权等[4]。

财务资源使用权是最低一级的财务权力,是财务资源调配权行使后的体现,也是保证财务资源真正发挥作用的权力,如购买办公用品,支付工资等[4]。

财务监控权是对其他几个层次的财务权力的分配过程和行使过程进行监督和控制的权力。在较低层面上,财务监控权是财务决策权派生出来的监督财务资源调配和使用情况的权力;在更高层次上,它是企业集团所有者监督经营者的财务权力。

根据财务权的大小及重要性,企业集团财务权可大致分为以下五个基本层次[2](如图 3.2 所示):

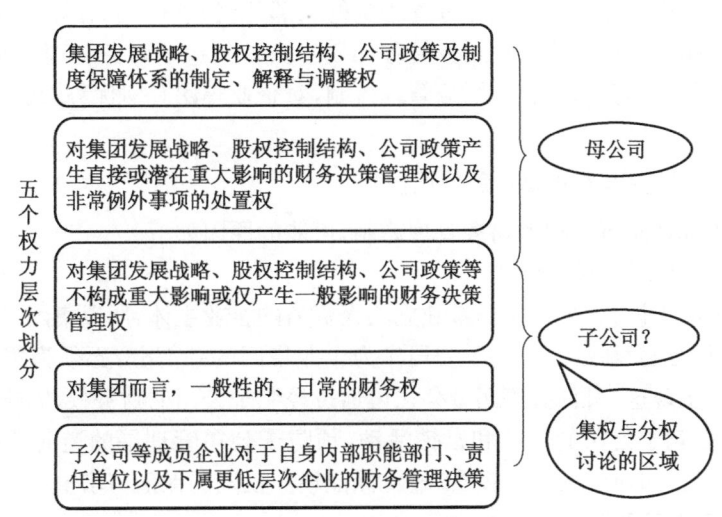

图 3.2　企业集团财务权的五个基本层次

第一层次:集团发展战略、股权控制结构、公司政策(如经营领域、经营方式、质量标准、财务标准等)及制度保障体系的制定、解释与调整权,其中包括集团管理体制的选择与调整变更权。

第二层次：对集团发展战略、股权控制结构、公司政策产生直接或潜在重大影响的财务决策管理权以及非常例外事项的处置权，如巨额投融资项目决策权、核心产业重组权、主导产品战略性调整权、子公司财务总监的任命、委派与解聘权、对股权控制结构有重大影响的投融资项目决策权等。

第三层次：对集团发展战略、股权控制结构、公司政策等不构成重大影响或仅产生一般影响的财务决策管理权，如子公司对主导产品及其营销策略的战术性调整权、对非主导性产品的结构性调整权、参股的非重要成员企业资本结构调整权以及高层人事变更权。

第四层次：对集团而言，一般性的、日常的财务权，如小额费用支出权、预算内费用支出权、短期融资权、现金日常管理权等。

第五层次：子公司等成员企业对于自身内部职能部门、责任单位以及下属更低层次企业的财务管理决策权。

一般而言，前两个层次的财权对集团整体都具有重大影响，因此这两层的财权归属于母公司或集团管理总部，并且这些权利具有凌驾于任何子公司等成员企业之上的权威，以便在必要时加以行使。其余三层财权的归属问题，便是集权与分权的讨论区域。如果母公司不仅拥有前两层财权，并且拥有后三层大部分的财权，那么就是集权型；如果后三层财权大部分归属于子公司，那么便是分权型。由此可见，集权与分权的差别不在于权力的集中或者分散，而在权力边界的划分及其所体现的层次结构特征。

3.2.2 集权型财务管理体制

集权型财务管理体制是集团财务管理中的大部分权力集中于集团总部的财务管理体制。企业集团为何选择集权型财务管理体制？实行集权型财务管理体制，企业集团需要具备哪些条件？实行集权型财务管理体制，对企业集团有何优势，又会带来哪些负面影响？

一、实行集权型财务管理体制的原因

企业集团选择实行集权型财务管理体制，可能的原因如下。

1. 控制对子公司的投资风险

从法律角度来说，子公司是具有独立法人资格的企业主体，所以集团母公司不能完全控制子公司的经营活动。但是子公司作为企业集团的一部分，必须为集团的整体利益服务。为了实现这一目的，集团母公司可通过控制子公司的财务权，影响子公司的资金运作，从而影响子公司的生产和营销活动，预防子公司管理层的逆向选择和道德风险，降低集团母公司对子公司的投资风险，保证集团投资的保值与增值。

2. 协调子公司之间的财务活动

企业集团相较于单独企业的优势在于集团内各成员公司之间及各成员公司与母公司之间产生的协同效应所带来的利益远高于单独企业所能制造的利益。为了保持这一优势，集团内部各成员公司与母公司及各成员公司之间需保持协调的经营活动和财务活动。将子公司的财权集中于集团母公司，有助于子公司的经营和财务活动按照集团整体规划方向发展，实现各成员公司之间和各成员公司与母公司之间的效益协调。

3. 优化集团资源配置

对于大型的集团来说,集团下属成员公司拥有集团大部分的资源。从法律上看,分散在各成员公司之间的资源归子公司所有。如果集团不实行集权型管理体制,各成员公司管理层便可按照自己的意愿分配自身资源。而子公司管理层在分配自身资源时,更多的是从自身成员公司的利益角度出发而非集团整体的利益角度出发,这会导致集团资源配置不优化,严重时会导致集团整体利益受损。实行集权型财务管理体制,集团整体资源由集团母公司分配,提高集团资源利用率,实现整体资源优化配置。

【例 3.1】[1]　A 集团旗下有三家子公司,分别为甲公司、乙公司和丙公司。甲乙丙三家公司 2015 年各自拥有的资金和项目情况如表 3.1 所示。

表 3.1　A 集团下属子公司自有资金和项目投资表　　　单位:万元

子公司	自有资金	投资项目所需资金	项目报酬率(%)	资金溢缺
甲公司	1 000	3 000	20	−2 000
乙公司	2 000	2 000	15	0
丙公司	3 000	1 000	10	+2 000
合计	6 000	6 000		

如果 A 集团未实行集权型财务管理体制,则各个子公司投资规模和投资增值情况如表 3.2 所示。

表 3.2　A 集团下属子公司投资和收益表　　　单位:万元

子公司	自有资金	投资项目所需资金	项目报酬率(%)	投资金额	企业价值增值	闲置资金
甲公司	1 000	3 000	20	1 000	200	0
乙公司	2 000	2 000	15	2 000	300	0
丙公司	3 000	1 000	10	1 000	100	2 000
合计	6 000	6 000		4 000	600	2 000

可见丙公司会出现闲置资金 2 000 万元,而甲公司需要 2 000 万元继续投资。如果 A 集团实行集权型财务管理体制,则 A 集团可调用丙公司的闲置资金 2 000 万元给甲公司继续投资,投资收益如表 3.3 所示。

表 3.3　A 集团下属子公司投资和收益表　　　单位:万元

子公司	自有资金	投资项目所需资金	项目报酬率(%)	投资金额	企业价值增值	闲置资金
甲公司	1 000	3 000	20	3 000	600	0
乙公司	2 000	2 000	15	2 000	300	0
丙公司	3 000	1 000	10	1 000	100	0
合计	6 000	6 000		6 000	1 000	0

在 A 集团内设有财务公司或者内部银行的情况下,集团可通过集团财务公司或者内部银行实现资金调用。在未设有财务公司或者内部银行的情况下,A 集团可以其他应收款或者预付账款的名义将闲置资金供子公司使用[6]。账务处理如下:

丙公司:

借:其他应收款/预付账款

　　贷:银行存款

甲公司:

借:银行存款

　　贷:其他应付款/预收账款

通过实行集权型财务管理体制,A 集团可充分利用闲置资金,为集团增加 400 万元的收益。集权型财务管理体制使集团内资源得到有效运用,实现资源优化配置。

二、实行集权型财务管理体制的条件

集权型财务管理体制并不适用于所有企业集团,要实行集权型财务管理体制的企业集团需要具备的条件有:首先,要有完善的内部信息管理系统;其次,要有优良的集团文化;再次,集团总部要具备高素质的管理人员;最后,子公司之间要具有高度的行业相关性。(详细内容请扫二维码 3.1。)

二维码 3.1
实行集权型财务
管理体制的条件

三、集权型财务管理体制的优点及缺点

集权型财务管理体制的优点主要有:增加集团对子公司的控制力,降低集团投资风险;实现集团资源的优化配置;保证子公司按照集团战略发展。缺点主要有:因不能全面掌握信息而导致决策失误;导致子公司管理层缺乏理财能力;导致子公司对集团财务决策缺乏积极性。(详细内容请扫二维码 3.2。)

二维码 3.2
集权型财务管
理体制优缺点

【案例 3.1】

兖矿集团集权型财务管理体制

兖矿集团有限公司是一家以煤炭、煤化工和煤电铝为核心主业的国有特大企业,是山东省规模最大、效益最好的工业企业之一。

兖矿集团按照现代企业制度的要求,建立逐级控制监督、逐级负责的母子公司财务管理体制,形成“集团公司(决策中心)—专业公司(利润中心)—生产经营单位(成本中心)”三级财务管理体制。兖矿集团实行集权型财务管理体制,明确界定企业集团、专业公司和生产经营单位财务管理的职能,加强集团财务、资金的集中统一管理,提高资源配置和财务监控的能力。

兖矿集团设立结算中心作为集团的一个管理部门,负责除煤业公司以外的整个集团公司日常资金结算,代表集团筹措、协调、规划、调控资金。为实现资金集中管理,兖矿集团采取了以下措施:①构建集团账户管理体系,统一银行账户的管理。结算中心在合作商业银行开立一级账户,成员单位按照集团统一规划的账户体系在合作商业银行开立二级分账户并在结算中心开立内部账户,二级账户和一级账户关联,由结算中心集中统一管理。②实施资金的预算控制。实施资金预算的三级编制、两级审批控制,将成员单位的资金收支预算全部纳入系统管理。20 万元以上的大额资金支付,必须经专业公司、集团公司审批后方可支付。③实现资金的集中结算管理。结算中心利用资金集中管理信息系统,将结算中心的服务延伸到各成员单位。结算中心通过发挥集中结算的功能,清理了集团内部三角债达 3 亿元;④强化了资金集中管理。结算中心通过"现金池",实时或定时归集资金,实现对整个集团资金的统一管理、调拨和集中支付;对票据实行严格的集中管理,由集团总部统一控制。

2008 年,资金结算中心通过集中调配资金,每日平均集中 32.56 亿元的闲置资金,比上年增加 11.63 亿元,全年节约财务费用达 1.19 亿元,比上年增加 0.88 亿元。结算中心依托兖矿集团良好的信誉,遵照"以需定筹、收支平衡、规模适当、筹措及时、来源合理、方式经济"的原则,确定资金量需求,及时筹集资金,做到了融资成本最小化、融资风险最低、融资结构合理[7]。

3.2.3　分权型财务管理体制

分权型财务管理体制是指在企业集团财务管理中,大部分权力归子公司。企业集团为何选择分权型财务管理体制? 实行分权型财务管理体制,企业集团需要具备哪些条件? 分权型财务管理体制又有哪些优点和缺点?

一、实行分权型财务管理体制的原因

实行分权型财务管理体制的原因大致有以下几点。

1. 使集团总部专注于制定企业集团战略

对于市场环境竞争激烈的企业集团,制定完善并具有竞争力的集团战略是集团生存和发展的前提。如果不能在战略上克敌制胜,集团就会面临退出市场的风险。此时,集团总部需专注于集团总体战略的制定与部署,而无暇顾及各子公司的日常财务经营运作,只能放手各子公司的财务决策权和控制权。

2. 子公司与集团总部行业相关性弱甚至不具有相关性

对于与集团总部所处行业具有较弱行业相关性的子公司,集团总部因对其业务、所处环境、行业发展前景等信息掌握不全,如对其实行集权容易导致决策失误。在这一情况下,企业集团应选择对子公司实行分权型财务管理体制,将子公司的财务决策权和控制权交给子公司管理层,由其在自身经验的基础上,为子公司作出更好的财务决策,为集团创造更多的利润和收益。

3. 集团面临复杂多变的市场环境

复杂多变的市场环境,使集团及时获取市场信息的难度加大。此时,如果企业集团实行集权管理,集团总部可能无法根据市场变化及时作出正确的反应。因此,在面临复杂多变的市场环境时,集团应选择分权型财务管理体制,将财务决策权和控制权交给下属子公司,由子公司根据各自所面对的市场环境作出判断,制定相应决策,提高集团决策的准确性。

二、实行分权型财务管理体制的条件

分权型财务管理体制并不适用于所有企业集团。实行分权型财务管理体制的企业集团需具备的条件有:首先,要具备高素质的子公司管理人员;其次,要有团结的集团文化;最后,集团子公司规模要较为庞大或数量较多。(详细内容请扫二维码 3.3。)

三、分权型财务管理体制的优缺点

分权型财务管理体制的优点主要有:有效提高财务决策的及时性和准确性;将集团总部的精力集中于集团整体运作方向和战略规划;提高子公司管理者参与集团财务决

二维码 3.3
实行分权型财务
管理体制的条件

策的积极性;有助于提高子公司管理者的管理能力。

分权型财务管理体制的缺点主要有:集团资源使用效率降低;增加集团的代理风险;降低了集团总部对集团财务的控制力。(详细内容请扫二维码3.4。)

二维码3.4
分权型财务管
理体制优缺点

3.2.4 折中型财务管理体制

折中型财务管理体制是介于集权型和分权型之间的财务管理体制。折中型财务管理体制主要有两种表现形式:集权为主,分权为辅;分权为主,集权为辅。前者在集团实行集权型财务管理体制的基础上,将子公司的一般财务决策权和控制权进行适度分权;后者在集团实行分权型财务管理体的基础上,对各子公司的资源实行统一管理。

尽管集权型财务管理体制与分权型财务管理体制各有优点,但其所具有的缺点也是集团无法避免的。因此在现实中,大部分企业集团选择实行的财务管理体制并非完全的集权型或完全的分权型,而是选择结合这两种类型的财务体制,即实行折中型财务管理体制。企业集团希望通过这一财务管理体制,调和"集权"和"分权"两极,同时实现两种财务管理体制的优点,削弱其弱点。

一、实行折中型财务管理体制的条件

实行折中型财务管理体制的企业集团需要具备的条件大致如下。

1. 企业集团处于成长期或成熟期

处于成长期的企业集团发展迅速,集团需要比发展初期拿出更多的精力来制定集团的发展战略,同时随着集团发展而迅速发展的子公司业务增多,集团总部没有足够的精力处理。因此,集团母公司必须下放部分财权,从而使自身更专注于集团整体发展战略的制定,同时锻炼和提高子公司管理者的管理能力。但同时,集团总部还必须保有一定的财务决策权和控制权,从而来把控子公司的财务运作和发展方向。而对于处于成熟期的企业集团,集团可将一部分权力下放给子公司管理层,以保证集团总部有足够的精力进行集团整体的战略规划。

2. 集团产品存在差异,但具有一定相关性

对于多元化企业集团来说,实行完全的集权管理或是完全的分权管理都是不可行的。在多元化企业集团中,集团总部应重视核心企业的发展,因此对核心企业可实行集权型财务管理体制。而对于处于非核心企业位置的子公司,集团需要适当分权给子公司管理者,以便母公司集中精力处理集团和核心企业及核心产品的事务。但对核心产品具有支持作用的子公司,企业需保持一定的控制力,以保证对核心产品的支持。

二、折中型财务管理体制的优缺点

折中型财务管理体制的优点主要有以下几点。

1. 在发挥母公司财务调控功能的同时,激发子公司管理层的积极性和创造性

折中型财务管理体制下,集团母公司保留对子公司重大财务活动的决策权。母公司通过审批子公司重大的投融资项目,控制子公司的经营风险和财务风险,实现对集团整体重大财务活动的监督。子公司对一定额度下的投融资项目具有自主财务决策权,子公司管理层对所处子公司的投资项目具有一定程度的影响力,因此能够激发其参与

财务管理的积极性,提供具有建设性的财务管理建议。

2. 集团总部更加关注集团整体的运作,同时提高集团整体资源配置效率

集团总部将适当的财务决策权交给子公司管理层,能够有效减少总部处理子公司财务事项的时间和精力,从而集中更多的时间和精力于制定集团整体战略、关注集团整体财务运营情况。相较于分权型财务管理体制,折中型财务管理体制下,集团总部有更多的权限调整集团整体资源配置,能够更加有效地调高集团整体资源配置效率。

3. 保证子公司的财务管理具备一定的灵活性和及时性

实行折中型财务管理体制的集团,其子公司能够在一定范围内行使自主的财务决策权。因此,在子公司所处外部环境突变的情况下,子公司能够在限定的能力下立刻作出相应的财务处理而无需等待总部的批示,而且子公司能够根据自身所处市场的变化,在限定能力下调整自身的投融资策略,保持自身灵活性。

尽管折中型财务管理体制具有上述优点,但与集权型财务管理体制相比,其资源配置效率不及集权型;与分权型财务管理体制相比,子公司财务决策的灵活性、子公司管理层参与财务决策的积极性不如分权型。

【案例 3.2】①

通用电气的财务管理体制

通用电气(GE)是世界上最大的多元化服务性公司,在全球 100 多个国家开展业务,拥有员工近 300 000 人。GE 公司下设 13 个业务部门,分别涉及航空发动机、商业金融、保险、消费融资、动力系统、工业系统、医疗系统、专门材料、NBC、塑料、消费产品、设备管理运系统等领域。

通用电气采用"集权为主,分权为辅"的折中型财务管理体制。GE 总部作为战略中心和投资中心主管企业的战略制定、重大财务审批和投资计划的实施,各子公司作为利润中心和成本中心负责经营范围内的日常经营和管理。母公司设有财务部,是全公司的核心机构之一,子公司根据其自身的实际情况设置其财务机构,直接向集团公司的财务部负责。

对于 GE 内部的资金管理权,GE 总部实行严格的控制。GE 总部根据财务部门的凭证进行结算,通常不支付现款。通用公司在世界各地开立了不同的银行存款账户,对资金的存入与支出进行管理。GE 要求子公司或下属单位将实现的收入一律存入指定的账户,以便于集团管理。当子公司或下属单位需要时,在规定限额范围内可以直接支配,超过限额的部分需要经过集团总部批准后方可使用。为了便于资金的集中管理,GE 总部设立部分专用账户以作应急之用,子公司及下属单位可以通过专用账户来对存款账户的余缺进行补充。

子公司只能在通用公司制定的财务制度范围内负责,在遵守财务制度的情况下,享有充分的自主权。子公司制定自己的投资计划交由总部审批,由总部最终决定投资方向和金额。各海外子公司作为 GE 的利润中心,根据总部的利润指标完成任务。GE 允许子公司留存利润收益。GE 总部财务部直接任命子公司财务长官或向子公司派驻监督代表,各子公司其他财务人员由子公司自行聘任。

3.2.5 财务管理体制模式的影响因素

企业集团选择实行哪一种财务管理体制受到许多因素影响。这些因素可以分为内

---

① 郭健宸. 我国企业集团财务控制问题探讨[D]. 江西财经大学,2013.

部因素和外部因素。其中内部影响因素有：企业集团管理体制、企业集团类型、企业集团规模、企业集团成长阶段、集团的组织结构、集团发展战略、集团对子公司控股方式、子公司业务相关性及集团文化等；外部影响因素有：市场竞争的激烈程度、宏观经济政策等。

一、内部影响因素

1．企业集团管理体制

企业集团管理体制是企业集团为管理集团生产经营活动而制定的管理制度的总称。按集团总部的集权程度，可将企业集团管理体制分为集权型、分权型、集权与分权相结合型管理体制。企业集团财务活动是集团经营活动的一部分，企业集团的财务管理也是集团营运管理的一部分。因此，为管理集团财务活动而制定的集团财务管理体制也是集团管理体制的组成部分。企业集团采取何种管理体制，直接决定了采取何种财务管理体制[8]。

2．企业集团类型[3]

按照经营目标不同，企业集团可分为金融控股型企业集团、产业经营型企业集团、产融结合型企业集团。金融控股型企业集团的母公司关注资本的保值与增值，因此其对资本型的子公司及涉及资本运作活动的子公司大多会实施集权型财务管理；而对生产经营实体的子公司，母公司缺少相关经验，通常采取分权型财务管理[2]。产业经营型企业集团的母公司更加关注实现集团整体资源的优化配置，巩固或加强集团核心业务的市场竞争优势。因此产业型企业集团母公司在注重子公司经营业绩的同时，也注重子公司经营过程中对资源配置的控制。所以产业经营型企业集团一般选用集权度高的集权型财务管理体制或以集权为主、分权为辅的折中型财务管理体制。产融结合型企业集团或以大金融机构为核心同时涉及工商业部门，或以大型工商业企业为核心同时涉及金融机构。因此产融结合型企业集团对其核心产业子公司实行集权型财务管理体制，对非核心产业子公司实行分权型财务管理体制。

3．企业集团规模

不同规模的企业集团，其财务管理体制也会有所不同。对于中小型企业集团，集团内子公司数量较少，集团经营跨度较小，集团可实行集权型财务管理体制，以便整合集团整体资源，掌控集团整体财务风险。对于大型企业集团，集团内子公司数量大，经营跨度大，集团需对子公司进行适当放权，即实行折中型财务管理体制或分权型财务管理体制，以便总部集中精力处理集团整体事务和制定集团整体战略，增强子公司财务灵活性和准确性。

4．企业集团成长阶段

企业集团的生命周期分为四个阶段：初创期、成长期、成熟期、衰退期。初创期，企业集团刚刚形成，集团内子公司较少，集团总部需要控制各个子公司的发展进程，以把控企业集团整体的战略发展方向。在这一阶段，企业集团宜实行集权型财务管理体制以确保子公司按照集团整体的战略方向发展。在成长期，企业集团进入快速发展阶段，集团子公司数量大量增加，集团总部需要适当分权以保证集团总部有足够精力致力于集团战略规划。但集团对核心子公司还需保持一定的控制力，避免子公司发展偏离集团发展方向。而对在这一阶段加入集团的非核心子公司，集团可将对该子公司的财权分权给子公司管理者。在这一阶段,集团对核心企业可实行集权型或以集权为主、分权为辅的折中型财务管理体制,对非核心企业可实行分权型或分权为主、集权为辅的折中型财务管理体制。在集团成熟阶段,集团中大部分子公司已进入成熟期,形成固定的管理模式。在这一阶段,集团核心企业会形成较大规模,成为集团支柱企业。此时,集团总部可将核心企业的财权适当分权给核心企业管理者,实行折中型财务管理体制。对与集团行业相关性较弱的子公司实行分权型财务管理体制。在衰退期,集团需要对集团内的子公司进行"清理",将盈利不佳、效益低下的子公司剥离或出售,同时集团需要考虑进军新的行业,谋求集团新的盈利点。在这一阶段,集团应收回所有财权,实行集权型财务管理体制,以争取实现集团自救。

5. 企业集团的组织结构

企业集团的管理体制与组织结构相适应。如果企业集团的组织结构是高度集权的,如 U 型结构,那么企业集团的财务管理体制往往选择集权型;如果企业集团的组织结构是分权型的,如 H 型结构,那么相应的财务管理体制往往选择分权型;如果企业集团的组织结构是集权分权相结合,如 M 型结构,那么企业集团往往选择折中型财务管理体制。

6. 集团的发展战略

企业集团的发展战略是集团发展的总方向和总策划,可分为扩张型、稳健型和收缩型三种类型[9]。企业集团的管理体制应服从于企业集团的发展战略要求。如果企业集团的发展战略为扩张型,企业集团想要扩张集团市场,则集团总部应分权给子公司管理者,让子公司管理者能够自如地根据自身经验选择开拓新市场,为集团带来新的利润增长点。如果企业集团的发展战略为稳健型,则集团总部只需把控子公司的重大投资、筹资等重要事项,而子公司的一般财务事务的决策权可分权给子公司管理者。如果集团的发展战略为收缩型,则集团总部需要实行集权型财务管理体制,以期达到收缩型发展战略目的。

7. 集团对子公司控股方式

集团对子公司有不同的控股方式。对于全资子公司,子公司的投资决策权、筹资决策权、财务管理人员任免权等财权都由集团总部掌握,集团对其实行集权型财务管理体制,以控制子公司的投资风险。而对于控股子公司,集团总部将子公司的一般投资决策权、一般筹资决策权、一般财务事务决策权等非重大财权交由子公司管理层,重大财权由集团总部掌握,实行折中型财务管理体制。对于集团参股子公司,子公司作为独立法人,拥有法人财产权,集团只能通过自己所占有的股份或集团派驻在子公司的管理参与者来影响子公司的财务决策。

8. 集团文化

集团文化是企业集团工作人员处理事务和与人相处的指导思想。在提倡民主、平等思想的集团,子公司不仅在法律上是独立法人,集团内部也认可其独立社会人格。因此,在这一文化影响下,企业集团偏向于分权型财务管理体制。而在提倡集体主义、统一管理的管理文化的集团中,子公司更多地被认为是集团的一部分,应服从集团总部的管理。因此,在这一管理文化影响下,企业集团偏向于集权型财务管理体制。

二、外部影响因素

1. 市场竞争激烈程度[10]

所处市场竞争激烈程度不同,集团实行的管理体制也会有所不同。当集团中核心企业所处行业竞争激烈,一般情况下集团会不惜一切代价支持核心企业增强其竞争力。这时集团会选择集权型财务管理体制,以便调动集团所有资源和资金。如果集团非核心子公司所处行业竞争激烈,市场变化迅速,集团可实行分权型财务管理体制,以便更加了解市场变化的子公司管理层对市场作出迅速及时、准确的应对,保证集团决策的正确性。

2. 宏观经济政策[10]

所有企业都是在特定的环境中以实现企业价值最大化为目的的经济组织。集团作为企业的联合体,也是在特定的环境中成长起来的。宏观经济政策是特定环境中一个重要因素。国家制定的宏观经济政策对集团有强制作用,也有鼓励或抑制的作用。如果集团中子公司所处行业国家鼓励充分竞争,则企业集团对该子公司应实行分权管理,以及时应对市场变化;如果集团所处行业属于国家垄断行业,则企业集团可实行集权管理。

对集团选择财务管理体制的影响因素还有:企业集团的地理分布、企业集团的管控模式等。集团的财务管理体制不是一成不变的,集团应根据自身环境变化调整集团财务管理体制。在选择财务管理体制时,集团应综合考虑各个影响因素,结合集团自身特点,选择并建立一套行之有效的财务管理体制。

3.3 企业集团财务组织制度

企业集团财务组织制度是企业集团组织财务活动的基本规范,它明确了集团各层级财务管理组织机构的分工与协作关系,规定了各层级财务机构及其人员的职权和职责。为充分协调企业集团内各成员单位的利益关系,合理配置各种经济资源,最大限度发挥集团的整体优势,企业集团应根据自身特点,设置能够体现集权与分权适度、责权利均衡、与集团规模相适应的企业集团财务组织制度。

企业集团的财务总部过度集权或过度分权,都会产生不良影响。前者往往会抑制子公司理财的积极性,后者则容易导致财务失控。为此,企业集团在设置财务组织制度时,首先应保证集团财务总部有必要的财务权限,尤其是对重大财务事项的决策权,在此基础上再进行适当的分权。责权利是否均衡与分权能否达到目的紧密相关。子公司、分公司拥有的权限大但承担的责任小,容易产生滥用权力现象;反之,权限小但责任大,则不利于调动子公司、分公司的积极性。权力与责任应该是对称的、均衡的;责任与利益也应该是对称的、均衡的[11]。

企业集团财务组织制度包括企业集团财务管理组织结构、集团财务机构的职责划分及集团财务人员管理体系三部分内容。

3.3.1 企业集团财务管理组织结构

集团规模不同,财务管理组织结构的繁简程度也不同。规模较小的企业集团可以只在母公司设置财务部门;规模较大的企业集团可以在总部分设两个部门,一个主管总部财务,另一个主管对子公司和关联企业的投资与权益;规模很大的企业集团,则可以在较大企业集团财务组织的基础上,另外设计一个专门从事企业集团各成员企业资金融通的部门[11]。

一般认为,企业集团财务管理组织结构包括两个方面:纵向组织结构和横向组织结构。

一、纵向财务管理组织结构

从纵向上看,在企业集团里,成员企业间存在着"集团公司—子公司—孙公司"的多级控制关系,而在每个成员企业内部存在着"公司总部—分公司(事业部)—分厂(车间)"的分层控制关系。相应地,在财务管理上也形成了纵向的财务管理组织结构。

"集团公司—子公司—孙公司"之间的关系与企业集团的类型关系密切(参见第1章的1.1.4),财务管理结构也相应进行调整。

金融控股型企业集团母公司相较于关注子公司的运作方式,更加关注其投资资本的保值与增值。因此在金融控股型企业集团内部,生产经营型子公司拥有更多的自主经营权和自主管理权,集团整体呈现 H 型为主的组织结构。体现在财务管理组织结构上,集团总部财务组织相当于集团融资中心、投资中心,负责集团总部的融资和投资;各子公司各自设立财务组织,负责子公司自身的投融资项目决策、预算管理、资金运作、财务人员任免及其他财务事项。子公司财务组织只需向总部财务组织或总部管理组织汇报自身财务经营成果,以便总部对其实行财务绩效考核。

产业经营型企业集团可分为单一产业型企业集团和多元化企业集团。单一产业型企业集团其所涉及产业相对单一、目标集中,集团母公司更加注重整合集团资源,提高集团的产业竞争力。为更好地实现资源整合,集团母公司对其子公司实施集权管理,集团整体呈现 U 型组织机构。在财务组织结构上,单一产业型企业集团总部财务组织具备多项职能,负责集团总部及子公司的投融资决策、预算方案决策、总部财务人员及子公司财务管理人员任免等财务事项;子公司财务组织只需服从于总部财务组织,执行集团总部财务决策及预算方案。多元化企业集团可分为相关多元化企业集团和无关多元化企业集团。相关多元型企业集团涉及的多产业之间具有较强的相关性,集团对这些产业具有一定的了解,集团总部可对子公司实行集权管理或者以集权为主适当分权,集团整体组织结构一般为 U 型或 M 型组织结构。U 型组织结构相关多元化企业集团的财务组织机构类似于单一产业型企业集团。集团整体呈现 M 型组织结构的相关多元化企业集团,集团总部财务组织负责集团重大投融资项目决策及其他集团重大财务事项;子公司财务组织可对一定额度下的投融资项目具有决策权,可对一定额度下的资金进行调配,可自行聘任子公司财务组织的财务人员等。无关多元化企业集团类似于金融控股型企业集团,其集团财务组织结构也类似于金融控股型企业集团。

产融结合型企业集团内既有金融机构又有产业部门,集团所涉及产业较为多元。集团对其子公司实行分权管理或集权分权结合的管理方式,集团整体结构呈现 M 型或者 H 型组织结构。因此,其财务组织结构类似与 H 型组织结构的金融控股型企业集团或 M 型组织结构的相关多元化企业集团。

从"公司总部—分公司(事业部)—分厂(车间)"的分层控制关系看,总部财务组织处于公司财务组织金字塔结构的顶端,是各分部的财务决策层。公司总部财务组织主要由公司总部财务负责人及其管理的总部财务部门或机构组成。公司总部拥有财务决策权和控制权,对公司财务运营行使财务监督权,并履行公司总部财务工作职责。公司总部财务管理组织的核心定位是在集团母公司财务组织的指导下开展财务工作,为公司总部及分公司规划财务战略、管控公司财务等。

分公司财务管理组织是成员企业内的财务管控层,由分公司财务负责人及其管理的分公司财务部门或机构组成,服从于成员企业总部财务管理组织,对分厂财务管理组织进行指导。分公司财务部服从于公司总部财务管理组织,是公司财务战略、公司总部财务决策实施主体。分公司财务管理组织作为成员企业内部纵向财务管理组织管理结构的中间环节,需要与上一环节(公司总部财务管理组织)做到良好的互动与沟通,也需要对下一环节(分厂财务管理组织)做到良好的指导与沟通。分厂财务管理组织是成员企业内的财务执行层,主要由分厂财务负责人及其管理的分厂财务部门或机构组成。分厂财务管理组织接受分公司财务管理组织的指导,直接落实公司的具体财务工作。

在纵向财务管理组织结构中,从上往下是集团战略落实的路径,要做好相应的指导和监督工作,指导准确到位,监督严格及时;从下往上是集团财务信息收集和加工的过程,同时也是集团战略实施情况的反馈传递过程,子公司和孙公司要做到信息反映及时、内容真实准确。成员企业内部纵向财务管理组织结构如图 3.3 所示。

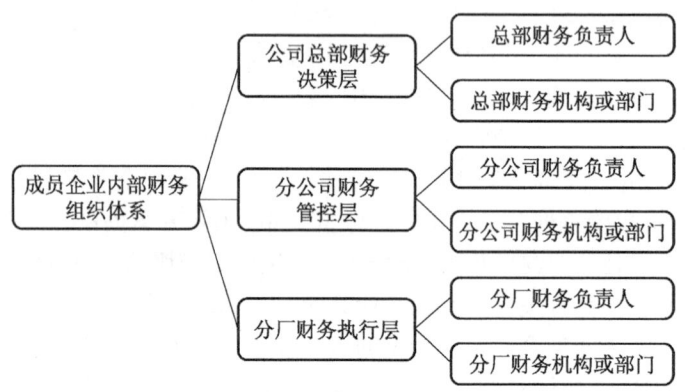

图 3.3　成员企业内部纵向财务管理组织结构

二、横向财务管理组织结构

横向财务管理组织结构是指在不同的层级上,相应层级建立的该层级财务管理组织机构。横向财务管理组织结构的建立是为了更好地落实集团财务战略,完成该层级的财务战略任务,履行工作职责。横向财务管理组织结构受集团规模大小、子公司规模大小、该层级财务活动量大小及重要程度、集团财务管理体制类型等因素影响。

集团公司财务总部负责整个集团的资源分配、资金运用、投资管理、风险管理等总体计划的安排,为履行职责一般至少设置以下职能部门[2][4](见图 3.4):①产权管理部。产权管理部负责集团产权管理,包括集团对子公司的股权收益、股权转让与交易、新设子公司等。②投资部。投资部负责管理集团的投资项目,规划集团投资战略,确定投资产业方向,评估投资风险与收益,投资项目业绩评价等。③融资部。融资部负责管理集团的融资项目,评估融资成本,明确融资主体(子公司或者母公司)、融资方式、融资渠道等。④财务预算与管控部。财务预算与管控部负责集团整体财务预算制定,管控集团内成员公司财务预算执行进度,必要时调整集团财务预算。同时,该部门也负责子公司业绩评价考核,以及其他财务管控工作。⑤资金营运部。资金运营部负责集团实体业务的日常资金流动安排,统筹下属公司的收入、成本、费用和利益分配。⑥会计部。会计部负责集团母公司的会计核算和报表编制、集团合并报表编制、集团整体的会计制度制定、税务筹划、集团会计信息系统的运行与维护等工作。⑦风险管理部。风险管理部主要负责集团内部控制、风险管理和财务预警,维护和保证集团的整体利益。⑧审计部。审计部负责监督集团母公司与集团各子公司的各项财务活动遵循集团财会制度执行;监督检查各个成员公司和母公司所提供财务信息的真实性和准确性。这些部门都属于集团财务管理范围,最终对集团财务负责人(总会计师或负责财务的副总裁、副总经理、首席财务执行官)负责。从上述财务部门或机构可以看出,集团总部财务组织不仅包括财务部,也包括在集团总部单独设立但不属于财务部管辖的其他部门或机构(多数情况下,这些部门或机构与财务部属于同一级别)[2]。

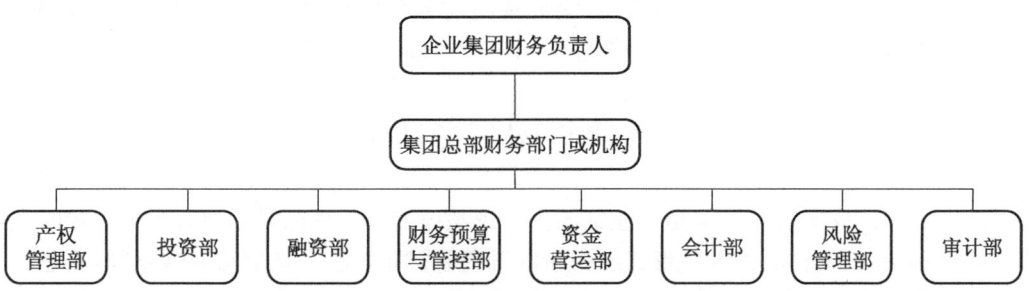

图 3.4　集团总部横向财务管理组织结构

控股子公司、孙公司及集团公司有独立对外经营权的分公司(或事业部)属于企业集团的利润中心,它们在集团公司总体计划内安排具体的生产经营活动,并可在一定范围内根据市场需求和技术条件的变化及时调整生产和销售。它们的财务管理职能部门可根据层级需要建立,可根据重要程度单独建立或多个部门合并建立,在机构上主要设置有财务预算部、销售结算部、成本控制部、日常运营资金管理部等。

作为生产单位的分厂、车间或站队及其他费用单位,它们一般属于成本控制中心,对本单位的责任成员负责,通常不设置专门的财务机构,但可设置专职的会计人员如成本核算员负责目标责任成本的分解、控制、核算、分析等。

3.3.2　企业集团财务机构的职责划分

企业集团财务机构的职责划分主要关注各层级主要财务机构的岗位职责及其责权利关系。集团的财务事项决策流程大致会经过四个层级:总部财务管理机构—财务中心或财务公司—子公司财务管理机构—孙公司财务管理机构。(各级财务机构的职责划分请扫二维码 3.5。）

二维码 3.5
企业集团财务机构
的职责划分

　　财务中心是在集团财务总部下设置的,专司母公司(及其分公司)、子公司及其他成员企业现金收付、头寸调剂及往来业务款项结算的财务职能机构。根据各企业集团对财务权限的分配与实施财务管理的条件的不同,财务中心可以分为财务结算中心和财务控制中心两类[3]。并不是所有集团都设有财务中心或财务公司,因此这一层级的岗位职责只在设有财务中心或财务公司的集团内发生;而没有设立财务中心或者财务公司的集团,其相应职责则由总部财务机构或子公司财务管理机构负责。

3.3.3　企业集团财务人员管理体系

二维码 3.6
各层级财务人员
的聘任、激励及
主要职责

　　企业集团财务人员是企业集团各级财务人员的总称。这其中包括集团母公司财务组织负责人(如副总裁、副总经理、总会计师首席财务执行官),也包括子公司财务组织负责人(如财务总监),孙公司财务组织负责人(如财务经理),以及各个财务岗位上的财务人员。(各层级财务人员的聘任、激励及主要职责请扫二维码 3.6。)

　　企业集团财务人员的任免不仅是人力资源的范畴,也是财务管理的范畴。企业集团对集团财务的管理不仅通过把控财务决策权和财务控制权,财务人员的任免也是重要的一个重要环节。一支素质优良、高效率、精明能干的财务管理团队,能更好地完成集团的财务战略、落实集团财务政策、实现集团财务目标。如何建立一支优良的团队,加强对财务人员的管理,现已成为企业集团财务管理工作的重点之一。

3.4　企业集团财务决策制度

　　企业集团财务管理决策是企业集团为实现整体财务管理的目标而对未来一定时期内的财务活动的方向、内容及形式所进行的选择和调整过程。按照重要性不同,企业集团财务管理决策可分战略性财务管理决策、战术性财务管理决策和业务性财务管理决策三种。按照财务管理所涉及的问题性质的不同,可将企业集团财务管理决策分为程序化决策和非程序化决策。按照决策的环境不同,可将企业集团财务管理决策分为确定性决策、风险性决策和不确定性决策。按照财务管理的决策主体不同,可将企业集团财务管理决策分为个人决策和集体决策。

　　财务决策管理权限历来是企业集团各方面所关注的首要问题,是整个财务管理体制的核心。如何划分并界定各方面、各利益主体以及各层级财务管理组织的财务决策管理权限,成为财务决策制度研究的基本点[3]。本节主要对企业集团投资决策制度、筹资决策制度、利润分配决策制度进行介绍。

3.4.1　投资决策制度

　　企业集团投资决策制度是指在集团内部针对集团投资决策所制定的准则和程序。集团投资决策制度是财务管理体制的核心内容,它在很大程度影响了企业集团财务管理的效率。

　　在集团整体这一层级,集团总部依据集团整体战略计划制定投资决策。在集团总部,由集团总裁提出投资方案,经集团董事会讨论后,交由集团股东大会审核通过。在这一层面,由集团股东作出最终投资决策并为其负责。

而在各成员企业层级,各成员企业在选择投资方案时必须同时考虑自身企业的未来发展和企业集团整体发展战略。各成员企业必须以战略的眼光审视投资方案对集团整体长远利益和发展的影响。各成员企业的投资决策制度的安排根据集团实行的财务管理体制不同而不同。在集权型财务管理体制下,各成员企业投资决策由集团董事会或总裁负责决策;在分权型财务管理体制下,各成员企业重大投资决策由集团董事会或总裁负责决策,而各成员企业一般投资决策由各成员企业董事会或总经理负责决策;在折中型财务管理体制下,各成员企业一定额度以上的投资决策由集团总董事会或总裁负责决策,一定额度以下的投资决策由各成员企业董事会或总经理负责决策。

与单个企业相比,企业集团作出投资决策时更加注重战略性和系统性。企业集团在作出投资决策时要以集团发展战略为导向,站在集团整体发展的立场上考量不同的投资项目组合。最终形成一个由各成员企业的多个投资要素组成的、具有系统性的投资项目集合,在这一集合中各要素之间存在着相互作用或影响的特定关系。

在集团投资决策的过程中,集团投资决策者会通过一系列评价方法,综合评价投资方案。与单个企业所用评价方法相似,企业集团所采用评价方法也是现金流分析法。企业集团可根据企业集团投资制度确定相应的评价指标,建立一套完善的投资决策制度,提高企业集团决策的正确性。

投资决策程序是指在各个投资决策者确定各项投资决策时,需要通过的具体程序。一般来说,企业集团投资决策程序包括:明确投资的战略方向,制定投资战略规划,确定投资的目标,编制年度投资计划,进行投资组合和优化,董事会决策审批。如图 3.5 所示。

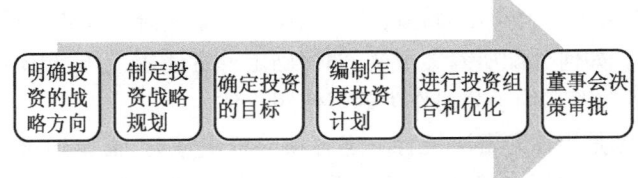

图 3.5　企业集团投资决策程序

3.4.2　筹资决策制度

企业集团筹资决策制度是指集团内针对集团整体、各成员企业的筹资决策所制定的准则和程序。集团整体的筹资决策与投资决策类似,集团重大筹资决策由总裁提出筹资方案,经董事会讨论通过之后,提交股东大会最终审核通过。在这一层级,筹资决策权由集团股东大会最终行使并为之负责。

在各成员企业层级,各成员企业重大筹资决策权由集团总部行使并为之负责。而各成员企业一定额度内的筹资决策权则根据集团实行财务管理体制分不同情况。在集权型财务管理体制下,各成员企业的所有筹资活动决策由集团总裁负责;在分权型财务管理体制下,各成员企业一定额度内的筹资活动决策由各成员企业经营者或各成员企业董事会负责;在折中型财务管理体制下,各成员企业在集团限定的额度内的筹资决策由成员企业经营者或成员企业董事会负责。

对于不同财务管理体制的集团,其划分集团总部与子公司之间的筹资决策权所依据的原则不同。对于实行集权型财务管理体制的集团,在处理集团总部与子公司筹资决策权限的关系上,应依据的主要原则是统一规划、集权管理。统一规划是指企业集团总部与子公司的重大筹资项目由集团总部统一规划并制定。统一规划的内容包括统一集团筹资政策;统一各子公司及总部借款票据贴现程序;统一子公司年度经营性累计借款额度;统一集团担保和抵押规则;统一对外开具信用证的规则等[2]。集权管理是指集团的筹资项目均由母公司统一决策,并由母公司对集团筹资项目实行监督权。对于实行分权型财务管理体制的集团,在处理集团总部与子公司筹资决策权限的关系上,应依据的原则是统一规划、重点决策、分权管理。重点决策是指集团规定的重大筹资决策项目由集团总部统一管理[2]。分权管理是指子公司的非重大筹资项目由子公司自行决策,并为之负责。而对于实行折中型财务管理体制的集团,其依据的原则与实行分权型财务管理体制的集团相似,但子公司所具有的筹资决策权限则介于实行前两类财务管理体制的集团之间。

集团在制定筹资决策制度时,也需注意筹资主体的确定。筹资主体主要是指筹资执行主体和筹资使用主体。确定筹资执行主体是指确定由谁来筹资。筹资执行主体可由集团总部、子公司、财务公司等专门财务机构来担当。确定筹资执行主体需要依据筹资项目的重要性、筹资执行主体的筹资能力等。如果筹资项目重大,则应由集团总部或财务公司等专门财务机构执行筹资项目;如果集团将筹资项目统一交由专门财务机构负责,则根据集团规定由专门财务机构作为筹资执行主体;如果子公司具备其筹资项目所需筹资能力,则可由子公司作为筹资执行主体。在集团统一筹资的情况下,集团需考虑筹资使用主体。如何分配所筹集资金,如何确定筹资使用主体,集团可根据成本与效率原则,优先选择效率高的子公司作为筹资使用主体。

筹资决策程序是指在筹资决策者决定各项筹资决策时,需要通过的具体程序。筹资决策程序一般包括如下步骤:确定筹资需要量,提出可能的筹资方式,针对各种可能的筹资方式进行风险和资本成本分析,确定具体筹资方式,提交董事会或总经理审核。决策者不同,筹资程序也会有所不同[1]。如图3.6所示。

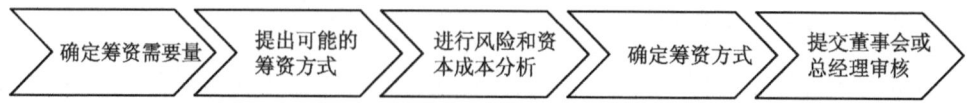

图 3.6 筹资决策程序

3.4.3 利润分配决策制度

企业集团利润分配决策制度是指集团为了规范各成员企业的利润分配而制定的原则、方法和程序。不管集团实行何种财务管理体制,利润分配决策权属于集团的重大财权,均归属于集团总部。

集团总部的利润分配决策主要是集团董事会根据企业集团财务发展战略和股东要求,提出利润分配的方案,最终由股东大会讨论并审核通过。企业集团总部的利润分配决策权由集团全体股东行使并为之负责。

而对于集团内其他成员企业的利润分配决策制度,则根据母公司对其他成员企业的投资程度不同而不同。对于集团内的全资子公司,其全部利润归母公司所有。全资子公司利润分配方案由子公司提出,并最终经母公司审核通过。对于集团内的绝对控股或控股比例低于 50% 但集团对其具有实质控制权的子公司,利润分配预案由子公司提出,经过集团母公司同意后,提交子公司董事会讨论并制定决议,最后提交子公司股东大会审议通过。对于这一类子公司,尽管母公司对其并不具有 100% 股权,但由于母公司对其具有超过半数的股权或者具有实质控制权,因此其利润分配决策权最终还是归属于母公司。对于母公司控股比例低于 50% 的参股子公司,其利润分配决策根据子公司规定章程执行,母公司根据自己所拥有的股份参与决策。

企业集团制定利润分配决策制度应结合企业集团利润分配管理的特点。企业集团利润分配管理的特点主要有以下三个方面[4]:第一,利润分配的格局主要是协调集团内成员企业之间的利益关系。由于企业集团内各子公司之间存在资金、人力资源、技术和经营管理的联合,所以便产生了其他子公司按资本、生产技术、经营管理等要素投入的状况参与利润分配的新格局。第二,企业集团利润分配主体和关系更加复杂。企业集团的利润分配,涉及比单体企业更多的利益主体和更复杂的利益关系。企业集团分配管理的基本原则是,既要平等互利、协调发展,又要打破"大锅饭",真正起到激励作用。第三,企业集团的分配内容更加丰富。集团母公司对集团内部发生的合作和交易事项中影响各成员最终利益的因素进行控制和规划。因此,集团母公司在决策集团利润分配方案时,不仅需要考虑母公司的利益,也需要考虑集团内其他成员企业利益,以达到实现集团整体长远发展的目的。

3.5 企业集团财务控制制度

财务控制是指根据企业集团财务管理目标与财务计划的要求,确定衡量绩效的标准,将实际的财务活动与预定的标准进行比较,以确定实际的财务活动中出现的偏差及其严重程度,在此基础上对财务活动进行指导与调节,对偏离财务计划的行为进行纠正,以保证企业集团财务管理目标的顺利实现[12]。

企业集团财务控制制度包括预算控制制度、财务激励制度、内部审计制度、财务总监委派制度等。本节主要对预算控制制度、财务激励制度、内部审计制度进行介绍。

3.5.1 预算控制制度

企业集团预算控制制度是指企业集团针对各成员企业预算控制所制定的具体准则和程序。企业集团预算控制制度是企业集团财务控制制度的重要内容。集团对各成员企业的预算控制主要包括预算编制控制、预算调整控制、预算核算控制、预算报告控制及预算审计控制。

对于实行不同类型的财务管理体制的集团，企业集团预算制定过程不同，因此其预算编制控制的方式也不同。对于实行集权型财务管理体制的集团，集团内各成员企业预算方案由集团总部统一编制，各成员企业执行。在这一体制下，集团总部直接通过编制预算方案实现对各成员企业的预算控制。对于实行分权型财务管理体制的集团，集团内各成员企业根据集团总部制定的财务战略目标编制各自的预算方案，并提交总部备案。在这一体制下，总部通过设定财务战略目标控制各成员企业的预算编制。而在折中型财务管理体制下，集团内各成员企业根据集团总部制定的预算大纲编制各自的预算方案，最后交由集团总部审批下达[13]。在这一体制下，集团总部通过审核各成员企业预算方案，以实现对预算编制控制的目的。

在企业集团预算执行过程中，集团通过预算调整控制、预算核算控制、预算报告控制以实现预算执行过程控制。如果在执行中由于市场环境、经营条件、政策法规等集团不可抗力导致原有预算方案不成立或与原有预算方案产生重大偏差，集团总部调整预算方案需得到集团股东大会审议通过后方可执行；各成员企业需在集团总部审核通过后方可执行。

在预算执行过程中，集团可建立定期反馈制度，要求各成员企业定期（每月、每季或半年）对预算结果进行核算、分析预算差异原因，并以报告的形式提交给集团总部。在集权型财务管理体制下，集团总部可根据各成员企业的定期反馈报告制定改进措施；在分权型财务管理体制下，集团总部根据各成员企业报告了解各成员企业预算执行情况，各成员企业根据差异报告制定改进措施；在折中型财务管理体制下，各成员企业需根据自身的预算核算结果提出改进措施，并在集团总部审核后执行。

同时，集团可建立预算审计制度，以加强集团对预算执行过程的控制。集团内各成员企业预算编制、预算执行、预算审核过程均受到集团内部审计部门的监督。

通过实行企业集团预算控制制度，企业集团可根据子公司预算反馈报告了解各成员企业运营情况，在不直接控制子公司财务活动的情况下获得较好的控制效果；通过各成员企业定期反馈报告，能够降低集团总部与子公司之间的信息不对称程度；同时集团可根据子公司财务预算运营情况反馈，及时获取子公司财务信息并以此调整经营短期目标，及时作出经营决策；集团可在预算方案中调整集团资源配置情况，提高集团资源优化配置。

对于预算控制的详细内容，将在第 5 章预算管理中详细介绍。

3.5.2　财务激励制度

在组织行为学中，激励主要是指激发人的动机的心理过程。通过激发和鼓励，使人们产生一种内在驱动力，使之朝着激励者所期望的目标前进。在企业中由于委托代理关系的存在，委托方（企业所有者）需对代理方（企业经营者）给予一定的激励，以防止代理方出现逆向选择和道德风险，并促使代理方朝着委托方所期望的目标前进。在企业集团内，同时存在着两层委托代理关系：一是集团所有者对集团经理人的"委托—代理"关系，二是集团经理人对其下属职能管理部门及业务经营单位的"委托—代理"关系[14][15][16]。因此在企业集团内的激励制度,也存在两层激励关系:一是集团所有者对集团管理层的激励制度;二是集团母公司对子公司的激励制度。

与单体企业类似,企业集团所有者通过制定财务激励制度以达到对企业集团经营者的约束与激励。企业集团所有者可利用与集团业绩相挂钩的奖金、股票、股票期权等激励手段鼓励集团经营者努力提高集团业绩,同时利用扣除奖金、辞退等惩罚手段约束集团经营者行为。对于集团经营者的激励制度,由集团董事会制定,并最终经过集团股东大会审议通过。

而针对子公司的激励制度,可从子公司和子公司管理层两个方面制定。集团总部可通过在利润分配上激励子公司长远发展(如为子公司留足企业法定公积金、在盈余公积金的分配上尽量为子公司留足发展后劲等)、为子公司创建一个公平竞争的集团内部环境(如建立统一的关键业绩指标考核)等方式对子公司实行激励措施[14]。针对子公司的激励制度由集团总部制定并实施。

而针对子公司管理层,集团总部可利用与子公司业绩相挂钩的奖金、股票、股票期权、升职等激励手段促使子公司管理层提高子公司经营业绩,同时利用降职、辞退等约束手段约束子公司管理层行为。集团总部有实质性控制权的子公司,子公司管理层的激励制度由集团总部制定并实施;而集团总部不具有实质性控制权的子公司,子公司管理层的激励制度由子公司董事会制定,并经由子公司股东大会审议通过。集团总部通过派出的股东代表或董事会代表影响子公司管理层的激励制度。

企业集团在实施和制定财务激励制度时应注意:在激励手段上,不能过分或单纯依赖经济激励,而应物质激励与精神激励相结合。在激励环节上,应注重目标设置的科学性。如果目标设立过高,经营者无法达到,则即使激励方式多么诱人,都无法达到激励的作用;而如果目标设立过低,经营者能轻易到达,则经营者不会为了集团更进一步发展而努力工作。

企业应认真分析影响激励效果的各种因素,通过深入细致的分析提高激励的有效性。

3.5.3　内部审计制度

一、内部审计及内部审计制度的含义

内部审计之父索耶关于内部审计的定义是:对组织中各类业务和控制进行独立评价,以确定是否遵循公认的方针和程序,是否符合规定和标准,是否有效和经济得使用了资源,是否在实现组织目标。在 2001 年 1 月国际内部审计师协会(IIA)发布的新版《国际内部审计专业实务框架》中,内部审计的定义是:内部审计是一种独立、客观的确认和咨询活动,旨在增加价值和改善组织的运营[15]。它通过一套系统的、规范的方法,评价并改善风险管理、控制和治理过程的效果,以帮助组织实现其目标[15]。由此可见,现代企业集团内部审计不仅是合规性审计,更是管理导向性审计,以增加内部审计的附加值,帮助企业提升价值。内部审计和国家审计(政府审计)、社会审计(事务所审计、独立审计)并列为三大类审计。

集团内部审计制度是企业集团针对集团总部及各成员企业的内部审计工作而制定

的准则和办事程序。企业集团内部审计具有监督、控制、评价、服务的职能[16]，是集团控制各成员企业，并为其实现企业价值增值的重要方法。内部审计职能的集中化管理有助于企业集团执行较为简单的标准化审计流程，同时确保集团更加有效地部署内部资源。有调查显示：内部审计职能基本集中或完全集中管理的企业集团占了调查对象的75％，仅有1/4的企业集团采用了分散式或较为分散的内部审计职能体系。大部分的国际大型企业集团都选择对其内部审计职能进行集中化管理。这种方式不仅有利于内部审计资源的调动，也增加了内部审计在企业集团内的独立性以及公司董事会对内部审计的管控。

二、内部审计机构的设置

（请扫二维码3.7。）

二维码3.7
内部审计机
构的设置

三、内部审计章程

内部审计章程是开展内部审计工作的"基本法"，它代表了组织最高管理当局的有效授权，是内部审计人员开展审计活动的依据，对整个组织都具有约束力。内部审计章程是组织的主要法律文件。

内部审计章程一般由内部审计机构起草，起草的内容要与组织目标和内部审计准则相一致，然后报给高级管理层批准通过。内部审计章程要明确内部审计的目标，限定内部审计的活动边界，界定内部审计活动的内容和方式。

内部审计章程的主要内容如下。

1. 宗旨

内部审计机构的宗旨是：通过开展独立、客观的保证与咨询服务，运用系统化和规范化的方法，对内部控制、风险管理和治理过程进行评价，以增加组织价值，提高运作效率，帮助组织实现其目标。

2. 组织机构

审计机构是组织内重要的职能部门，从内部审计的性质来说，应保证内部审计机构的相对独立性。各单位可根据具体情况设立相应的内部审计机构。

3. 权力

在批准的章程范围内，内部审计机构有权审计所有工作，有权接触所有记录、人员和与实施审计工作有关的部门。在提供保证和咨询服务过程中有权与管理层交换意见。有权根据管理层要求，灵活安排审计项目的范围、时间和深度。对发现的重大风险，有权向高级管理层和审计委员会报告。内部审计人员应当独立于其所评价的活动或管理，不应参与任何有可能降低其独立性的活动。

4. 职责

内部审计机构和人员的职责是：按照《职业道德规范》和《内部审计准则》的要求开展审计工作；根据风险大小确定审计的重点和先后次序；在执行审计过程中保持应有的职业谨慎；在提交审计报告之前，应核对事实，征求被审计人意见，以便包含不同的资料或观点。

5. 审计人员

审计人员必须熟悉有关法律法规、公司章程；掌握审计、会计相关知识；有一定的会计、管理、审计工作经验,通晓经营管理和相关生产、技术知识;有较强的组织协调、调查研究、综合分析能力;在审计过程中遵守职业道德和专业标准。

6. 术语和说明

对术语的解释有利于内部审计人员有共同的认识,详尽的说明有利于各方的沟通及章程的完整性。

四、内部审计具体制度

为实现内部审计工作的规范化、制度化,明确审计人员、主审人员、项目负责人、部门负责人的责任,必须制定、完善内部审计控制制度。这些制度包括审计工作制度、质量检查考评制度和责任追究制度。

1. 审计工作制度

审计工作制度是审计工作过程的规范性要求,要明确各个责任人的具体权力、责任和义务,涉及审计立项制度、人员委派制度、计划编制规定、主审竞聘制度、主审负责制度、外勤工作管理规定、取证注意事项、工作底稿编制复核制度、审计报告编制复核制度、督导制度、重大问题请示报告制度、审计公告制度等。

2. 质量检查考评制度

质量检查考评制度是对正在进行或已经完成的审计业务进行监督、评价,了解审计状况,提高审计质量,是一种事中和事后的监控制度。审计质量的检查可以是企业内部审计部门的自查与互查,也可以是企业内部高层组织的、专门针对内部审计质量的专项检查,也可以是内部审计协会质量检查委员会的外部督促检查。科学考评内部审计质量,应该建立考评指标体系,包括定性指标和定量指标,并以此为依据,作为奖惩的基本依据。

3. 责任追究制度

责任追究制度是一种事后补救的质量控制措施,目的在于促使各级内部审计人员明确各自责任,强化责任意识,降低审计风险。实施责任追究制度,在对违规者进行处罚的同时,也对遵循者实施了保护,是确认和解除审计人员审计责任的一种有效机制[17]。

除了上述预算控制制度、财务激励制度和内部审计制度,企业集团财务控制制度还包括财务总监委派制度、企业集团资金控制制度等。企业集团通过建立各项财务控制制度,控制和约束各成员企业的财务行为,从而降低各成员企业管理层的逆向选择风险。

本 章 小 结

1. 企业集团财务管理体制是企业财务活动中各种制度和程序的总称。在理解这一概念时应把握以下几点:①企业集团财务体制是一系列的制度安排;②企业集团财务体制涵盖集团内部各个财务管理层级,而不局限于集团总部;③企业集团财务体制的核心问题是财务权限的分割,以及与此相对应的责任划分和利益分配。

2. 企业集团财务管理体制的主要内容可分为以下四类:基本的集权分权模式、财务组织制度、财务决策制度和财务控制制度。

3. 依据集团总部财权集中程度可将企业集团财务管理体制分为三类：集权型、分权型和折中型。

4. 集权型是指在集团财务管理活动中，大部分决策权和控制权都归集团总部。其优点是：增加集团对各子公司的控制力，降低集团投资风险；实现集团资源的优化配置；保证所有子公司按照集团战略发展。其缺点是：因不能全面掌握信息而导致决策失误，导致子公司管理层缺乏理财能力，导致子公司对于集团财务决策缺乏积极性。

5. 分权型是指在集团财务管理活动中，子公司大部分决策权和控制权都归集团子公司。其优点是：有效提高财务决策的及时性和准确性；将集团总部的精力集中于集团整体运作方向和战略规划；提高子公司管理者参与集团财务决策的积极性；有助于提高子公司管理者的管理能力。其缺点是：集团资源使用效率降低；增加集团的代理风险；降低集团总部对集团财务的控制力。

6. 企业集团财务管理体制受到许多因素影响。其中内部影响因素有：企业集团管理体制、企业集团类型、企业集团规模、企业集团成长阶段、集团的组织结构、集团发展战略、集团对子公司控股方式、子公司业务相关性及集团文化等；外部影响因素有：市场竞争的激烈程度、宏观经济政策等。

7. 企业集团财务组织制度是企业集团组织财务活动的基本规范，它明确了集团各层级财务管理组织机构的分工与协作关系，规定了各层级财务机构及其人员的职权和职责。企业集团财务管理组织分为两类：纵向财务管理组组织结构和横向财务管理组织结构。

8. 财务管理决策是指企业集团为实现整体财务管理的目标而对未来一定时期内的财务活动的方向、内容及形式所进行的选择和调整过程。企业集团财务管理决策可分为投资决策制度、筹资决策制度、利润分配决策制度。

9. 企业集团财务控制制度包括预算控制制度、财务激励制度、内部审计制度等。

10. 内部审计是一种独立、客观的确认和咨询活动，旨在增加价值和改善组织的运营。它通过一套系统的、规范的方法，评价并改善风险管理、控制和治理过程的效果，以帮助组织实现其目标。现代企业集团内部审计不仅是合规性审计，更是管理导向性审计。它和国家审计（政府审计）、社会审计（事务所审计、独立审计）并列为三大类审计。内部审计制度主要包括内部审计章程和内部审计具体制度。

关 键 概 念

财务管理体制　集权型财务管理体制　分权型财务管理体制　折中型财务管理体制　企业集团财务组织制度　企业集团财务决策制度　企业集团财务控制制度　财务决策权　财务资源调配权　财务资源使用权　财务监控权　财务权的层次　利润分配决策制度　预算控制制度　企业集团激励制度的层次　内部审计

复 习 思 考 题

1. 什么是企业集团财务管理体制？它包括哪些内容？

2. 企业集团财务管理体制分为哪三类？

3. 集权型财务管理体制的适用条件有哪些？它具有哪些优缺点？

4. 分权型财务管理体制的适用条件有哪些？它具有哪些优缺点？

5. 企业集团财务管理体制主要受哪些因素影响？

6. 企业集团财务组织可分为哪两种？企业集团财务组织包括哪些财务人员？

7. 企业集团财务决策制度包括哪些具体制度？财务控制制度包括哪些具体制度？

8. 企业集团利润分配管理的特点是什么?

本章参考文献

［1］王明虎.企业集团财务管理教程［M］.上海:立信会计出版社,2009.

［2］王峰娟.企业集团财务管理［M］.北京:经济科学出版社,2012.

［3］张延波.高级财务管理［M］.2 版.北京:中央广播电视大学出版社,2004.

［4］王化成.高级财务管理［M］.北京:首都经济贸易大学出版社,2006.

［5］李芸达,张洪艳.财务决策权的制度安排及我国企业的现实选择［J］.会计研究,2008(10):
46-52.

［6］张新民.从报表看企业——数字背后的秘密［M］.北京:中国人民大学出版社,2012.

［7］李厚民.我国企业集团财务管理体制研究——以煤炭企业集团为例［D］.山东大学,2010.

［8］阮萍.高级财务管理［M］.四川:西南财经大学出版社,2009.

［9］张家伦.企业集团财务管理专题研究［M］.北京:中国金融出版社,2010.

［10］张爱军.混合制公司体系下财务管理体制的选择［J］.财政监督,2007(14):22-23.

［11］王满.公司理财学［M］.辽宁:东北财经大学出版社,2009.

［12］马红光.企业财务运营与分析［M］.西安:西安地图出版社,2006.

［13］李国忠.企业集团预算控制模式及其选择［J］.会计研究,2005(4):2005.

［14］裴中阳.集团公司运营管控［M］.广州:广东经济出版社,2004.

［15］中国内部审计协会,译.国际内部审计专业实务框架(国际内部审计师协会 2011 年 1 月修订)
［M］.北京:西苑出版社,2011.

［16］罗建玉,习华兰.企业集团财务控制原理与应用［M］.长春:吉林人民出版社,2006.

［17］王宝庆.内部审计管理［M］.上海:立信会计出版社,2012.

第4章

企业集团的
资金管理

通过本章的学习,应当能够:

1. 掌握企业集团资金集中管理的概念;

2. 了解企业进行资金集中管理的必要性;

3. 重点掌握企业集团资金集中管理的模式;

4. 掌握财务公司的概念、职能;

5. 了解财务公司的监管和行业评级;

6. 了解资金管理主要业务及其流程;

7. 重点掌握现金池的概念、分类及运作模式;

8. 掌握现金池在企业集团运作的实际控制点;

9. 了解资金管理系统的建设。

引例①

中冶集团的资金集中管理

随着企业管理水平的不断提高,加强资金集中管理已经成为众多企业集团的共识,越来越多的企业集团开始以各种模式推进资金集中管理工作。中冶集团在推进资金集中管理的过程中,不仅提高了集团的资金管理能力,而且带动了集团整体经营管理水平的提升,增强了资金风险管理水平,实现了财务管理创造价值,推动了集团跨越式发展。2008 年以来,中冶集团先后投入几十亿元在海外收购了铁、铜、镍、锌、铅、钴、金等多种黑色及有色金属矿产资源,推动集团由单纯的冶金工程设计和施工为主业拓展到海外资源开发。此外,中冶集团还在境内收购了两家规模近百亿的冶炼企业和板材深加工企业,进一步延伸了集团的产业链,实现了集团规模的快速扩张。2009 年,中冶集团顺利在中国香港地区和上海实现了主业板块的整体上市。同年,进入了世界 500 强之列。

（中冶集团的资金集中管理模式请扫二维码 4.1。）

二维码 4.1
中冶集团的资金
集中管理模式

4.1 企业集团资金管理概述

4.1.1 企业集团资金管理的概念

资金是企业的"血液",是企业进行生产、经营等一系列经济活动中最基本的要素。狭义的资金是指在一定期间内可使用的现金总额;广义的资金是指所有可使用的金融资源的总和。管住资金,就可以管住企业的大部分经营活动。资金管理是企业对资金来源和资金使用进行计划、控制、监督、考核等各项工作的总称,是财务管理的重要组成部分。资金管理的主要内容是投资决策与计划,建立资金使用和分管的责任制,检查和监督资金的使用情况,考核资金的利用效果[1]。

企业集团的资金管理基于单体企业的资金管理,更注重集团资金的集中管理,集中划拨以及集团业务的集中结算,旨在通过资金运作和资金监控,实现集中资金、降低费用、加强监控和提高效率的管理目标。"集中资金"是指企业集团通过调配内部需求,集中内部闲置资金,将有限的资金资源用到最有利于企业集团发展的生产经营活动中。"降低费用"是指通过合理安排调配内部资金余缺,降低集团财务费;开展内部结算,杜绝体外循环,节约内部结算费用;通过内外部网上银行,集中收付集团资金,减少资金结算成本。"加强监控和提高效率"是指加强资金监控,实时获取成员企业的资金运营情况,有利于集团的科学决策;加强现金预算,在现金流动上做到事前预算、事中控制和事后分析;建立、健全集团企业资金风险管理制度,加强对现金流出的控制,成为集团资金的安全阀。财务管理集中的实质在于资金的集中管理。

目前,西门子、GE、IBM、宝马(BMW)、英国石油(BP)等一些大型的跨国公司都通过不同的方式实现了全球资金的集中管理。这些跨国企业集团利用信息化的管理手段,以集团内部的财务结算中心或独立金融公司为平台,实现了对集团资金的统一运作和风险控制,还实现了许多独创性的资金管理方法,例如,Regional Treasury Center

---

① http://roll.sohu.com/20130705/n380816003.shtml.

(GE公司的区域财务中心)、Sweeping(BP公司的现金余额集中制度)、Pooling(账户余额集中制度)、Payment Factory(爱立信公司的代理支付系统)[2]等,这些管理手段的开发,再加上各方面措施的有效配合,使这些企业集团的资金管理体系成熟完善,实现集团对本外币资金的统一调配、统一投融资管理、统一风险控制[3][4][5][6]。在世界500强中已有80%的公司采取了资金集中管理的模式[7]。国际著名咨询机构麦肯锡指出,跨国公司的集中化管理,特别是财务的集中管理,适应于目前企业集团的多业务、多门类、多产品、多服务、多网点的现状,既集中了分(子)公司的资金,又调动了分(子)公司的积极性。

4.1.2　企业集团资金管理的理论基础

二维码4.2
企业集团资金管理的理论基础

企业集团资金管理的相关理论主要包括内部资本市场理论、产融结合理论、信息不对称理论、交易成本理论等。这些理论从不同的角度阐释了企业集团实行资金集中管理的必要性。(具体请扫二维码4.2。)

4.1.3　我国企业集团资金管理的现状与发展趋势

一、我国企业集团资金管理的现状

经过多年的实践和探索,我国企业集团资金管理水平有了较大幅度的提升,中外企业集团资金管理模式日益趋同。不少大型集团内部建立财务结算中心(结算中心、内部银行、财务公司等形式)作为集团清算平台,集团内部上下游企业之间的产品和劳务互供,其货款全部通过中心转账结算。对外的款项收付统一在中心办理,或由中心借助商业银行的结算通道办理,通过采用"子账户零余额管理"和"收支两条线管理"等账户管理模式,建立与商业银行的直连互通等管理手段,实现对集团资金的集中管理和控制。

但从资金管理模式运用的角度来看,在其深度与广度、运行机制及政策法规等方面与国外企业相比仍存在差异。从资金集中的程度来看,国内企业集团资金集中度较低,纳入集中管理的对象受到限制。例如,中石化集团只规定全资企业和控股企业按季度或年度将利润、红利和所提折旧集中上缴,远未达到国外集团公司每日将子公司账户清零的程度;宝钢集团对进入现金平台的企业设立了严格的标准,只有全资子公司和盈利的控股企业才纳入集中管理范围,现金平台只提供弥补流动资金缺口所需资金,在筹资上,并未做到将整个集团的资金缺口集中并由集团统一筹资,而是由各子公司在集团筹资额度内自行与银行商谈利率借款条件[2]。同时,由于中国现行金融监管法规禁止企

二维码4.3
目前我国企业集团资金管理的主要问题

业之间直接借贷资金,因此集团资金集中途径少,只能通过委托贷款、其他应收款挂账、财务公司等有限手段规避法律障碍。多数中国企业集团并没有真正将全部资金集中管理并运用,资金集中管理的优势也未能完全发挥出来。(其主要问题请扫二维码4.3。)

我国企业集团发展的历史背景极为复杂,企业集团的发展轨迹体现着我国转轨经济的烙印,普遍存在着母子公司功能定位不清晰、权责不对等、组织设置与经营管理矛盾突出、集团控制乏力、股东权益至上理念淡薄等问题[8]。集团公司往往无限衍生产权链条(有些法人交叉持股集团,最长产权链条达25个层级)。整个集团盈利能力呈递减趋势而风险却日渐增大甚至失控的趋势。而资金的集中管理有利于强化集团财务决策

力与控制力,实现战略牵引;有利于强化资金统筹管理力度,优化资源配置;有利于锁定集团整体财务风险水平;有利于改善集团信息集成状况,提升集团信息化管理水平,是企业集团构建"指挥得动手脚的大脑"的关键。

企业集团的大量实践证明,资金集中管理能够有效实现四大目标:第一,通过及时了解资金的流向、安全和效益,真正实现出资者及时而有效地监控,确保资金安全性要求;第二,通过集中沉淀资金以及解决多头开户,消除集团资金的余裕与短缺并存的问题,并充分利用金融市场降低资金成本,实现专家理财,从而实现最优化集团资源配置,满足资金流动性和盈利性要求;第三,通过风险预警、风险的分散与对冲、风险的集中定义与控制等方式,有效锁定集团整体风险;第四,通过业务流与资金流的信息集成、信息系统与控制系统的原始数据及其数据挖掘,丰富和具体化集团管理信息,降低集团信息不对称水平,为集团战略发展提供及时有效的信息支持。资金集中管理所带来的效益已成为不争的事实[8]。

二、我国企业集团资金管理的发展趋势

二维码 4.4
我国企业集团资金
管理的发展趋势

如何更好地加强资金管理对于企业集团的管理者来说是一项任重而道远的任务。目前我国企业集团资金管理出现了如下几个发展趋势:第一,网上银行系统、银行现金管理产品应运而生。第二,集中化管理。第三,借助管理系统,实现集团内部的信息沟通。第四,外包使资金管理更具效率。(具体请扫二维码 4.4。)

4.2　企业集团资金管理模式

4.2.1　企业集团资金管理模式的类别

由于各集团规模大小、组织结构、集团控制力度和管理要求各不相同,企业集团在资金管理实践中已形成了多种模式。按资金管理方式划分,可分为资金监控、收支两条线、统收统支、拨付备用金、超额上收等几种模式。按授信分类管理划分,可分为分散融资、统筹融资、统贷统还等几种情况。按组织结构划分,可以将集团资金管理的中心组织分成资金管理中心、财务公司、混合模式和司库。

一、按资金管理方式分类的模式

1. 资金监控

资金监控型资金管理模式是指在保持各下级单位当前资金业务处理模式不变的情况下,集团总部通过银企直联平台,实时从银行获取下属单位银行账户的资金运营状况,对各下级单位的资金运营状况进行有效监控的管理模式。这种管理模式的核心是通过银企直联平台,实时从银行获取各单位的资金信息,如账户余额、账户收支业务明细记录等关键信息,从而保障集团获取信息的及时性和真实性。

在这种管理模式下,为了实现对银行账户的统一管理,由集团选择几家合适的合作银行,然后各下属单位在集团选定银行的当地分行进行账户的开设,并签署银行、集团、下属企业的三方授权协议,授权集团可以通过银企直联系统获取下属单位银行账户的资金业务信息。集团在总部搭建银企直联平台,实时从银行获取各单位银行账户的资金头寸、交易明细、资金流量等关键信息,进而进行集团资金业务的分析。资金监控模式是大部分企业集团在进行资金集中管理的初期,经验不足和岗位组织建设不完整的情况下所选择的管理模式。

2. 收支两条线

成员单位在集团指定合作银行开立收入和支出账户,收入户通常为一般账户,支出户通常为基本账户,成员单位需要将账户授权给资金管理中心管理,资金管理中心为成员单位开立一个内部账户进行日常结算和核算。成员单位收入账户的金额实时或定时归集到资金管理中心的总账户,收入账户实行零余额管理。

当成员单位之间内部支付时,直接通过资金管理中心内部划账,不再通过银行转账。对外支出时,先从资金管理中心账户划拨到成员单位支出账户。根据支出账户控制权的不同,主要有两种情况:①支出账户控制权在成员单位,资金中心只下拨款项,对外支付由成员单位自行完成。②支出账户控制权在结算中心,下拨和对外支付,由结算中心系统联动完成。

此模式能有效地平衡内部资金,调节资金余缺;对成员单位的收支能做到事前预算、事中控制和事后分析,集团一切收支都在资金管理中心的监控下进行;符合账户实名制的要求;最大限度地集中了开户单位的资金;集团对开户单位的收支有高度的控制权;能最大限度地防范资金风险;但账户之间资金往来频繁,存在一定的结算成本;操作不当时,可能会影响开户单位的生产经营。比较适合管理高度集中的企业集团。

3. 统收统支

集团下属成员单位不在银行开立自己的账户,也不单独设立财务部门,成员单位的所有收支都在资金管理中心的账户上统一进行。资金的使用权、决策权和融资权三权都高度集中在集团最高经营者或最高经营者授权的代表手中。其具体运行逻辑如图 4.1 所示。

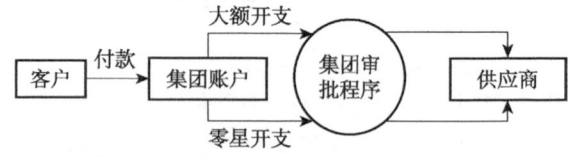

图 4.1 统收统支模式运行逻辑

如图 4.1 所示,集团各成员单位与客户和供应商之间的一切收支活动都须经集团授权审批,由集团财务部门统一收支,各成员可以不单独设立账户和财务部门,这是一种集权程度最高的管理模式。

这种模式比较简单、易于操作,其特点是:现金收支的批准权高度集中在资金管理中心,有效控制资金流出,杜绝下属成员单位对资金不合理使用的现象;最有效地集中开户单位资金,形成投融资规模效应,有效降低资金成本,提高资金流转效率,有利于集团实现资金收支全面平衡。

但是,这种模式与账户实名制相违背,开户单位一旦发生法律纠纷,将导致整个集团的银行账户被封存;不利于调动下属成员单位开源节流的积极性,影响基层经营的灵活性;由于资金的收、付、转都需要由集团统一完成,必然会增加与其资金收付相关的流程环节,进而降低经营活动和财务活动的效率,形成支付"瓶颈"。这种模式适用于集团对同城全资分公司的资金管理。

4. 拨付备用金

拨付备用金模式是集团总部按照一定的期限拨给所属分支机构以及子公司一定数额的现金,备其使用。在这种情况下,成员企业的所有现金收入集中到集团财务部;成员单位发生现金支出后,持有关凭证到集团公司财务部报销以补足备用金,超范围和超标准的支出必须经过集团审批。下属成员同样不需要独立设置财务部门,它的每一笔支出必须通过集团财务部的审核,超范围和超标准的开支必须经过集团总部批准,具体运行逻辑如图 4.2 所示。

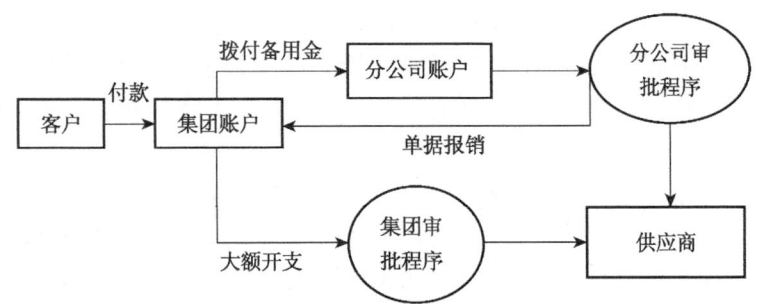

图 4.2 拨付备用金模式运行逻辑

在这种模式下,资金收入虽然仍集中在总部财务部门,但下属成员有了一定的现金使用决策权。拨付备用金模式同样具有简单、易于操作的优点,另外,它也给予了下属单位一定的现金自由支配权,使基层经营的灵活性有所提高,而且,集团也可以合理控制下属单位的资金支出,使集团财务整体风险能控制在一定范围之内。最后,集团也可以较清晰地把握下属单位的经营状况,特别是收入状况,从而能开展有效的绩效考核。

但由于集团在采用拨付备用金模式时需要编制资金计划,而资金计划的编制常常赶不上市场的变化。同时,其管理工作也常常做不到位,存在灰色操作的空间。因此,集团公司应该将成员企业的备用金账户纳入资金管理中心统一管理,成员企业的备用金收付信息记入资金管理中心账务系统,便于结算中心管理和监控。这样,既可以进行完整的现金流量管理,又可以避免成员企业的小金库。

拨付备用金模式也属于高度集权的资金管理模式,仅适合于在企业集团组建初期及同城或相距不远的非独立核算的分支机构使用,至于子公司或跨地区的独立核算的分支机构通常不宜采取这种资金控制方式[9]。

5. 超额上收

在这种模式下,成员单位在指定银行只开设一个结算账户,集团和成员单位核定一个使用额度。当成员单位账户余额超过使用额度,由资金管理系统自动将超额部分上收至集团公司总账户,并计成员单位在资金中心的内部存款增加。成员单位在额度范围内的付款,由成员单位自行完成;超过使用额度的支付,需要成员单位向资金中心申请,由资金中心审批下拨。

二、按授信分类管理分类的模式

1. 分散融资

成员单位自行到当地的银行进行业务申请和业务办理,它的主要特点是成员单位具有比较大的自主权,集团没有具体的限制。但这种模式无法发挥集团的规模优势,同时由于下属成员单位在与银行的博弈中处于劣势地位,融资费用会比较高。

2. 统筹融资

由集团总部负责与银行确定整体授信以及具体的信贷业务办理条件和流程,然后集团将银行授信再分配给各成员单位。成员单位根据集团与银行商定的条件到当地银行进行信贷业务的办理。这样,集团即可凭集团的规模优势向银行争取优惠的信贷条件,为下属单位谋利益,又可通过银行的整体授信对各单位信贷总额进行总体控制,防控信用风险。这种模式是当前集团进行信贷业务集中管理最常用的一种方式。

3. 统贷统还

整个集团的银行贷款全部由集团统一办理。当成员单位有用款需求时,首先向集团提出申请,然后再由集团到银行办理对外贷款,最后将信贷资金分配给成员单位使用。这种融资模式集团的集中管理力度最强,并且也能充分发挥集团资金的使用效率。当下属单位有用款需求时,集团首先考虑在集团内部进行调剂,如果集团资金头寸不足,才由集团统一对外办理银行贷款,办理的贷款额度和发放方式集团完全可以根据下属单位的用款计划进行灵活处置,充分提高资金的使用效率。不过这种方式对集团产生的压力较大。在这种模式下,集团向成员单位收取本金和利息,然后由集团负责向银行偿还本金和利息,如果下属成员单位到期无法及时偿还本金和利息,就会对集团的资金产生比较大的压力。

三、按组织设计分类的模式

1. 资金管理中心

(1) 资金管理中心的概念。资金管理中心(或称"资金中心""结算中心""资金结算中心""财务结算中心"等)是企业集团内部设立的用于为集团内部成员单位办理现金收付、往来结算和存贷款业务、资金计划、票据等业务的专门机构,它不是一个独立核算、自负盈亏的经济实体,也不同于财务公司以赢利为目的的运作模式,而只是一个为集团下属公司提供金融管理服务的职能部门。由于财务公司需要银监会审批,且所需门槛较高,所以更多的企业集团采取了成立资金管理中心作为内部金融管理机构,且常常以资金科、资金处、资金运营室等名称来体现资金管理职能。

(2) 资金管理中心的产生与发展。随着企业集团的不断发展,各阶段对资金管理关注的重点也不断深入。通常来看,资金管理最初的重点是安全和时效,强调监控和资金调拨职能,形成相应的"统收统支""统收分支""分收统支""备用金拨付"等适合于本集团特点的资金管理模式,集团关注各家银行业务的处理、总部与成员单位间的资金上划下拨,业务流程相对简单明确,不需要设立专门的资金管理部门。此阶段,"跨行现金管理平台"就能够为企业集团提供一个专业化的资金管理工具。

随着企业集团的发展和资金管理水平的不断提高,资金存、流量也在不断积累与增长、银企关系逐步强化,企业集团增加了盈利和流动的重点,资金融通和投资职能发展,由此衍生出资金结算中心和财务公司的管理模式,企业在强调监控和资金调拨的基础上,强调集团与内部成员单位、成员单位之间的资金相互调剂、占用计价、授信融资额度内部分配等问题,业务种类和流程逐渐复杂,需要设立专门的资金管理部门和机构进行业务处理。资金管理中心能够根据集团的资金管理模式,支持"现金池""票据池""收支两条线""统筹授信融资"等多种资金管理模式,在银行、集团、成员单位之间搭建"三位一体"的专业化的资金管理平台。

(3) 资金管理中心的职能。资金管理中心负责整个集团资金的日常结算、调度,代表集团规划、筹措、协调、调控资金,是集团的内部银行,为集团和下属成员单位提供统一标准服务。其主要职能是集中集团资金优势,加快资金周转,防范资金风险,降低资金成本等。

集团资金管理中心定位于"五大中心":结算中心(建立金融结算平台)、融资中心(整合资源统一融资)、管理中心(管理集团金融资源)、信息中心(提供优质金融资讯)、风险控制中心(预防控制资金风险)。其具体职能分为结算管理、融资管理、资金监控以及综合事务管理。

结算管理:负责资金上划、下拨,对外收款、对外付款等转账业务,计算内部存款、内部调剂的资金占用费,对账、资金报表编制、内部传票的制作及送达。

融资管理:负责与银行或其他金融机构的融资工作,以及各成员单位的内部资金调剂管理工作。

资金规划:负责集团资金需求计划的编制,动态掌握资金的流向;对资金收付匹配情况进行综合平衡和计划分析,保证日常清算头寸。

资金监控:对整个企业集团资金活动的流量、流向、时间、合理性与合法性等实施日常监督、调节和控制,对大宗、特殊的资金流入流出业务进行监测,如超过设定限额的大额支出、融资金额收入等。

综合事务管理:对系统运行状态进行实时监控,保证系统良好、安全运行;对通过系统办理的业务进行合规性检测,包括系统操作日志、审批流程检测,确保应用安全等。

(4) 资金管理中心的局限性。资金管理中心所承担的集团金融管理工作与财务公司基本相同,但由于其不属于国家批准的金融机构,没有金融许可证,所以在开展业务的过程中对商业银行的依赖更多。

与财务公司相比,资金管理中心在实践中还可能存在如下局限性:

第一,融资能力较弱。资金管理中心仅仅是集团总部财务部下设的资金管理部门,它是集团内部的职能机构,因此不具备直接对外筹资的资格和条件。融资渠道较窄,融资能力较弱。

第二,资金调剂能力有限。随着集团的不断发展,成员单位数量的增加与业务范围的扩展给资金管理中心带来很大的压力。资金管理中心管理的账户越来越多,日常账户之间的上划下拨越来越频繁,管理中心对资金的调剂显得力不从心,不能很好地进行成员单位之间的余缺调剂。

第三,对于资金的管理能力不够高。资金管理中心的独立性不强,有可能因为总部领导的个人权力而改变资金的用途,资金管理具有行政化色彩,集中的资金使用效率有待提高,同时资金投放的风险控制有待加强。

2. 财务公司

在我国,财务公司是指以加强企业集团资金集中管理和提高企业集团资金使用效率为目的,为企业集团成员单位提供财务管理服务的非银行金融机构[10]。这是集团企业实行资金集中管理的最高机构形式。在投融资方面拥有多种国家授予的金融许可权,便于开展集团的各项金融管理工作。财务公司与资金管理中心的本质区别在于:财务公司是一个独立的法人,而资金管理中心仅仅作为集团的内部管理机构,不具有任何法人功能。

关于财务公司行业的内容详见本章4.2.2。

3. 混合模式

由于财务公司与资金管理中心两种模式各有千秋,所以目前有很多企业集团同时设立了财务公司与资金管理中心,并根据企业集团的特点充分利用两者的优势对资金进行管理。

建立财务公司有利于增强企业内外部投融资功能,有利于优化集团产业结构,提高企业集团的竞争力。但是,就集团而言,不利的方面主要有:①增加税负。由于财务公司是独立法人,须按照金融企业对外纳税,这会增加集团企业的税负。尤其对合并纳税的企业集团或享受优惠税率的企业集团,税负增加更为明显。②受监管的力度加强。财务公司必须接受银监会监管,集团资金运作受到限制,如财务公司不得向商业银行直接借款,财务公司一般情况下不得设立分支机构。③财务公司行政管理力度减弱。财务公司必须以商业化、市场化的方式运作,相对资金管理中心而言,集团对财务公司的行政影响减弱。

建立资金管理中心,实现资金的集中管理,调整了原有资金的分布方式,改善了资金的运行机制,盘活了存量资金,提高了资金的使用效率。但是,由于资金管理中心只是企业集团的内部管理机构,缺乏对外融资、中介、投资等功能,受到人民银行的监管有限,缺乏市场压力,相对财务公司而言,内部管理的规范较薄弱。

财务公司侧重利用金融机构的合法身份为集团提供金融服务,资金管理中心则以集团内部管理部门的身份加强对成员企业的监管,制定集团资源整合利用方案并监督执行,既强化了企业集团集中资金管理的力度,又充分发挥了对外融资的渠道。因而,不少企业集团同时采用这两种模式。

4. 司库

很多跨国公司使用的是司库模式。司库管理是对企业集团所有金融资源的管理,包含融资管理、结算管理、风险控制和管理、利率汇率管理、衍生品交易、流动性管理、资金风险管控、银行关系管理等各种与资金相连的职能。"司"为"司职",即"主管","库"为"库房"。"司库"就是"主管库房之人",企业集团的库房专指金融资源。从国外司库管理实现方式看,一个成熟运行的司库管理体系可能由不同职能的部门、机构或金融平台来共同实现集团司库对金融资源的管理。司库模式与财务公司模式在组织形式、职能定位、运营模式、考核方式及监管政策等方面具有不同特点。

从组织形式上看,司库(treasury)是企业集团总部的一个重要职能部门,或者是集团总部控制下的一个法人机构或分支机构,统一行使资金及财务资源的管理功能。司库与会计、审计是平行的部门,行政上向首席财务官(CFO)汇报。很多公司司库业务同时向董事会和CFO汇报。司库长(或司库总监,treasurer)是该部门的最高负责人,下属职员有资金经理/专员、资金分析师、风险分析师等。财务公司在股权层级上一般为集团的二级子公司,但部分财务公司管理层级较低。部分财务公司管理层级置于集团资金部或财务部之下;部分财务公司与金融平台平行运作;部分金融平台通过控股或集团授权方式管理财务公司,财务公司为金融平台下属企业。

从职能定位上看,司库不再视资金为企业经营的辅助要素,不再把资金保障作为核心内容,而是把资金作为运营要素,追求专业化管理和价值最大化,资金的属性也逐步由"财务"转向"金融";在职能上,不仅注重现金管理,更注重包括现金在内的各类金融资源管理,如货币资金、有价证券、信贷资产、应收款项等金融资产和长短期借款、应付债券、应付款项、吸收存单、担保等金融负债。同时,将信用评级、银行关系、客户关系等影响融资市场和金融市场投资收益的资源也列入金融资源范畴,纳入司库管理。随着司库不断改革发展,其职能也在发生变化:从当初"80%的部门和人力资源用在经营操作层面、15%的资源用在分析方面、5%的资源用在战略方面"逐步转变为"20%的资源用在经营操作层面、30%的资源用在分析方面、50%的资源用在战略方面"。司库成为企业掌握金融资源重要的、具有战略地位的核心部门。

从运营模式上看,企业要实现司库管理职能,除总部司库部门之外,还需要有一些实施或操作平台。这类平台有的需要建立法人实体(如内部银行),有的只是功能中心(如支付/归集工厂),有的是协调中心(如共享服务中心)。对跨国企业集团而言,可能还需要建立国际司库中心,以分区域集中管理资金业务。在集团发展的不同阶段,需要不同的运营模式与之对应。不论是什么模式,都是推行司库集中管理的平台,只是其业务内容、覆盖地域有所不同。财务公司在中国属于持牌金融机构,具有一般存款类金融机构的属性,类似司库的"内部银行"模式,也可以称之为"持牌司库"。持牌司库管理功能更为强大,几乎可以说是上述几类平台的综合体。

在考核方式上,由于各级司库的核心任务是提高企业集团的财务运营效率,包括降低资金成本、加快资金周转、确保资金供应,司库体系深入各级公司的毛细血管,因此在考核上一般注重考核司库的效率和功能的发挥程度,不考核利润。财务公司依据其在企业集团的功能定位不同,考核方式也不同,有的作为成本中心,有的作为利润中心。根据调查,中国财务公司行业中只有个别企业集团没有给财务公司下达利润指标。

在政策监管上,许多欧美发达国家对企业司库所从事的集团金融业务不予监管。此类业务被视为集团内的业务,不被视为金融业务,主要受不同的州及联邦法律对每一类业务的管理,如债券发行方面的法律等。财务公司在中国属于持牌金融机构,受银监会监管,同时须遵守人民银行、证监会、保监会、外管局等政府部门的相关法规[11]。

中国资本市场因为发展历史的问题,市场和制度远远没有充分发育成熟,以至于司库在融资这个职能上面几乎没有什么发挥空间,IPO机会寥寥无几,股市的融资功能曾经在相当大的程度上只是大股东的提款机;国际上相当庞大的企业债券市场国内近乎没有,仅有的也是政府担保的扭曲了的债券,没有完全市场化;资产证券化也仅仅是在试点而已;衍生品还有很多需要开发和完善,期货市场也只有简单的几个品种;企业如何利用金融衍生品交易来规避风险,在国家和企业之间以及相应会计准则之间远远没有达成足够的共识,相关的法律和监管体系也需要加快跟上[1];国家外汇特别是资本项目刚刚实现基本可兑换(根据基金组织的分类是 7 大类、40 项,最新评估是已经实现完全可兑换的项目有 10 项,部分可兑换是 27 个,完全不能兑换的有 3 个①)。这些都是在中国的司库面临的巨大挑战。

尽管如此,中国财协调查问卷显示,截至 2015 年年末,有 75 家财务公司所属企业集团明确提出建立司库管理制度或已将建立司库管理制度相关工作列入"十三五"规划,如中国石油天然气总公司。中国企业集团目前司库建设主要体现在:对资金运行全过程实行动态管理和监控;对金融资源统一筹措与配置,统一投融资;依托财务公司及海外融资平台实现结算集中、资金集中,建立境内外资金池;对资金流动性进行全面管理,实现金融风险全面管控;整合系统数据信息,对领导决策层提供有效支撑等。在制度建设方面,大多数集团的司库建设还处于探索期或实践期,并未建立具体的司库管理相关制度或政策。

集团司库职能的发挥几乎关系到财务公司的所有部门和岗位。除财务公司外,财务部、资金部、结算中心、办公室、信息技术部等在一些集团中也分担了部分司库职能。部分集团还专门设立战略研究部或以现有的研究机构作为司库建设的研究部门[11]。

2011 年赛迪顾问公司的调研报告显示,企业集团资金管理机构的组织设计分布如表 4.1 所示。

表 4.1　36 家企业集团的资金管理机构的组织设计②

	样本数	所占比例
结算中心	10	27.7%
资金处	2	5.6%
资金科	1	2.8%
资金部	5	13.9%
财务部财务中心	9	25.0%
财务公司	6	16.7%
其他(如资金管理中心、计划资金部、财务科)	3	16.7%

由此可见,中国企业集团资金集中管理还是以资金管理中心模式为主,财务公司数量有限(当然,这主要受财务公司组建条件的限制)但发展较快,混合模式和司库模式在未来大有可为。

---

① http://www.sinotf.com/GB/News/1001/2016-06-17/1OMDAwMDIwNDU1OA.html.
② 赛迪顾问股份有限公司.2011 年中国资金管理软件市场研究报告[R].2011.

4.2.2　财务公司

一、财务公司的概念

1. 财务公司的国际含义

财务公司的英文名为 Finance Company，或 Finance Services，即"金融服务公司"；也称 Treasury Company，Treasury Center，译为"融资公司""资金运作中心"[12]。财务公司是银行以外能承做贷款，并能提供类似银行及其他金融机构的各种金融服务的专业融资机构，故也被称为"非银行的银行"（Non-Bank's Bank）。广义的财务公司包括两大类型：企业附属财务公司和非企业附属财务公司。非企业附属财务公司包含银行附属财务公司、银企合资财务公司和独立财务公司。从狭义上看，财务公司专指企业附属财务公司。

财务公司起源于西方，世界上最早的财务公司是 1716 年在法国创办的。后来英国、美国等国相继成立财务公司。在美国，第一家真正意义上非银行的财务公司出现于 1878 年，之后财务公司从 20 世纪初开始逐渐发展成为满足消费者信用需求的一种新型的非银行金融机构，在美国金融体系中一直占据了重要地位[13]。近年来，财务公司在中国内地、中国香港地区及东南亚等地区也有所发展，并日益受到越来越多的关注。由于世界各国金融制度不尽相同，各国财务公司的发展程度和性质也各不相同，大多数国家对财务公司的认识尚未达成共识，一般认为有"司库型财务公司"和"信用型财务公司"两种类型。（美国、德国、英国、日本、新加坡、中国香港的财务公司的含义请扫二维码 4.5。）

二维码 4.5
美国、德国、英国、日本、新加坡、中国香港地区财务公司的含义

根据《金融辞海》对国外财务（金融）公司的描述，财务公司是资本主义国家中对企业提供长期信贷的一种信用机构。其主要业务是收购企业发行的股票、债券以及本国或外国政府的公共债券，向对方提供长期资金，参与创业活动。同时，它们也为附属的企业集团服务，为集团产品销售提供消费者信贷。从资金来源上看，财务公司主要通过在货币市场上发行商业票据和在资本市场上发行债券来筹资，也向其他银行借款及吸收一部分定期存款，但比重较小[1]；它们一般不能从事短期存款业务。由此可见，国外的财务公司并不限于企业集团。

2. 中国的财务公司

中国的财务公司是以加强企业集团资金集中管理和提高企业集团资金使用效率为目的，为企业集团成员单位提供财务管理服务的非银行金融机构[10]，是我国金融体系的重要组成部分。它们一般由重点大型企业集团申请，主要由集团成员投资入股，经由中国人民银行批准后设立，为本集团成员企业提供金融服务的企业法人机构。因此，中国财务公司属于狭义上的企业附属财务公司，其名称一般为：××（集团）财务有限（责任）公司。

中国的财务公司在产业与金融双重环境下运行。一方面，作为企业集团的内生金融机构，财务公司行政上隶属于大型企业集团，作为集体成员企业之一受集团公司的直接领导，对于集团公司及所处行业的景气状况及其变化较为敏感[11]。如果企业集团经营的产业前景好、发展潜力大、收益高，那么财务公司的经营效益可能就好；如果企业集团经营国家垄断性产业，业务发展稳定，财务公司的经营也会比较稳定；反之则相反。

另一方面,财务公司作为非银行金融机构,业务上受中央银行管理、协调、监督和稽核,也不可避免地要受到整个金融环境的影响。

财务公司与我国银行、证券、信托、保险等金融机构比较,其主要区别是:在服务范围上财务公司是定向的,局限于某一企业集团内部,而后者面向全社会;在业务种类上财务公司更为综合,涵盖存贷款业务、消费信贷、买方信贷、融资租赁、保险代理、担保、承销、财务顾问、信用鉴证等多项业务;财务公司的产业服务专业性突出,后者的金融专业性更强。

从业务范围及资产负债结构来看,我国财务公司属于典型的接受定向存款类的信贷机构,存贷款是其主要业务。2015年12月全国财务公司总资产中,41%是各项贷款,52%是存放同业款项;负债中的80.5%是各项企业存款,而其营业收入中的53%是利息收入①。从信贷产品看,短期贷款占55.22%,中长期贷款占36.14%,贴现及买断式转贴现占7.41%,贸易融资0.19%,融资租赁1.04%,短期贷款和中长期贷款占到绝对优势。从贷款投放对象看,集团母公司占8.12%,上市公司占18.87%,其他成员单位占64.60%,集团外单位占8.41%(主要是集团产业链上的下游客户),可见财务公司的贷款对象中集团成员占到了绝大多数。

财务公司的资金来源主要是集团内部存款,占总负债的78.83%。部分财务公司经批准可以进入全国银行间同业拆借市场和债券市场,但财务公司的拆借有限额,而且拆借资金期限短,只能用于调剂短期头寸不足,不能作为中长期资金来源,2015年底财务公司全行业同业拆入金额只占总负债的1.9%。目前,我国还不允许财务公司向商业银行直接借款。虽然银监会2007年发文(银监发〔2007〕58号文)规定财务公司具有发行金融债券的资质发行债券来筹资,但是实践中债券发行的较少,债券发行仅占总负债的0.48%②。中国财务公司的融资渠道较为单一。

由此可见,我国财务公司与其他国家的财务公司相比有很多不同之处,其发展不能照搬国外经验,但可以借鉴一些经验和思路,更好地支持大企业集团的发展,进一步完善我国的金融体系。财务公司行业的发展方向更多取决于国家行政当局的总体改革战略,作为单个财务公司并没有太多的发言权,其工作重点是根据行业的未来走向,确定自身的发展思路[1]。

二、中国财务公司行业概况③

与国外近300年的发展不同,中国财务公司的发展只有30年左右的时间。1986年年底,时任中国人民银行行长的陈慕华同志在武汉金融工作座谈会上正式提出"财务公司"的概念和设计思路,开启了我国财务公司制度探索之路。它是当时国家重点大型企业集团改革的配套政策之一。

近年来,在中国人民银行、国资委、银监会、各地银监局等部门的大力支持下,财务公司数量持续增加,行业不断壮大,业务加快创新,行业发展呈现朝气蓬勃的良好局面,

---

① 根据 Wind 咨询数据计算。
② 这部分数据根据 Wind 咨询《2015 年财务公司行业资产负债表》计算。
③ 本部分数据主要来自 Wind 数据库和中国财务公司协会。2015 年 4 家新成立的财务公司未提供相关数据,故仅对 220 家财务公司进行统计分析。

已经成为我国金融体系的重要组成部分。截至 2015 年年末,全国共有 224 家财务公司法人机构,除西藏、新疆、宁夏外,其他各省、自治区、直辖市均设有财务公司,服务的企业成员单位超过 6 万家。财务公司行业总资产规模达到 6.67 万亿元,全年实现利润总额 769.08 亿元,实现净利润 594.15 亿元,分别占非银行金融机构总量(不含信托业)的 78.97％、38.12％和 41.34％,行业整体保持稳健发展势头[11]。

财务公司作为企业集团的内生金融实体部门,在企业集团产融结合的过程中起到了举足轻重的作用,对实体经济具有重要的引导作用。财务公司所在的企业集团在我国经济总量中占 1/3,覆盖了关系国计民生的各个重要领域。2015 年,全部财务公司所服务的企业集团资产规模超过 60 万亿。截至 2015 年年末,财务公司累计吸收存款 3.23 万亿元,同比增长 31.44％,累计发放贷款 1.69 万亿元,同比增长 17.57％,存贷款规模持续增长[11]。企业集团财务公司是 2012 年以来非银行金融机构拓展最为迅速的领域。(近年来,财务公司行业发展概况请扫二维码 4.6。)

二维码 4.6
中国财务公司
行业概况

三、中国财务公司的职能

财务公司在股权结构上大多由企业集团母公司或集团内主干子公司控股,在职能定位上依托集团、服务集团,在客户对象上一般限定于集团内成员单位,在业务范围方面比传统意义上的商业银行更加多元化,在经营风格上高度重视金融服务和风险管控。当前阶段,财务公司的职能可以概括为四个方面:司库、利润回报、管理支持和产业发展支持(如表 4.2 所示)。根据集团发展历史、产业特征,不同集团财务公司职能发挥的程度也有很大差异。

表 4.2　财务公司职能及实现手段[11]

主要职能	实现手段
司库	现金与流动性管理
	营运资本管理
	投融资管理
	风险管理
	金融机构关系管理
	决策支持和信息管理
利润回报	实现集团财务费用节约
	参与银行间市场,获得较高利润
	代表集团投资于有价证券,实现投资收益
	金融机构股权投资
管理支持	各类财务顾问
	风险管理支持:保险代理
	代表集团进行金融机构股权的管理
产业发展支持	整合结算、票据和融资等服务,结合集团产业特征提供综合性金融服务

第一,司库。司库是对企业集团金融资源的管理,大体上包含融资管理、结算管理、风险控制和管理、利率汇率管理、衍生品交易、流动性管理、资金风险管控、银行关系管理等。财务公司在集团中的地位及发展程度不同,司库职能的发挥程度不一,目前部分财务公司投融资管理、银行关系管理等司库职能发挥不充分。

第二,利润回报。财务公司作为独立的法人企业,追求利润是其本质需求之一。通过集团资金的集中管理,财务公司能有效帮助集团节约财务费用;通过各种渠道投资(包括对其他金融机构的股权投资、有价证券投资、办理成员单位之间的委托贷款及委托投资等),获得投资收益,实现利润,为集团创造价值。目前行业内只有个别集团对所属财务公司没有下达利润指标。但是,不少集团给财务公司下达的指标不但缺乏根据,而且年年加码。这对财务公司的经营形成倒逼,促使其经营压力较大,少数财务公司甚至脱离集团主业在货币等市场上频繁套利,偏离正常的发展轨道,背离了设立财务公司的初衷。

第三,管理支持。财务公司对集团成员企业信息的掌握比较充分,能够准确把握成员企业的资金需求和风险状况,可以提供有针对性的顾问、咨询、代理和金融服务,支持企业集团的管理。例如,财务公司把资金归集起来,通过对成员单位财务信息的监控,可以有效提供风险管理和战略规划方面的支持。目前,国内财务公司的顾问业务已经有一定基础,为企业集团产业整合和战略实施提供了有力的支持。

第四,产业发展支持。大型集团企业需要适时的、差异化的、低成本的金融服务。财务公司作为集团企业内部的金融机构,"来源于集团,服务于集团",为集团成员企业提供个性化的金融服务。在目前产融结合的主流趋势下,财务公司可以综合结算、票据和融资等协同作用,结合集团的产业特性、整体战略思路和产业布局来提供金融服务,帮助企业集团提升竞争优势,放大产业协同效应,促进整个产业的稳定发展和繁荣[11]。

四、财务公司的监管

财务公司在中国属于挂牌金融机构,主要受银监会监管,同时必须遵守人民银行、证监会、国资委、外汇管理局等政府部门的相关法律法规。关于财务公司目前有效的主要法规制度如表4.3所示。财务公司如何在保持规范经营的同时,协调与各个监管主体之间的关系是一个巨大的挑战。

表 4.3 财务公司主要相关法规制度①

实施时间	发布部门	标　题
2015.09.05	中国人民银行	中国人民银行关于进一步便利跨国企业集团开展跨境双向人民币资金池业务的通知(银发〔2015〕279号)
2015.08.05	中国外汇管理局	国家外汇管理局关于印发《跨国公司外汇资金集中运营管理规定》的通知(汇发〔2015〕36号)
2014.11.01	中国人民银行	中国人民银行关于跨国企业集团开展跨境人民币资金集中运营业务有关事宜的通知(银发〔2014〕324号,部分失效)

① 根据北大法宝数据库和中国财务公司协会网站(http://www.cnafc.org)整理。

（续表）

实施时间	发布部门	标　　题
2014.10.28	中国国资委、银监会	关于中央企业进一步促进财务公司健康发展的指导意见（国资发评价〔2014〕165 号）
2009.11.01	中国外汇管理局	国家外汇管理局关于发布《境内企业内部成员外汇资金集中运营管理规定》的通知（汇发〔2009〕49 号）
2008.01.01	中国银监会	中国银监会关于印发《企业集团财务公司风险评价和分类监管指引》的通知（银监发〔2007〕81 号）
2007.07.25	中国银监会	中国银监会办公厅关于进一步规范企业集团财务公司委托业务的通知（银监办通〔2007〕186 号）
2007.07.13	中国银监会	中国银监会关于企业集团财务公司发行金融债券有关问题的通知（银监发〔2007〕58 号）
2007.01.26	中国银监会	中国银行业监督管理委员会关于印发《申请设立企业集团财务公司操作规程》的通知（银监发〔2007〕12 号）
2006.12.29	中国银监会	中国银行业监督管理委员会关于印发《企业集团财务公司风险监管指标考核暂行办法》的通知（银监发〔2006〕96 号）
2006.09.12	中国银监会	中国银行业监督管理委员会办公厅关于财务公司证券投资业务风险提示的通知（银监办发〔2006〕234 号）
2004.09.01	中国银监会	企业集团财务公司管理办法（中国银行业监督管理委员会令 2006 年第 8 号）
2000.06.19	中国人民银行	中国人民银行关于印发《财务公司进入全国银行间同业拆借市场和债券市场管理规定》的通知（银发〔2000〕194 号）
1998.12.09	中国财政部、经贸委	国家试点企业集团国有资本金管理暂行办法（财统字〔1998〕5 号）
1991.12.14	中国国家计委、国家体改委、国务院生产办	国务院批转国家计委、国家体改委、国务院生产办公室关于选择一批大型企业集团进行试点请示的通知（国发〔1991〕71 号）

1. 财务公司监管的目标和主要内容

财务公司监管目标分三个层次：一是保证财务公司的正常经营活动、保护债权人的利益和金融体系的安全；二是创造公平竞争的环境，鼓励金融业在竞争的基础上提高效率；三是确保财务公司的经营活动与中央银行的政策目标保持一致。

监管的主要内容包括三个方面：

第一，财务公司"市场准入"监管。

（1）审批登记制。财务公司的审批权主要集中在中国银行业监督管理委员会（以下简称银监会），设立财务公司，必须经过银监会审查批准。筹建和开业申请由财务公司拟设地银监局受理，经审核批准成立的财务公司到银监会或银监局领取《金融许可证》。财务公司凭《金融许可证》到工商行政管理机关办理注册登记，领取《企业法人营业执照》后方可开业。财务公司名称应当经工商登记机关核准,并标明"财务有限公司"或"财务有限责任公司"字样,名称中应包含其所属企业集团的全称或者简称。未经中国银行业监督管理委员会批准,任何单位不得在其名称中使用"财务公司"字样。

(2)设立条件审验制。申请设立财务公司的企业集团(母公司)需要符合银监会规定的十项条件。财务公司的注册资本金应当主要从企业集团成员单位中募集,并可以吸收成员单位以外的具有丰富行业管理经验的战略投资者的股份。成员单位投资入股财务公司需要符合银监会规定的九项条件。战略投资者应承诺自财务公司成立之日起原则上在3年内不转让所持财务公司股份,并需要符合银监会规定的各项条件。入股资金来源真实合法,应是出资者有权支配的自有资金,不得以借贷资金入股,不得以他人委托资金入股[14]。资本金必须及时合规入账到位。

(3)高级管理人员任职资格核准制。财务公司董事长、副董事长、董事、总经理、副总经理及虽然与上述职位名称不同但所承担职责相同的高级管理人员的任职资格均须经银监会核准。银监会对这些高级管理人员的任职资格规定了具体的基本条件,具体参见《申请设立企业集团财务公司操作规程》(银监发〔2007〕12号)。财务公司的法定代表人及其他高级管理人员的任免或变更,应事先按财务公司审批权限报银监会进行任职资格审查,未经审查或审查不合格的,其董事会或上级主管部门一律不得办理任免或聘任手续。

(4)重要事项变更审批制。财务公司变更名称、调整业务范围、变更注册资本金、变更股东或者调整股权结构、修改章程、更换董事、高级管理人员、变更营业场所等应当报经中国银行业监督管理委员会批准。财务公司的分公司变更名称、营运资金、营业场所或者更换高级管理人员,应当由财务公司报中国银行业监督管理委员会批准。

(5)其他。如对从业人员素质的要求;营业场所的查勘及其安全性能的检查;内部控制制度的建立情况等。

第二,业务营运监管。

与市场准入监管相比,对财务公司业务营运的监管,情况更复杂,风险更多变。目前,我国对财务公司业务营运监管主要包括:资本充足率、拆入资金余额、担保余额、短期证券投资与资本总额的比例、长期投资与资本总额的比例、自有固定资产与资本总额的比例、内部控制制度、各项业务的风险控制和业务稽核制度、公司的财务会计制度、所属企业集团的成员单位名录,以及财务公司所属企业集团的业务经营状况。

财务公司发生挤提存款、到期债务不能支付、大额贷款逾期或担保垫款、电脑系统严重故障、被抢劫或诈骗、董事或高级管理人员涉及严重违纪、刑事案件等重大事项时,应当立即采取应急措施并及时向中国银行业监督管理委员会报告。企业集团及其成员单位发生可能影响财务公司正常经营的重大机构变动、股权交易或者经营风险等事项时,财务公司应当及时向中国银行业监督管理委员会报告[10]。

第三,对有问题财务公司的挽救和管制。

对有问题财务公司实施挽救和保护措施,尽量避免单个财务公司经营不善出现大的社会震动。挽救和保护的措施主要有兼并、接管、注资挽救以及清盘关闭等。

财务公司出现下列情形之一的,银监会可以责令其进行整顿:

（1）出现严重支付危机。

（2）当年亏损超过注册资本金的 30％或者连续 3 年亏损超过注册资本金的 10％。

（3）严重违反国家法律、行政法规或者有关规章。

整顿时间最长不超过 1 年。

在财务公司已经或者可能发生支付危机，严重影响债权人利益和金融秩序的稳定时，中国银行业监督管理委员会可以依法对财务公司实行接管或者促成其机构重组。

财务公司出现下列情况时，经中国银行业监督管理委员会核准后，予以解散：

（1）组建财务公司的企业集团解散，财务公司不能实现合并或改组。

（2）章程中规定的解散事由出现。

（3）股东会议决定解散。

（4）财务公司因分立或者合并不需要继续存在的。

另外，当财务公司有违法经营、经营管理不善等情形，不予撤销将严重危害金融秩序、损害公众利益的，银监会有权予以撤销[10]。

2. 财务公司监管的形式和方式

财务公司监管的形式有三种：

第一，财务公司监管当局银监会直接监管，也即法律监管。这是监管形式中最为普通、最为经常，也是最为主要的一种形式。它表现为财务公司监管当局银监会对财务公司的市场准入和退出进行审批管理，对所有业务经营活动进行现场和非现场的监管。

第二，财务公司监管当局银监会委托监管。委托可分为三个层次：①委托财务公司内部稽核部门进行监管。由于财务公司内部稽核监督的目的是要保护本财务公司免受风险拖累，是要使本财务公司安全稳健营运，这同财务公司监管当局的目标是一致的；如果内部稽核不能较好履行委托职能，财务公司监管当局可取消委托。②委托行业协会、会计师事务所或审计师事务所对财务公司实施检查。③委托咨询评估公司对财务公司进行评估，对评估结果较差的财务公司督促其改进。

第三，行业自律。即建立财务公司同业公会，通过行业协调达到监管目的。我国财务公司已经建立了中国财务公司协会，进行行业自律管理。

对财务公司的监管方式包括非现场监管和现场检查。非现场监管是指监管当局通过现代化的金融风险预警系统，对财务公司的业务活动进行全面、连续的监控，随时掌握财务公司和整个系统的运行状况、存在的突出问题和风险因素，及时采取防范和纠正措施。《企业集团财务公司风险监管指标考核暂行办法》（银监发〔2006〕96 号）对财务公司非现场监管指标进行了具体规定。监管指标分为监控指标和监测指标。监控指标设有标准值，如资本充足率不得低于 10％、不良资产率不应高于 4％、不良贷款率不应高于 5％、资产损失准备充足率不应低于 100％、贷款损失准备充足率不应低于 100％、流动性比例不得低于 25％、自有固定资产比例不得高于 20％、短期证券投资比例不得高于 40％、长期投资比例不得高于 30％、拆入资金比例不得高于 100％、担保比例不得高于 100％等。监测指标包括：存贷款比例、单一客户授信集中度、资本利润率、资产利润率、人民币超额备付金率等。财务公司应按照银行业监管信息系统要求报送各项数据，以保证风险监管指标的真实、准确。银监会对未达到监控指标值要求的财务公司，将根据未达标的具体情况并结合日常监管掌握的信息，采取监督管理谈话、现场检查、责令限期整改等监管措施。

现场检查指银监会指派专人或专门小组，进入财务公司进行实地检查。现场检查的目的有两种，一种是针对业务报表、资料中暴露出的迹象、问题进行专项重点检查，及时提出意见和建议，采取必要的措施督促其纠正。另一种是对财务公司经营状况包括资产质量、贷款风险、经营管理水平和日常业务操作等进行定期全面检查。

对财务公司的非现场监控和现场检查是相辅相成互为补充的。出于不同监管目的的需要，对财务公司的监管没有必然固定的程序，但监管当局在对一个财务公司进行全面监管时，通常采取以下步骤：首先进行非现场监控分析，其次是现场检查，最后是对财务公司监管的总体评价（监管结论）[13]。

五、财务公司的行业评级[15]

财务公司行业评级是中国财务公司协会（简称"中国财协"）依据财务公司报送的数据、信息，运用行业统计分析系统对财务公司的经营水平、核心价值、管理能力以及发展环境进行定量和定性打分，最终形成评级结果的过程。目前，财务公司的行业评级依据的是中国财务公司协会2015年发布的行业自律规范——《企业集团财务公司行业评级办法（试行）》。这是中国银行业金融机构中首个由行业协会主导的评级体系，目的是引导行业健康发展，更好地服务企业集团和实体经济发展。

二维码4.7
财务公司行业评级
指标体系与评级
结果应用

（财务公司行业评级指标体系与评级结果应用请扫二维码4.7。）

4.2.3 资金管理模式的选择

资金管理最初的重点是安全和时效，并强调监控和资金调拨职能，通常采用"统收统支""统收分支""分收统支""备用金拨付"等资金管理模式，企业集团关注银行业务的处理、集团总部与成员企业间的资金上划下拨，业务流程相对简单明确，这时不需要设立专门的资金管理部门。此阶段，"跨行现金管理平台"可以为企业集团提供专业化的资金管理工具。

随着企业集团的发展和资金管理水平的不断提高，企业集团在强调监控和资金调拨的基础上，更进一步强调集团与内部成员企业、成员企业之间的资金相互调剂、占用计价、授信融资额度内部分配等问题，业务种类和流程逐渐复杂，需要设立专门的资金管理部门和机构进行业务处理，从而衍生出资金结算中心和财务公司的管理模式。这两种模式可以支持"现金池""票据池""收支两条线""统筹授信融资"等多种资金管理方式，在银行、集团、成员企业之间搭建一个"三位一体"的专业化的资金管理平台。

在实践中，由于兼并重组等原因，企业集团内部存在多种控制关系，集团应根据具体情况，对分公司、紧密型子公司和外围子公司采取不同的管理策略，既要从严理财，又要区别对待、分清主次。对于核心层、紧密层企业要从严管理；而对外围企业则可以在控制总额和预算的基础上忽略细节管理，给企业一定的施展空间。

企业集团的组织架构和管理体制决定资金管理模式，有什么样的组织架构和管理体制就有什么样的资金管理模式与之适应。目前常见的几种集团组织架构及相适应的资金管理模式如下。

一、地域分布集中，高度紧密型企业集团

1. 组织架构

总公司是法人而分公司是非法人组织，集中在同一城市。

2. 管理需求

企业引入内部市场机制，各分公司作为利润中心管理，分公司间的劳务、材料和半成品实行有偿供应，单独核算成本和利润，并与计划或预算比较，实行业绩考核。

3. 适合的资金管理模式

高度集中管理的结算中心模式。在企业的财务部门中，设立一个结算中心，结算中心以集团名义在银行开一个结算账号。为了结算中心内部结算方便，银行账户可以"一户多名"方式开设。所有成员单位为非法人单位，故没有外部银行账户。成员单位统一到结算中心开立内部结算账户（虚拟账户），用于内部结算。在需要向集团以外采购或支付费用时，由结算中心用总公司的商业银行账户统一支付。

4. 业务流程

所有收入全部先进入结算中心账户，然后由结算中心再划转到收款企业在结算中心开设的账户。所有付款，先到结算中心办理，再由结算中心到银行办理；对于内部结算，由结算中心办理内部结算即可。具体如图 4.3 至图 4.5 所示。

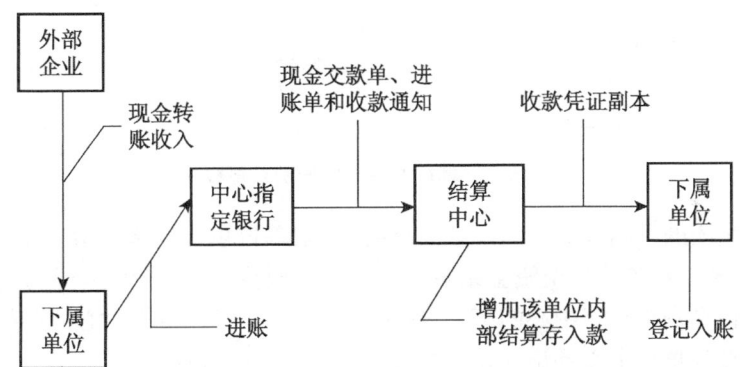

图 4.3　下属成员单位对外收款结算程序

当下属成员单位对外收款时，下属成员单位到资金管理中心的指定银行办理资金送存进账，向银行提交现金或转账支票，填写银行进账单。银行办妥收账，并将现金交款单、银行进账单和收账通知传递至资金结算中心，资金结算中心一方面借记集团账号在银行的存款增加，另一方面贷记下属收款单位在资金结算中心的存款增加，同时将收款凭证副本传递至该笔款项的下属收款单位。下属收款单位凭收款凭证副本登记本单位在资金结算中心的存款增加。结算程序如图 4.3 所示。

当下属成员单位对外付款时，下属单位凭业务原始凭证以及对外付款申请单向资金结算中心提出付款申请。资金结算中心对相关内容进行审核，审核同意后将现金或转账支票（小额支付用现金，其他用转账支票）等交付下属成员单位。成员单位收到后对外支付款项。结算程序如图 4.4 所示。

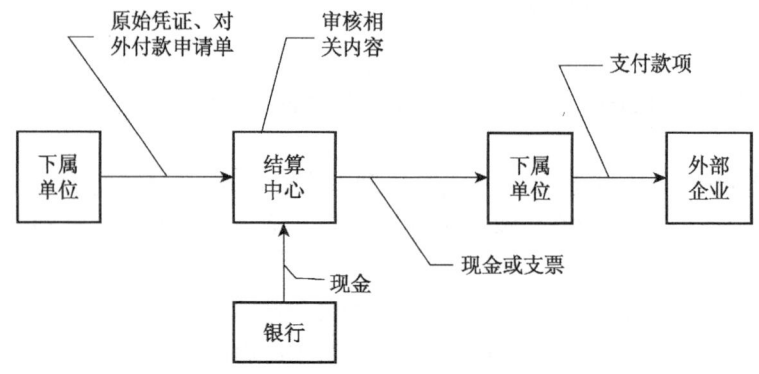

图 4.4 下属成员单位对外付款结算程序

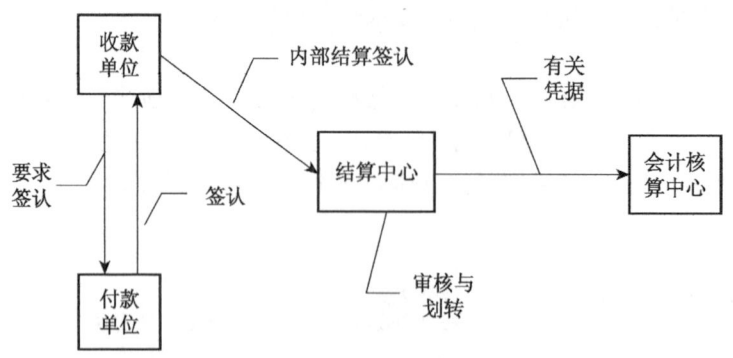

图 4.5 下属成员单位之间的结算程序

当企业集团的下属成员之间发生结算时,收款单位填写内部结算单据并要求付款单位签认,付款单位签认后交资金结算中心,资金结算中心审核后进行资金内部划转,增加收款单位在资金结算中心的存款,减少付款单位在资金结算中心的存款,并将有关凭据传递至会计核算中心登记入账。结算程序如图 4.5 所示。

二、地域分散,紧密型企业集团

1. 组织架构

集团多数下属单位与集团不在同一地域,成员单位多为集团绝对控制的分公司或子公司(如图 4.6 所示)。

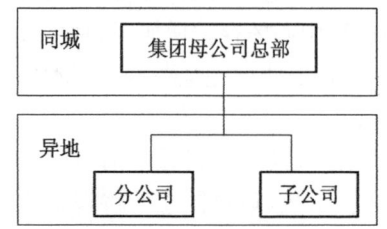

图 4.6 地域分散的紧密型企业
集团组织架构图

2. 管理需求

(1) 集团对成员单位资金高度控制。

(2) 收款全部集中到集团。

(3) 大额付款由集团审批支付;小额零星付款由集团预算审批支付。

(4) 集团对自行支付资金进行监控。

3. 适合的资金管理模式

收支两条线+监控模式。集团在总部所在地银行开设银行账户,用以归集成员单位上划资金和下拨使用资金。

成员单位原在银行开设的账户,可保留基本账户或纳税等账户,基本账户作为收入账户,资金只允许归集到集团总账户,不允许对外支付;另开设一个支出账户,用以支付零星开支,不允许其作为收款用,资金来源由集团按计划下拨。其余账户全部取消。

4. 业务流程

(1) 成员单位所有收款进入收入账户,按归集策略向集团总账户归集。

(2) 成员单位超过权限的对外付款,需向集团申请并审批,集团审批通过后由集团代其支付或下拨资金到其支出账户,由成员单位对外支付。

(3) 成员单位的零星开支,通过预算上报集团,集团审批通过后,一次性下拨资金到其支出账户,由成员单位自行支付,集团对该部分资金进行监控。

三、地域分布集中,紧密型企业集团

1. 组织架构

企业集团主要由非法人资格直属单位、分公司和具有法人资格的全资子公司或控股子公司组成(如图 4.7 所示)。

2. 管理需求

(1) 直属单位和分公司没有独立的银行账号,由集团总部统一核算;子公司都有自己的财务部门,有独立的账号进行独立核算,拥有现金的经营权和决策权。

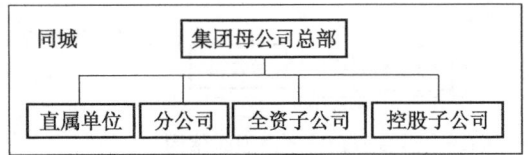

图 4.7　地域分布集中的紧密型企业集团组织架构

(2) 为了减少因分散管理而导致的现金沉淀增加,提高现金的周转效率,节约资金成本,集团公司对各子公司的现金实施统一调控,统一结算。

(3) 对直属单位和分公司实行资金管理中心统一结算,开设内部结算账户,由资金结算中心为其统一办理收付款业务。对全资或控股子公司实行收支两条线管理。各子公司在同一商业银行只开设两个账户,一个收款户和一个支款户。外部进账用收款户,付款用支款户。同时成员企业在集团资金管理中心开户,用于内部往来结算。

(4) 企业与银行签约。对于成员企业的进账及时上缴,对外付款由集团逐笔审批,结算中心根据审批后的付款金额将款先拨入子公司支款户,然后再向外部收款账户付款。

(5) 由企业集团制定现金管理的规定,包括收入和支出的规定,结算中心根据这些规定严格监控各子公司的现金缴纳、支用和结算情况。

(6) 各成员单位、分公司、子公司不直接对外借款,由资金管理中心统一对外办理。

3. 适合的资金管理模式

资金管理中心＋收支两条线＋监控模式。

4. 业务流程

(1) 对集中结算的直属成员单位和分公司,其外部收款统一进入集团资金管理中心账户,并由资金管理中心在其内部账户上分户核算;对外付款,由成员单位向资金管

理中心提出付款申请,经资金管理中心审批后,由资金管理中心选择银行账户对外支付。

(2)对子公司的外部收款,先收到其收入账户,按照归集策略和银行协议,上划到资金管理中心账户,并由资金管理中心在其内部账户上分户核算;对外付款,按照事前上报的资金使用计划或临时付款申请,由资金管理中心将资金下拨到其支出账户,由子公司对外支付,资金管理中心通过监控系统监控其资金实际支付情况。

四、混合型企业集团

1. 组织架构

集团总部所在地有部分成员单位,异地也有部分成员单位(如图4.8所示)。

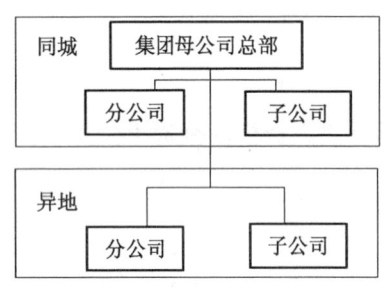

图 4.8　混合型企业集团组织架构

2. 管理需求

(1)集团对异地成员单位资金实现集中并进行控制。

(2)收款全部集中到集团。

(3)大额付款由集团审批支付;小额零星付款由集团预算审批下拨资金到成员单位自行支付。

(4)集团对自行支付资金进行监控。

3. 适合的资金管理模式

资金管理中心+收支两条线+监控模式+区域司库中心。

4. 业务流程

(1)对集中结算的直属单位和分公司,其外部收款统一进入集团资金管理中心账户,并由资金管理中心在其内部账户上分户核算;对外付款,由直属单位和分公司向资金管理中心提出付款申请,经资金管理中心审批后,由资金管理中心选择银行账户对外支付。

(2)对子公司的外部收款,先收到其收入账户,按照归集策略和银行协议,上划到资金管理中心账户,并由资金管理中心在其内部账户上分户核算;对外付款,按照事前上报的资金使用计划或临时付款申请,由资金管理中心将资金下拨到其支出账户,由子公司对外支付,资金管理中心通过监控系统监控其资金实际支付情况。

(3)如考虑到集团对异地成员单位资金归集的成本过高,可采取由集团在异地子公司当地开设分账户,异地子公司资金归集到该分账户即可,而不用归集到资金管理中心所在地。

五、特大型企业集团

1. 组织架构

集团下设若干行业集团(子集团),各行业集团下设有分、子公司,各分、子公司下设事业部等成员单位;地域分布上,集团下属的各分、子公司既有本地也有异地。在实践中其组织架构丰富多样,兼并重组等历史原因导致各企业集团组织架构复杂多变,图4.9为其中一种典型的组织架构。

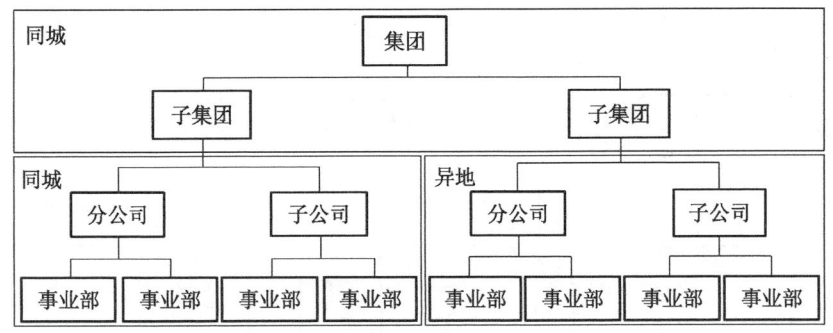

图 4.9　特大型企业集团组织架构之一

2. 管理要求

一般大型的公司都会根据控股方式、产品类型等把整个集团由上至下划分为集团—子集团—子公司(分公司)—事业部等成员单位,从子集团、子公司的角度来看,它们是独立的经营主体,有独立的经营目标和责任,它们的管理要求有:

(1) 资金监控和审批:需要对下属的子公司、事业部或经营单位的资金使用情况进行了解和控制,降低经营风险。

(2) 资金集中管理:通过以发放贷款的方式调剂子公司、下属事业部或经营单位的资金盈缺,从而减少整体的利息支出。

(3) 分权管理(可选):有的企业集团可以选择分权管理方式,资金管理中心无需处理所有的内部交易业务,子集团、子公司或事业部层面的财务部门处理自己层面的财务资金信息,以节省集团结算中心的工作量,缩短处理的流程。当然,有的企业集团在资金管理系统的支持下也可以选择集权管理。

3. 适合的资金管理模式

多级结算中心模式。

4. 业务流程

目前主要有两种方式:设立结算分部方式和总部统一核算方式,业务流程如图4.10所示。

(1) 设立结算分部方式。

异地开立银行账户:以异地公司名义分别在当地银行开立账户,并由结算分部与异地公司签订账户委托管理协议,结算分部实际掌握账户控制权。

网上银行:网银协议签订的是总部银行账户与各异地结算单位账户的划拨所属关系。

结算分部承担核算职能:由结算单位在结算分部开立内部账户,所有的资金业务由结算分部人员办理。

统一账套:分部业务数据与总部业务数据统一,使用同一账套,分部与总部的区别只在于操作端距离服务器的远近,总部与各分部的凭证使用统一的流水号,但可通过其他方式进行区别以供分类查询。

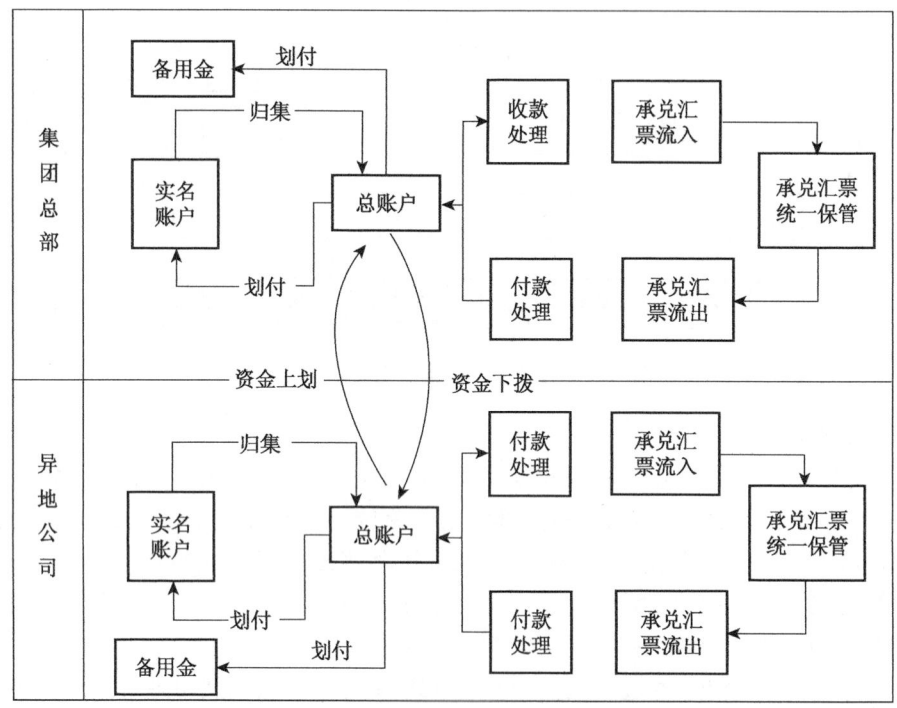

图 4.10　多级结算中心模式业务流程图①

审批流程:可以适应两种审批方式,一是完全由总部审批,分部只进行业务操作;二是把各异地公司与总部公司或其他异地公司区分开来,为不同的结算分部设置不同的审批权限。

单据流转:结算分部在终端打印资金管理中心凭证并加盖印鉴,分派给各结算单位,并定期将付款原始凭证邮寄或携带至总部,统一装订成册。

承兑汇票管理:由结算分部代管各结算单位缴存的银行承兑汇票,在背书支付时进行把关控制。

融资业务:由结算分部办理当地融资业务,通过系统进行申请和审批。

(2) 总部统一核算方式。

异地开立银行账户:以异地公司名义分别在当地银行开立账户,并由结算分部与异地公司签订账户委托管理协议,结算分部实际掌握账户控制权。

网上银行:网银协议签订的是总部银行账户与各异地结算单位账户的划拨所属关系。

资金管理中心总部承担核算职能:由结算单位在资金管理中心开立内部账户,所有的资金业务由总部结算人员在总部办理。

单据流转:资金管理中心定期将已加盖印鉴的收款凭证邮寄或携带至异地公司,并将异地结算单位付款原始单据邮寄或携带至结算中心。

---

① 王华.中国集团公司资金管理理论、实践与案例[M].北京:中国经济出版社,2011.

承兑汇票管理:在不设分部的模式下对银行承兑汇票的管理有一定难度,目前有两种方式,一是完全采用邮寄方式,收入承兑汇票时结算单位邮寄至资金管理中心,背书支付时也采用邮寄方式,虽然该方式耗时且存在票据丢失的风险,但同时也在一定程度上规避了结算分部人员的道德风险;二是采取银行托管的方式,由资金管理中心支付一定费用,让银行代为保管承兑汇票。

融资业务:由资金管理中心人员通过出差办理融资业务,或向银行索取全国性的授信额度,直接在总部办理融资[1]。

另外,企业集团的生命周期发展阶段也会在一定程度上影响资金管理模式的选择。一般来讲,当集团处于初创期,集团规模不大,层级少,利用集团上市以及银行贷款获得资金显得尤为困难,此时,集团需要付出相当高的成本去吸引风险投资者,在此情况下,企业集团适宜选择高度集权且操作简单的模式(如统收统支模式和拨付备用金模式)来集中管理资金,以防御风险、降低现金使用成本。当集团处于成长期时,由于销售额增长较快,有较好的发展趋势,集团有机会通过发行股票以及债券获取大量资金,同时,银行等金融机构也愿意向集团提供贷款,融资渠道较多。这时,集团为了降低融资成本,可以选择资金管理中心进行资金集中管理。当集团处于成熟期时,市场增长潜力不大,集团新增固定资产投资不多,通常现金流入较多,现金流出较少,且集团有足够的实力对外借款,且能充分利用负债的杠杆节税和提高自有资本报酬率。这时集团可采用激进型的财务战略,当集团达到《财务公司管理办法》规定的资格条件时集团公司可以通过设立财务公司对集团资金进行集中管理,进一步降低资金成本、扩大资金收益。有条件的集团也可以向"大司库"的方向发展。

如何选择适合企业集团的资金管理模式是个仁者见仁,智者见智的问题。集团资金管理模式的选择受企业集团组织架构、集团管理体制、管理要求、发展历史、集团规模和管理风格等多种因素的影响,各集团可以根据自己的具体情况,量身定制自己的资金管理模式组合。没有最好的管理模式,只有最适合集团的模式。没有必要一味追求财务公司或大司库模式,而是应该在综合考虑成本和收益的基础上,选择适合本企业的资金管理模式。

4.2.4　资金管理模式的发展

财务管理的集中实质在于资金的集中管理。资金集中管理是随着企业集团的发展、企业财务管理职能的演进而不断变化的。

现代财务管理起源于第二次世界大战后的美国,此后的几十年间,财务管理逐渐形成了集权与分权的两种体制,而且不断在交替。战后较长的一段时间,美国等西方国家的企业普遍采取财务、行政集中到企业总部的管理模式。后来,很多企业开始用分散化管理来取代这种僵化的集中模式,提高了企业的运作效率。近十几年来,借助现代科技,特别是信息技术的发展,在具备了相当的物质条件后,财务管理工作又开始向集中管理回归,并取得了很大的成就,表现在逐步实现财务资源的统一调度,降低融资成本,更好地预测和控制现金流量。

形成于 20 世纪 80 年代的中国企业集团,同样也经历了资金管理上"集权—分权—

再集权"的过程。20 世纪 80 年代,各种形式的企业集团,在政府的干预与引导下逐渐形成。政府对这些企业集团,制定了一系列配套管理办法,其主要精神就是"六统一",也就是:统一计划、统一承包、统贷统还、统一负责国有资产的保值增值、统一任免领导干部、统一对外经济关系。在资金管理上,实行严格的控制,以"统收统支"和"拨付备用金"的形式,将所有的现金收入全部收归集团总部。这种具有浓厚计划经济色彩的高度集中体制,资金管理仅是财务管理的附属职能,效率低下。针对这种情况,很多企业集团为了增强成员企业的活力,纷纷"划小核算单位",下放权力。这一做法的初衷是让有价值的资金信息能及时运用,从而提高决策的速度,但这一做法也导致了一些不良的后果。很多企业集团出现了成员企业各自为政、内部失控严重的现象,母公司既掌握不了子公司的资金状况,也控制不了下属成员企业的资金运作,信息流、物流和资金流脱节,企业集团内各子公司资金的短缺与溢余共存,资金利用效率下降,大量国有企业集团竞争力严重下降。

　　资金始终是企业发展的第一推动力。20 世纪 90 年代开始,各企业集团的资金管理逐步向集中化回归,推动集团对成员单位资金进行统筹规划,大量企业集团建立了专职的资金管理中心。值得一提的是,近几年我国在大型企业集团进行了财务公司试点,很多企业集团采取了成立财务公司这一完全市场化的模式进行资金管理。财务公司将企业与企业关系、企业与银行的关系引入到企业的资金管理中,进一步完善了企业内部的财务控制,同时将资金管理从企业内部向外部延伸。

　　资金管理向集权回归,顺应了国际潮流。特别在现代信息技术和计算机网络的支撑下,很多的管理手段如"实时管控"得以实现。至此,我们不难发现,当前企业集团的资金管理。最重要的特征就是集中管理及信息技术化。广东省广业资产经营有限公司的资金管理很好地体现了这一发展趋势。(具体请扫二维码 4.8。)

二维码 4.8
广东省广业资产
经营有限公司的
资金管理

4.3　资金管理的业务

　　资金管理涉及企业运营的各个方面,包括账户管理、收付款管理、流动性管理、资金计划管理、投融资管理、资金风险管理等。资金管理中心和财务公司部分业务相同,部分业务不同。

4.3.1　资金管理的主要业务

一、账户管理

　　资金管理的核心是账户管理。账户管理就是通过梳理账户,帮助企业集团构建合理的账户体系,科学配置现金资源,便于企业集团及时了解账户余额、交易明细等信息,为管理决策提供完备的信息依据。账户管理主要包括账户梳理、账户体系构建、账户查询、账户信息通知和对账五个方面。

　　1. 账户梳理

　　企业会与多家银行合作,开设多个不同类型、不同功能的账户。对于拥有众多成员单位的企业集团来说账户数量和类型就会更为复杂。因此需要根据管理要求对账户进行梳理,开立或关闭一些账户,构建科学、合理的账户体系。

2. 账户体系构建

在账户梳理后，需要构建企业集团的账户体系。首先是完善的账户属性信息，对银行账户进行适当的分类。其次是确定账户节点，明确各账户在现金池中担任的角色（如核心账户和成员单位账户）。在多层结构中，一个账户既作为核心账户又作为成员单位账户。最后是确定账户之间的关系，设置现金池及池内账户相关规则。

3. 账户查询

账户查询是资金管理的一项基本也是重要的职能，使企业集团能够通过账户查询而了解其交易信息，随时掌握账户资金的动态变化情况。账户余额查询可以按时间点查询实时、历史账户可用资金；账户明细查询可以查询账户的当前及历史交易明细。账户查询的渠道主要有网上银行、银企直联、手机银行等。

4. 账户信息通知

银行按照与企业约定，通过书面、手机短信、电子邮件等方式，为企业集团提供账户信息通知服务，方便客户随时了解账户变动，掌握资金流向，及时保证账户资金安全。

5. 对账

银行提供的对账服务有两种，一类是传统对账，一类是电子对账。电子对账是银行通过专门的电子对账系统、网上银行或银企直联，按照银企对账的要求，为企业提供账户余额及明细的对账服务，这免去了企业到银行柜台领取对账单，提高了对账效率。

二、收付款管理

1. 收款管理

收款管理是资金管理中心、财务公司、银行帮助集团企业实现现金回流，是企业持续经营的基础。以资金结算中心为例，其典型的收款业务流程如图 4.11 所示。

成员企业在获得收款信息后，先由成员企业经办人员登记在途款项，然后将在途记录传到资金结算中心。资金结算中心收到开户银行主动发送的收款通知后，如存在事先记录的在途款项信息，则核销在途信息同时生成收款信息；如不存在在途信息，则由资金结算中心通知成员企业向银行结算岗位提交在途信息。资金结算中心根据成员企业提交的在途信息进行核销处理，打印一式三联回单（也可以通过信息系统直接生成）。其中，一联提交会计岗位作总账入账处理，另外一联则发给成员企业作会计处理（资金结算中心和成员企业均可以借助 IT 系统提供的终端打印功能打印"收款通知单"，简化回单传递的麻烦并提高两方工作效率）[16]。

首先，收款要便捷，保证企业能够方便快捷地回收款项，降低收款成本；其次，要保证收款的时效性，及时回收账款，以保证企业开展正常的生产经营活动；最后，要准确把握收款时间、金额和条件等，保证收款的准确性。

2. 付款管理

付款管理分为传统的付款方式和电子付款方式。传统的付款方式是指银行根据银行纸质付款凭证向收款人支付款项的业务，通常在付款时需要验印。电子付款是指银行通过网上银行或银企直联等电子渠道为付款人提供付款服务。通过电子渠道付款时需要检验客户的数字证书等安全策略。验证和数字证书都是确保付款资金安全性的手段。付款方式多种多样，包括转账、票据、银行卡、信用证和保函等。以资金结算中心为

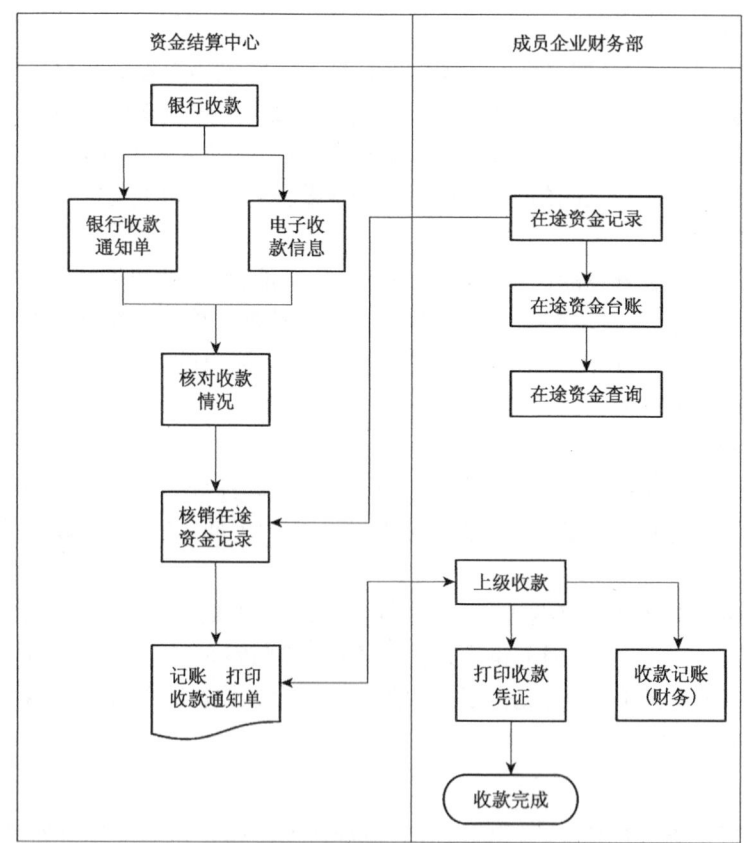

图4.11 资金结算中心收款业务流程

例,其典型的付款业务流程如图4.12所示。

成员企业财务拿到审批后的付款信息之后,手工输入(或者通过会计核算中应付账款业务的付款功能产生付款信息)付款信息存入指定的位置。完成付款后,成员企业根据指定的条件(发票到期日的先后顺序或者金额)进行自动核销并根据自动核销的结果进行人工修订,确定无误才予以确认。付款信息通过一式多联的"付款申请单"承载,由付款单位审批人对"付款申请单"进行审批后,再由成员企业审批人进行审批。资金结算中心领导对成员企业审批后的单据进行再审批(任何一个审批环节不通过都可以终止付款业务)。资金结算中心审批完成后的付款申请,由付款业务办理人选择出款银行并经办付款。如果付款采用支票形式,此处必须与已登记票据的票号对应。付款申请在传递时,付款成员企业可以清楚地在途查询以满足款项跟踪,资金结算中心在处理完付款申请后,需要将处理结果反馈回成员企业以作入账依据[16]。

三、流动性管理

流动性管理是资金管理的核心内容。企业在日常生产经营过程中必须保持适当的流动性,不能过多或过少。一方面如果流动性不足,则企业可能无法进行原材料的采购、到期贷款的支付等活动;另一方面,如果企业保留过多的流动性,则会降低企业的收益。单体企业的流动性主要来自于企业外部,如银行提供的贷款和资本市场上的融资

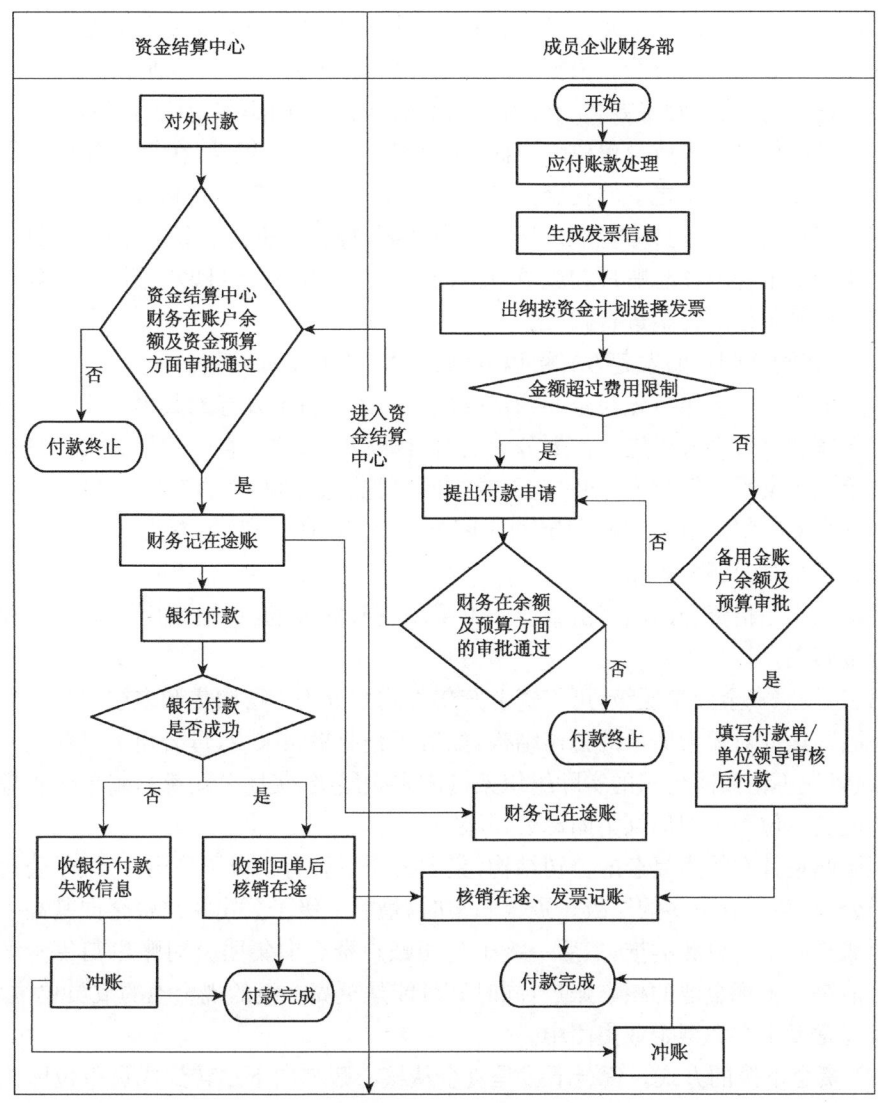

图 4.12　资金结算中心付款业务流程

等。而对于企业集团来说,则可利用集团内部资源,即子公司与母公司、子公司之间的资金调度,当集团内部无资源可用时再借助外部资金。这里主要介绍的是针对企业集团的流动性管理。

1. 资金归集和下拨

资金归集与下拨是资金管理的核心环节,是指资金在核心账户、成员单位账户之间的调度。按照归集与下拨的规则一般可分为自动规则和按需调拨规则。自动规则是指核心单位、成员单位和银行事先约定,通过银行在核心账户与成员单位账户之间进行约定条件的资金归集和下拨的自动处理。按需划拨规则是指核心单位根据其资金运用需要,自主向银行发出划拨指令,将其相应资金由核心账户划入指定成员单位账户,或由指定成员账户划入核心账户。

（1）资金归集的方式。资金归集是指成员单位账户中的资金按照事先约定的原则向上划转到核心账户的行为。根据不同的划分角度,可将资金归集划分为不同方式。

第一,按归集金额确定方式可分为定余额归集、定额归集和定比例归集。

定余额归集是指为成员单位账户保留一个最低的资金规模,在每次资金归集时只归集指定最低资金余额之上的资金。定余额归集包括零余额归集和目标余额归集。

定额归集是指为成员单位账户指定一个金额,每次按照这个金额对核心账户归集。

定比例归集是指核心账户和成员单位账户事先约定一个归集比例,在资金归集时按比例将成员单位的资金进行归集。

第二,按资金归集的发起方式可以分为自动归集和手动归集。

自动归集是指按照事先与企业约定的规则由系统自动发起的归集方式。自动归集按归集频率和时效性又可进一步划分为实时自动归案和定时自动归集。实时自动归集是成员单位每发生一笔收入,即时全部或按照事先约定的归集金额实时归集到核心账户。定时自动归集是由系统按约定的时间自动发起的资金归集方式,可以按每月、每周、每天、每小时等频率操作。

手动归集是指资金的归集由企业人工手动发起完成的,一般多用于临时性和突发性的资金归集。

第三,按照资金归集层级,可将资金归集方式划分为一层归集和多层归集。

一层归集针对较为简单的公司结构,如对于企业集团来说,母公司下只存在一级子公司,或者说不论集团公司的实际组织架构内多少层级,集团公司都是扁平化管理。资金从各成员单位账户归集到集团母公司账户。

多层归集针对较为复杂的公司结构,集团公司下属有一级子公司,一级子公司还有二级子公司,甚至有更多的层级。资金归集时,最后一级子公司账户资金向其高一级的子公司账户归集。以此类推,然后一级子公司账户资金向集团公司账户归集。子公司账户可能是一个现金池的核心账户,同时又可能是更高一级的现金池的成员单位账户。这种情况常发生在大型企业集团中。

（2）资金下拨的方式。资金下拨是资金从核心账户向下划转到成员单位账户。资金下拨方式的划分与资金归集方式的划分原则是类似的。

按下拨资金金额,可以分为定余额下拨、定额下拨和自动回拨。定余额下拨与定余额归集相对,是指每次下拨后保证成员单位账户的余额为事先约定的金额。定额下拨是指每次下拨的金额是相同的,与定额归集相对。自动回拨是指初时设有自动回拨的成员单位,根据该成员单位最后一笔归集金额,在内部存款足够的情况下,自动将金额下拨到成员单位。

按照资金下拨的频率,可分为自动下拨和手动下拨。

按照资金下拨层级,可分为一层下拨和多层下拨[1]。

2. 内部转账

内部转账主要发生在企业集团内部,由于内部核算单位的资金都已经集中在集团的核心账户中,不需要经过外部银行转账,只需要在核算单位的内部账户间进行转账记账即可。其典型的业务流程如图 4.13 所示。

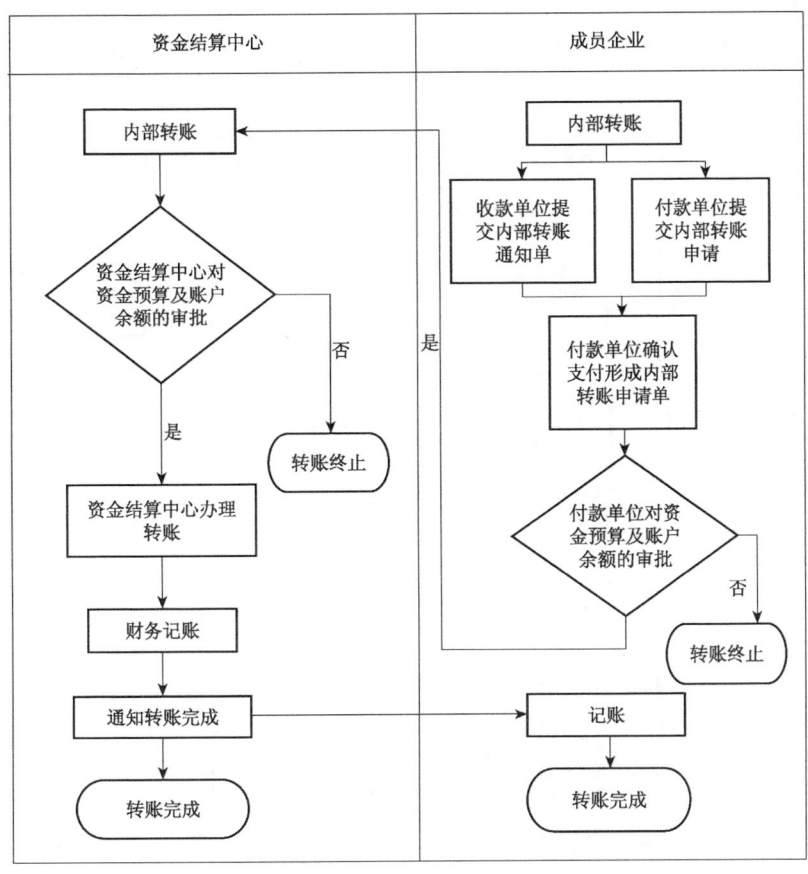

图 4.13　内部转账流程

由收款方或付款方提出内部结算请求,填写一式三联的"内部转账通知单"。付款单位根据交易事项确认可以支付后,形成"内部转账申请单"并完成审批,然后提交至资金结算中心处理[16]。

3. 内部存款

内部存款业务是资金结算中心的核心业务,采用两级资金结算中心来说明该业务流程。其典型业务流程如图 4.14 所示。

成员企业:在完成收款后,每一笔款项都相当于在资金结算中心存款。成员企业在二级资金结算中心存款,二级资金结算中心为成员企业支付利息;二级资金结算中心同时在一级资金结算中心存款,一级资金结算中心按照活期存款为二级资金结算中心支付利息。

二级资金结算中心:可对其下属成员企业进行资金统管,在内部资金充裕的情况下,可对其成员企业的资金进行总体调配、平衡或向有资金需求的成员企业放贷。二级资金结算中心可将下属单位的闲余资金统一在一级资金结算中心存定期存款,收取存款利息。当内部资金不足时,二级资金结算中心可代表成员企业向一级资金结算中心申请贷款。对二级资金结算中心内部而言,这种资金信贷管理模式在一定程度上能解决内部单位的资金使用问题,降低本级资金结算中心的财务费用,且能获取存款利息收入。

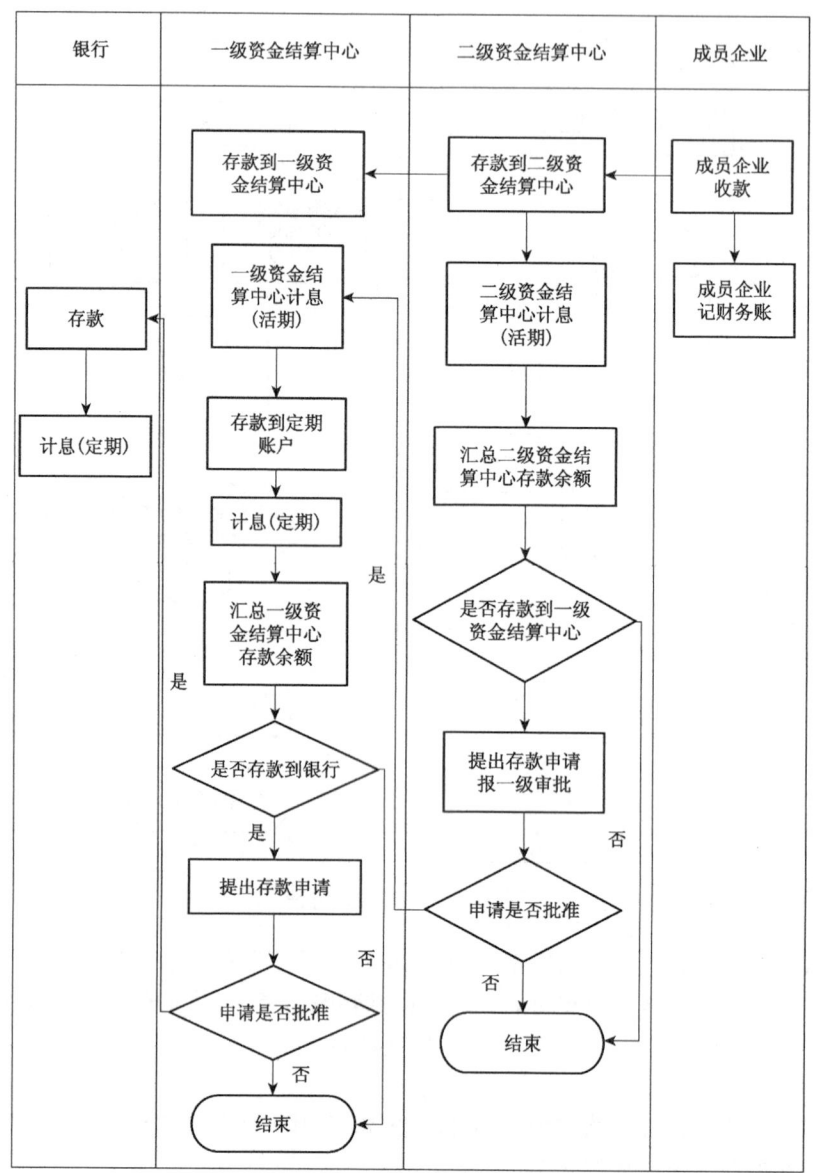

图 4.14 内部存款业务流程

一级资金结算中心:统一管理下级单位的存贷款业务,并根据集团的需求来决定向银行存款或者向银行进行融资[16]。

4. 内部贷款

内部贷款业务也是资金结算中心的核心业务,采用两级资金结算中心来说明该业务流程。其典型业务流程如图 4.15 所示。内部贷款,主要指二级资金结算中心贷款给成员企业和一级资金结算中心贷款给二级资金结算中心。

成员企业贷款:成员企业在资金头寸不足的情况下,可以向二级资金结算中心申请贷款。首先,成员企业提出贷款申请,根据贷款额度不同需要经过相关的审批程序。贷

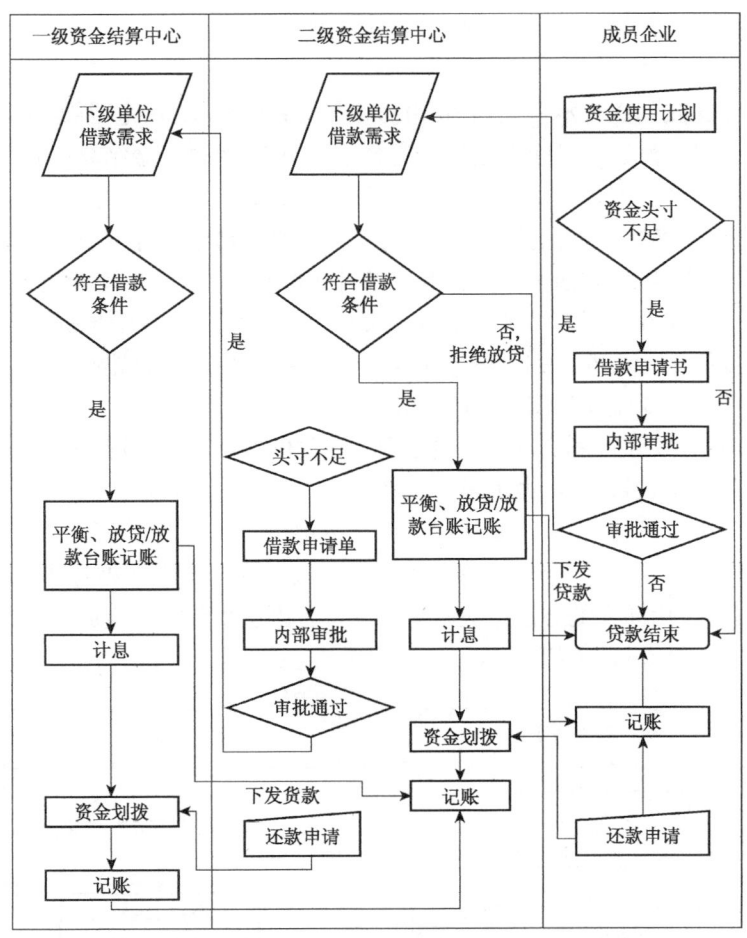

图 4.15　内部贷款业务流程

款申请审批通过后,二级资金结算中心放贷给成员企业,分别记账并开始计算贷款利息。贷款到期后,成员企业提出还款申请。还款申请通过后,成员企业还款(带利息)给二级资金结算中心,分别记账,完成内部贷款业务。

二级资金结算中心贷款:二级资金结算中心在资金头寸不足的情况下,可以向一级资金结算中心申请贷款。首先,二级资金结算中心提出贷款申请,根据贷款额度不同需要经过相关的审批程序。审批通过后,一级算中心放贷给二级资金结算中心,分别记账并开始计算贷款利息。贷款到期后,二级资金结算中心提出还款申请。还款申请通过后,二级资金结算中心还款(带利息)给一级资金结算中心并分别记账,从而完成内部贷款业务。

如到期还未还款,则采用罚息处理。借款单位如因特殊原因不能按期归还借款,应提前向资金结算中心提出展期申请,且展期只限一次,资金结算中心在处理以后可以将贷款标志更新为"展期"。

内部贷款分为"计息"贷款和"免息"贷款,其中计息贷款分为"固定性资金"贷款和"流动性资金"贷款。其中"免息"贷款和"固定性资金"贷款应采用更为严格的审批程序,且这两种贷款模式需设置专用账户,确保专款专用。

5. 承兑汇票业务

成员企业在收到银行承兑汇票后,由操作员在系统里作"在途"票据登记,从而形成票据的在途记录。然后成员企业送票至资金结算中心,经过资金结算中心收票、验票后立即核销票据的在途记录。资金结算中心通过修改票据的状态,使之成为资金结算中心的"库存"记录,实物票据由资金结算中心统一保管。对于库存的票据,持票单位可以提出"贴现""背书"申请并通过预算控制审核及多级审批后,由集团资金结算中心办理"贴现""背书"等业务。资金结算中心对于快到期的"库存"汇票给出提示,从而提醒资金结算中心委托银行收款。完成票据托收后,资金结算中心根据银行回单记账,进行会计核算处理。其主要流程如图 4.16、图 4.17 所示。

在支付应付款项时,成员单位出纳根据本单位的票据库存情况,可选择背书方式进行付款。对同一个收款人,经办人员可以背书一张票据,也可以背书若干张票据。经办人员输入付款金额,资金结算中心从属于该成员单位且状态为"库存"的票据中挑选到期日最远的若干汇票(这些票据的总金额等于付款金额),这组票据称为"组"。若同时向多人付款,可以用同样的方法生成多个小"组"。由这些小"组"组成一个"大组",一起提交上级进行预算审核、审批。

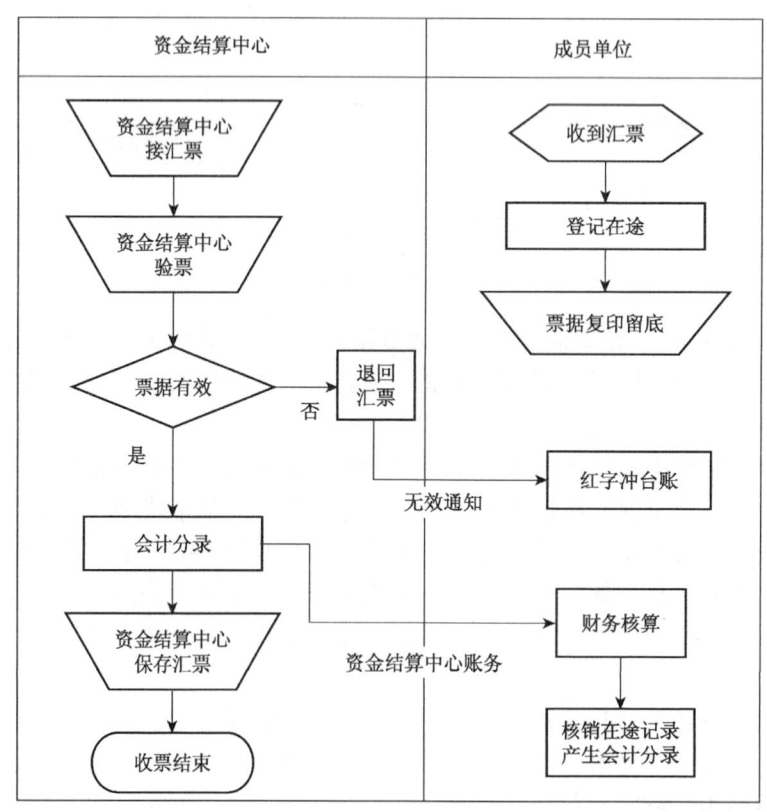

图 4.16　银行承兑汇票收票流程

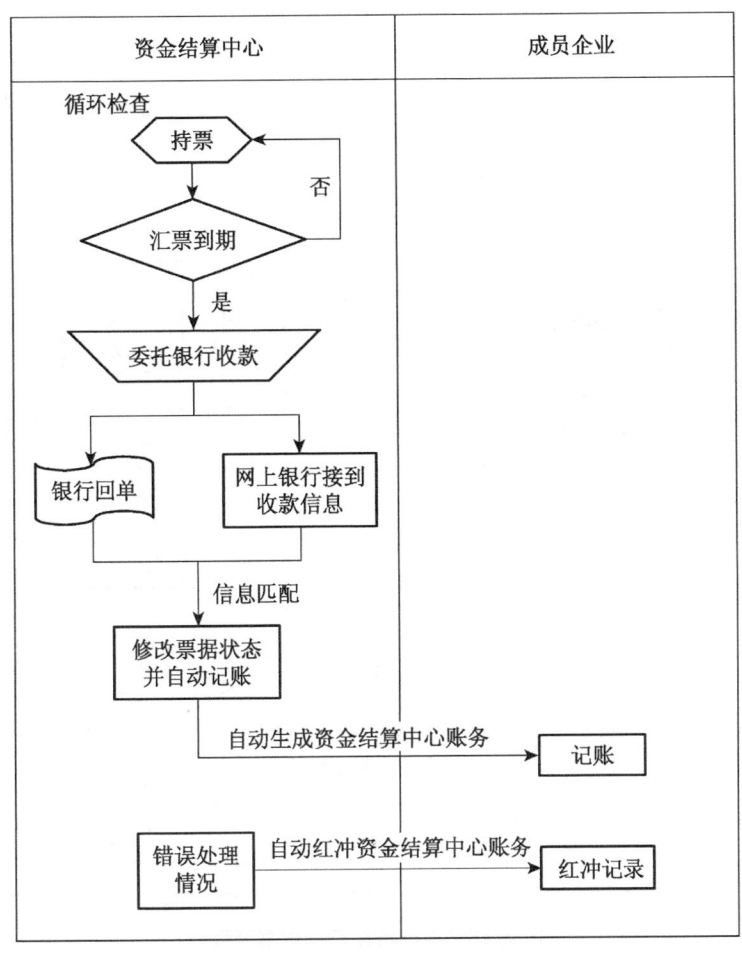

图 4.17 银行承兑汇票托收流程

资金结算中心根据不同的权限按序列示待审批的背书申请单,或由审批人发出指令查询出应由他审批的待审背书申请单。审批人对每张申请单作预算控制、审批,通过后根据设定的审批流程送达上一级审批,直到审批流程的终审。资金结算中心审批完"背书申请单"后,经办人员对这张申请单进行确认,完成资金结算中心的会计核算处理并修改这批票据的状态,即票据状态由"库存"更改为"已背书"。上述票据的处理结果直接反映到财务核算中,从而完成核销发票和记账的工作[16]。其业务流程如图 4.18所示。

四、备用金管理

备用金账户是成员企业用于在资金结算中心处理之外的,且脱离集团账户托管关系的银行账户。它们由成员企业控制,用于零星支出并有一定的支付限额和存量限制。虽然备用金支付无需经过资金结算中心审核,但是备用金支付与成员企业财务会计对应科目关联并同时纳入预算执行反映。其业务流程如图 4.19 所示。

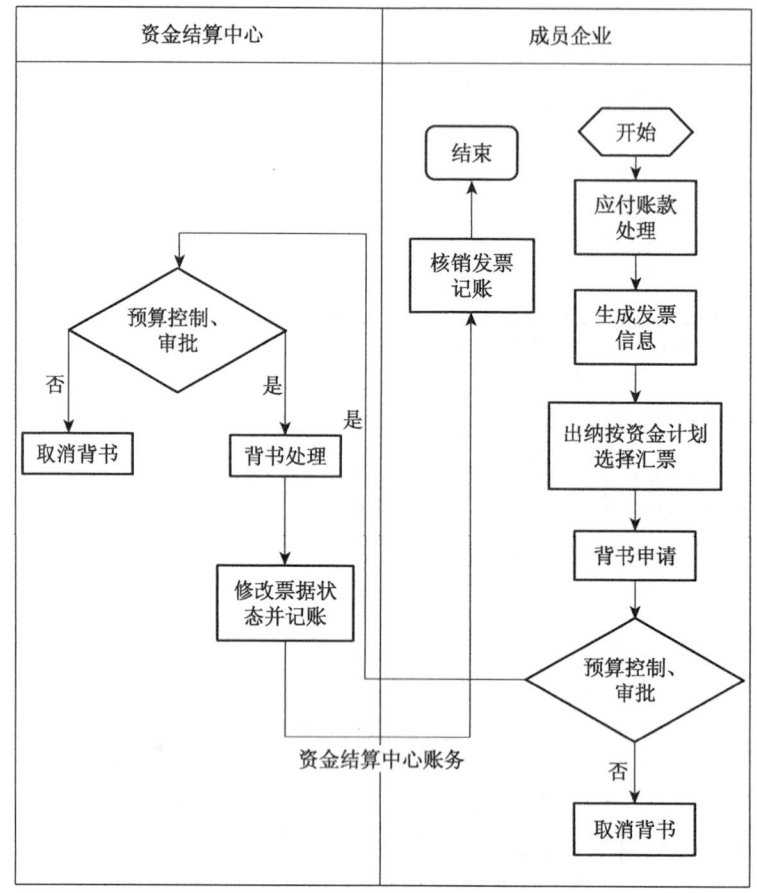

图 4.18　银行承兑汇票背书流程

五、资金预算控制业务

资金预算管理重点是考虑预算在结算过程中的控制和事后执行的分析。各成员企业的预算通过手工方式登记预算数据(也可以借助预算管理信息化系统)并汇总后,由各成员企业实际收付款作为预算执行情况的来源。预算执行过程中的预算控制是指在申请付款过程中通过与预算数据的比较,对于超出预算的付款,必须要求成员企业通过重新申请预算或调整付款额度的方式来解决,否则不予支付。通过这样处理则可以达到控制预算的目的,其流程如图 4.20 所示。

预算控制的原则和方法如下:①分层级资金预算管理。资金结算中心和成员企业分层级设置资金预算控制指标,越基层越明细。②分经济活动控制资金流出总量。资金结算中心分经营活动、投资活动、融资活动控制资金流出总量。③时点控制以总量控制为主,净流量控制为辅。某一时点以资金流出总量绝对值控制为主,辅以对经营净资金流相对值的浮动幅度进行预警。④成员企业申请付款时资金结算中心通过与预算数据的比较,对超出预算的付款,必须通过重新申请预算或调整付款额度或特批的方式解决,否则不予支付。⑤控制设置应可以调整,从而满足各级成员企业的自身管理需要[16]。

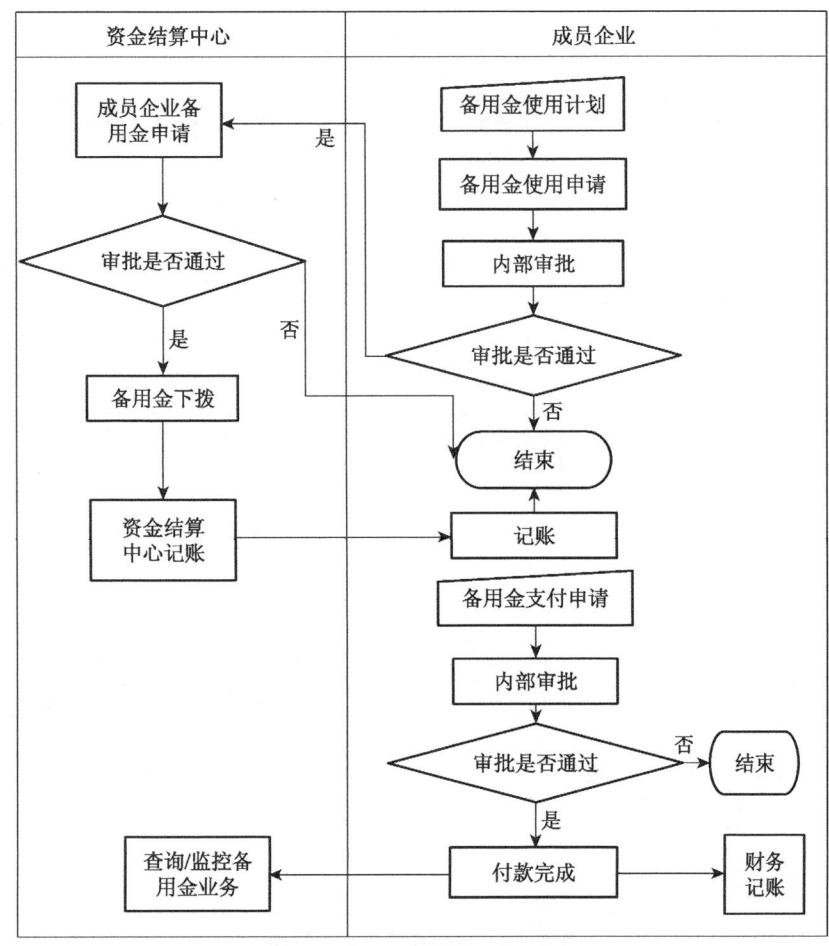

图 4.19　备用金管理流程图

4.3.2　财务公司的其他业务[①]

财务公司的业务主要分资产业务、负债业务、同业业务、中间业务和国际业务五个方面。

资产业务主要有贷款业务、票据业务、消费信贷、买方信贷和集团产品融资租赁以及投资业务。2015 年在财务公司的信贷产品结构中短期贷款占 55.22%,中长期贷款占 36.14%。从贷款对象看,成员企业贷款占绝大部分,占整个贷款总量的 64.60%,集团母公司贷款占 8.12%,上市公司贷款占 18.87%,其他单位贷款占 8.41%。其中,其他企业贷款发展较快,主要是财务公司对集团产业链中下游客户的消费信贷和买方信贷。在票据贴现业务上,财务公司发展很快,有 166 家财务公司开展了票据贴现业务,发生额合计 4 412.84 亿元,同比增幅 39.7%;票据承兑业务呈爆发式增长态势,有 132

---

① 如无特殊说明,本章数据是 2015 年数据,来源于中国财务公司协会。

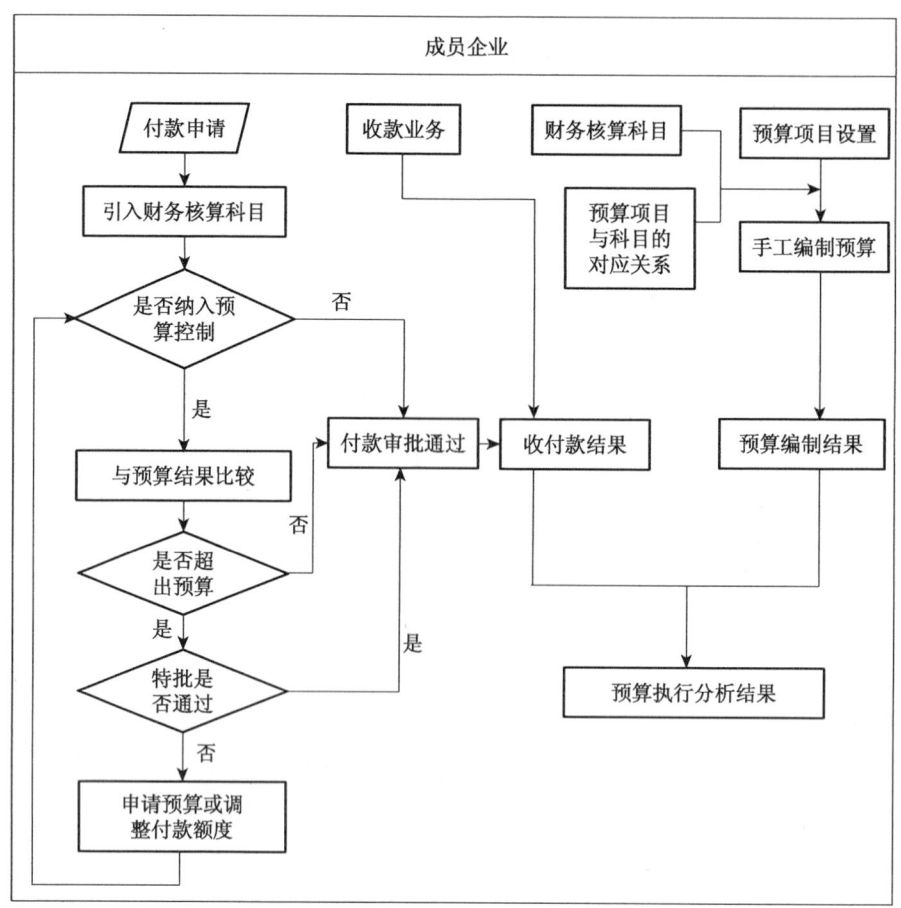

图 4.20　资金预算管理流程图

家财务公司开展了票据承兑业务,发生额合计 3 178.85 亿元,同比增幅 77.49%;票据代保管业务也呈现良好的发展态势,37 家财务公司开展此类业务,同比增幅 20.71%。财务公司的投资业务主要有金融机构股权投资和有价证券投资。金融机构投资是财务公司股权投资的重点,主要是商业银行,其次是保险公司和基金公司。有价证券投资占财务公司资产总额的 7.15%,涉及债券、信托产品、基金和股票投资。

负债业务主要有存款业务、发行债券和卖出回购业务。2015 年,财务公司行业负债总额 3.50 万亿元,其中有息负债 3.46 万亿元,占比 98.71%。在有息负债结构中,吸收存款占全部有息负债的 93.57%。可见吸收存款是财务公司最稳定、最主要的资金来源。在存款来源中,成员单位存款占 50.18%,集团母公司存款占 23.21%,上市公司存款占 24.96%,其他存款占 1.65%。虽然,中国允许财务公司发行债券,但实践中财务公司债券发行很少,截至 2015 年年末,发现债券余额为 745.69 亿元(包括在境外发行的美元债券和美元商业票据)。卖出回购业务是大型成熟的财务公司在资金市场上融资的重要渠道,但总量不大,2015 年卖出回购余额为 319.78 亿元。

同业业务包括存放同业和同业拆借。存放同业是财务公司最重要的同业业务。

2015 年年末,财务公司行业存放同业 1.7 万亿元,其中,存放同业活期占比 61.02%,存放同业定期占比 38.98%。存放同业活期占比远高于商业银行的 20.04%。这说明财务公司为确保成员单位支付,占用资金较多。2015 年,195 家财务公司已获得同业拆借资质,新增拆入资金 78.96 亿元,拆出资金 317.05 亿元,拆放资金额度有限。

财务公司的中间业务主要是为成员单位服务,往往通过减免中间业务手续费的方式对成员单位让利。2015 年中间业务按收入排名依次是财务顾问、结算、保险代理、担保等。

2015 年,79 家财务公司开展了外汇存贷款业务,外汇存款年末余额 1 115.16 亿元,同比增幅 31.12%;外汇贷款余额 1 443.50 亿元,同比减少 12.77%。外汇投资业务很少(除中油财务公司外,几乎没有)。财务公司不能从事离岸业务(除中油财务公司外),境外无子公司或分公司,开展国际业务目前一直处于"瓶颈"状态。

4.3.3　现金池

一、现金池的概念

现金池也属于资金流动性管理的范畴,这里单列一节,是因为它的地位和重要性。现金池(cash pool)也称资金池或现金总库,它是一种以资金集中管理为主线,借助商业银行现金管理服务及网络通信技术,对企业集团各分、子公司的资金进行实时监控、统一调度和集中运作的管理模式。现金池最早是由跨国公司的财务公司和国际银行联手开发的资金管理模式,以统一调拨集团的全球资金,最大限度地降低集团持有的净头寸。随着信息技术的进步,企业集团除了运用商业银行提供的现金池服务外,还可以借助资金管理软件实现现金池。

现金池一般包含一个主账户和一个或多个子账户。以集团母公司总部的名义设立主账户,通过子账户向总部委托贷款和委托借款的方式,每日定时(日终)将盈余子公司资金上划现金池账户,并下划资金至亏损子公司使其资金维持一个定额,即日终时各子账户余额为所设定的"目标余额",目标余额可以为零(ZBA——Zero Balance Account),也可以维持在一定金额(TBA——Target Balance Account),而所有的剩余资金将全部集中在主账户。日间,若子公司对外付款时账户余额不足,银行可以提供以其上存总部的资金头寸额度为限的透支支付。根据事先约定,在固定期间内结算委托贷款利息,并通过银行进行利息划拨。现金池的主要业务有成员单位账户资金归集下拨、成员企业内部透支、定向收付控制、成员企业与集团总部之间的委托借贷等。

现金池有利于变企业集团外源融资为内源融资,减少利息支出;有利于将多余的现金集中起来,更有效地进行投资理财,增加收益;有利于提高成员企业现金的透明度,加强控制。另外,通过现金池可以实现利息合计,即将多个银行账户余额进行抵消,并计算净余额的利息。这是将多个账户余额通过转账机制,使资金在账户间进行实质性转移和集中安排。

【例 4.1】[1]　假设 ABC 集团公司,由 A 公司、B 公司和 C 公司组成,A 公司日均盈余 800 万元人民币;B 公司日均透支 500 万元人民币;C 公司日均透支 200 万元人民币。三家公司的银行为所有的贷方余额支付年利率 2% 的利息,对所有的借方余额收取年利率 5% 的利息。

表4.4用来说明建立一个现金池会如何使企业集团受益。

表4.4　现金池使企业集团受益　　　　　　　单位:万元

	建立现金池之前			建立现金池之后	
	贷方余额	借方余额	全年利息	净余额	全年利息
A公司	800		16		
B公司		500	25		
C公司		200	10		
总额	800	700	19	100(贷)	2(贷)

因此,引入一个理想的现金池将极大改善集团的利息收支状况。

二、现金池的分类

从不同角度,现金池有多种分类方法,如表4.5所示。表中不同模式的现金池还能进行组合,比如单币种国内现金池,多币种跨国现金池,多币种名义现金池等等。企业可以根据自身的需求,在各国法律允许的范围内,与金融机构合作找到最适合企业资金管理的现金池。

表4.5　现金池的分类

分类依据		类型1	类型2
基于现金池的属性	子账户资金是否发生实际转移	资金发生实际转移,称为物理现金池	资金不发生实际转移,称为名义现金池
	现金池的设立地点	所有账户都在同一国家,称为国内现金池	实体及其账户分别位于不同国家,称为跨国现金池
	现金池包含的币种	一个现金池账户只有一个币种,称为单币种现金池	一个现金池账户有多个币种,称为跨币种现金池
	现金池涉及的银行	只有一个银行参与,称为单一银行现金池	有多个银行参与,称为多银行现金池
基于企业财务战略	企业集合资金战略	集团资金短缺,集中借款模式	集团资金盈余,高回报模式
	企业有效管理战略	节税模式	控制子公司解款,限额贷款

三、几种现金池的运作模式

1. 物理现金池

物理现金池(或称实体现金池,physical pool)即实际余额过户现金池,是指将若干分、子公司的现金以现金集中或现金清零的形式管理。图4.21显示了零余额物理现金池的运作模式。资金在日终、周终或月终(根据同银行之间的协议)从参与账户划拨到主账户中。同时,负余额被来自主账户的资金补足,主账户通常由集团资金主管掌握。现金池中的各方(包括银行和账户持有者)会签署一份协议,授权银行对参与账户进行借贷。余额过户可以在零结余或目标结余的基础上进行。

如图4.21,某企业集团建立了零余额人民币现金池,到了每天下午4点钟,银行计算机系统开始自动扫描,发现A账户上盈余1 000万元,B账户盈余2 500万元,C账户亏损300万元。盈余的资金总计3 500万元被划至资金池,作为向集团公司贷款并收取利息,透支的企业也从现金池中得到了300万元,作为向集团公司的借款并支付利息。日终,可以看到现金池账户的余额为3 200万元。

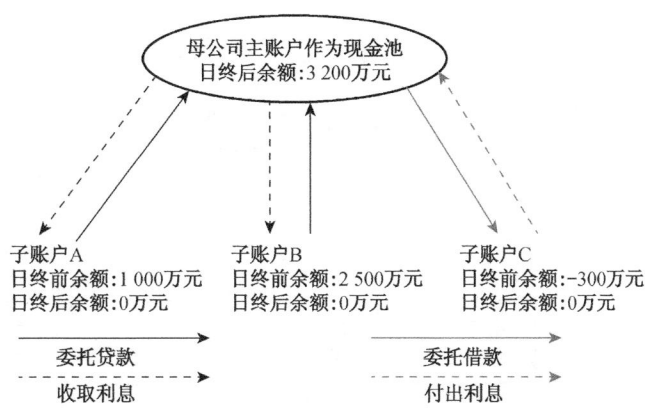

图4.21 零余额物理现金池的运作模式

在一些欧美国家,跨国集团公司通常成立独立实体作为资金管理中心来安排和管理集团内部的现金池,而如何在中国的现行法律框架下解决集团总部对子公司的外汇资金不能实行"收支两条线"等一系列法律上的障碍、构建一套广泛适用的资金集中管理体系依然是一个值得探讨的问题。一方面,在华经营的跨国公司必须遵守中国的法律法规,资金管理方面任何违规操作都可能存在极大风险甚至造成巨额损失;另一方面,中国的政策环境正在不断变化之中,尤其外管政策方面的放松使跨国公司看到了在中国实现区域资金集中以更好地配合其全球财资管理战略的希望[17]。

现金池模式结构的建立将导致不同法人实体账户间资金的真实(物理)转移,这种转移如果没有贸易背景支持就会形成为公司间借贷,而公司间借贷是中国的《贷款通则》所明文禁止的。如果成员单位间存在贸易背景或许会使问题简单一些。但要做到现金池结构下每笔资金划转都能对应相关的贸易并不是一件容易的事。即便采用提前——拖后收付技术处理也很难彻底解决问题。因此,建立一对一的委托贷款体系成为绕开公司间借贷禁令的唯一有效的方法。这就形成了中国特色的物理现金池——委托贷款现金池。委托贷款简单说就是一方向另一方贷款,委托第三方(商业银行)进行管理。商业银行不承担贷款损失风险,只负责按照委托人所指定的对象或投向、规定的用途和范围、定妥的条件(金额、期限、利率等)代为发放、监督使用并协助收回贷款。

2. 名义现金池

名义现金池(也称虚拟现金池,Nominal pool):即实际余额不过户现金池,银行将集团各成员单位的账户头寸按数额加总到一起,形成一个虚拟的现金集合,其间并不发生资金的物理转移。

在账户设置上,银行为集团开设一个虚拟的汇总账户,该账户不具备对外支付功能,也不参加会计平衡,只用来汇总各成员单位的账户现金头寸。成员单位账户的资金交易信息都自动反映到汇总账户中,汇总账户余额等于各成员单位的净现金头寸(存款和透支金额正负相抵)。如果汇总账户显示盈余,则由银行按存款利率对其支付存款利息;如果汇总账户显示透支,则由银行按贷款利率对其收取透支利息[18]。名义现金池的运作模式如图4.22所示。

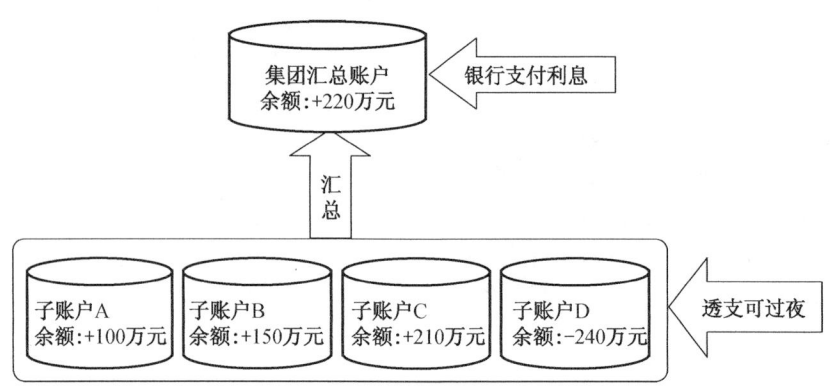

图 4.22　名义现金池运作模式

在名义现金池的安排(也被称作利息集中)中,资金没有被实际划转,只是虚拟的归集在一起,由银行来冲销参与账户中的借方余额和贷方余额,利息总额是根据账户结构的净头寸来进行计算的,银行根据该净头寸向集团支付存款利息或收取透支利息。如图 4.22,银行仅仅对头寸 220 万元的基础计算并支付利息。

名义现金池最直接的作用是改善集团公司的利息收支状况。如图 4.23 所示,由于名义现金池只对净头寸支付和收取利息,相比于非现金池结构,可以减少利息支出。另外,由于没有发生实际的现金流,在优化利息收支的同时不会带来由于资金真实转移产生的额外成本(包括转账交易费用、记账人工成本、税务成本),因此对于并不要求严格控制成员单位资金收付的集团企业很有吸引力。

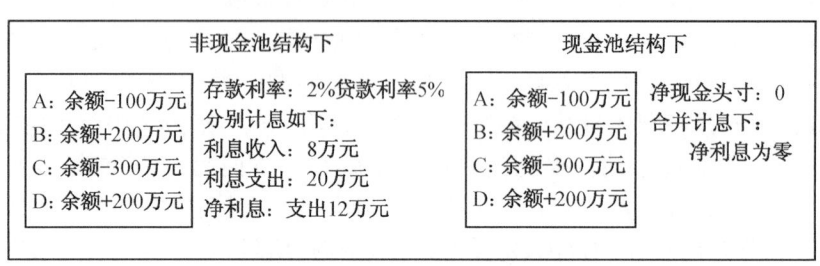

图 4.23　使用名义现金池与不使用现金池的对比

名义现金池在一些西方发达国家广泛使用。而在中国,由于存在比较严格的利率管制,名义现金池原则上是不可行的。由于中国对利率进行监管,银行存、贷款利率都是由央行进行规定的,而且贷款利率和存款利率之间的差额在市场上又处于一个比较高的水平。如果使用名义现金池就会导致集团企业的存款和透支相互抵销而不对透支收取贷款利息,这很可能会抵触国内的利率政策。另外,现金池中的每笔委托贷款都要缴纳流转税和印花税,采用了名义现金池就不会涉及资金划拨的实际操作问题,因此企业就不必因此而缴纳流转税和印花税,这有可能受到税务部门的质疑。随着我国金融市场与国际逐渐接轨,相信在不久的将来,这种独特的资金管理方式将会在我国得到长足的发展。

三、多币种现金池

在多币种现金池中,涉及的货币不止一种,即一个现金池账户中可以存放美元、欧元、英镑等多种货币,往往这种现金池是名义现金池。在多币种名义现金池管理方案中,每一个账户都是独立的。账户币种和账户类型均保持不变,账户的资金也不会混合在一起,但账户资金可以通过换算在名义上进行汇总。

对于多币种现金池,由于汇率风险转嫁到了银行,因此只有少数风险控制能力很强的银行愿意提供,而且银行往往会向客户要求比较严格的条件,用以强化利率、汇率的风险管理。多币种名义现金池在伦敦、新加坡等国际金融中心被广泛使用。许多企业集团的财资中心常常会通过这一解决方案实现高效的资金集中化管理,该方案能够帮助企业在不进行外汇兑换和套期保值的情况下,对多币种的头寸进行像单一币种的头寸一样的管理。跨币种现金池在国内的政策环境下是不可行的。

四、多银行现金池

多银行现金池是指不止一个银行参与到现金池。这种情况有时会发生在大型跨国企业集团,比如,总部在美国的一家公司,在中国设立了许多子公司,外币现金池开立在花旗银行上海分行,但是在中国其他子公司所在地没有花旗银行,如果要加入这个现金池就必须依靠第三方银行将钱款转入花旗银行上海分行,这将增加较大金额的手续费以及政策上的顾虑。

五、集中借款模式现金池

适用于集团总体资金短缺的情况。例如,某集团子公司近年来由于业绩不佳一直处于亏损状态,导致整个集团出现现金流量紧张,各地子公司为了偿还债务与各地银行分别谈判以获取贷款,此时贷款利率偏高,造成高额财务费用。这时,集团在银行开立一个借款现金池,凭借集团的借款规模提高议价能力,达到一个更低的利率。运行模式如图 4.24 所示。

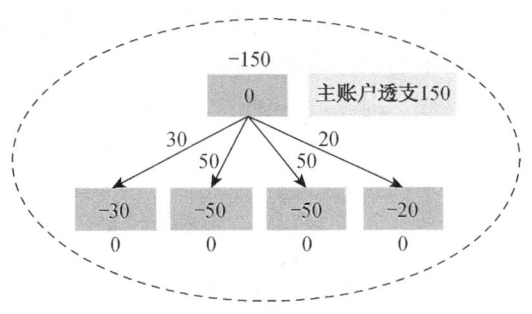

图 4.24　集中借款模式

例如,A 集团自 2006 年 3 月在花旗银行建立现金池,有三家成员公司、一家合资公司加入。其总公司共向银行通过透支的方式借款 1 亿元左右,并长期保持 2 亿元透支的信用额度以备不时之需。各成员公司及合资公司原有其他银行 2 亿元贷款得以偿还,自设立现金池 9 个月即节省借贷成本约为 186 万元。此外,通过简化成员公司的其他银行业务,累计节约企业财务管理成本 6 万元左右[19]。

六、高回报模式

高回报模式适用于集团总体资金盈余的情况。在这种情况下,各个集团子公司的经营成果都比较好,现金流量比较充裕,为了将闲置资金的价值发挥到最大,各地子公司开始尝试买些理财产品、金融产品,但这往往加大了集团的财务风险。这时,为了发

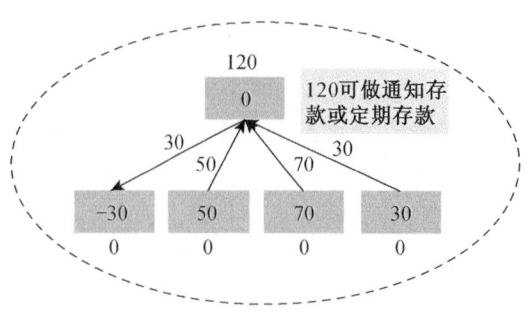

图 4.25 高回报模式

挥集团资源配置、统筹规划的能力,可以在一个银行开立现金池。通过集团资金集中,提高议价能力,将更多的资金投入通知存款、定期存款或其他投资性产品来获得更好的回报。运行模式如图4.25所示。

其现金池的主要作用表现在两方面:一是通过集中各成员公司的盈余资金,投资通知存款、定期存款等投资产品,从而大大提高资金的使用效率和回报;二是通过集中各成员公司收款付款、降低整体营运资金,加大集团对投资产品投入。

例如,B集团现金池中共有12家成员公司以及各成员公司分公司,且仍不时有新成立的成员公司加入。通过现金池,原先各成员公司各自保留的营运资金由银行进行归集。通过现金池的归集使用,该集团整体上降低了20%的营运资金需要,并且利用剩余的资金与原盈余资金投放至期限较长的通知存款、定期存款等投资产品,从而大大提高了资金回报。同时,通过现金池的利息分配,将投资回报按各成员公司的贡献比例回馈至各成员公司,极大地提高了各成员公司的资金使用效率。总体上,通过现金池的有效管理和创新利用,该集团的资金回报率已达到该行业的最高水平。

七、节税模式

节税模式旨在减少资金调拨(委托贷款)的总额以减少流转税和印花税的支出。节税模式可适用于集团下辖各子公司盈亏有别,整个集团出现高存款、高贷款、高财务费用的状况。在节税模式中,资金通常会保留在各企业自己的账户中,只有当系统自动侦测到其中的企业需要资金时,资金的调拨才会发生。资金调拨的金额正好等于该企业的透支额。因此,节税模式对企业最大的益处是通过减少委托贷款的总额减少流转税和印花税成本。该类现金池的主要特点有二:一是通过系统自动侦测实现借贷款金额的完全匹配,可以降低委托贷款的税费;二是通过设定现金池透支额度,降低对各自分散的银行贷款的管理成本和使用成本。其运行模式如图 4.26所示。

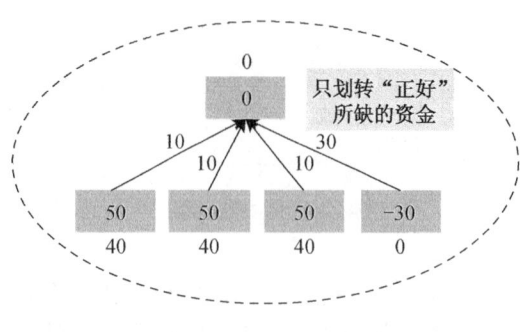

图 4.26 节税模式

例如,C集团为全球知名跨国集团公司,其在华业务发展相当迅猛。由于该集团公司涉足不同行业,各成员公司资金结算相对较为独立,且各成员公司的资金情况多为资金有盈余,只有在很少的情况下可能会有临时的资金需求。如果使用传统的零余额划转,将整个集团的资金集中于某一公司,会增加许多不必要的资金划转,并不能满足该集团公司的需要。因此,早在

2005 年,花旗银行通过系统开发研制出满足该类企业需求的"节税模式"现金池,并在随后的两年中,帮助 C 集团节约委托贷款税费合计约 30 万元。

八、限额贷款

限额借款模式适用于集团公司与其合资企业之间。总公司旨在管理和控制特定子公司向集团的借款总金额。这类现金池的主要特点是:向子公司提供资金借款的同时也希望控制各子公司的借款金额,降低财务风险。比如,各个集团公司可能因各自不同需要(内控要求、控股比例)而向子公司提供资金借款,并控制各子公司的借款金额。其运行模式如图4.27 所示。

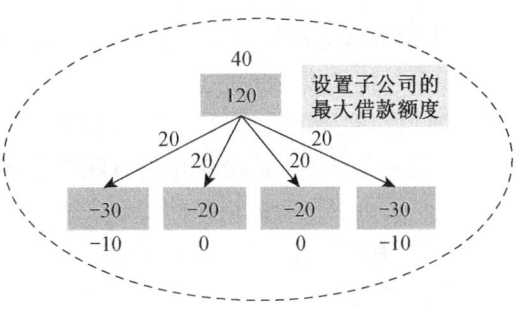

图 4.27　限额借款模式

例如,花旗银行专门为 D 集团开发了这样一套"子账户限额"现金池,通过对其两家合资企业借款额度的控制,满足了 D 集团总部内部要求并促使合作方的资金投入,对该集团公司的在华各成员及合资公司间资金拆借(委托贷款)进行有效管理。并且,由于对不同公司资金使用成本进行不同设置,成功实现了资金使用的差异化管理,大大改善了原有人工监管、人工划转的不利局面,提高了集团现金池的可靠性和操作性[19]。

四、现金池在企业集团运作的实际控制点

现金池不是所有的企业集团都适用的,在设立现金池前以及在实施现金池的过程中,都有很多变量需要控制,有很多实际问题需要关注。

1. 合法性与合规性问题

在中国建立现金池所需要关注的政策问题有很多,主要包括以下几个内容。

(1) 关于公司间借贷。资金池的建立将导致不同法人账户间资金的真实(物理)转移,这种转移如果没有贸易背景支持就会形成为公司间借贷,而公司间借贷是中国的《贷款通则》所明文禁止的。如果成员单位间存在贸易背景或许会使问题简单一些,但要做到现金池下每笔资金划转都能对应相关的贸易并不是一件容易的事,即便采用提前一拖后收付技术处理也很难彻底解决问题。

建立"一对一"的委托贷款体系成为绕开公司间借贷禁令的唯一有效的方法。委托贷款就是一方向另一方贷款,委托第三方(商业银行)进行管理。商业银行不承担贷款损失风险,只负责按照委托人所指定的对象或投向、规定的用途和范围、定妥的条件(金额、期限、利率等)代为发放,监督使用并协助收回贷款。"一对一"是指委托贷款仅在集团总部与某一成员单位之间发生,不同成员单位之间不建立委托贷款关系;双向则是指既可以由集团总部向成员单位贷款,也可以由成员单位向集团总部贷款。

委托贷款核算原则为:现金池结构下集团总部与成员单位之间每笔资金划转都是采用委托贷款放款或委托贷款还款的方式进行。为了核算和对账方便,一般会遵循先

还款后放款和先借先还两个原则,这样在任何时点集团总部与某一成员单位之间都只会实际存在同一方向的委托贷款关系。

在本外币资金池中,成员单位向集团总部的现金集中是借助银行的计算机系统的。每日成员单位账户资金自动上划到集团总部开设的现金池主账户,资金上划后成员单位账户保持零结余或目标结余。资金上划的频率通常为每天一次。现金集中到集团总部后,可能导致成员单位第二天日间支付能力不足。一般而言,提供现金池服务的银行会为成员单位提供日间透支支持,保证成员单位日间的正常支付。在集团总部担保的额度范围内,集团的资金管理者可以根据现金预算合理分配成员单位的日间透支额度,银行一般不会干预。成员单位的日间透支会由集团总部开设的现金池主账户在日终自动向成员单位账户划拨相应的资金来全额偿还,因此该透支是不用向银行支付利息的。另外,如果有临时性的拨付或收款,一般由集团总部资金管理人员通过网上银行服务在网上操作完成。

由于现金池结构下委托贷款的发生和归集比较频繁,如果每笔委托贷款还款时都进行对应的利息划拨会给企业带来较大的账务处理负担。因此,确定一个固定的期间(如每月、每季度)统一进行一次利息划拨会比较合适。值得注意的是,由于结算的是一个期间内所有委托贷款的利息,而且成员单位向集团总部上存和下借利息是分别统计的,因此结息日可能存在利息在某一成员单位账户与主账户之间的双向划拨。成员单位向集团总部发放委托贷款的利息收入与成员单位向集团总部获取委托借款的利息支出不能轧差结算,因为委托贷款的利息收入必须按规定支付增值税等税款。

在现金池启动之前,商业银行的现金管理服务需要经过商业银行现金管理服务协议审批程序、一级分行以上结算与现金管理部门、信用审批部门、财务会计部门、法律事务部门的会签批准。协议中所涉及的法人客户均需在协议上签章或提交正式承诺函;现金池透支额度为参加现金池各法人客户的法人账户透支额度的合计数。透支额度在有效期内可以循环使用,现金池的净透支额最高不超过参加现金池各法人客户的法人账户透支额度的合计数;银行按现金池各账户余额和透支额相抵后的净额合并计算存款利息或贷款利息;银行按营业日逐日对现金池计息,计息公式为:

$$现金池存(贷)款利息 = 现金池各账户合计余额 \times 商定的存(贷)款日利率$$

现金池的委托贷款利率通常由客户确定。成员单位向集团总部上存或下借资金的利率可以不同。银行通过自己的网银系统为集团提供在网上设置或维护委托贷款利率的便利。集团总部设置的委托贷款利率,既要对所有成员单位都有足够的吸引力,又不应与市场利率相差太大,否则可能会被认为是转移利润而带来税务等一系列问题。

根据《关于企业关联方利息支出税前扣除标准有关税收政策问题的通知》[财税(2008)121号]的规定,在计算应纳税所得额时,企业实际支付给关联方的利息支出,不超过规定比例和税法及其实施条例有关规定计算的部分,准予扣除,超过的部分不得在发生当期和以后年度扣除。企业实际支付给关联方的利息支出,除符合通知的规定外,其接受关联方债权性投资与其权益性投资比例:金融企业为5∶1;其他企业为2∶1。对于因内部委托贷款形成的利息支出,要充分考虑以上规定的影响[20]。因此,成员单位上存到集团总部的资金利率应适当高于同期银行存款利率,而成员单位向集团总部下借资金的利率应适当低于同期银行贷款利率。

(2)关于外汇管制。2004 年 10 月,国家外汇管理局出台了《关于跨国公司外汇资金内部运营管理有关问题的通知》(汇发〔2004〕104 号),允许跨国公司境内成员企业间进行外币委托贷款。国内商业银行便纷纷开始探索为跨国公司在中国开展外币现金池服务。其中招商银行为 GE 中国上海总部设计的集中其境内成员单位美元资金的现金池是中国境内建立的第一个外币现金池。

2005 年 10 月,国家外汇管理局颁布《国家外汇管理局关于推动浦东新区跨国公司外汇管理改革试点有关问题的批复》(汇复〔2005〕300 号,简称浦东九项措施),其中第一条就明确了在浦东新区的跨国公司可以使用委托贷款结构在中国运作本外币现金池。

2009 年 10 月,国家外汇管理局发布了《境内企业内部成员外汇资金集中运营管理规定》(汇发〔2009〕49 号),对境内企业集团外汇资金集中运营管理进行了进一步改革,降低了资金集中运营门槛。该规定允许符合条件的境内企业集团内部成员使用境内自有外汇资金运营外币资金池,放宽了业务主体资格限制。若以委托贷款为法律框架使用外币现金池方式,需由外汇局核准;若通过企业集团财务公司以吸收内部成员外汇存款、对内部成员发放外汇贷款的方式开展外汇资金运营业务,无需外汇局核准,方案所涉及的外汇账户开立、境内外汇划转等事项也无需经外汇局核准。

由于以外币资金池方式实现外汇资金集中运营,与现行外汇管理规定的"谁出口、谁收汇""谁进口、谁付汇"的真实性审核方式有冲突。为此在外币资金池的方案设计上规定:用于集中的自有外汇资金应"先落地,后集中",并严格限定外汇委托贷款专用账户、资本金外汇账户、经常项目外汇账户等账户的收支范围,坚持全收全支原则,不得自行轧差结算。

该《规定》明确了境内外币资金池业务的运营方式,规范了境内外币资金池业务的基本原则、业务结构、审核程序等相关内容,并明确由实施方案的受托银行(财务公司)负责进行申请及相关统计报备;《规定》中所涉及的外汇管理核准等相关事宜均由外汇局分局(管理部)办理,总局不再承担具体的审核工作[21],从而提高了企业集团外汇资金的使用效率。

2015 年 8 月,外汇管理局印发《跨国公司外汇资金集中运营管理规定》的通知(汇发〔2015〕36 号),规定:上年度外汇收支规模在 1 亿(含)美元以上的跨国公司(成员企业合并计算)或单一企业集团,无论中资还是外资,只要具有真实业务需求、规定的管理措施和手段、近 3 年无重大外汇违规行为、货物贸易分类结果为 A 类,均可以开办跨国公司外汇资金集中运营管理试点业务。

该《规定》不再按以前管理体制区分经常项目和资本项目,而是打破了经常项目、资本项目的常规管理界限,以公司治理结构相对良好的跨国公司为载体,通过国内、国际外汇资金主账户管理方式,分别集中管理境内、境外成员单位外汇资金,赋予企业更大的资金运作空间。

该《规定》有五个特点:

一是跨国公司可同时或单独开立国内、国际外汇资金主账户,集中管理境内外成员企业外汇资金。国际外汇资金主账户与境外划转自由,无额度控制,国内、国际两个账户资金有限融通,可在规定的外债和对外放款资金额度内划转。

二是跨国公司利用同一账户实现了不同成员企业、不同性质资金的归集处理,既可以办理境内成员企业经常项下资金收付,并开展资金集中收付和轧差净额结算,也可对直接投资、外债、对外放款等资金进行运作。跨国公司办理经常项目集中收付汇和轧差净额结算可以指定主办企业,集中代理境内成员企业办理经常项目外汇收支,并集中核算一定时期经常项目下外汇应收应付资金,收支相抵后按净额结算,原则上每个自然月轧差净额结算不少于 1 次。跨国公司集中运营管理外债资金和外商直接投资项下外汇资金,可以在境内成员企业之间调剂使用,并按照意愿方式办理结汇。结汇所得人民币资金,划入主办企业对应开立的人民币专用存款账户(资本项目——结汇待支付账户);资金使用时,开户银行应审核真实性后直接支付,并留存相关单证 5 年备查。有关单证可以是主办企业经营范围内所涉单证,也可是成员公司经营范围内所涉单证,原则是谁使用资金谁提供单证。

三是简化了跨国公司单证审核。银行只需按照"了解客户""了解业务""尽职审查"等原则办理经常项目收结汇、购付汇手续。银行在审核真实性后,须留存审核单证 5 年备查,企业须留存每笔收付汇相关单证 5 年备查;无论是主办企业的实际收付款数据,还是集中收付款或轧差净额结算前成员企业的原始收付款数据,都应按规定做好国际收支统计申报及货物贸易核查信息申报。但服务贸易等项目对外支付仍需按规定提交税务备案表。

四是统筹使用外债、对外放款额度,跨国公司既可以集中管理和使用成员企业全部外债和对外放款额度,也可集中部分外债和对外放款额度。

五是资本金、外债结汇采取负面清单管理。资本金和外债资金可先结汇进入企业开立的人民币专用存款账户,审核真实性后对外支付。

(3)政策的局限性。就目前的政策法规来看,无论是人民币或外币,以委托贷款的方式建立现金池基本都是可行的,但并非解决了所有的问题。中国证监会 2003 年发布的 56 号文《关于规范上市公司与关联方资金往来及上市公司对外担保若干问题的通知》,对于国内上市公司向控股股东及其他关联方通过委托贷款方式提供资金予以禁止。因此,上市公司如果要加入现金池必须非常谨慎。

2. 税费问题

(1)现金池的流转税。在 2016 年 5 月"营改增"(营业税改征增值税)之前,现金池内因不同法人实体所属的子账户和主账户资金划转而形成的公司之间的委托贷款,其产生的利息需要按照金融保险业 5% 的税率缴纳营业税。通过提供委托贷款收到的利息,由委托贷款的贷款人(出资方)自行申报、向税务机关缴纳利息相关的营业税。

【例 4.2】 在"营改增"之前,假设现金池上划下拨利率一致,委托贷款利率均为 4%,子账户 A 某日末向主账户上划款项 10 万元,这被记录为子账户 A 向主账户发放 10 万元委托贷款。与此同日,主账户日末向子账户 B 下划 5 万元,这被记录为主账户向子账户 B 发放 5 万元的委托贷款。则:

$$子账户\,A\,当日的应计营业税 = 100\,000 \times 4\% \div 365 \times 5\% = 0.55(元)$$

$$主账户当日应计营业税 = 50\,000 \times 4\% \div 365 \times 5\% = 0.27(元)$$

按照委托贷款模式,在现金池主账户和成员单位子账户之间一笔资金上划然后再下借,按两笔委托贷款计,每笔委托贷款的利息收入须按收入的 5% 缴纳营业税。实质上是一笔资金的上划和下拨,却要缴纳两笔营业税。除营业税外,还须同时缴纳各种地方税(城市维护建设税、教育费附加等)。这种税费的重复计征不仅加重了企业负担,也成为企业集团选择以委托贷款为基础的现金池模式的一个障碍。

在 2016 年 5 月"营改增"试点在全国全面推开,根据《营业税改征增值税试点实施办法》现金池中的委托贷款按照金融服务税目改征增值税,税率为 6%。由于现金池的参与各方,一般规模较大,属于税法所规定的一般纳税人,因此,其应纳税额的计算公式为:

$$应纳税额 = 当期销项税额 - 当期进项税额$$
$$= 委托贷款本金 \times 贷款利率 \times 6\% - 当期进项税额$$

这部分销项税额可以和企业主营业务所要缴纳的销项税额合并计算当期的销项税额。进项税额可能来源于企业主营业务采购原材料等收到的增值税发票。主账户向资金富裕子账户(如[例4.2]子账户 A)借入委托贷款所支付的利息可以获得 A 开具的增值税发票,但是这部分支出根据《营业税改征增值税试点实施办法》第 27 条第 6 款的规定,不可以作为进项税额抵扣。

【例 4.3】 在"营改增"之后,假设现金池上划下拨利率一致,委托贷款利率均为 4%,子账户 A 某日末向主账户上划款项 10 万元,与此同日,主账户日末向子账户 B 下划 5 万元。则

子账户 A 当日的应计增值税 $= 100\,000 \times 4\% \div 365 \times 6\% - 其他进项税额(或有)$

主账户当日应计增值税 $= 50\,000 \times 4\% \div 365 \times 6\% - 其他进项税额(或有)$

有趣的是,在《营业税改征增值税试点过渡政策的规定》第十九条第 7 款中规定了统借统还业务免征增值税,统借统还业务是指:①企业集团或者企业集团中的核心企业向金融机构借款或对外发行债券取得资金后,将所借资金分拨给下属单位(包括独立核算单位和非独立核算单位,下同),并向下属单位收取用于归还金融机构或债券购买方本息的业务。②企业集团向金融机构借款或对外发行债券取得资金后,由集团所属财务公司与企业集团或者集团内下属单位签订统借统还贷款合同并分拨资金,并向企业集团或者集团内下属单位收取本息,再转付企业集团,由企业集团统一归还金融机构或债券购买方的业务。若统借统还资金,企业集团或企业集团中的核心企业以及集团所属财务公司按不高于支付给金融机构的借款利率水平或者支付的债券票面利率水平,向企业集团或者集团内下属单位收取的利息,则免征增值税,否则全额征税。但是这种"统借统还"是否可以套用在现金池整体资金不足时向银行借入透支的情况仍有待商榷。

(2) 现金池的印花税。根据我国税法和《中华人民共和国印花税暂行条例》规定,在借款合同中,银行及其他金融组织和借款人(不包括银行同业拆借)所签订的借款合同按借款金额 0.005% 贴花,纳税义务人为立合同人,单据作为合同使用的,按合同贴花。因此根据规定委托贷款三方(贷款人、借款人、银行)必须按照每笔贷款金额的 0.005% 缴纳印花税,且一笔交易缴一次。企业集团往往拥有多个子账户,每天基于现金池而发生的委托贷款的数量相当可观。如果每笔划款交易都申报、缴纳印花税,势必要消耗大量的人力和物力。

因此,在实务中,企业比较普遍的一种做法就是事先和银行商定一个委托贷款的总额,然后到当地的税务部门提起申请和备案,得到税务机关批准后,再根据这个总额来计算所应缴纳的印花税。印花税由集团企业及其成员企业约定支付方,一般由贷出方支付,由银行进行代扣代缴。因为,在《中华人民共和国印花税暂行条例》中第五条有规定:印花税实行由纳税人根据规定自行计算应纳税额,购买并一次贴足印花税票(以下简称贴花)的缴纳办法;为简化贴花手续,应纳税额较大或者贴花次数频繁的,纳税人可向税务机关提出申请,采取以缴款书代替贴花或者按期汇总缴纳的办法。

因此,在印花税的缴纳上,企业和国内银行可以借鉴花旗、汇丰等外资银行的操作。在与客户签约时,分别估计现金池结构中参与各方每日可能进行委托贷款的最大金额,并根据该金额一次性缴纳印花税,若企业在一段时期(一般是一年)内实际操作过程中的发生额超出原先设定的最大发生额时,银行再补收印花税。不过,企业和银行怎样确定总额标准,签订合同的期限怎样确定等具体问题还需要国家税务总局出台进一步的相关政策来进行解释。比如,把总额定为营业额的10%,合同期为1~3年等,使企业的操作可以具体化[22]。

(3)现金池的企业所得税。企业集团设立现金池,要注意的企业所得税问题如下:

首先,特别注意在同一个现金池的子公司之间的委托借贷款是否存在财务费用转移的嫌疑。在现金池管理业务中,一个现金池成员企业的利息支出就是其他现金池成员企业的利息收入。考虑到成员企业间的企业所得税税率的差异(如高新技术企业享受15%的优惠税率),而人为地将利息支出从低税率的成员企业转移到高税率的成员企业,或者将利息收入从高税率的成员企业转移到低税率的成员企业,但资金的借、贷和成员企业实际的业务需求等不能很好地匹配,那么这很容易引起税务当局的关注,给整个集团带来税务风险,补税的同时,企业形象也会因此蒙尘。依据我国《企业所得税法》和《特别纳税调整实施办法(试行)》等相关条款,税务当局完全有依据、有可能对关联企业间不合理的利息收入、利息支出作特别纳税调整。

其次,现金池管理业务成员企业的贷款金额和利息列支的合法性问题。依据《企业所得税法实施条例》(国务院令第512号)第三十八条规定,在生产经营活动中发生向非金融企业借款的利息支出,不超过按照金融企业同期同类贷款利率计算的数额部分利息支出,准予扣除。有效、合理、合法的税前列支现金池相关的利息支出,必须严格依据《财政部、国家税务总局关于企业关联方利息支出税前扣除标准有关税收政策问题的通知》(财税〔2008〕121号)、《企业所得税法》及其《企业所得税法实施条例》和《特别纳税调整实施办法(试行)》等法律法规的相关规定。所以,现金池管理业务中涉及的贷款的金额是否合法,成员企业的利息收入和利息费用列支是否合理、合法,利润转移、合并报表中金融资产和金融负债是否符合冲销的条件(仅存在于名义现金池),从税务机关的角度来说,就是资本弱化、一般纳税调整事项和特别纳税调整等涉税问题。

最后,要注意贷款利息发票的合规性问题。如果现金池采用结算中心管理模式,结算中心利用盈余资金对成员单位发放贷款,成员单位的贷款利息支出只能在不超过金融机构同期同类贷款利率计算的数额的部分内准予扣除,同时要求结算中心到主管税务机关代开或经申请批准后自行开具相应发票。在实际操作中由于部分企业对发票规定不了解,未使用地税务机关监制的发票,仅使用收据作为结算凭证。由于收据并非合法凭证,由此也造成成员单位所属税务机关的排斥,无法正常在所得税税前列支[23]。

3. 合作银行的选择问题

现金池管理对于企业的财务总监们而言,是管理和控制企业流动性需求的重要工具,现金池的性能稳定性、自动化程度等对企业的平稳管理和操作起很大作用。选择一家合适的、有丰富经验并且有强大的技术平台和客户服务支持的银行,是非常重要的。

首先,银行必须具有很好的风险控制能力,保证客户资金的安全性。集团可以选择一家技术成熟的,网点分布广的银行,如果是要建立跨国现金池,最好是找一家外资银行。现金池属于高技术含量的高端理财产品,对银行网络系统有较高要求,而这些主要依赖于为其提供服务的商业银行,一旦银行系统出现问题,资金的运作和安全性便会受到威胁,技术风险比较大。

其次,银行的手续费要合理。现金池管理下虽然减少了企业集团整体的利息支出,但是增加了集团与银行往来的手续费。另外,由于主要业务转移到合作银行,在与其他银行发生业务时可能会产生较高的交易成本(手续费)等。在西方发达国家,比如在伦敦,现金池业务作为现金管理的重要内容往往给当地银行带来较高中间业务收入。以某外资银行为例,其初期为企业搭建资金集中管理系统往往收取数千美元不等的费用,开展业务后,现金池账户每户每月收取 500 美元运营费用。在中国,目前来讲,虽然中国人民银行规定了银行可以对现金池委托贷款收取一定手续费(一般为结算资金的0.3%左右),但银行为了留住客户、吸收存款往往并不收取。可是这种情况在未来可能得到改变,需要有所防备,因为银行提供服务收取一定费用已经成为趋势,国内银行这几年也越来越重视中间业务的收费。

实务中,大型企业可以通过现金管理方案多银行招标的方式最大程度节约各种成本,在综合分析银行的服务质量和服务收费之后,选择适合自己的合作银行。

4. 风险转移问题

实施现金池模式后将外源性的融资变成了内源性的融资,自然财务风险也就转移到集团内部,可能出现以下两种情况:

一种可能,很多大型集团企业对提供委贷资金的银行要求日间透支及法人透支,这会提高企业资金归集力度,同时最大限度发挥资金归集的优势。但这不可避免将融资风险转移到了企业集团内部,如果对于子公司透支额度过高,一旦某个子公司不能履行还款义务,将有可能波及整个集团的资金链条。

另一种可能,如果委贷资金池采取上下级账户实施联动的归集模式,下属公司全部资金实时划转到集团上级账户,由上级账户统一支配,但下属公司在其归集净额度内对外支付。如果集团公司根据经验采取积极资金管理策略,集团大量对外投资,留取额度较少,如果出现大量下属公司集中付款时就会出现集团透支,如果没有或超出透支额度,就会出现支付失败(下属企业出现空头支票),影响企业声誉。

4.3.4　银行提供的现金管理服务

目前很多银行都推出了依托电子银行平台综合性现金管理服务,包括账户管理、收付款管理、现金池管理、投融资管理、风险管理等。现金管理与资金管理就像一个硬币的两个面，从企业看是资金管理，从银行看则是现金管理。但是它们不完全相同，有以下的区别。

首先，资金管理随着企业的出现而出现，而现金管理是企业资金管理发展到阶段，银行的服务达到一定水平后才出现的。现金管理的出现要大大晚于资金管理。

其次，两者范围不同。在实践中，资金管理范围更广，包括了企业一切与资金相关的管理活动，如融资、现金池管理、风险控制和管理、衍生品交易、利率汇率管理，流动性管理，银行关系管理，税务、法律、信用管理甚至国家宏观经济等。而现金管理则是银行针对企业资金管理需求提供的服务，并不能涵盖所有的企业资金管理需求，如企业内部管理需求，银行不可能提供这类服务。

最后，实现方式不同。资金管理主要通过企业内部的管理制度和业务程序来实现，依托于企业自身的一些业务系统和管理系统，而现金管理需要企业和银行双方共同的流程来实现。需要银企双方的配合和协同，使用的系统也包括了企业端和银行端。

商业银行提供的现金管理服务主要有：账户管理、收付款管理、流动性管理、投融资管理、风险管理、电子商务、信息服务。其中流动性管理是商业银行现金管理的核心。商业银行通过现金池方式实现流动性管理。花旗银行、中国工商银行、中国农业银行、中国银行、招商银行、中国民生银行、包商银行等均开展了现金池服务。其中，工、农、中、建、交五大国有银行，浦发、招商、广发三家股份制商业银行，渣打银行、汇丰银行、花旗银行三家外资银行均已开展跨境人民币双向现金池。

跨境人民币双向现金池是跨国企业集团根据自身经营和管理需要，在境内外非金融成员企业之间开展的跨境人民币资金余缺调剂和归集业务。能被归集的资金仅限于经营活动和投资活动产生的现金，筹资活动产生的资金不得纳入被归集对象。

这类资金池的结构有两种：第一种是境内有一个资金池总归集账户，境外也有一个资金池总归集账户，两个账户之间进行跨境的资金划拨。具体操作模式是，企业集团成立法人企业 A，并以 A 企业开立的资金池账户为顶点账户搭建跨境双向人民币资金池，资金的跨境双向归集必须通过 A 企业的一个跨境双向人民币资金池专用账户来完成，其架构如图 4.28 所示。

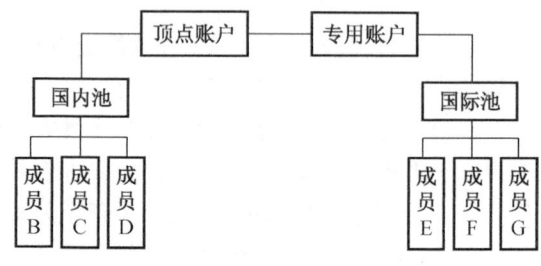

图 4.28　跨境人民币双向现金池结构

第二种是不开设境外资金池的总归集账户，境外成员企业的资金直接归集到境内资金池总归集账户中。境内成员公司可以开立人民币一般结算账户，境外成员公司可以选择在境内银行开立非居民账户（NRA）或者在境外银行开立人民币结算账户。根据境外企业账户的不同，银行或境外成员企业可以选择使用自有企业网银、银行的现金管理类系统，或者手工处理，将境外人民币资金归集至境内的总归集账户中。

在 2013 年 9 月之前，因为中国的监管机构严格限制资金的跨境流动。早些年来华发展业务的跨国公司不少都赚得盆满钵满，除了分红之外资金能回流总部的渠道少之又少。同时,不少"走出去"的中资企业在海外成功并购了不少企业股权资产,被并购企业经营好转,形成自身的现金流之后,境内并购母体也无法从境外收购子公司的现金流中获益,只能依靠子公司分红获得收购回报。跨境双向人民币资金池使跨国公司和走出去企业的上述烦恼迎刃而解,实现了总部对资金的集中管理,给集团资金带来最大效用。

这类资金池从境外归集多少资金通过净流入额上限来控制。净流入额是资金池跨境流入额减去流出额的净额,净流出额暂不设限。《中国人民银行关于跨国企业集团开展跨境人民币资金集中运营业务有关事宜的通知》(银发〔2014〕324 号)规定:跨境人民币资金净流入额上限=资金池应计所有者权益×宏观审慎政策系数(目前为 0.5)。宏观审慎政策系数由中央银行根据宏观经济形势和信贷调控等需要进行动态调整。

$$资金池应计所有者权益 = \sum(境内成员企业的所有者权益 × 跨国企业集团的持股比例)$$

【例 4.4】　如果某集团母公司 A 准备开办跨境双向人民币资金池,其子公司 B 和 C 是资金池的境内成员企业,根据上一年度审计报告,集团母公司 A 的所有者权益为 50 亿元,B 的所有者权益为 30 亿元,C 的所有者权益为 20 亿元,B 被集团直接控股 50%,间接控股 20%,C 被集团直接控股 30%。则:

$$资金池应计所有者权益 = 50 亿 + 30 亿 × 70\% + 20 亿 × 30\% = 77(亿元)$$
$$净流入额上限 = 77 亿 × 0.5 = 38.5(亿元)$$

该类现金池任一时点净流入额都不能超过上限。对于境内成员企业在前海、昆山、苏州工业园区和天津生态城等试点区域内,且从境外已借入人民币资金的,根据其借款额对净流入额上限作相应扣减。

跨境双向人民币资金池在全国范围内均可开展,但是在上海自贸区中设立主办企业更有优势。具体表现在企业准入门槛更低、没有跨境划扫额度限制。全国的要求准入门槛是:参加资金池的企业集团境内和境外的营业收入标准分别为 10 亿元和 2 亿元,成员公司经营年限为 1 年。上海自贸区中任何区内注册并实际经营或投资的企业,均可作为双向资金池业务的主体,没有注册年限及经营规模的要求,且无需上海人民银行的审批或备案,经办银行即可直接受理企业的业务申请。上海自贸区的跨境双向人民币资金池业务,没有跨境划扫额度限制,只需要资金来源符合监管要求。

4.4　资金管理系统建设

为实现企业集团的资金集中管理要求,资金管理系统的建设十分必要。通过资金管理系统,可以实现集团资金的预算管理和过程控制,建立起以资金统一管理和全面预算管理为主要内容的集约化管理模式。企业集团资金管理部门的职能不同于财务部门,所以不能使用普通的财务软件。资金管理部门或者财务公司与商业银行又有所区别,也不能照搬银行的软件。因而需要选择一套专为资金管理部门或财务公司设计的系统。

目前,中国的资金管理软件厂商主要有拜特、用友、金蝶、九恒星、SAP、浪潮、软通动力、Oracle、恒生电子、金算盘和东软。它们可以分为以下几个大类:

（1）专业的资金管理软件厂商如拜特、九恒星等。

（2）多元化但资金管理软件为相对独立业务的软件厂商如软通动力等。

（3）ERP 软件商如用友、浪潮、金蝶、SAP、Oracle 等。

（4）在金融领域具有较强优势的提供商，如恒生电子等。

（5）银行从基于网络的服务为集团用户提供资金管理工具，如招商银行下属的软件公司开发的产品。

（6）一些具有 ERP 实施经验的 SI（service integrator，业务集成商）、ISV（independent software vendors，独立软件开发商）等也跟客户联合进行资金管理软件的定制开发。

（7）部分集团客户具有很强的软件研发力量，在其他软件平台基础上自行开发适合自己需求的资金管理产品，如中国平安等。

目前，资金管理软件市场上市场集中度有所提高，但相对于成熟的软件市场，其市场仍较为分散，软件提供商的综合实力及盈利能力也有待提升。拜特凭借多年在资金管理领域的积累，在大型央企、重点行业、财务公司取得了众多客户应用。用友软件借助其成熟的管理软件产品体系和在集团企业内积累的客户资源，发挥品牌、渠道、营销优势在国内资金管理软件市场处于领先地位。国外资金管理软件厂商如 SAP、Oracle 等虽然在国外市场收获颇多，技术研发实力较强，但由于本地化战略的推进较为缓慢，技术支持和客户服务和渠道拓展等能力均显不足，客户应用多集中于现金管理等浅层领域，市场应用广度和深度均需大的突破。

就目前中国资金管理软件市场竞争格局来看，国内的拜特、用友、九恒星、软通动力、浪潮占据市场主流地位，但是这个市场品牌集中度并不是很高，主要是因为资金管理软件的专业性较高，项目式的定制开发目前也是用户所选择的一种模式。随着用户应用的拓展，经验和知识的积累，产品的标准化程度将迅速提高，市场集中度也将随之迅速提高。

中国资金管理软件市场最初是由拜特、九恒星等专业的资金管理软件厂商开始推动的，主要服务于集团企业的财务公司、结算中心等，但是随着不同类型用户对提升资金管理效率需求的快速释放，银行开始重视这一市场，并通过大规模的营销队伍及营销活动向客户推介集团现金管理工具。实际上银行和软件厂商所提供的产品、服务是不同的，但是各大银行的加入有利于变革企业的资金管理思想和模式，催化企业管理层对资金集中管理思想和产品的需求。资金管理软件厂商也可以与银行加强在营销、产品等方面的合作，借助银行的客户资源、营销体系优势，扩大市场覆盖面[24]。

资金管理系统的建设需要经过若干个阶段：首先是企业集团内容评估，项目组的建立；其次是资金管理系统软件供应商的选择和合作银行的敲定；最后是系统的实施。系统的实施，一般遵循"总体规划、逐步实现"的方案，以资金集中管理为核心，随着管理力度和深度不断的强化，从结算平台到金融业务服务平台的逐步完善，通过业务升级、管理升级、技术升级以及服务升级的方式，逐步实现总体目标。因此，不同的企业集团需要根据自己的需求采购资金管理应用模块。根据赛迪顾问 2011 年的调查，用户对资金管理软件各应用模块的需求如图 4.29 所示。

各系统软件供应商的实施流程不尽相同,但整个资金管理系统实施的关键阶段一般可以分为三个:基础核心业务上线阶段、试运行及扩展业务上线阶段和优化完善阶段。

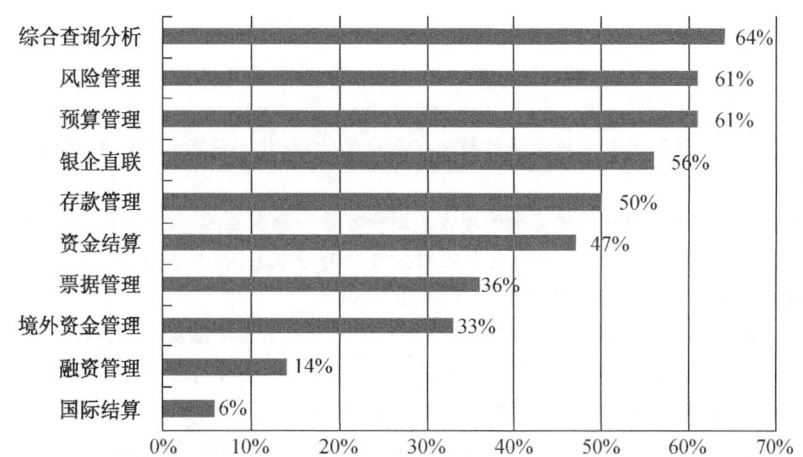

图 4.29　资金管理软件应用模块的需求①

第一阶段是基础核心业务上线阶段。任何企业集团都不可能一步到位完成资金管理系统的实施,其中更多的原因不是系统安装部署的问题,而是企业管理转变的问题。一般先进行核心业务上线运行,以增强企业集团的信心。这一阶段的目标主要是:①建立集团的资金监控平台,实现"资金信息集中掌控",掌握知情权;②搭建银企管理平台和成员单位信息共享平台,将成员单位财务系统、资金管理系统以及银行和外部监管系统集成;③开展好结算、信贷、票据三大基础核心业务;④梳理原业务管理中缺陷,重新制定并固化业务流程及配套的授权管理;⑤搭建现金池。

第二阶段是试运行及扩展业务上线阶段。这个阶段是在第一阶段业务开展顺畅、系统上线正常运行后进行的,主要目标是:在固有搭建好的框架下,进一步整合信息化数据资源,逐步拓展开展其他业务(包括异地分支机构业务、银团贷款、信用资产转让、外汇管理业务等),与银行信贷登记咨询系统、银监会非现场稽核 1104 报表、人行反洗钱系统等外部管理系统进行对接。

第三阶段是优化完善阶段。这一阶段是对原有业务流、信息流的问题进行梳理、再改造,对风险控制关键点进行再审查,避免业务操作中的潜在风险。由于国家政策以及管理方式的日新月异,因此需要不断更新。

经过这三个阶段的分步实施,基本上可以完成资金管理系统的上线运行[1]。

本 章 小 结

1. 企业集团的资金管理基于单体企业的资金管理,更注重集团资金的集中管理、集中划拨以及

① 赛迪顾问股份有限公司.2011 年中国资金管理软件市场研究报告[R].2011.

集团业务的集中结算,旨在通过资金运作和资金监控,实现集中资金、降低费用、加强监控和提高效率的管理目标。

2. 企业集团资金管理的相关理论主要包括内部资本市场理论、产融结合理论、信息不对称理论、交易成本理论等。

3. 经过多年的实践和探索,我国企业集团资金管理水平有了较大幅度的提升,中外企业集团资金管理模式日益趋同,但资金管理模式运用的深度与广度、运行机制及政策法规等方面中外企业集团仍存在较大差异。

4. 目前我国企业集团资金管理发展的趋势有集中化管理、使用银行现金管理产品、运用资金管理系统和外包。

5. 企业集团资金管理的模式按资金管理方式划分可分为资金监控、收支两条线、统收统支、拨付备用金、超额上收等几种模式;按授信分类管理划分可分为分散融资、统筹融资、统贷统还等几种情况;按组织结构划分可以分为资金管理中心、财务公司、司库。

6. 财务公司是银行以外,能承做贷款并能提供类似银行及其他金融机构的各种金融服务的专业融资机构,故也被称为"非银行的银行"。广义的财务公司包括企业附属财务公司和非企业附属财务公司两大类型狭义的财务公司特指企业附属财务公司,中国的财务公司都是企业附属财务公司。

7. 当前中国财务公司的职能可以概括为四个方面:司库、利润回报、管理支持和产业发展支持。

8. 财务公司在中国属于挂牌金融机构,主要受银监会监管,同时必须遵守人民银行、证监会、国资委、外汇管理局等政府部门的相关法律法规。财务公司监管的主要内容包括三个方面:第一,财务公司"市场准入"监管。第二,业务营运监管。第三,对有问题财务公司的挽救和管制。财务公司监管的形式有三种:法律监管、监管当局银监会委托监管、行业自律。监管方式包括非现场监控和现场检查。

9. 形成于20世纪80年代的中国企业集团经历了资金管理上"集权—分权—再集权"的过程。

10. 财务公司的业务主要分资产业务、负债业务、同业业务、中间业务和国际业务五个方面。资产业务主要有贷款业务、票据业务、消费信贷、买方信贷和集团产品融资租赁以及投资业务。负债业务主要有存款业务、发行债券和卖出回购业务。同业业务包括存放同业和同业拆借。

11. 现金池在中国企业集团运作的实际中要关注合法性与合规性问题、税费问题、合作银行的选择问题、风险转移问题这四大问题。

12. 资金管理系统的建设需要进行若干个阶段:首先是企业集团内容评估,项目组的建立,然后是资金管理系统软件供应商的选择和合作银行的敲定,最后是系统的实施。

关 键 概 念

企业集团资金管理　资金监控　收支两条线　统收统支　拨付备用金　超额上收　分散融资　统筹融资　统贷统还　资金管理中心　财务公司　混合模式　司库　账户管理　收付款管理　流动性管理　现金池　物理现金池　名义现金池　多币种现金池　多银行现金池　集中借款模式　高回报模式　节税模式　限额贷款　银行现金管理服务　跨境人民币双向现金池

复 习 思 考 题

1. 简述现金池的类型。
2. 思考资金管理模式选择的影响因素。
3. 思考跨境双向流动现金池的潜在风险。

本章参考文献

［1］资金集中管理研究编委会.资金集中管理研究［M］.广州：广东科技出版社,2010.

［2］谢京宁.国内外企业集团资金管理对比研究［J］.现代商业,2009.

［3］Denise B. The GE School of Treasury［J］. Corporate Finance. 2001(6)：21-59.

［4］Maya P. Trends in the Use of Treasury Vehicles［J］. Bank Relationship Consultancy. 2010(45)：12-16.

［5］Gabriel V, David C. Application of Centralized DEA Approach to Capital Budgeting in Spanish Ports［J］. Computer and Industrial. 2010(176)：276-280.

［6］Scharfetein D, Stein J. The Dark Side of Internal Capital Markets：Divisional Rent Seeking and Inefficient Investment［J］. Journal of Finance. 2009(55)：2537-2564.

［7］焦小静,刘思涓.企业集团资金管理现状及其研究［J］.财会通讯(理财版),2008.

［8］谢建宏.企业集团资金集中管理问题探讨［J］.会计研究,2009.

［9］王明虎.企业集团财务管理教程［M］.上海：立信会计出版社,2009.

［10］中国银行业监督管理委员会.企业集团财务公司管理办法(中国银行业监督管理委员会令 2006 年第 8 号)［Z］.2006.

［11］中国财务公司协会,中国社会科学院金融研究所.中国企业集团财务公司行业发展报告(2016)［M］.北京：社会科学文献出版社,2016.

［12］林非园.问道产业金融——中国财务公司功能及发展研究［M］.北京：中国经济出版社,2011.

［13］杜胜利,王宏淼.财务公司企业金融功能与内部金融服务体系之构建［M］.北京：北京大学出版社,2001.

［14］中国银行业监督管理委员会.中国银行业监督管理委员会关于印发《申请设立企业集团财务公司操作规程》的通知(银监发〔2007〕12 号)［Z］.2007.

［15］中国财务公司协会.企业集团财务公司行业评级指引(试行)［Z］.2015.

［16］王华.中国集团公司资金管理理论、实践与案例［M］.北京：中国经济出版社,2011.

［17］仇智勇.企业集团治理结构与财务资金集中管理的问题探讨［D］.西南财经大学,2007.

［18］董兵兵.银行集团现金池实现模式研究［J］.中国管理信息化,2009(5):57-59.

［19］张晓萌.近看花旗银行现金池的四种典型［J］.新理财,2007(10):27-31.

［20］何海军.浅析现金池模式在资金集中管理中的应用［J］.现代经济信息,2014(15):238-239.

［21］降低资金集中运营门槛　提高外汇资金使用效率——国家外汇管理局相关负责人就《境内企业内部成员外汇资金集中运营管理规定》答记者问［J］.中国外汇,2009(23):16-17.

［22］祝映兰,杨坤.浅谈本币现金池管理中的税收和费用问题［J］.中国管理信息化,2011(17):28-29.

［23］罗志辉.结算中心模式下企业集团资金集中管理若干税收问题初探［J］.企业导报,2014(24):68-69.

［24］赛迪顾问股份有限公司.2011 年中国资金管理软件市场研究报告［R］.2011.

第 5 章

企业集团的
预算管理

通过本章的学习,应当能够:

1. 掌握企业集团预算管理的概念和特征;
2. 理解预算管理的理论基础;
3. 了解集团化预算管理的发展;
4. 掌握企业集团预算管理体系的构建;
5. 了解企业集团项目生命周期预算;
6. 掌握企业集团资本分配预算。

引例

TQ 公司的年度预算大会

这是一个真实的故事。正值岁末年初,是企业编制预算的关键时期;一年一度的 TQ 公司①预算大会即将召开,集团公司下属 TQ 公司各个部门的老总正怀着忐忑不安的心,等待聆听 TQ 公司柴总关于全面预算编制的讲话。柴总的讲话在一阵子嘈杂声中开始。

柴总说:"2011 年度有关预算指标和政策已经通知到各个油田公司,为贯彻集团公司'有质量、有效益、可持续'的发展要求,适应新形势下企业管理需求,我们要抓紧预算制定工作。下面就请油田公司总会计师于总介绍有关预算编制情况。"

于总就有关预算编制问题发表讲话。于总说:"2011 年总部预算政策进行了较大调整,其中有'三个变化'。其一,突出利润指标权重和新增投资资本回报率的权重;其二,设置了成本控制指标;其三,深化了工效挂钩政策,工资的增长只有通过盈利的增长来解决。"

于总接着说:"2011 年总部下达的 TQ 公司税前利润相比 2010 年增加了 100 亿元,幅度高达 20%。增加的这一部分利润一方面可以通过天然气价格调整获得;另一部分必须通过成本控制实现,需要降低成本 52.16 亿元。"

听到于总的谈话,会场下一片哗然。于总顿了顿,继续讲话:"有关预算分解指标分解工作已经完成,请各位责任人回去以后对相关指标作出进一步的分解和测算,力争下一年度预算目标任务的完成。"

会议在祥和气氛中结束了,尽管各个老总感觉明年的担子更重了,但来到京城的老友欢聚毕竟能冲淡点对未来的忧虑。②

企业集团为何要进行预算管理?集团公司预算和各分、子公司预算之间的关系如何?集团预算如何进行编制?预算如何进行考核?预算与绩效管理、工资薪酬的关系如何?预算管理由谁负责?通过本章学习,我们将能获得以上问题的答案。

5.1　企业集团预算管理的概述

企业集团存在很高的委托代理成本:一方面,由于子公司是独立的法人,集团公司的影响必须通过子公司的董事会贯彻、实施,集团投入和调出资源均受到一定限制,监督和控制也比较间接;另一方面,各子公司可以利用信息不对称的有利条件进行投机,具体表现为:子公司对各自收入有占先权利,往往不情愿将利润交由集团母公司管理;各子公司有可能从跨子公司的利润转移中得到好处,从而避免监督;各子公司的经营还可能会相互庇护,出现局部决策情形等。尤其是我国的大型企业集团,往往是通过行政手段干预,强行组建而成的。自形成之日起企业集团内部成员企业之间就缺乏应有的凝聚力,因而在实践中出现了利益互不兼容的多级法人治理结构、成员企业目标的逆向选择、财权多层级分割的过度分散和失控、组织不正规、管理混乱、竞争力低下等诸多问题[1]。母子公司之间、董事会与经理人员之间、经理人员与各层级管理人员之间等多层

---

① TQ 公司隶属于我国某石油天然气集团公司,成立于 1970 年,主营鄂尔多斯盆地油气勘探、开发、生产、储运和销售业务,勘探面积 37 万平方公里,油气田分布在陕甘宁蒙晋 5 省(区)承担着向北京、天津、石家庄、西安、银川、呼和浩特等十多个大中城市安全稳定供气的重任,现有用工总量 50 852 人,资产总额 810 亿元。

② 宁宇新:《预算控制:理论与实践有多远?——基于 TQ 公司全面预算管理案例分析》,中国专业学位教学案例中心。

的委托代理关系对企业集团内部的信息流动产生了重重障碍。如何突破这重重障碍，保证信息能够更多、更快、更为真实地流动，以解决信息不对称的问题，从更深层面去完善企业集团的治理结构，进行预算管理不失为一条有效途径。

2000年，国家经济贸易委员会在颁布的《国有大中型企业建立现代企业制度和加强管理的基本规范（试行）》（国办发〔2000〕64号）中明确提出，企业应"建立全面预算管理制度，以现金流量为重点，对生产经营各个环节实施预算编制、执行、分析、考核"。2001年4月，财政部颁布的《企业国有资本与财务管理暂行办法》（财企〔2001〕325号）中规定"企业对年度内的资本劳动与各项财务活动，应当实行财务预算管理制度"。2002年4月，财务部又颁布了《关于企业实行财务预算管理的指导意见》（财会〔2002〕102号），进一步提出企业应实行包括财务预算在内的全面预算管理，指导国有企业实施预算管理。2010年，财政部、证监会、审计署、银监会、保监会联合下发的《企业内部控制应用指引第15号——全面预算》（财会〔2010〕11号）指出了企业实行全面预算管理应当关注的风险，并对预算组织结构的设置及人员配备、预算的编制、预算执行、预算考核提出了指导性建议。2014年10月，财政部公布《国务院关于深化预算管理制度改革的决定》（国发〔2014〕45号），标志着财税体制改革中最核心、最关键的一步——预算管理制度改革终于迈出实质性步伐。

5.1.1 企业集团预算管理的概念

一、预算管理及全面预算管理

预算是业务计划数量化、价值化的表达和安排，预算管理是利用预算形式对组织进行资源配置并实施控制的管理体系，其本质是介入业务活动的预算控制，是一套整体规划和动态控制的系统方法。在执行预算管理的环境下，企业围绕预算展开一系列管理活动，主要包括预算编制、预算执行、预算分析、预算调控和预算考评。

预算的观念最早产生于1215年英王签署的《大宪章》，《大宪章》中规定：英王未获得议会同意不得征税。此后，预算被应用于政府部门的费用控制。预算（budget）一词源于法文bougette，意思是指皮革制成的袋子或公文包。英国财政大臣有一种习惯，即在提出下年度税收需求时常在英国议员们面前打开其公文包，展示其需要的数字，因此财政大臣的"公文包"意指下年度的岁入岁出预算数[2]。就预算制度的应用而论，首先应用在政府机构，而后逐渐推广到企业组织。

19世纪工业的大发展，使以股份制为代表的公司制产生和发展壮大。到20世纪50年代以后，所有权和经营权分离，管理过程复杂，预算管理作为协调、控制公司内部各部门经济活动的管理方法满足了公司对效率的追求。预算具有四大特征：第一，数字化表达。"算者，数也"，预算必须以数字作为表达的载体。在企业预算管理中，由于现代企业成立的目的主要在于经济效益和社会效益的获取，因此，企业预算管理的终极表达为利润或其他价值的表现手段。第二，事前计划性。所谓"预"，事前也。事前要制定行动方案，并对方案的结果进行预测。第三，行动性。预算作为企业控制工具，从产生之日起就旨在对生产经营过程中的行为进行监督控制，因此必然要涉及行动。第四，准则性。预算都会设立一个标准，它是执行的准则，同时也是绩效考核的依据，标准的制定需要经过相关机构的审议并通过,而且一旦确定,应当具备权威性和约束力,不宜随意修改。因此,预算是实现对目标单位控制的一种手段和制度安排,它以控制为目的、以数字为表达载体,具有鲜明的前瞻性、计划性、行动性与准则性。

全面预算管理是在公司战略目标的指引下,通过预算编制、执行、控制、考评与激励等一系列活动,全面提高公司管理水平和经营效率,实现公司价值最大化的一种管理方法。随着社会生产力水平的进一步提高,企业为了抵御变幻莫测的风险,提高自身竞争能力,不断深化预算的职能、作用和范围。到 20 世纪中晚期,出现了全面预算管理。全面预算管理是以战略目标为指导,全面覆盖、全程控制、全员参与,通过预算的编制、执行、分析、调控、考评等一系列活动,全方位优化配置企业资源,以提高管理水平和企业价值的管理方式。较之预算管理,全面预算管理更突出预算内容的全面性,横向覆盖了业务预算、资本预算、财务预算等领域;全面预算管理更强调管理流程的纵向深入,编制、执行、分析、调控、考评等系列活动深入事前、事中、事后,体系健全、流程完整;全面预算管理更着重要求全员参与,全面预算管理目标由上而下、逐级分解,企业中每个业务部门、每个岗位都被视为全面预算的责任承担者,参与预算管理工作的前前后后。全面预算管理除包含预算管理的各个方面以外,还包括企业与部门的年度运作计划,其框架如图 5.1、图 5.2 所示。

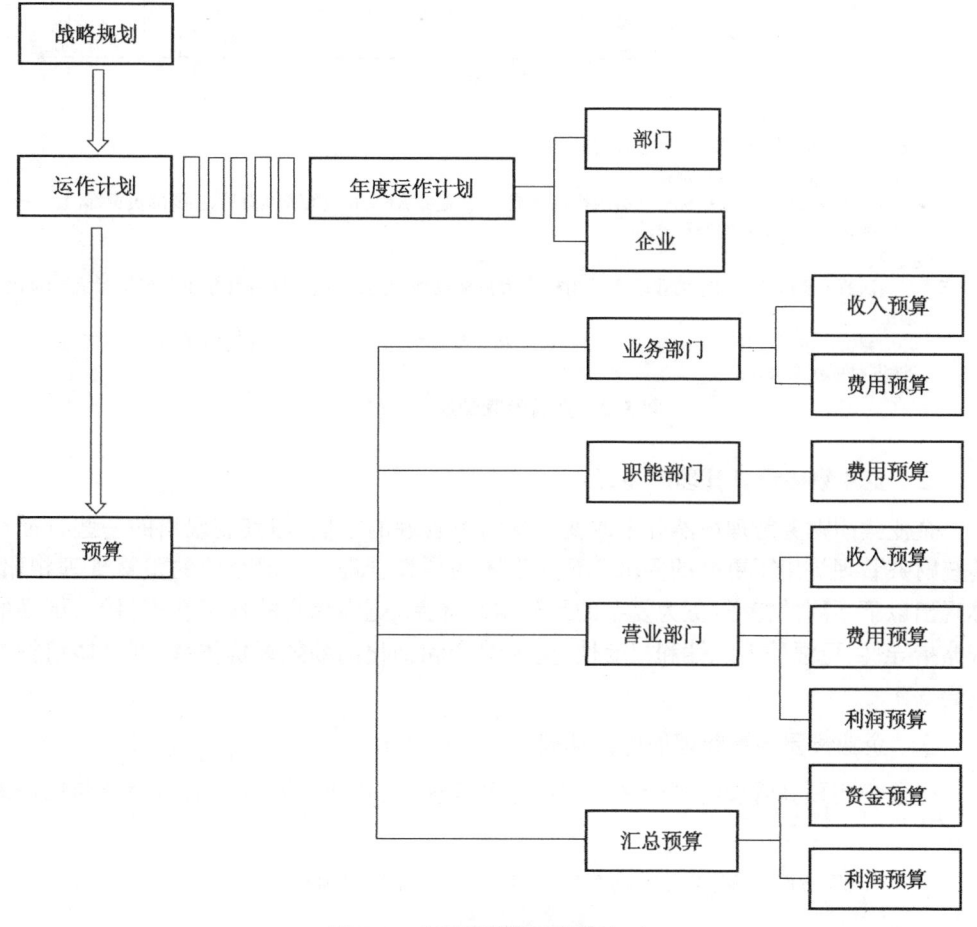

图 5.1　全面预算管理框架(一)

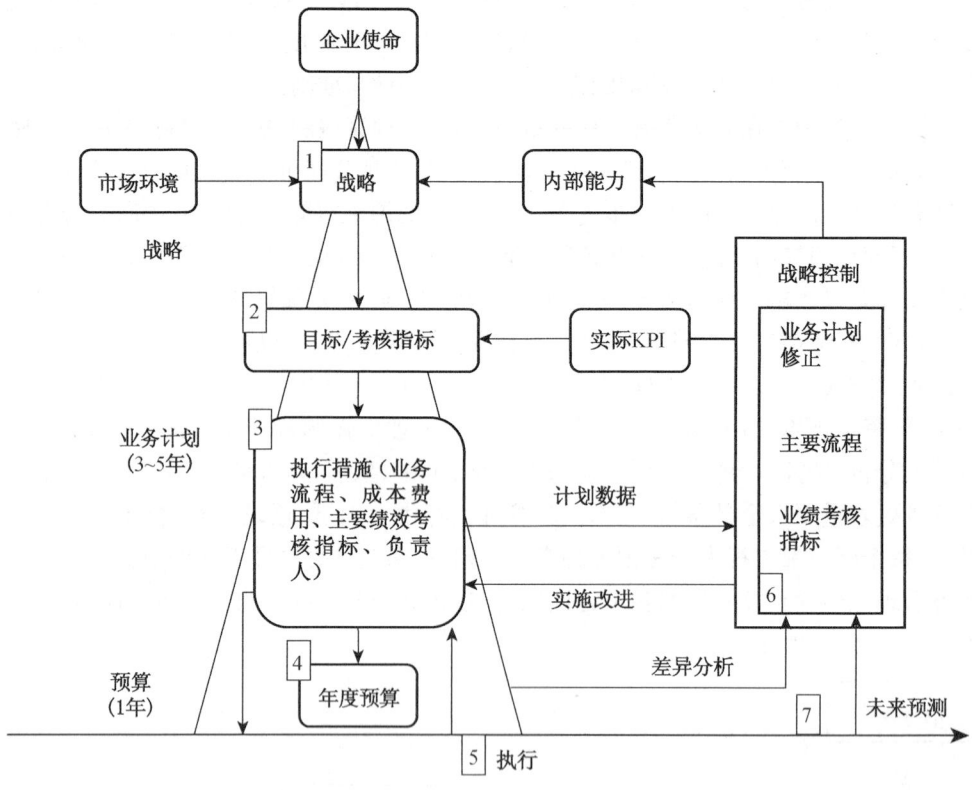

注：1. 根据市场环境和内部的能力制定公司战略。
    2. 将战略细化到目标和考核指标。
    3. 为实现战略目标和考核指标确认必须执行措施，包括业务流程、相应的成本费用、主要的负责部门。
    4. 根据确认的执行措施编制预算。
    5. 执行。
    6. 将确认的主要行动及相应的业绩考核指标作为目标数据，并与前述的战略目标和考核指标进行对比修正。
    7. 对预算执行情况按月进行检查，并将目标数据和实际数据进行差异分析，找到问题的原因从而加以改进，同时更新未来预测。

图5.2　全面预算管理框架(二)①

二、企业集团预算管理的特征

企业集团财务管理虽然并未改变传统财务管理的本质，但其表现出的一些特征对传统财务管理提出了更高的要求。企业集团的预算管理与一般企业的预算管理相比，体现出以下不同的特征：更为复杂的预算组织体系、更为综合的预算管理目标、更强的战略指导性、更强的系统性和权变性、更为综合和细化的绩效评价体系。（具体请扫二维码5.1。）

三、企业集团预算管理的理论基础

企业集团预算管理的理论基础有目标管理理论、企业集团治理结构理论和战略理

二维码5.1
企业集团预算
管理的特征

---

① 资料来源：方世力.集团公司全面预算管理[M].北京：中国宇航出版社,2012.

论。（具体请扫二维码5.2。）

四、集团化预算管理的模式

二维码5.2
企业集团预算管理
的理论基础

不同企业集团预算有不同的特点，综合体现为不同的预算管理模式。预算管理模式可以从多个角度进行分类，如表5.1所示。

表5.1　预算管理模式的分类

分类标准	类　别
方法角度	固定预算、零基预算、弹性预算和滚动预算等
预算内容	费用预算、资金预算、财务预算、全面预算
预算主体/重点	成本费用控制、资金控制、市场拓展、资源配置、风险控制等
管理对象	出资人预算、经营者预算
执行角度	关注结果型与过程控制型、柔性与刚性、指导型与指令型等
员工的参与角度	全员参与型和领导主导型等

由于预算管理模式必须契合企业集团的环境，而每个集团面临的内、外部环境各不相同，同时，集团自身也处于不断的发展变化之中，因此，预算管理模式也应当随之改变、不断创新。

预算管理模式与企业集团管理模式有着密切的关系。企业集团管理模式按照母子公司的管理关系可以分为三种：经营管控型（集权型）、财务管控型（分权型）和战略管控型（折中型）。与管理模式相对应，企业集团预算管理模式也可以分为三大类：集权型预算管理模式、分权型预算管理模式和折中型预算管理模式，其主要特征如表5.2所示。（详细内容请扫二维码5.3）

二维码5.3
企业集团预算
管理模式

表5.2　集团化预算管理模式及主要特征

预算管理模式	主　要　特　征
集权型	母公司是企业集团预算的编制者与下达者，自上而下； 分部不参与预算编制，只是预算执行主体； 预算具有综合性，类似于全面预算，详细而具体； 母公司负责对分部预算的考核与监督
分权型	母公司以控制公司身份出现，自下而上地编制预算； 母公司在预算管理中的主要任务是确定预算目标； 母公司负责资本管理，审定资本预算，并分配资本； 母公司负责对子公司的预算考核与业绩评估
折中型	母公司作为战略筹划者，制定母公司和集团的战略目标； 根据产品领域优先顺序，由母公司提出企业集团的资本预算，以确定对各子公司的资本分配政策； 自下而上编制预算，强化对下属预算的审批权； 重点审核各子公司的业务预算，并进行全方位监控； 加强对各子公司预算执行情况的评估与考核等

5.1.2　企业集团预算管理的职能

预算管理具有规划、整合、控制、考评四种职能[1]。

一、规划职能

一个企业集团拥有的资源总是有限的,因此,需要着眼于企业集团全局,科学地进行预测,对有限的资源在各种不同用途方面的配置预先作出合理的规划。对未来的预测是通过预算来落实的,预测的过程也是对企业进行规划的过程。预算的编制使规划转变为企业集团计划。预算的规划职能主要包括两方面的内容:一是规划特定期间内企业集团的目标;二是把企业集团整体目标具体化,如完成时间、工作量、责任划分等。

二、整合职能

整合是指将集团公司下属的各二级单位及其内部各个层级和各位员工联合起来,围绕着集团的总体目标运行。预算管理的整合职能主要表现在三个方面:预算目标整合、管理过程整合和员工行为整合。预算目标整合首先是通过预算管理使企业集团各个时期的预算目标相互衔接,具有连贯性,始终以促进集团总体战略目标的实现为大方向;其次是通过预算管理使各部门、各二级单位的目标相互协调,形成有机整体。管理过程整合主要是指在管理过程中,企业集团各级单位的职责不同,往往会出现相互冲突的现象,尤其是对集团这种多级法人组织来说,作为独立法人的各子公司和集团公司之间的冲突有时会非常尖锐,全面预算管理可以通过一整套的控制体系协调各级单位的工作,较好地解决各种冲突。员工行为整合是指全面预算管理作为企业员工行为的航标,它使员工明确如何工作才能达成企业集团的战略总目标,并通过预算信息的传递,引导全体员工为集团整体而努力工作。

三、控制职能

预算管理的控制职能贯穿于企业集团生产经营的全过程。预算编制是一种事前控制,通过对集团未来时期生产经营状况的全面评估,有利于管理层对集团资源的利用状况进行整体性安排。预算的执行是一种事中控制,预算把企业目标通过财务数字和非财务数字来表达,成为控制企业生产经营活动过程的依据,保证生产经营活动正常运行。预算的差异分析和考评则是一种事后控制,分析预算数和实际数之间的差异,找到管理中的强项与弱项,总结经验和教训,明确责任归属,采取措施修正预算以加强管理,同时这些信息也是制定下一期预算的重要资料。

预算控制不仅以市场预测为基础,更进一步针对预测的结果及其可能的风险事先制定适宜的应对措施,在制定预算时留有一定的弹性,在预算执行过程中随时监控,将实际与预算对比,并采取措施予以纠正和调整。这使预算本身具有一种主动的防范风险的机制特征。因此,通过制定预算,及早明确企业集团的经营、投资以及筹资、分配等计划,可以提高应对可能出现的风险的能力。

四、考评职能

预算是评价和考核各管理层级与责任人员工作业绩的依据。预算的考评职能有两方面的含义:一是对成员企业经营业绩进行整体评价;二是对成员企业内部各管理部门、各个员工的业绩进行评价[1]。在企业集团预算执行过程中,总体目标及由此分解的各个预算目标是考核各成员企业及各部门工作业绩的主要依据及标准,通过实际与预算的比较,便于对各成员企业、各部门及每个员工的工作业绩进行考核评价,以此为依据进行奖惩和人事任免,有利于调动员工的积极性。在当今科技发展、市场竞争激烈、企业环境多变的情况下,这种考核评价方法比本期实际与上期实际相对比的方法更为科学合理[3]。

5.1.3　企业集团预算管理的发展

一、预算管理的发展历程

(请扫二维码 5.4。)

二、集团化预算管理的发展

(请扫二维码 5.5。)

二维码 5.4
预算管理的
发展历程

二维码 5.5
集团化预算
管理的发展

5.2　企业集团预算管理体系的构建

5.2.1　企业集团预算管理组织体系

预算管理在企业集团内部得以实施需要相应的组织机构保障才能实现。预算管理组织体系是预算管理实施的主体,它由两方面构成:一是预算的管理组织,如董事会;二是预算的执行组织,由预算责任中心构成。其中,预算的管理组织又可以分为预算管理决策机构和日常工作机构,其组织体系基本架构如图 5.3 所示。

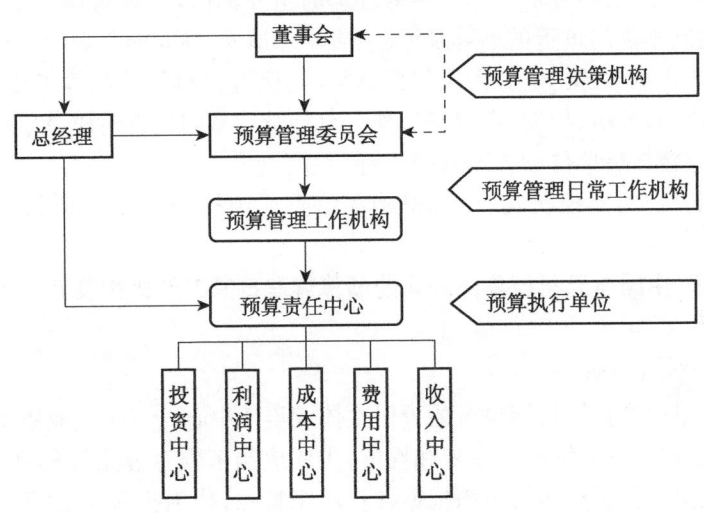

图 5.3　预算管理组织体系基本架构①

---

①　方世力.集团公司全面预算管理[M].北京:中国宇航出版社,2012.

一、企业集团预算组织及其职责

1. 预算的管理组织

（1）集团公司董事会。集团公司董事会作为企业集团的最高决策机构，位居集团整个预算组织体系的核心领导地位，其主要职能是掌握集团各项预算的终审权以及涉及资本性支出、企业并购等重大资本预算的最后批准权，同时对企业集团预算的日常执行情况与执行结果拥有监督、检查权，对预算矛盾具有协调权等[4]。

（2）集团预算管理委员会。集团预算管理委员会是在集团公司董事会或集团经营者（总经理）直接领导下的专司集团预算管理事务的常设权力机构，下设预算编制、预算监控、预算协调、预算信息反馈等具体执行机构，其职责主要包括：①审议、确定企业集团预算目标、预算政策和预算程序；②审定、下达正式预算；③根据需要调整和修订预算；④收集、研究、分析有关预算与执行的业绩报告，制定控制政策和奖惩制度；⑤仲裁有关预算冲突，等等。

从本质上讲，预算管理委员会是企业集团内部预算管理的最高权力机构。当然，预算管理委员会审定后的预算最后还要报请董事会批准。

在预算管理委员会的设置上有两种基本思路：一是设在总经理办公室，将其作为集团公司经营者（总经理）下属的机构，由集团公司总经理或其全面授权的常务副总经理任委员长，同时吸收财务、营销、生产、采购、技术、信息、质检、人事等部门的最高负责人担任委员。二是设在董事会，将其作为董事会的下属常设机构，由董事长负责，代表董事会履行如预算目标及政策等的制定权、年度预算的最终审批权、预算的调整权等。

（3）预算管理日常工作机构。除预算管理委员会外，预算管理日常工作机构还有集团公司及成员单位的财务部门、集团公司及成员单位的计划、经营、项目管理、投资、物资、人力资源等职能部门和审计管理部门。

各部门的分工是：财务部门作为预算管理的主要部门，发挥协调和引导的作用，其主要工作是编制本部门负责的预算及汇总、协调总预算；各职能部门主要负责编制归口业务预算，具体负责本部门业务涉及的预算编制、执行、分析、控制等工作，配合总预算的综合平衡、协调、分析、控制、考核等工作。审计管理部门负责对成员单位相关预算内容提出建议，监督成员单位相关预算的执行。

（预算编制机构、监控机构、协调机构和信息反馈机构的设置和职责请扫二维码5.6。）

二维码5.6
预算编制机构、监控机构、协调机构和信息反馈机构的设置和职责

【例5.1】 中国航天科技集团公司的预算管理日常工作机构及其职责

（请扫二维码5.7。）

二维码5.7
中国航天科技集团公司的预算管理日常工作机构及其职责

2. 预算的执行组织

预算执行组织是预算目标执行的责任主体或责任中心。一个企业集团具体应设置哪些预算执行组织，并无统一的要求和规定，主要应当依据企业集团的性质、作业特点等因素加以决定。各预算执行组织根据各自组织特点，作为投资中心、利润中心、成本中心、费用中心或收入中心参加企业集团全面预算管理。

二、预算决策权限与集团治理规则

集团总部在企业集团预算管理体系中具有主导地位，拥有集团预算决策权（包括预算目标确定、预算审批、预算调整和预算考核等）。但从集团治理角度看,子公司作为独立法人,拥有其决策、经营的独立性,因此,集团预算管理常常涉及的问题是:集团总部（母公司)是否有权审批、下达子公司预算? 如果回答"是"的话,则子公司股东会、董事会的决策权如何考虑? 如果回答"否"的话,则如何保证集团战略通过集团预算来实现? 这就涉及集团总部预算决策权与集团治理规则的矛盾处理问题。在处理这一矛盾时,需要考虑总部的控股地位,相机而定。

1. 全资子公司

如果下属子公司属于总部全资控股,则总部有权直接下达预算目标。因为在这种情况下,母公司是子公司的唯一股东,母公司的任何决策后果都由母公司一人承担,它不涉及其他股东权益及决策利益。因此,集团治理与集团管理的目标是一致的,并不存在治理之外的管理,也不存在管理之外的治理。

2. 控股子公司

作为控股子公司（不论是母公司直接控股还是间接控股,也不论母公司是绝对控股还是相对控股),母公司一般无权对子公司下达预算,而应当将子公司的预算权交给子公司股东大会和董事会。母公司对子公司的预算决策权,可以通过其在子公司董事会上的"多数席位"来行使,或者通过其在子公司股东大会上的"控股比例与投票权"来行使（如讨论、纠正甚至否决子公司董事会的预算案等),以保证子公司预算体现集团战略意图。

3. 参股公司

参股公司并不受集团的管控。多数情形下,集团参股的目的在于维持集团与参股公司之间业已存在的业务合作或战略联盟关系。集团总部对参股公司决策权并无实质性影响。从集团资源配置角度看,参股投资大多属于过渡性投资,总部策略要么是增资扩股以实施对参股公司的控制,要么选择退出。因此在预算管理过程中,根据拟增资扩股或选择退出的未来投资策略,决定加以考虑或者少量考虑[5]。

因此,企业集团应建立适应母子公司体制的分层次的预算管理体系。集团公司（母公司)预算组织对子公司发挥协调、监督、控制的职能。各子公司预算组织负责协调、监督、控制所属单位的预算编制和执行,并向集团公司反映预算信息。

5.2.2　企业集团预算管理的目标和原则

一、企业集团的预算目标

预算目标是预算期内企业集团生产经营活动所要达到的目的和标准。它是以企业集团目标和战略规划为导向,在市场预测和平衡企业内部各项资源的基础上,经过集团投资者、决策者、经营者、子公司以及内部各个预算执行部门反复协调、测算确定的。通过预算目标的确定,不仅可以将企业集团的战略规划和经营目标具体化、数量化,使之成为预算期内子公司从事生产经营活动的指南,而且通过预算目标的层层分解和细化,企业集团预算目标可以转化为各子公司、各部门、各层次以及每名员工的工作目标和责任目标。它不仅可以明确集团以及母子公司、各部门、各层级在预算期内的工作重点和方向,而且提供了评价子公司和员工工作绩效的标准。

预算目标的作用具有双重性:恰当的预算目标既有利于预算管理有效实施,也有利于企业经营目标的最终落实;反之,不恰当的预算目标会使预算管理的效能大打折扣,甚至使企业预算管理陷入无法运行的困境之中。因此,预算目标确定的恰当与否,直接关系到预算管理的成败。

二维码5.8
预算目标的
影响因素

预算目标主要受公司治理结构、产品生命周期、营销策略、市场环境及内部资源状况等因素的影响,它的最终确定是公司所有者、决策者、经营者以及内部各预算部门反复协调与博弈的结果。(公司治理结构、产品生命周期和其他因素对预算目标的影响请扫二维码5.8。)

各个责任中心是预算目标的执行者,企业集团实施全面预算管理的各项预算指标都将作为一种责任,分别落实到各个责任中心。各责任中心的预算目标可以如表5.3所示。

表5.3　责任中心的预算目标

责任中心	预　算　指　标	
成本中心	生产部门	产品品种及产量;材料消耗及工时定额;产品制造成本;制造费用;可比成本降低率;产品合格率;安全生产率;设备利用率
	采购部门	采购成本;主要材料采购价格;采购费用;采购物资合格率
	人力资源部门	员工人数;工资总额及结构;员工福利性支出;员工培训支出
	财务部门	资金筹措与运营;利润总额;资产负债率;财务费用;应付税金;现金流量
	物资管理部门	存货资金占用;存货周转率;存货费用
	新产品研发部门	新产品开发项目;老产品改造项目;研发资本性支出;研发费用性支出
	其他管理部门	管理费用;其他职能指标
利润中心		销售(主营业务)收入;市场占有率;销售费用;利润;产品合格率;产品制造成本;现金收入等
投资中心	反映企业经营目标及营运情况的指标	主要产品产量/产值;产品销售(主营业务)收入;利润总额;销售利润率;总资产周转率;流动资产周转率;存货周转率;应收账款周转率;销售(营业)增长率;现金流量
	反映企业成本费用情况的指标	产品制造成本;可比产品成本降低率;管理费用;销售费用;财务费用
	反映企业偿债能力的指标	资产负债率;已获利息倍数;流动比率
	反映企业投资效益的指标	总资产报酬率;净资产收益率(权益报酬率);每股净收益;资本积累率

　　编制全面预算首先要确定预算总目标,然后对预算总目标进行综合分析、层层分解,落实到各基层预算单位。(预算目标的确定方法请扫二维码5.9。)

二、企业集团预算管理的原则

　　企业集团在进行预算管理时应遵循的一致性原则、可控性原则、弹性原则、以人为本原则、利益协调原则和可靠性原则。(具体请扫二维码5.10。)

二维码5.9
预算目标的
确定方法

二维码5.10
企业集团预算
管理的原则

5.2.3　企业集团预算管理的基本业务流程

　　预算管理不具有自行机制,它需要组织、制度、流程、规范的保障,因此成功推行预算管理不是一蹴而就的事情,需要从多方面进行完善。首先,要从管理理念高度理解预算管理,企业集团最高管理层直接参与全过程的领导;其次,按照预算管理的要求,对业务流程进行改善,建立健全预算管理的组织网络,预算的具体操作过程需要各部门的参与和协调;再次,要将预算管理成果与业绩考评挂钩。推行预算管理也是推动企业集团建立现代企业制度、规范管理的一项重大工程。

　　企业集团预算管理流程的主要环节包括大纲编制与预算布置、预算编制、预算执行与控制、预算调整、预算审计和预算考核。企业集团预算管理总流程如图5.4所示。

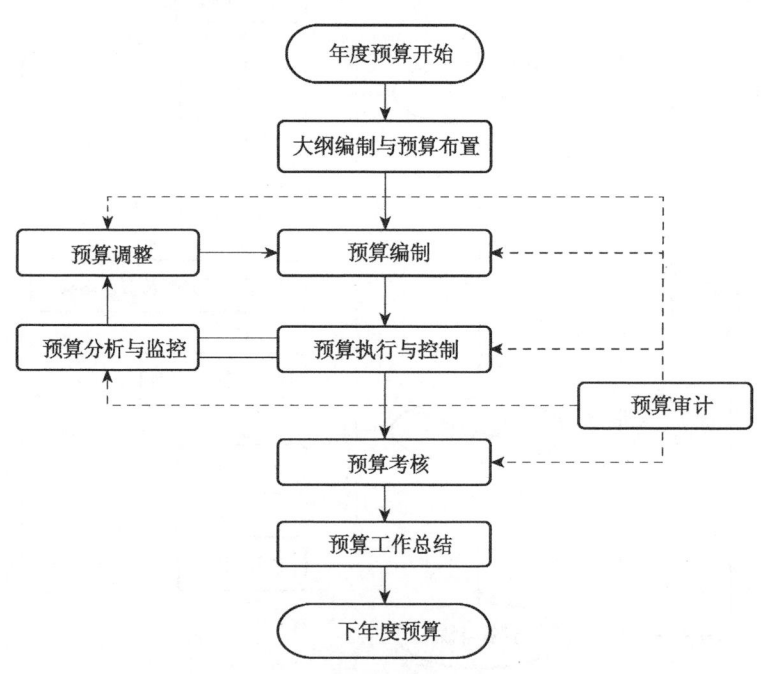

图5.4　企业集团预算管理总流程

　　大纲编制与预算布置环节是预算编制的前期启动阶段,预算大纲是对预算单位及所属单位预算编制的指导性文件。预算大纲的主要内容是:内外环境分析及对预算编制的影响;一年来的生产经营情况;下一年的生产经营任务和计划;预算编制的依据、预算目标、预算编制内容和要求;预算编制的进度等。根据预算编制大纲自上而下对所属单位进行预算布置工作,下达预算目标。

　　预算编制、预算执行与控制、预算调整、预算审计及预算考核是全面预算管理的核心和关键环节。预算编制阶段包括预算编制、预算审批、预算下达等具体环节;预算执行阶段包括设计预算指标、分解和责任落实、预算执行与控制、预算分析、预算调整等具体环节。预算审计是企业集团内部审计部门按照集团有关规定对本级及所属单位预算编制、执行的合理性、真实性、合规性和效益性及预算管理进行的审计监督,以鉴证预算业绩报告的真实性、检查预算执行过程中的违规行为、评价预算指标差异原因的分析、发现预算管理体系中存在的问题并提出改进建议。预算考核是在预算期结束后对各责任单位的预算完成情况进行考核,并据以进行激励。

　　这些业务环节相互关联、相互作用、相互衔接,周而复始地循环,从而实现对企业集团全面经济活动的控制。图 5.5 列示了企业集团预算管理的基本业务流程。

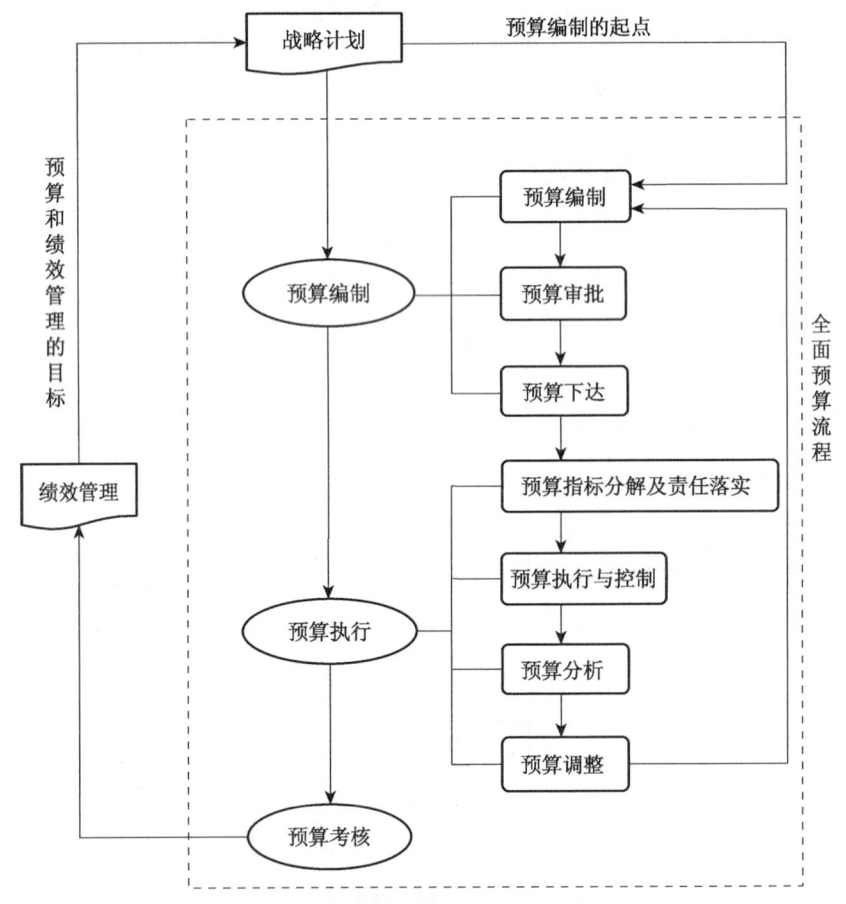

图 5.5　企业集团预算管理的基本业务流程①

　　企业集团在实施全面预算管理的时候,尤其要重视组织机构的建设以及业务流程的建设。从某种角度而言,组织机构和业务流程是实施全面预算管理成败的关键[1]。

　　①　方世力.集团公司全面预算管理[M].北京:中国宇航出版社,2012.

5.2.4 企业集团预算的编制

预算编制是企业集团预算管理的基础工作,不同的编制程序、编制方法和编制周期适合不同的企业集团。各集团应当根据自身的实际情况加以选择。

一、预算编制的程序

企业集团全面预算的编制主要有自上而下、自下而上和上下结合三种程序。

1. 自上而下

自上而下式编制程序主要适用于大部分决策权掌握在集团总部,由总部负责配置资源的企业集团。当部门之间、成员企业之间发生矛盾时,主要是由总部进行协调。在这种方式下,预算由集团总部按照战略管理需要,结合集团所有者意愿及集团所处行业的市场环境而提出,财务预算是全面而详细的,各级成员单位只是预算执行的主体,一切权力在总部。总部预算管理职责集中于预算管理委员会。自上而下的编制程序如图 5.6 所示。

自上而下的预算编制程序就是依据治理结构与权责层次顺序,按照由母公司董事会、母公司经营者、预算管理委员会到各层级预算执行组织或责任中心,直至具体岗位人员的顺序进行预算编制的过程。其具体过程为:

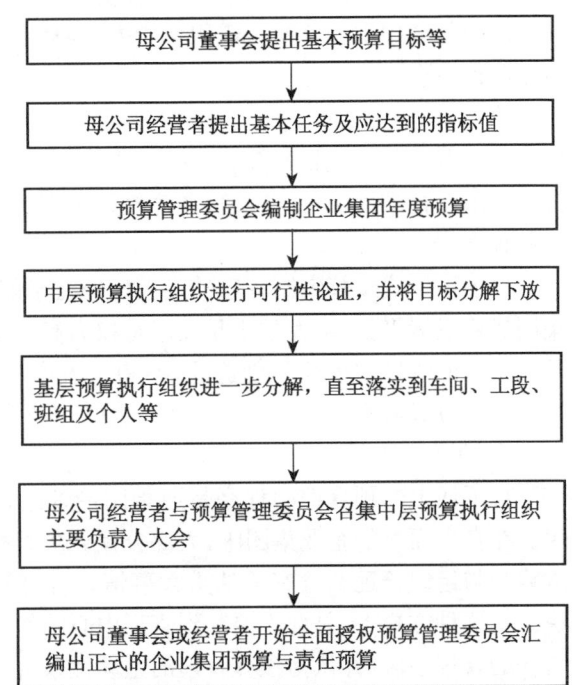

图 5.6 自上而下的预算编制程序

第一,母公司董事会依据母公司股东大会的决议,结合同行业平均资本报酬率和集团战略发展规划及阶段性管理目标,对母公司经营者提出预算年度应达到的基本预算目标,特别是资本报酬率目标,并对母公司经营者目标完成效果制定考核与奖励标准,同时提出预算管理的基本政策。

第二,母公司经营者根据董事会的要求,结合集团发展战略目标、资源素质与配套程度及市场竞争需要,就集团整体角度提出预算年度完成母公司董事会目标的基本任务及应达到的指标值。比如,利润总额与总利润率、销售额、各项成本费用水平、对外投资收益水平、其他业务收益水平以及对资产、资金管理的责任部门相关控制指标,比如,资产结构、固定资产利用率、流动资产周转率、息税前资产收益率资本结构、应收账款收现率等指标值。

第三,预算管理委员会依据母公司董事会和经营者提出的预算年度的基本任务和应达到的各项指标值,综合集团的各项资源状况编制企业集团年度预算,并按照预算组织结构或责任层次向各中层预算执行组织（比如事业部或子公司等）提出主要任务，编制责任预算，并制定相应的考核奖惩标准。

第四，中层预算执行组织就预算管理委员会提出的责任目标，在本责任层次范围内进行可行性论证（主要从各项可控性经济资源及其潜力等方面），并进一步将各项责任目标分解到下属各基层预算执行组织（如孙公司、分厂或分部等），并确定相应的奖惩考核标准。

第五，基层预算执行组织接到分解下来的任务指标后，按与中层组织同样的程序进行论证和进一步分解，直至落实到车间、工段、班组及个人等，同样确立相应的考核指标。

第六，母公司经营者与预算管理委员会召集中层预算执行组织主要负责人大会，或分头单独与各中层预算执行组织负责人以协商与强制相结合的方式，就其任务目标进行专题论证会。

第七，当集团预算目标及各层次的责任目标论证通过或基本通过后，母公司董事会或经营者开始全面授权预算管理委员会汇编出正式的企业集团预算与责任预算，经母公司董事会批准后，下达各层次预算执行组织正式实施。由此完成了自上至下的预算编制程序。

自上而下式预算编制程序的最大好处在于能保证集团总部的利益，同时考虑企业集团战略发展需要；最大的不足在于将权力高度集中在总部，不利于发挥各子公司、各部门自身的管理主动性和创造性，不利于人本管理，不利于调动员工的积极性和创造性。这种方式通常只适用于单一产品生产和经营的集权型企业集团。

2. 自下而上

自下而上的预算编制程序是逆集团治理结构及权责层次顺序进行预算编制的程序。在自下而上的企业集团中，大部分预算决策权下放给中下层，集团只负责集团长远战略和与组织长远利益有关的重大事情，当部门之间发生争执时，主要由自己协调解决。在这种方式下，总部主要起到管理中心的作用，它视预算管理为各分部落实其经营责任的管理手段，并认为预算管理的主动性来自于各分部，总部只对预算拥有最终审批权。就责任分工而言，总部的管理责任是确定财务目标（如目标资本报酬率等），分部的管理责任是如何实现这一目标。为此，分部编制并上报的财务预算在总部看来只是对总部财务目标实现的一种行动承诺。总部审批下级上报的财务预算的目的，只是对这一行为承诺的可靠性进行核实。自下而上的编制程序如图5.7所示。

第一，基层预算执行组织根据母公司董事会、经营者及预算管理委员会提出的预算管理政策与编制的指导性原则、各层次责任预算的内容及时间要求，结合自身业务范围与情况，在召开下属责任单位以至全体员工大会的基础上，提出自身可以完成的任务指标及支持理由，并以书面形式提交中层预算执行组织。

第二，中层预算执行组织以所属下一级或基层预算执行组织可以完成的任务指标为基础，结合本责任层次的实际情况，汇总调整为本责任层次整体可以完成的任务指标，连同支持理由及有关投资立项可行性分析等一并提交集团预算管理委员会。

第三，预算管理委员会接到各中层预算执行组织提出的可以完成的任务指标及支

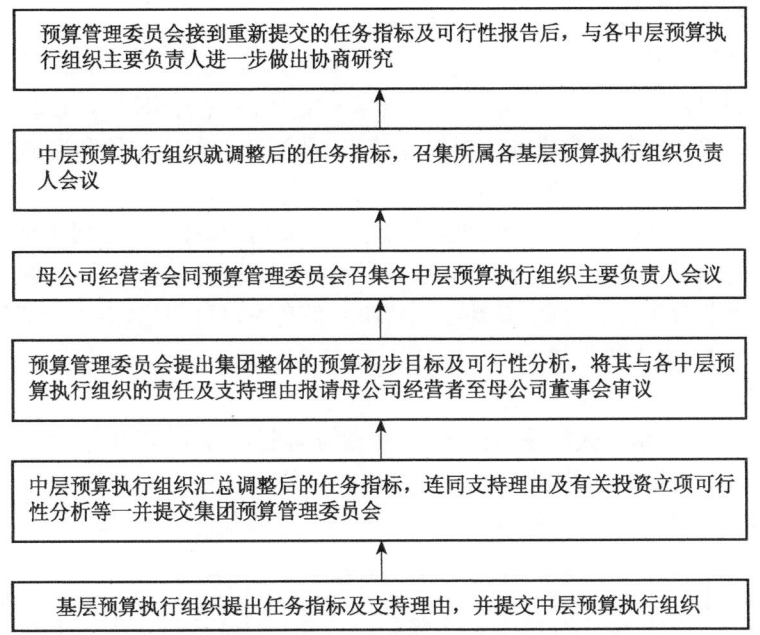

预算管理委员会接到重新提交的任务指标及可行性报告后，与各中层预算执行组织主要负责人进一步做出协商研究

中层预算执行组织就调整后的任务指标，召集所属各基层预算执行组织负责人会议

母公司经营者会同预算管理委员会召集各中层预算执行组织主要负责人会议

预算管理委员会提出集团整体的预算初步目标及可行性分析，将其与各中层预算执行组织的责任及支持理由报请母公司经营者至母公司董事会审议

中层预算执行组织汇总调整后的任务指标，连同支持理由及有关投资立项可行性分析等一并提交集团预算管理委员会

基层预算执行组织提出任务指标及支持理由，并提交中层预算执行组织

图 5.7　自下而上的预算编制程序

持理由后，依据母公司董事会资本报酬率要求和集团资源状况，特别是竞争需要以及发展战略规划，提出集团整体的预算初步目标及可行性分析，然后将集团整体的初步预算目标及可行性论证、各中层预算执行组织的责任及支持理由报请母公司经营者至母公司董事会审议。

第四，母公司经营者会同预算管理委员会召集各中层预算执行组织主要负责人会议，结合市场环境、董事会要求、集团发展战略、资源支持能力等，对各中层预算执行组织所提出的能够完成任务的职责进行调整。

第五，中层预算执行组织就调整后的任务指标，召集所属各基层预算执行组织负责人会议，就母公司经营者及预算管理委员会提出的任务指标调整及支持理由通告各基层预算执行组织负责人，对各基层预算组织原来提出的任务指标作出相应调整，责成各基层预算组织就调整后的任务指标进行挖掘并提出各自的支持理由，并将任务指标调整后的可行性论证理由提交预算管理委员会。

第六，预算管理委员会接到各中层预算执行组织重新提交的任务指标及可行性报告或支持理由后，与各中层预算执行组织主要负责人进一步协商研究。通过反复协商，并达成集团及各层级预算执行组织的责任目标和相应的业绩考核奖惩标准，然后连同支持理由提交母公司经营者审定，最后交由母公司董事会裁决。如果母公司董事会裁定通过，母公司经营者便责成或通过预算管理委员会正式编制集团总预算及责任预算，下达各层级预算执行组织正式实施。由此完成了由下到上的预算编制程序。自下而上式的编制程序适用于资本型的控股集团，它由集团总部提出责任目标，由子公司确认预算责任。

这种方式的优点在于：提高子公司的主动性，体现分权主义和人本管理，同时将子公司置于市场前沿,提高了子公司独立作战的能力。

这种方式的不足表现为:一是可能引发管理失控,尤其是单一强调结果控制而忽视过程控制;二是难以避免下级预算单位在预算编制上的"宽打窄用",引起预算松弛,如子公司为争夺集团资源而多报或少报预算等;三是不利于子公司盈利潜能的最大限度发挥,如子公司的经理为保持其长期经营权,会采取"挤牙膏"式的利润预算方式,从而保持利润逐年增长而幅度不大。可见,采用这种方式时,总部对子公司预算的审批关键在于针对子公司经理人员可能存在的"偷懒"行为。因此,在这种方式下,总部对分部财务预算的审批非常关键。为此,总部必须解决好信息不对称问题,对各个部门的实际运营情况有充分的、深入的了解。

3. 上下结合

顾名思义,上下结合式博采两式之长,在预算编制过程中,经历了自上而下和自下而上的往复。上下结合式编制程序的主要目的是平衡全员参与积极性和公司战略发展,力图在其中找到最好的平衡点。上下结合的预算编制程序如图 5.8 所示。

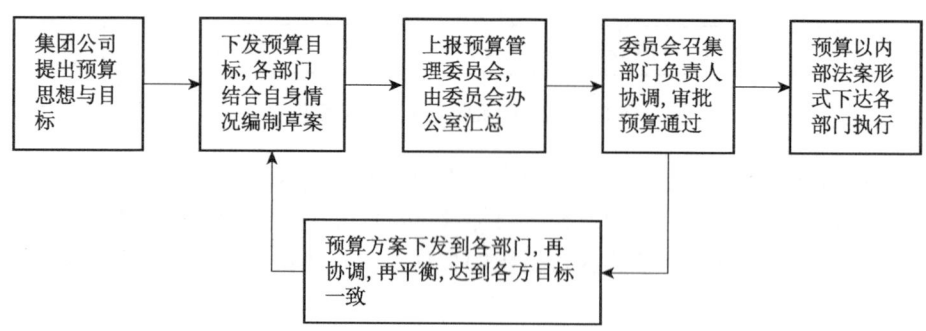

图 5.8　上下结合的预算编制程序①

第一,由集团公司提出预算思想与目标。由总部相关决策机构(如预算管理委员会),依据当年实际业绩及预算年度的工作要求,结合企业发展战略提出总部的预算总目标,并报最高决策机构如股东会或董事会批准。

第二,下发预算目标并由各子公司、二级单位结合自身情况编制预算草案。

第三,由预算管理委员会进行初步协调和汇总。

第四,预算管理委员会召集各子公司、二级单位负责人等协调各级预算,并形成最终预算审批通过。这一阶段如果一次协调不够,还可以将协调后形成的预算方案下发到各子公司和二级单位进行平衡并上报再协调,直到各方的目标达到一致为止。

第五,对通过的预算方案以内部法案的形式下达各子公司、二级单位执行。

【例 5.2】中国航天科技集团的预算编制程序

(请扫二维码 5.11。)

采用该程序的优点在于:一是能够有效保证集团总目标的实现;二是按照统一、明确的规则分解预算目标,体现公平、公正原则;三是预算的编制必须以目标的实现为前

二维码 5.11
中国航天科技集团
的预算编制程序

---

① 梁莹,乔栋良,刘建斌.企业集团预算管理的原理与应用[M].哈尔滨:黑龙江人民出版社,2007:128.

提,避免了预算编制过程中的讨价还价、"宽打窄用"现象,提高了预算编制效率。该程序的缺点在于增加预算编制的难度,并导致预算编制周期较长。

为保证上下结合式的编制程序良好运行,集团总部十分关键。总部的任务是将预算目标自上而下下达,充分发挥全员参与的主观能动性,尽可能提高预算编制效率,各预算责任体作为预算编制的具体行为者应自下而上体现目标的具体落实,各级责任部门通过编制预算要明确"应该完成什么,应该完成多少"的问题。总部还可以根据各级责任部门编制的预算进行平衡、审核。确定总部预算后分解至各责任部门执行。

采用这一程序的关键点,并不在于其中上与下的偏重,而是上与下如何结合、其对接点如何确定的问题。如果妥善运用,上下结合的编制方式可以融合自上而下和自下而上的编制方式存在的优点,克服其中的弊端。但是,如果运用不当,也可能反受其害。

由此可见,全面预算的编制过程中,单一采用自下而上的方式或自上而下的方式都存在一定的弊端。因为当集团总部的经营者设定出前瞻性和挑战性的目标下达给执行单位时,可能会因为经营者的资讯不足造成目标的不全面,同时由于执行者并未参与预测过程,而对目标的实现缺乏信心。当由执行者来制定目标时,往往会出现故意低估预测以便轻易完成目标的现象。所以,预算的编制应采取上下结合、横向协调的程序,一方面使预算目标自上而下传达,以保证最高决策层战略思想的贯彻和预算目标的执行;另一方面预算的编制根据预算目标自下而上地进行,充分发挥各层级的主观能动性,提高预算编制效率。这有助于避免单纯自上而下和自下而上的种种不足,达到分权与集权的统一。

二、预算编制方法

企业集团预算编制的方法有固定预算与弹性预算、增量预算与零基预算、定期预算与滚动预算、作业预算法等一系列具体的方法。这些方法与一般企业的预算方法并无不同,因此本部分不作详细介绍。(具体请扫二维码 5.12。)企业集团在具体编制时,应根据本集团的预算水平和外部环境进行选择。

二维码 5.12
预算编制的方法

三、预算编制的周期

预算编制的周期是 1 周、1 月、1 季、1 年或若干年。

在确定编制时间时,需考虑的影响因素包括集团规模的大小、组织机构的复杂程序、预算编制的熟练程度、预算管理开展的深度、预算审批程序的复杂度。

以中国航天科技集团为例,集团公司的年度预算在上年度的 9～10 月开始编制;月度预算在上月的 20～25 日开始编制;周预算在上周的中旬开始编制。其成员企业及下属单位预算编制周期并不一致,部分单位实现资金收支预算的月度或周编制,大型科研生产联合体实现季度编制。

现行预算一般以年度为基础进行编制,这种编制方法即历年制,易于理解及用于业绩评价,但历年制并没有充分的理论依据。因为企业集团的经营活动并不是以年度为周期,企业集团活动或成果在年度与年度之间并不存在着明显的规律性。根据企业集团长远的发展状况和战略目标编制长期的战略预算尤为必要。企业集团通过编制长期预算,对长期的经济环境及其对集团可能产生的影响和集团应采取的对策进行预测。将长远计划分解为具体指标,不仅在观念上为企业集团经营活动提供指导,更从具体指标上防止企业集团行为的偏向,以防止企业集团短视行为对长远目标的影响。

由于历年制不适合于长期预算,因此应当以企业集团周期(包括企业集团及成员企业的生命周期和产品生命周期)为预算编制基础的周期制来替代历年制。因为企业集团周期是对企业集团环境和企业集团行为的规律性描述,是对未来集团所面临的不确定性进行的概括性的分类。周期制将使集团在对未来预测时首先明确集团现时所处的周期阶段,根据集团环境和集团活动的周期性规律对未来状况进行预测,使预算更加符合实际。同时战略管理的一个重要实现方式就是实行周期战略,即以公司周期为基础确立公司在各周期和各阶段的发展战略,这就更加要求企业集团采用周期制来编制预算。

采用周期制并不是为了否定历年制,而是对历年制的完善,使之在发挥原有功能的基础上更加切实可行。鉴于历年制在计划、统计等方面发挥的作用,应当采用周期制与历年制相互补充,互为表现形式。

四、预算的内容和编制顺序

企业集团预算往往是全面预算,即由一系列预算按照其经济及相互关系有序排列组成的有机整体,各项预算前后衔接,形成一个完整的预算体系。全面预算的核心是全面。内容体系的全面是实现全面预算的重要部分,企业集团要力争将所有以货币计价的资源均纳入预算。从内容上看,全面预算主要包括经营预算、长期投资预算、筹资预算、财务预算四大部分(具体请扫二维码5.13),如图5.9所示。

作为全面预算的四个组成部分,企业集团应当按照先经营预算、长期投资预算、筹资预算,后财务预算的顺序编制全面预算。然而,经营预算是由销售、采购、生产、费用等具体预算构成的。企业编制经营预算时,应首先编制哪一个具体预算呢? 实务中,受企业产品在市场上的供求关系影响,预算的编制起点主要有两种:一是以生产为起点。在产品处于卖方市场的情况下,产品供不应求,企业生产多少就能销售多少。在这种情况下,预算编制的起点是生产。这在计划经济时期比较普遍。在市场经济条件下,由于市场规律的影响,这种情形只是出现在垄断行业或个别领域,以及个别产品的某个时期。二是以销售为起点。在产品处于买方市场的情况下,产品供过于求,销售决定生产。这时应当以销售预算作为预算编制的起点,首先确定产品的销售数量,然后以销定产,确定企业的生产预算、采购预算、人工预算、费用预算、利润预算等[6]。

另外,如果集团公司属于中央企业,根据《中央企业财务预算管理暂行办法》(国务院国有资产监督管理委员会令第18号)的要求,应当在规定的时间内按照国家财务会计制度规定和国资委财务监督工作有关要求,以统一的编制口径、报表格式和编报规范,向国资委报送年度财务预算报告。国资委企业财务预算是中央企业向国资委报送年度财务预算的统一报告格式,是综合反映中央企业预算年度生产经营和资金流转等情况的工作报告,对于国资委及时了解中央企业预算年度资源配置状况与预期经营目标、促进中央企业合理使用资金、优化资源配置、完善内部控制、全面提升经营管理水平具有十分重要的意义。

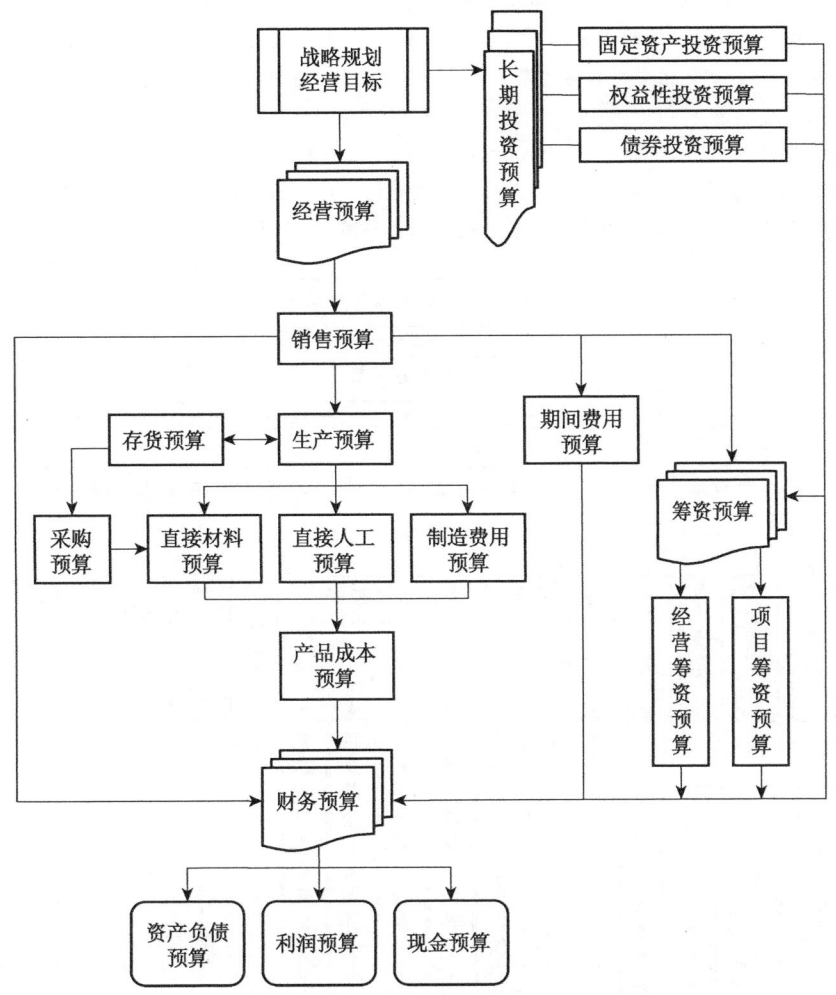

图 5.9　全面预算的内容示意图

另外,如果企业集团中有中央部门预算单位还需要编制中央部门预算。中央部门预算是编制政府预算的一种制度和方法,由政府各部门依据国家有关法律法规及其履行职能需要编制,反映部门所有收入和支出情况的综合财政计划。

【例 5.3】　中国航天科技集团全面预算的内容体系

中国航天科技集团集团公司总预算目前包括外部预算和内部预算共三套,其中外部预算包括国资委财务预算和中央部门预算,内部预算编制由集团公司设定。前期,外部预算无法与内部预算有效衔接,问题主要集中在编制时间和预算编制内容方面。国资委预算主要关注国有资本的经营,相对报表比较全面,但不能满足集团管理的需要;中央部门预算的内容较少,主要关注国家预算资金的有效使用,只能反映内部预算内容的一小部分。集团公司内部财务预算是按照集团管理需求对外部预算的补充,没有相对固定的内容体系。国资委预算、中央部门预算在时间上都无法与内部预算编制时间保持一致,且外部预算是法定必需的,占用预算工作的大部分时间。因此,在预算内容体系设定中,要对三套报表进行梳理,以内部预算为主,反映集团公司管理控制和资源配置的主要需求,且尽量与外部预算有效衔接,外部预算与内部预算有一致表单时,可以借用。

　　中国航天科技集团的集团公司内部全面预算内容包括科研生产、经营管理活动等各个方面,是集团公司及成员单位对一定时期单位内资金取得和投放、各项收入和支出、经营成果及其分配等所作的具体安排,是针对集团公司战略发展需要,基于财政部中央部门预算及国资委企业财务预算基础上的有益补充。

　　各成员单位(含全资、控股公司)全面预算是在以上三种预算体系的基础上,根据各单位管理及发展需要,结合业务实际,设计出适合本单位发展需要的更详细的预算报表。

　　中国航天科技集团集团公司全面预算的内容体系如图5.10所示。

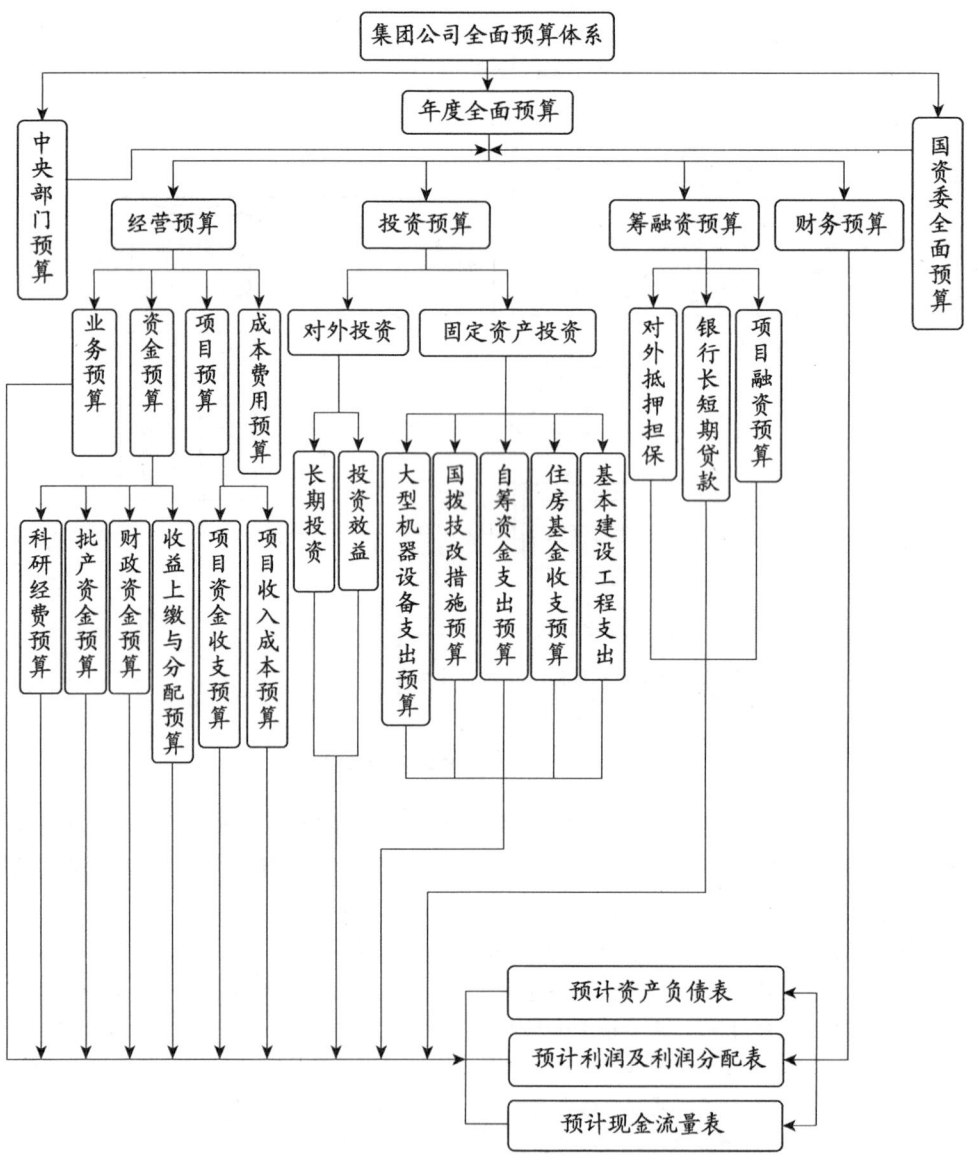

图5.10　中国航天科技集团集团公司全面预算的内容体系

　　此外,由于该集团在产权上并未完全确立起母子公司的控制关系,各院(子公司)具有相对较强的独立性和控制力,集团需要以部分资源的分配权从顶层协调全集团资源的配置,这就对预算指标的确立提出更高的要求。根据目前集团公司的体制状况及财政部《关于企业实行财务预算管理的指导意见》的要求,集团公司采用"逐级负责"的方式直接控制二级单位的预算,将纳入决算范围的单位全部纳入预算范围。集团公司主抓战略层次的预算,即每年根据集团公司发展战略、年度发展目标,分解预算目标到二级单位,二级单位据此负责逐级编制管理各级预算,并逐级上报汇总[1]。

5.2.5　预算的执行和控制

一、预算的执行

1. 预算执行的含义

预算执行是指经企业集团程序审查和批准的预算的具体实施,是把预算由计划变为现实的过程。它是企业集团预算目标实现与否的关键。编制准确、合理的预算固然重要,但其本身并不能改善经营管理、提高经济效益,只有认真严格执行预算,使每一项业务的发生都与相应的预算项目联系起来,才能真正达到预算管理的目的。

预算执行是各级预算责任中心实现预算目标的过程。预算指标分解落实到不同层级的责任单元,各个单元在完成预算指标的过程中会针对预算指标的要求制定相应的业务活动方案并实施,以最终达到完成预算的目的。预算执行的流程如图 5.11所示。

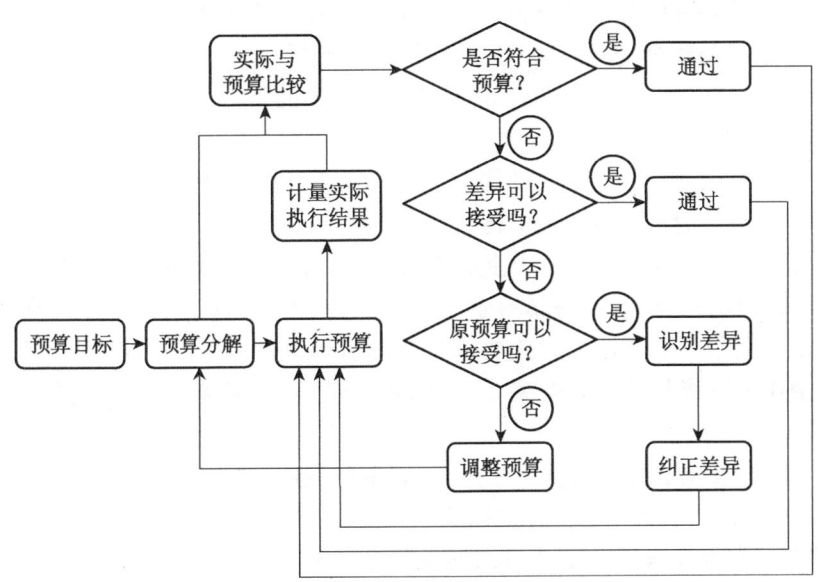

图 5.11　预算执行的流程

2. 预算执行的原则

企业集团在预算执行过程中主要遵循以下原则:

(1)集团公司及下属各单位将批准的年度预算进行分解,按预算的编报体系和责任中心逐级落实,归集汇总形成本单位的年度、季度、月度执行预算。

(2)针对预算内、预算外和超预算的情况分别建立明确的执行流程,预算内遵循制度,预算外分析差异,超预算严格审批,如图 5.12 所示。

预算内事项使用统一的申请表格,遵循规章制度,通过系统对审批授权自动确认。预算外事项必须就发生的理由和使用计划作详细报告。对出现的预算差异进行分析,在合理范围内允许预算外事项。在审批权限上需先经本单位预算决策机构审核,注明意见后逐级汇总报集团公司审批。超预算事项应严格审批,对特殊情况需详细说明并按规定程序履行相应的审批手续后调整其考核指标。

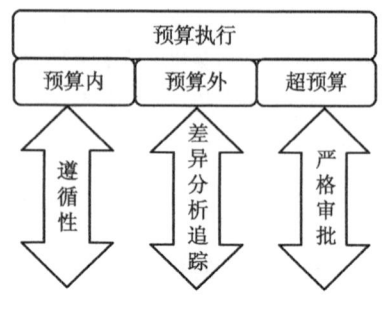

图 5.12　预算执行的分类原则

(3)预算执行保持刚性和权威性。预算管理是一种权力控制管理,是一种管理机制。预算本身不是目的,预算的目的是为了控制。因此,预算能否正确发挥作用,关键要看预算是否在执行上具有刚性和权威性。在预算范围内,各责任单位既有权利又有义务"为自己该为之事",且多干不行,少干也不行。

3. 预算执行前的准备

预算执行前需要将预算进行分解和下达,对预算进行讲解,与预算责任单位签订预算目标责任书。

(1)预算的分解与下达。年度预算经批准后,需要把年度预算分解到更为具体的时间段,一般分为季度、月份乃至旬。这样,预算责任单位才可以在日常的生产经营中,随时将实际情况与预算进行对比,寻找差异,解决问题。

预算经过分解后,要针对不同部门传达各自需要的预算。通常,关于预算责任单位整体完整的总预算,仅限于分发给高级管理人员以及经高级管理人员授权的其他人员。分送给部门主管及中层管理人员的预算,则要保证同他们的权利和职责有关的总预算的部分和该部分的分解预算都能够传送到位。

需要特别注意的是,预算属于企业集团内部资料,透过预算可以窥探出企业集团近期的经营政策、发展方向,易暴露企业集团优势、劣势、营销手段、管理政策等机密信息,是市场竞争中需要谨慎对待的部分,因此,预算的分发下达要注意保密[7]。一般来说,企业可以将各预算连续编号并保留分送对象的编号记录,年度终了时收回,集中销毁。

(2)预算的讲解。预算分发下达后,应以部门、各小团队为单位,举行一连串的预算说明会议,专门讲解集团总体计划以及本部门、本团队的任务,使每个员工都能找到自己的位置。在预算编制过程中,虽然遵循了全员参与的原则,但实际上主要的关键性步骤还是由管理人员和专业人员完成,企业一般员工对于预算的理解并不一定完全正确,甚至还可能出现抵触情绪。因此,对预算的讲解非常必要。

(3)签订预算目标责任书。签订预算目标责任书是规范预算执行行为的重要措施,也是建立预算管理激励与约束机制的重要内容。通过签订预算目标责任书,企业集团以契约的形式将企业集团的整体预算目标具体落实为各级预算执行部门的预算责任目标,明确了集团决策管理层与预算执行层之间的相互关系及各自的责任、权利和义务。同时,通过签订预算目标责任书还可以使双方都清楚:完成预算责任目标,预算执行部门将得到哪些奖励和结果;否则,将会受到什么样的惩罚和后果,从而调动各预算执行部门严格按预算标准实施生产经营活动的自觉性。另外,预算目标责任书还是考核、评价各预算执行部门经营业绩的重要依据。

预算目标责任书的签订时间一般是在董事会批准预算草案以后,预算期到来之前。签订预算目标责任书的层次和方式需要根据企业集团的经营规模和组织结构等情况决定。企业集团一般需要签订多个层次的预算目标责任书,包括董事会与总经理签订、集团公司与控股子公司签订、子公司与内部预算责任部门签订等。各预算执行部门负责人与总经理签订预算目标责任书以后,要通过指标分解的办法将预算责任落实到每个岗位和员工,构建"千斤重担众人挑,人人肩上有指标"的预算执行责任体系。

4. 预算执行需要注意的问题

企业集团是否按照设定的预算目标进行资源的配置直接影响预算的运行效率和运行效果。预算执行不力,是集团预算管理中的突出问题。(预算中容易出现的问题及相应对策请扫二维码 5.14。)

二维码 5.14
预算中容易出现的
问题及相应对策

二、预算的控制

1. 预算控制的含义

预算控制有广义和狭义之分。广义的预算控制是指将整个预算系统作为一个控制系统,通过预算编制、执行、监控和预算评价与奖惩形成一个包括事前、事中和事后全过程的控制系统。狭义的预算控制是指将编制好的预算作为业绩管理的依据和标准,定期将实际业绩与预算进行对比,分析差异结果并采取改进措施。没有控制,整个预算管理是盲目的,企业集团目标的实现也是无法保证的。

2. 企业集团预算控制的特性

企业集团预算控制的特性主要有权变性、三维立体性和循环动态性。(具体内容请扫二维码 5.15。)

二维码 5.15
企业集团预算
控制的特性

3. 预算控制的原则

预算控制的原则有全面控制原则、谁制定预算谁负责控制原则、刚性约束原则、突出重点原则、成本效益原则和以人为本原则,具体请扫二维码 5.16。

二维码 5.16
预算控制的原则

4. 预算控制的基本流程

在计算机及网络环境下,企业集团的预算活动过程以内置流程方式,实现对企业资源的全流程、全方位管理和控制,信息化的预算控制基本流程如图 5.13 所示。

(1) 在提出业务和预算资源申请前,各申请单元通过企业集团内部网络先查看本单元该项目的预算是否足够。

(2) 若预算额度不够,且业务又必须实施,或属于新业务项目,则填写预算增加申请单,进入预算调整流程,寻求预算资源批准。若获得批准,进入申请流程;若未获批准,业务申请结束。

(3) 若预算资源够用,则需准备必要的文本单据,上报本单元授权批准人批准;若该业务或金额还需更高层次的业务批准,再寻求高层批准。

(4) 预算申请提交到企业集团预算控制点,进入企业集团批准流程,预算控制人员首先判断该申请的资源类别属于 20/80 还是 80/20? 若属于 80/20 类申请,查看是否有足够预算资源,若不够,退回申请单位;若申请额在可用预算额度内,立即批准,扣除

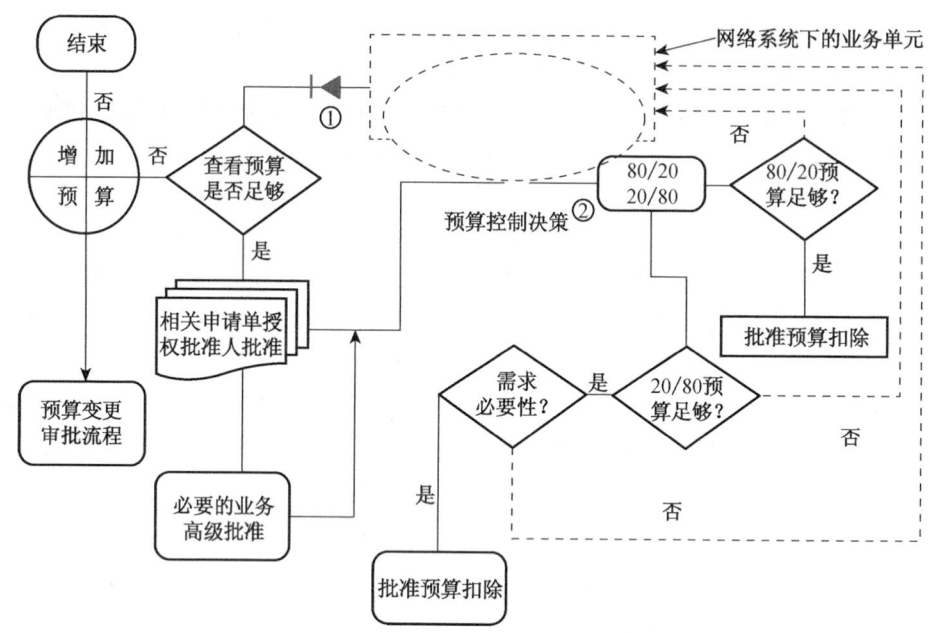

图 5.13 信息化的预算控制基本流程

预算额度。若属于 20/80 类申请,查看是否有足够预算资源,若预算资源不够,退回申请单位;若有预算资源,则进一步判断需求的必要性。

（5）若需求不合理,申请单位又无法解释,退回;若需求合理,批准并扣除预算额度[8]。

需要说明的是:预算责任人的月度财务预算指标,往往是财务部门在每月月初,根据年度预算和预算执行进度给各部门下达的。月度计划不是总预算在各月份间的简单平均分配,而是根据月度预算的执行情况和总预算的进度,以及实际情况的变化重新作出的更符合实际的安排。

授权批准人应是直接责任人,审批权限应与直接责任匹配,应尽量避免交叉审批和重复审批。财务审核是各级财务部门根据下达的财务指标对各级业务部门的日常业务进行监督和审核,可作为重要的预算控制点。财务审核的重点环节是预算支出审批,依据是预算指标。财务审批不是削弱业务部门的审批权限,更不是取代业务部门的审批责任。相反,应通过加强业务部门的审批责任,提高审批的效率和效果。根据审批项目性质不同,审核可采用分类审批程序,即刚性、半柔性和柔性。刚性处理程序是严格按照预算,只允许在预算之内批准,适用于办公用品、业务活动费等支出。半柔性处理程序是指在预算之上一定百分比内可获通过,超过这一百分比不予批准。柔性处理程序是指在预算之外也可及时获得通过,事后进行追踪。

【例 5.4】 中国航天科技集团的预算执行和控制

中国航天科技集团的集团公司直接对二级单位的预算批复和主要指标进行跟踪和监控。二级单位对所属单位的预算进行层层分解和监控。二级单位预算执行的原则是:

（1）预算年度开始后,必须按批准的财务预算执行。对于未列入财务预算的项目,经费不予考虑。

（2）对于全年均衡发生业务的各项经费，应将年度预算按半年、三季度和全年进行节点控制。

（3）对于预算中安排的专项经费，按照合同或任务书规定的节点付款。特殊情况下不能明确付款节点的项目，业务主管部门应提出用款计划，财务部门审核后，按照用款计划付款。

（4）预算项目经费开支要与项目的完成进度匹配。

（5）对于当年没有完成和没有启动需要延续至下一年度继续进行的项目，已下达的经费指标原则上不得结转使用，在下一年度重新申报经费预算。

二级预算执行单位每季度定期向集团公司提交预算执行情况分析报告。

因预算前提发生重大变化等原因导致对年度预算完成影响较大时，二级预算单位可向集团公司预算委员会提出调整预算的申请，经集团公司预算决策机构批准后，可按调整后的预算执行。每年仅进行一次调整，调整时间为每年 9 月份。

为了减少预算调整，建立健全预算准备机制。预算准备费是在编制全面预算时预留的用于预算外支出的预算额度，预算准备费按公司年度预算成本费用总额的 5%～10% 计算，具体比例由预算委员会审定。预算准备费的使用条件是：当预算年度出现客观环境和内部条件重大变化、经营计划进行重大调整以及发生其他不可预测因素时，经预算决策机构批准，方可动用[1]。

5. 预算控制的标准

预算控制的标准可以借鉴质量体系认证的方法，按照全面风险管理的要求，采用会计控制标准体系。会计控制标准体系主要由控制标准和认证标准两部分组成。

控制标准通过标准条款与流程图相结合的方式，明确会计基础工作、业务领域和具体环节的控制要求，梳理关键控制点，列明可能存在的风险和相应的控制措施。认证标准是与控制标准配套的评价内容和方法。认证标准与控制标准共同形成了一套标准认证管理制度，成为一个完整的有机的内部控制体系。认证时对每个控制标准相应的认证考核点逐项评分，采用"百分制"确定该标准的得分，将每个标准的得分乘以设定的相应权重，该权重值合计占标准权重合计的比值即为认证结果。

预算控制标准的主要内容包括范围、术语和定义、职责分工控制、授权审批控制、预算编制控制、预算批复控制、预算执行控制、预算调整控制、预算分析与考核控制、监督检查 10 个部分，关键控制点的设置主要体现在预算编制、预算执行、预算调整、预算分析和预算审批五个具体环节，如表 5.4 所示。

表 5.4　预算控制标准

标准名称	标准条款	流程图	关键控制点	附表格式
预算	1.范围 2.术语和定义 3.职责分工控制 4.授权审批控制☆ 5.预算编制控制☆ 6.预算批复控制 7.预算执行控制☆ 8.预算调整控制☆ 9.预算分析与考核控制☆ 10.监督检查	预算控制	5	1

【例5.5】 中国航天科技集团预算职责分工控制的控制标准

（请扫二维码5.17。）

5.2.6 预算的分析与考核

在全面预算管理循环中,预算分析与预算考核处于承上启下的关键环节。预算的编制、执行和控制、分析和考核,是一个完整的系统,相互作用、相互制约,周而复始地循环。预算分析考核既是本次循环的终结,又是下一次预算的开始。通过预算分析,可以发现预算执行中存在的问题和造成问题的原因,有助于落实责任和纠正偏差,从而实现过程控制;通过预算考核,可以增强全面预算管理的严肃性和激励约束作用,为预算的全面执行注入活力和动力。

一、预算分析

1. 预算分析概述

（1）预算分析的含义。预算分析有广义和狭义之分,广义的预算分析是指对预算管理全过程的分析,包括预算的事前、事中和事后分析。（具体请扫二维码5.18。）

狭义的预算分析只包括事后分析,即对预算执行结果的分析。其目的是为了确定预算执行结果与预算标准之间的差异,找出发生差异的原因,并确定其责任归属。因此,狭义的预算分析也称预算差异分析[6]。

（2）预算分析的作用。一般来讲,企业集团管理层只能从财务数据看到表面的现象,比如,销售收入下降、成本增加、零售量比例下降、利润减少等,而不能看到产生这些差异的原因。只有通过分析,才可以做到对差异的分解和细化,从数据上挖掘到差异的最底层,并从经营和管理两个层面找出差异的原因和存在的问题[9]。预算分析在预算管理中有预防作用、控制作用、评价作用、辨析作用和促进作用。（具体请扫二维码5.19。）

（3）预算差异的分类。预算差异是预算执行结果与预算标准之间的差额。预算执行产生的差异有很多种,可以从不同的角度进行分类,如表5.5所示。

表5.5 预算差异的分类

分类标准	类 别
差异产生的原因	价格差异、数量差异、结构差异
差异的影响	有利差异、不利差异
差异产生的性质	主观差异、客观差异

（不同预算差异类型的介绍请扫二维码5.20。）

分清预算差异的类型,对于分析差异原因、落实差异责任具有非常重要的意义[6]。

2. 预算分析的体系

为使预算分析更加科学、有效,使分析更具广度和深度,需建立适应企业集团实际的全面预算分析评价体系:一是建立预算分析制度,确定各环节的分析重点。二是确定预算分析的主体。三是确定预算分析的方法。四是确定预算执行分析报告的基本提纲和格式,对主要业绩指标进行分析评价。同时开展专题分析,针对影响预算执行的重大事项和例外事项展开专题调研,加强对重点项目的预算差异分析。

（1）预算分析的制度和重点。一般而言,企业集团的预算分析评价体系多为多级结构。各级单位需要定期召开预算管理委员会会议,全面掌握预算的执行情况,按照重要性原则,确定预算分析的重点,研究、分析预算执行中存在的问题,采取有效措施纠正偏差,实行月度、季度、年度和专题分析。

【例 5.6】　中国石油天然气股份有限公司炼油与销售分公司的预算分析制度和重点
（请扫二维码 5.21。）

二维码 5.21
中国石油天然气
股份有限公司炼
油与销售分公司
的预算分析制度
和重点

（2）预算分析的主体。一般来讲,预算分析的主体是预算执行过程中负责跟踪调查和一定期间预算执行结束之后专门负责预算执行情况考评的机构或部门。该机构或部门能及时发现预算执行实际情况与预算指标之间的差异,并分析差异的性质和产生差异的原因,进而比较、选择有效应对措施,纠正预算执行过程中的偏差,并及时修订预算中不合理的部分,并为下期预算的编制积累有益的经验。财务部门作为预算分析主体比较合适。

例如,中国石油天然气股份有限公司炼油与销售分公司预算分析的主体是各级责任中心的财务部门,其他部门起参与和配合作用,财务部门在预算管理委员会的领导下完成预算的分析工作。

（3）预算分析的方法。预算分析的方法是在收集整理各种数据资料,分析评价预算执行和完成情况,分析差异原因的过程中使用的方法。使用的方法种类很多,主要是定量分析方法和定性分析方法。

　定性分析方法通过实地观察、座谈讨论、因素评分等形式,达到收集资料、了解情况、查找问题、分析原因的目的。定量分析方法通过对比数据、因素替换等方法,达到发现问题、分析原因的目的。在实际工作中,需要根据分析的目的和要求以及公司的经营特点灵活选择,并结合运用不同的分析方法。

二维码 5.22
预算分析的方法

（预算分析的主要方法请扫二维码 5.22。）

（4）预算分析报告的基本提纲和格式。预算执行分析报告的基本提纲和格式应当包括以下内容:

第一,主要指标完成情况。这部分主要用表格列示主要指标,不作文字分析,如表5.6 所示。这部分有助于从宏观上掌握预算完成情况,可以以利润表为基础,采用比较分析法编制。

表 5.6　中石油炼油与销售分公司主要指标完成情况表[①] 单位:万吨、万元

项目	本期累计			本期预算			比预算（＋、－）		
	批发	零售	合计	批发	零售	合计	批发	零售	合计
销售量									
其中:汽油									
柴油									

---

①　杨信.石油销售企业全面预算管理[G].北京:中国财政经济出版社,2004.

（续表）

项目	本期累计			本期预算			比预算（＋、－）		
	批发	零售	合计	批发	零售	合计	批发	零售	合计
销售收入									
其中:汽油									
柴油									
吨油销售收入									
其中:汽油									
柴油									
销售成本									
其中:汽油									
柴油									
销售毛利额									
其中:汽油									
柴油									
吨油毛利									
其中:汽油									
柴油									
商品流通费									
1. 现金营销成本									
员工成本									
运输费									
招待应酬费									
会议费									
差旅费									
专业服务费									
办公费									
社会用工费用									
其他费用									
2. 折旧与摊销									
3. 财务费用									
吨油商流费									
吨油现金营销成本									
吨油折旧与摊销									
利润总额									
吨油利润									
IAS税前利润									

第二,主要指标完成情况分析。这部分是预算分析评价的主体部分,主要分析预算指标差异形成的原因,可以包括损益分析、销售收入分析、销售成本分析、费用分析等方面。

以销售收入分析为例,要分析销售收入预算差异是由销售数量差异还是销售价格差异引起的。在产销多种产品的情况下,销售收入差异应按每一种产品进行分析,然后加以综合。各种产品的预算价格和预算销售量,可以直接从销售预算中取得。由于产品在预算期内的实际价格可能会有多次升降变化,所以在分析销售收入预算差异时,应采取加权平均单价进行分析。下面,举例说明销售收入预算的分析方法。

【例5.7】 2017年1月,大海公司采用因素分析法将2016年的销售收入预算执行结果与预算标准进行了分析,计算结果如表5.7所示。

表5.7 2016年销售预算完成分析表

产品名称	单位	预算销售额(万元)			实际销售额(万元)			差异分析(万元)		
		数量	单价	金额	数量	单价	金额	数量变动	价格变动	合计
计算关系		①	②	③	④	⑤	⑥	⑦=(④-①)×②	⑧=(⑤-②)×④	⑨=⑦+⑧
甲产品	台	880	5	4 400	910	5.1	4 641	150	91	241
乙产品	台	500	2	1 000	450	1.9	855	−100	−45	−145
丙产品	台	200	3	600	220	3.2	704	60	44	104
合计		—	—	6 000	—	—	6 200	110	90	200

由此可知:

$$销售数量差异=\sum(实际数量-预算数量)\times 预算价格$$
$$=(910-880)\times 5+(450-500)\times 2+(220-200)\times 3$$
$$=150+(-100)+60$$
$$=110(万元)$$

$$销售价格差异=\sum(实际价格-预算价格)\times 实际数量$$
$$=(5.1-5)\times 910+(1.9-2)\times 450+(3.2-3)\times 220$$
$$=91+(-45)+44$$
$$=90(万元)$$

$$销售差异合计=数量差异+价格差异=110+90=200(万元)$$

分析发现大海公司2016年销售收入预算完成情况有如下三个特点:

其一,销售收入总额比预算多完成200万元是由于销售数量变动增加销售收入110万元和销售单价变动增加销售收入90万元所致,其中销售数量增加是主要原因。

其二,甲产品、丙产品的销售数量和销售单价变动都是向着有利于企业的方向发展。

其三,乙产品的销售数量和销售单价变动都是向着不利于企业的方向发展,应引起注意。

影响产品销售数量和销售单价变动的具体原因很多,当销售量差和价差确定下来之后,就需要具体分析影响产品销售数量和销售单价变动的主客观原因。另外,对影响销售数量变动和销售价格变动的因素分析还应结合销售费用的支出情况进行综合考察[6]。

第三,关键业绩指标分析。关键业绩指标是各单位业绩合同的重要组成部分,正确理解分析该项指标对各单位完成预算目标具有十分重要的意义。以石油销售企业为例,中石油炼油与销售分公司将投资资本回报率、吨油销售收入、吨油费用、吨油毛利、吨油利润、吨油现金营销成本等六项指标作为关键业绩指标(KPI)进行分析。

第四,资产负债分析。主要包括资金管理分析、应收账款分析、存货分析、固定资产分析、负债分析等。以资金管理分析为例,主要是对资金上划、基本户费用拨付、资金周转和货币资金占用额,分别从现状、变化、原因、采取的措施、结果等方面进行分析,分析资金占用的同时,要对财务费用的影响进行分析。

第五,专题分析。根据经营管理工作的实际需要,可以对某方面的问题进行专门分析。如中石油炼油和销售分公司的运输费用分析、投资完成情况分析、所属单位经营效果分析等。

第六,问题与建议。这部分是针对预算执行中存在的问题,提出解决问题的应对措施和建议,为企业集团领导决策提供依据。

3. 预算分析的流程

预算分析的流程是:

第一步:确定预算分析的对象,明确分析的目的。

第二步:收集资料,掌握情况。

第三步:对比分析,确定差异。

第四步:分析原因,落实责任。

第五步:提出措施,改进工作。

第六步:归纳总结,分析报告。

第七步:反馈分析结果。

预算分析本身不是目的,预算分析的目的:一是将预算分析的结果按照一定的程序反作用到生产经营过程中去,纠正经营运行过程中的实际情况与预算的差异,更好地指导预算的顺利执行;二是向上一级公司报告预算分析结果,以便于上级公司站在整体角度统筹考虑预算的调整和执行,或从政策层面对预算执行过程中存在的差异进行考虑。以中石油炼油与销售分公司为例,预算分析结果的反馈程序如图 5.14 所示[9]。

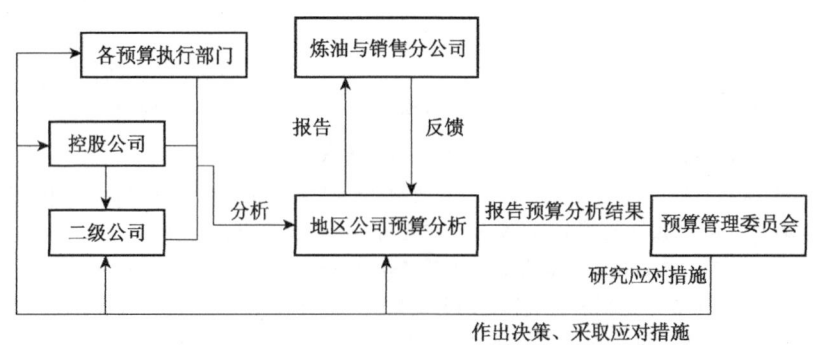

图 5.14 中石油炼油与销售分公司预算反馈程序①

---

① 杨信.石油销售企业全面预算管理[G].北京:中国财政经济出版社,2004.

（详细内容请扫二维码 5.23。）

二、预算考核

1. 预算考核的含义、形式及作用

预算考核是对预算目标执行和完成情况进行考核,并按预算执行优劣给予奖惩的管理制度。预算考核应以企业集团各级预算执行主体为考核对象,以预算目标为考核标准,以预算完成状况的考察为考核核心,通过实际执行情况与预算目标的比较,确定差异并查明差异产生的原因,进而据以评价各级责任单位和个人的工作业绩,并与其相应的激励制度挂钩,使其利益与相应的工作业绩紧密相关,以充分调动各级责任单位和个人的工作积极性,促进企业整体效益的提高[9]。它具有两层含义:一是对整个预算管理系统进行评价,即对企业集团经营业绩进行评价,它是完善并优化整个预算管理系统的有效措施;二是对预算执行者的考核及其业绩的评价,它是实现预算约束与激励作用的必要措施。

预算考核既是一种过程管理,也是一种结果管理,它包括期中考核与期末考核两种形式:

（1）期中预算考核,即预算执行过程的监控和财务预警。过程监控与财务预警属动态考核,是以考查预算执行进度和质量、校正偏差、进行预警分析、总结过程管理经验和改善管理为目的的,也是在生产经营活动过程中对预算执行情况、预算与实际之间的差异进行及时处理。

（2）期末预算考核,即在预算期末对整体预算完成情况进行考核。这是对整体预算完成情况以及是否实现了企业战略目标、年度经营计划和本单位业务计划进行评价和考核[10]。

目前企业集团的预算考核多以期末预算考核为主,期中预算考核为辅。期末考核以运行指标和财务指标考核为主。

预算考核对企业集团的预算管理及整个集团的管理效果具有十分重要的作用,主要体现在以下几个方面:第一,使由战略目标分解形成的预算目标成为企业集团一切工作的核心,这种目标具有较强的约束作用,为战略目标的实现提供可靠的保障。第二,帮助管理者及时了解经营发展趋势,衡量有关预算目标的实现程度。第三,反映整个企业集团的经营业绩,为编制下期预算提供有价值的资料。第四,为预算执行者的业绩评价提供重要依据。第五,肯定预算责任主体的工作业绩,增强管理者的成就感与组织归属感。

预算考核在预算管理循环中处于承上启下的关键环节,既是本次预算管理循环的终结,又是下一轮预算管理循环的开始。它是业绩评价的有机组成部分,是预算控制过程的一部分,是预算管理的保证。如果没有以预算为基础的考核,预算就会流于形式。

2. 预算考核与业绩评价

企业集团的预算考核与业绩评价有着千丝万缕的关联。预算考核是业绩评价的重要依据,预算管理也离不开业绩评价的支持。预算用量化的方法界定了各责任中心及其员工应达到的标准,这一标准与实际执行结果环境一致、时间相同、计量单位相当,体现了企业的战略目标,以其作为业绩评价标准,具有良好的可比性和可操作性。以预算指标作为标准时,业绩评价及其绩效奖惩体系的建立与完善使预算管理得到大多数员工的认同和参与,能真正将预算落到实处。对于企业经营活动起到了很好的导向性作用,有效地提高经营业绩与经济效益[11]。以预算为标准的业绩评价就是预算考核。因此,在传统管理学说中,业绩评价是预算管理的组成部分,预算考核与业绩评价融为一体。在现实社会中,也有企业集团用预算考核替代业绩评价[12]。

随着管理学说的发展与企业管理实践的需要,预算考核和业绩评价呈现独立的趋势,在独立的前提下,更强调其结合运用。业绩评价是对企业集团生产经营活动的综合评价,重在全方位的结果考核。在业绩评价中,可以参考的标准除了预算指标外,还有历史指标、行业指标等;除了有量化指标,还有定性指标。

一般来讲,预算考核是综合业绩评价的基础和重要组成部分,为综合业绩评价提供财务类关键考核指标,但不是全部。预算考核的侧重点在预算执行过程监控、财务预警与经营状况分析以及预算完成情况的评价;而业绩评价的侧重点在企业集团及成员单位综合业绩的结果,重在全方位的结果考核。

3. 预算考核的原则

企业集团预算考核应遵循的基本原则如下:

(1)分级考核原则。预算考评要坚持上级考核下级的原则,集团母公司考核子公司,子公司考核各部门、车间,车间考核工段,工段考核班组,班组考核员工。考核必须坚持分层考核,必须层层进行,不准越级考核。在预算考核过程中,各个层次的责任中心编制本责任中心的责任报告,并上报直属的上级责任中心。由上级责任中心根据所属各责任中心的责任报告,对各责任中心的工作成果进行分析、检查,明确其成绩,并指出其不足。该上级责任中心也要编制本责任中心的责任报告,对本身工作成果进行自我分析评价,并向更上级责任中心报送。通过这样层层汇总、分析与评价,直至企业集团最高领导层。

(2)目标一致性原则。预算考核的一项主要功能就是通过对分解、落实到各个责任主体的预算指标的考核,明确各相关工作部门和人员的具体目标,并督促其积极完成。但要注意一个问题,就是一定要确保各级责任单位和个人目标的一致性。在预算考核工作中,必须遵循目标一致性原则,保证企业集团预算管理体系的一致性,引导各级责任单位和个人在预算执行过程中更好地协调各自工作,共同实现企业集团整体预算的目标。

(3)例外考核原则。在预算考核中,一定要特别注意那些有可能影响预算指标完成的重要因素,并应关注这些因素的例外情况。这其中又包括两层意思:一是对于关键因素,要超出常规的实施例外的细致考核;二是如果企业不可控的外部因素变化对预算执行造成影响,如宏观经济环境变化、自然灾害等,应及时修正预算,按照修订后的预算指标进行例外考核。

(4)激励原则。激励导致努力,努力导致成绩。企业集团应当有一套与预算管理相适应的激励制度。没有科学的激励制度,预算执行者就缺乏执行预算的积极性与主动性,预算考核也就失去了它的真正意义。

遵循激励原则应当注意以下几点:一是预算考核要与预算执行者的薪酬分配形式

紧密结合起来,考核结果必须要有相应的物质利益兑现,不管是奖金还是职位变动;二是预算考核的对象是预算执行者的可控性因素,考核标准在执行前公布,考核过程公平、公正,考核结果在有关范围内公布;三是预算考核要适时进行,预算考核时间应当与预算周期一致,奖惩要及时兑现。

4. 预算考核体系的内容

预算考核体系的建立是实施预算考核的基础,主要包括确定预算考核的主体和客体、明确预算考核的流程、制定预算考核制度、确定预算考核指标、制定预算奖惩方案以及预算考核的组织实施等内容。它们彼此之间紧密联系,形成有机的整体。

(1) 预算考核的主体和客体。企业集团预算考核的主体是预算考核的组织者和实施者,包括预算管理委员会和企业有关业务归口的职能部门。例如,在中国航天科技集团,财经领导小组(院长办公会,厂所长办公会、总经理办公会、公司董事会)是本单位各部门及所属单位预算管理考核的决策机构。财务部门是各单位、各部门预算考核的牵头部门。主要负责组织开展各单位、各部门预算考核工作;根据各单位、各部门预算执行情况,编制院预算考核草案;根据决策机构的审议结果,形成对各单位和各部门的预算考核文件[1]。

预算考核的客体是预算考核的对象,即企业集团内部各预算责任单位和相关人员。

(2) 预算考核的程序。预算考核的程序如图5.15 所示。

(3) 预算考核与奖惩制度。企业集团必须建立预算考核与奖惩制度,将预算考核与奖惩制度化。预算考核制度化具有两层含义:一是企业集团要建立健全预算考核制度,使预算考核的原则、

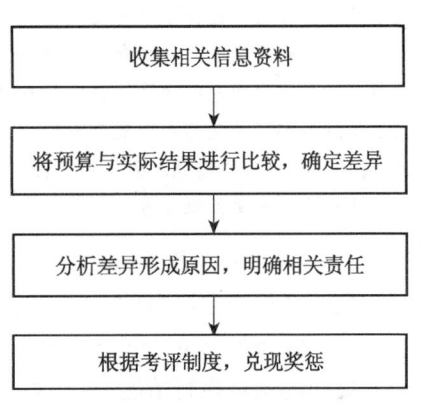

图 5.15 预算考核程序图

方法、内容、程序、奖惩等规则条款化、明晰化、公开化;二是预算考核要按预算考核制度组织实施。预算考核和奖惩制度化与预算考核结果的客观、公正休戚相关,两者只有紧密结合在一起,才能起到预算考核的激励作用。

企业集团应当根据经营发展要求,制定适合本集团实际情况的预算考核制度,并将其纳入本单位的业绩评价体系。在预算执行前,应采用签订预算目标责任书的方式,将预算执行的条件、预算指标、权利责任、奖惩办法等予以明确,以此作为实施预算考核的依据。实施预算考核的部门和人员要严格按照预算考核制度所赋予的权力行使职权。

预算的奖惩是企业根据预算的激励制度,将预算考核的结果对预算责任单位和个人进行奖惩兑现。因此,企业也要建立科学的激励制度,注重激励指标的公正、公开以及激励制度的严肃性[10]。

(4) 预算考核的组织实施。企业集团应当结合自身组织结构和预算制度组织预算考核。典型的预算考核实施方案可以是:

第一,预算期终了后 10~15 日内,财务部、各责任中心将企业集团及责任中心预算执行分析报告等资料报送预算管理办公室和相关执考单位,各执考单位对责任中心执

行结果进行绩效评价,并将结果报送预算管理办公室。

第二,审计相关部门定期/不定期对预算执行结果进行审计,并将审计结果报送预算管理办公室。年度审计,审计相关部门可根据实际需要进行重点审计,被审计单位应向审计监察部提供预算分析等资料。

第三,预算管理办公室根据预算执行结果计算奖惩激励,并报送预算管理委员会审批。人力资源部根据考核审批结果完成奖励兑现。季度奖励兑现 3 日内完成,年度奖励兑现 5 日内完成。责任中心负责人负责将预算奖惩在责任中心内部进行分解,落实到具体责任人,并报人力资源部门备案[12]。

【例 5.8】 中国航天科技集团一院的预算考核

预算年度结束后,财务部门组织各单位、各部门开展全面预算考核工作,结合年度预算批复和预算执行情况,对各部门的预算执行情况进行初步打分,并分发给各部门。各部门负责对本部门的初步打分情况提出意见或建议,在收到考核表 20 个工作日内,书面反馈至院财务部门。对于分歧严重的考核指标须书面进行专项情况说明,一并提交财务部门。

下级单位在预算年度结束后,根据规定格式对本单位当年预算执行情况进行自评打分。各下级单位应于规定时间内将预算执行考核表及预算执行情况报告一并汇总上报上级财务部门。财务部门在收到各部门的反馈意见及各单位全面预算考核情况资料后 15 个工作日内,编制全面预算考核草案,会同次年度院全面预算方案一并提交全面预算考核决策机构审议,审议通过后,财务部于 7 个工作日内形成正式文件批复各单位[1]。

5. 预算考核的方法

预算考核的方法多种多样,主要有综合评价法、关键绩效指标法和平衡计分卡等。

(1) 综合评价法。综合评价法的思想是任何一项单独的预算指标都无法全面反映企业集团的预算执行情况,应当对多个指标同时进行评价,以全面反映企业集团的预算编制和执行情况。综合评价的关键技术主要有三个方面:一是指标的选择;二是权数的确定;三是方法的适宜。

第一,指标的选择和计算。预算考核指标的选择必须建立在企业集团经营管理体系和经营模式的基础上。各责任中心的预算考核指标可选择:

a. 财务类指标+非财务类量化指标+预算管理项目指标

b. 过程类指标+结果类指标

c. 绝对额指标+相对额指标

d. 局部指标+整体指标

e. 长期指标+短期指标

以中石油炼油与销售分公司为例,其预算考核指标分为运行指标(非财务指标)和财务指标(如图 5.16 所示)。

指标的计分方法有分等评分法、比率评分法和功效系数法等。

a. 分等评分法是将各项评价指标的实际数值同预算数值相比较,按其实现程度划分等级,根据每等级规定的分数评定各指标的分数。例如,根据实际数值比预算数值升降的情况,划分为超过预算、与预算持平和低于预算三个等级,超过预算评为 10 分;与预算持平评为 5 分;低于预算评为 0 分。

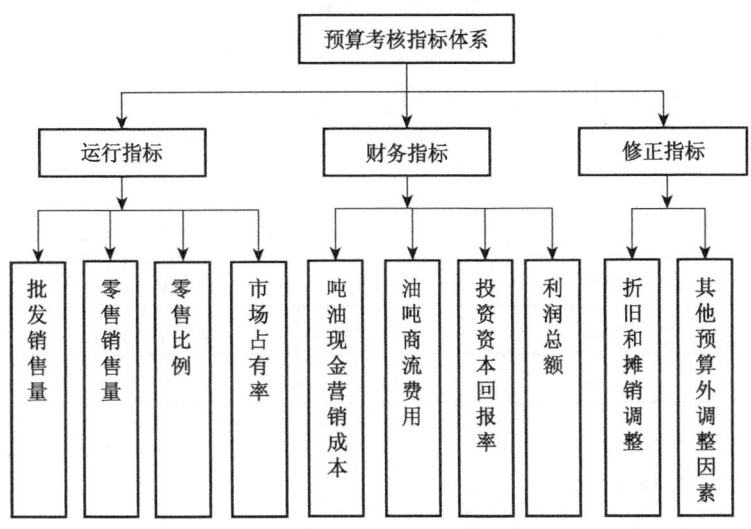

图 5.16　中石油炼油与销售分公司预算考核指标体系图①

b. 比率评分法是按各项评价指标分别规定标准分数,根据评价指标实际数值实现标准数值的程度计算实现比率,评定各指标应得分数。其计算公式如下:

$$指标分数 = 该指标标准分数 \times \frac{该指标实际数值}{该指标标准数值}$$

c. 功效系数法又称功效函数法,它是根据多目标规划原理,对每一项评价指标确定一个满意值和不允许值。以满意值为上限,以不允许值为下限,计算各指标实现满意值的程度,并以此确定各指标的分数,再经过加权平均进行综合,从而评价被研究对象的综合状况。指标 i 的功效系数计算公式为:

$$f_i = \frac{x_i - x_i^s}{x_i^h - x_i^s}$$

其中: x_i^s 为指标 i 的不允许值;

x_i^h 为指标 i 的满意值;

x_i 为指标 i 的实际值。

总功效系数 F 的计算公式为:

$$F = \frac{\displaystyle\sum_{i=1}^{n} f_i}{n}$$

【**例 5.9**】　某企业集团有四个子公司,现在要对这四个子公司进行预算执行评价并排序比较。采用功效系数法进行评价。为简化只选择四个预算指标,数据见表 5.8。

---

①　杨信.石油销售企业全面预算管理[G].北京:中国财政经济出版社,2004.

表 5.8   子公司预算执行数据表

子公司名称	全员劳动生产率(元/人年增加值)	百元净资产增加值(元)	销售收入(万元)	销售收入利税率(%)
A	12 000	68.0	15 000	16.5
B	8 500	65.1	7 000	12.6
C	6 000	66.2	6 500	13.5
D	11 000	70.1	16 000	17.0
满意值	12 000	70.1	16 000	17.0
不允许值	6 000	65.1	6 500	12.6

功效系数的计算与子公司评价如下：

第一步：确定各指标的满意值和不允许值。

假定各项指标的最好值为满意值，最差值为不允许值。

第二步：计算各子公司各项指标的功效系数。

计算 B 公司全员劳动生产率的功效系数：

$$f_i = \frac{x_i - x_i^s}{x_i^h - x_i^s} = \frac{8\ 500 - 6\ 000}{12\ 000 - 6\ 000} = 0.416\ 7$$

计算 A 公司百元净资产增加值的功效系数：

$$f_i = \frac{x_i - x_i^s}{x_i^h - x_i^s} = \frac{68 - 65.1}{70.1 - 65.1} = 0.58$$

同理可得，各子公司的各项功效系数，如表 5.9 所示。

表 5.9   功效系数表

企业名称	功 效 系 数			
	f_1	f_2	f_3	f_4
A	1.000 0	0.580 0	0.894 7	0.886 4
B	0.416 7	0.000 0	0.052 6	0.000 0
C	0.000 0	0.220 0	0.000 0	0.204 5
D	0.833 3	1.000 0	1.000 0	1.000 0

第三步：分别计算各企业的总功效系数。

$$F_A = \frac{\sum_{i=1}^{n} f_i}{n} = \frac{1.000\ 0 + 0.5\ 800 + 0.894\ 7 + 0.886\ 4}{4} = 0.840\ 3$$

$$F_B = \frac{\sum_{i=1}^{n} f_i}{n} = \frac{0.416\ 7 + 0.000\ 0 + 0.0526 + 0.000\ 0}{4} = 0.117\ 3$$

$$F_C = \frac{\sum_{i=1}^{n} f_i}{n} = \frac{0.000\ 0 + 0.220\ 0 + 0.000\ 0 + 0.204\ 5}{4} = 0.106\ 1$$

$$F_D = \frac{\sum_{i=1}^{n} f_i}{n} = \frac{0.833\,3 + 1.000\,0 + 1.000\,0 + 1.000\,0}{4} = 0.958\,3$$

由此可见，$F_D > F_A > F_B > F_C$，由功效系数法判断子公司预算考核的排名为 D 公司第一，A 公司第二，B 公司第三，C 公司最后。

第二，权数的确定。权数确定的方法有数十种之多，根据计算权数时原始数据的来源不同，这些方法大致可分为两类：主观赋权法和客观赋权法。主观赋权法是利用专家或个人的知识或经验来确定指标的权数，其原始数据主要由专家根据经验主观判断得到，如德尔菲法、层次分析法（AHP 法）等。客观赋权法是从指标的统计性质上来考虑，由调查所得的数据决定，不需征求专家的意见，其原始数据由各指标在被评价单位中的实际数据形成，如主成分分析法、均方差法、离差最大化法、熵值法、代表计数法、组合赋权法等。这两类方法各有优缺点：主观赋权法客观性较差，但解释性强。客观赋权法确定的权数在大多数情况下精度较高，但有时会与实际情况相悖，而且解释性较差，对所得结果难以给出明确的解释。

第三，多指标综合计分方法。多指标综合计分可以采用综合评分法。综合评分法是按照各指标符合评价标准的程度，计算指标的评价分数，然后综合计算评价总分，据以综合评价的方法。其具体步骤为：①选择具有代表性的评价指标；②确定各项评价指标的标准值与标准评分值；③计算各项评价指标的得分；④综合计算评价总分；⑤得出评价结论。评价总分越高，评价结果越好。它又可以有如下细分：

a. 加法评分法。它是将各项评价指标所得分数累计相加，根据总得分的多少综合评价。其计算公式为：

$$S = \sum_{i=1}^{n} S_i$$

其中：S 为评价总分；

S_i 为某项指标的评价分数；

n 为评价指标项目数。

b. 连乘评分法。它是将各指标所得的分数相乘，根据乘积的多少综合评价。其计算公式为：

$$S = \prod_{i=1}^{n} S_i$$

c. 简单平均评分法。它是将各指标所得分数，应用简单算术平均法计算平均分数，根据平均分数的多少综合评价。其计算公式为：

$$S = \frac{1}{n} \sum_{i=1}^{n} S_i$$

d. 加权平均法。它是按照各指标在评价总体中的重要程度给予权重，应用加权算术平均法计算平均分数，根据加权平均分数的多少综合评价。其计算公式为：

$$S = \frac{\sum\limits_{i=1}^{n} S_i W_i}{\sum\limits_{i=1}^{n} W_i}$$

加权平均法突出评价重点,考虑各评价指标对评价总体优劣的影响程度,有利于对企业集团预算的评价,因而应用较为广泛。

【例5.10】 假定某企业集团A子公司从4个方面采用10项指标进行预算考核,采用加权平均法综合评价公司经营业绩。各单项指标应用比率评分法评分。评分结果如表5.10所示。

表5.10　A公司业绩评价综合得分表

指标	预算值①	实际值②	评分比率(%) ③=②÷①	权数④	加权分数 ⑤=③×④
偿债能力指标				28	29.64
流动比率	2	2.11	105.5	8	8.44
利息周转倍数	4	4	100	8	8
所有者权益比率	0.4	0.44	110	12	13.2
盈利能力指标				36	38.9
销售净利率	8%	9%	112.5	10	11.25
投资报酬率	16%	18%	112.5	10	11.25
所有者权益报酬率	40%	41%	102.5	16	16.4
资金周转指标				28	25.07
存货周转率(次)	5	4	80	8	6.4
应收账款周转率(次)	6	5	83.33	8	6.67
总资产周转率(次)	2	2	100	12	12
发展能力指标				8	10.67
销售增长率	15%	20%	133.33	8	10.67
合计	—	—	—	100	104.28

该企业综合得分为104.28分,超过预算值,说明其经营业绩较好。其中,偿债能力指标、盈利能力指标和发展能力指标均超过预算值;资金周转指标低于预算值。具体来说,流动比率、所有者权益比率、销售净利率、投资报酬率、所有者权益报酬率、销售增长率6项指标超过预算值;利息周转倍数、总资产周转率2项指标与预算值持平[13];存货周转率和应收账款周转率低于预算值。因而,需要改进的存货周转率和应收账款周转率指标。

(2)关键绩效指标法。关键绩效指标(Key Performance Indicator,KPI)是指企业集团在制定预算考核项目时,选取一些关键的、与企业集团目标的实现关系紧密的工作内容作为考核项目,而不是把所有的工作内容事无巨细地全部都列为考核内容。其核心思想是:企业集团80%的绩效可通过20%的关键指标来把握和引领,企业集团应当抓住主要矛盾,重点关注和考评与其战略目标实现关系最密切的20%的关键绩效指标

（周梦杰，2013）。一个企业的关键成功因素一般为 5～8 个，数量很少。这在一定程度上可以说是目标管理法与帕累托定律的有效结合。KPI 管理使员工的工作更有重点和方向，也更能发挥绩效考核对组织战略目标实现的促进作用[14]。这种方法自 1999 年由麦肯锡公司引入中国后，被越来越多的中国企业集团认可和接受，并广泛应用于绩效管理实践（刘洁，2009），成为中国企业集团预算考核和绩效评估的主要方法之一。

预算考核可依据各责任中心的职责定位及预算责任确定其关键绩效指标，进行量化并设定权重，期末，计算各责任中心的 KPI 值及对应系数，确定绩效系数并与绩效收入挂钩。

例如，在进行预算编制准确性考核时，选择预算差异率作为 KPI，其计算公式为：

预算差异率 ＝（项目年度实际完成金额÷该项目年度预算金额×100％－100％）

预算完成情况按百分制计算，最高为 100 分，不同预算差异率下，预算完成分数计算如下：预算差异率在±10％以内，预算完成得 100 分；预算差异率在±10％～15％，预算完成得 90 分；预算差异率在±15％～20％，预算完成得 80 分；预算差异率在±20％以上，预算完成得 70 分。

$$某单位预算完成分 = \sum（该单位某项目预算完成分 \times 该项目权数）$$

某利润中心的权数可以定为收入 30％，利润 40％，可控制造费用 30％。职能部门归口分管范围相关预算权数可以定为：1÷项目数。对于应列入预算而未列入预算项目，酌情扣责任单位预算得分。

年终，各预算责任单位在预算执行情况分析中必须对预算完成率进行详细计算并说明，并提供有关提出考核的依据，经财务部审核后，报上级主管部门。预算完成得分应当与薪酬挂钩。例如，某职能单位按照"工资总额×30％×（1－预算完成得分/100）"扣减工资总额。这种对预算编制准确性的考核有利于缓解预算松弛现象。

（3）平衡计分卡。平衡计分卡（The Balanced Score Card，BSC）是根据企业集团的战略要求而精心设计的指标体系。它以"因果关系"为纽带，平衡战略、过程、行为与结果，平衡财务指标与非财务指标，通过财务维度（financial perspective）、顾客维度（customer perspective）、内部业务流程维度（internal business processes perspective）和学习与创新维度（learning and growth perspective）全面评价企业集团业绩。将预算与平衡计分卡相结合有助于克服战略实施过程中的种种障碍[15]。

平衡计分卡由哈佛大学教授罗伯特·卡普兰（Robert Kaplan）和复兴全球战略集团总裁大卫·诺顿（David Norton）在 1992 年创立。其创立以来在世界各国广泛传播和应用。根据 Cartner Group 的调查：在《财富》100 强公司中有 70％采用了平衡计分卡[10]，《财富》1 000 强企业中有近半数企业组织采用。《哈佛商业评论》也将此理论评为 20 世纪最具影响力的 75 个管理理念之一[15]。

平衡计分卡从四个方面评价企业集团，这四个方面是财务、顾客、内部业务流程、学习与创新，如图 5.17 所示。

a. 财务维度。财务指标显示了企业集团的战略及其执行是否有助于利润的增加。

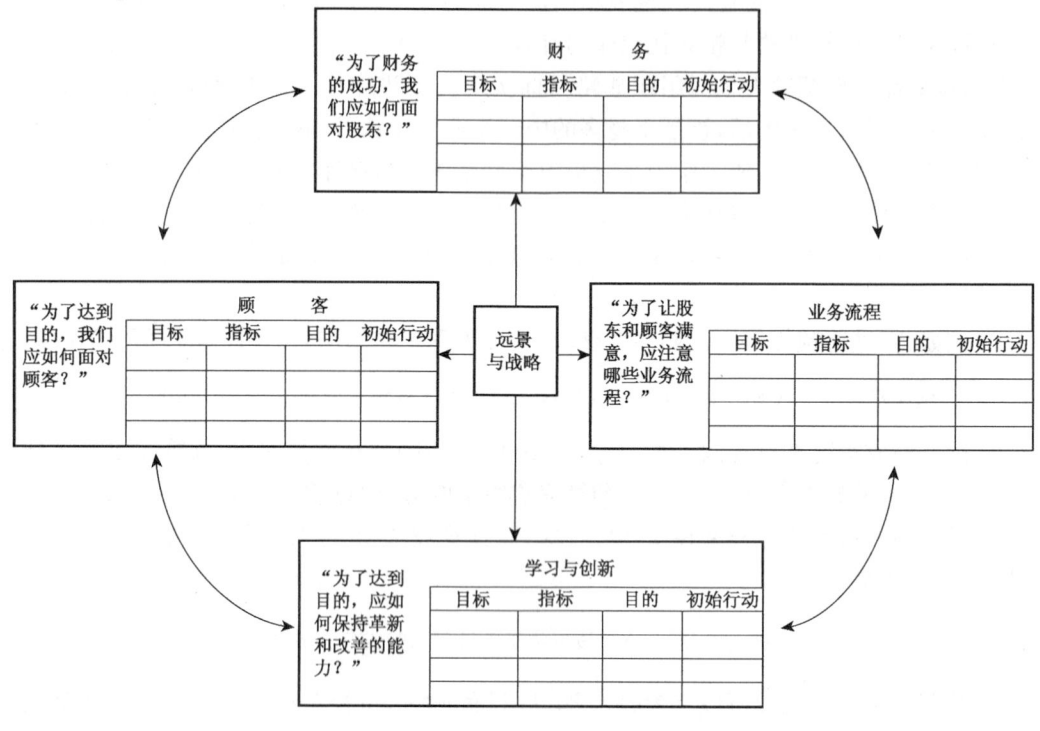

图 5.17　平衡计分卡

典型的财务指标有:营业收入增长率、资本报酬率、现金流量和经济增加值等。

　　b. 顾客维度。顾客所关心的事情有四类:时间、质量、性能和服务、成本。平衡计分卡要求经理们把自己为顾客服务的承诺转化为具体的测评指标,这些指标应能真正反映与顾客有关的因素。典型的指标包括:顾客满意程度、顾客保持程度、新顾客的获得、顾客盈利能力、市场占有率、重要顾客的购买份额等。

　　b. 内部业务流程维度。战略管理以顾客为导向,优异的顾客绩效与组织的研发、生产、售后服务密不可分,经理必须从内部价值链分析入手,对企业内部进行考察。典型的指标包括影响新产品引入、周转期、质量、雇员技能和生产率等各种因素。

　　d. 学习和创新维度。公司创新、提高和学习的能力,是与公司的价值直接相连的。也就是说,只有通过持续不断地开发新产品,为顾客提供更多价值并提高经营效率,公司才能打入新市场,增加收入和利润,才能壮大发展,从而增加股东价值。典型的指标有:开发新产品所需时间、产品成熟过程所需时间、销售比重较大的产品的百分比、新产品上市时间等。

　　由于财务指标是一种滞后指标,它们很好地描述了过去行为的结果,但却无法描述组织中依靠无形资产(如知识和关系网络)创造真实价值的机制,因此平衡计分卡用前置指标(未来经济绩效动因)来补充这些滞后指标。不论是前置指标还是滞后指标,都来源于企业集团的战略,如图 5.17 所示。在平衡计分卡中,处于核心地位的是远景与战略,而不像许多其他预算考核体系那样,各种财务指标处于核心地位。

这四个方面不仅仅是一个财务指标与非财务指标的组合，而且从学习与创新维度的绩效动因到财务维度的财务绩效改善构成了因果关系链，如图 5.18 所示。

例如，企业集团打算制定一个成长战略。于是需要平衡计分卡的财务维度评价收入增长情况。假设顾客忠诚度的提高会带来收入的增加，于是顾客维度需要评价顾客忠诚度。如何提高顾客忠诚度呢？需要确定企业集团必须擅长哪些内部业务流程才能提高顾客忠诚度。如果顾客的忠诚度来自企业集团持续创新和不断向市场推出新产品的能力，那么需要在内部业务流程维度评价新产品开发周期。如何缩短新产品开发周期？新产品开发活动的

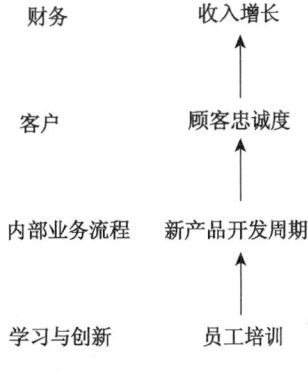

图 5.18　因果关系链

员工培训投资有助于缩短新产品开发周期，然后便在平衡计分卡的学习与创新维度评价之。整个平衡计分卡各个指标间的联系依据一系列的"如果……怎样"陈述而构建：如果企业集团加强培训，新产品开发周期就会缩短。如果新产品开发周期缩短，顾客忠诚度就会提高。如果顾客忠诚度提高，收入也就会提高。平衡计分卡与其他绩效管理系统的最大差别就在于注重因果关系。建立绩效指标之间的因果关系是实施平衡计分卡最富挑战性的工作。

平衡计分卡体现了战略管理与战术管理的平衡，财务指标与非财务指标的平衡，长期目标与短期目标之间的平衡，外部人员和内部人员的平衡，结果性指标和动因性指标的平衡，管理业绩和经营业绩的平衡等多个方面，能反映企业集团综合预算完成情况，使预算考核趋于平衡和完善，因此受到广泛关注并不断应用。

正是由于需要作如此多的平衡，平衡计分卡涉及的人员较多，需要设计的指标复杂，实施起来有一定难度。

各个企业集团在应用平衡计分卡时有一些共同点，那就是：量身定做、全员参与、反复沟通、不断修正。首先，平衡计分卡不是一张简单的卡片，而是一个包容万象的母板。任何组织要应用它，都必须针对组织自身的情况量体裁衣。没有哪两个组织的情况是完全相同的，因此也就没有哪两个组织的平衡计分卡一模一样。平衡计分卡只可能借鉴，不可能照搬。其次，平衡计分卡触及企业集团的方方面面、各个角落。要设计出科学的平衡计分卡并得到很好的实施，离不开全体员工的积极参与。平衡计分卡的应用不是哪个人的事，也不是哪个部门的事，而是整个组织的大事，需要全体员工积极投入。再次，平衡计分卡不是一个单薄的平面，而是一个分层次的立体网络。不管是设计，还是实施平衡计分卡，都需要组织上下的反复沟通与磨合。只有这样才能减少组织中的摩擦与能耗，实现最佳的协调与平衡。最后，平衡计分卡形成后，并不是一成不变的。在平衡计分卡的实施过程中，可能会反映出一些不合理、不完善的地方，需要及时得到修正。随着环境的改变、企业的发展，原先适用的平衡计分卡也可能出现不再恰当的方面，这也需要及时得到更新。所有这些特点决定了平衡计分卡的应用是一个耗时耗资的复杂工程，需要相应的条件，需要较多的投入，需要坚定的决心，需要不懈的努力[15]。

5.3 项目生命周期预算

生命周期管理的概念最早由美国国防部(DoD)在 20 世纪 80 年代提出。传统的项目管理侧重于某一阶段(当前所处阶段)的具体工作,而生命周期管理要求将视角放在项目全周期,全面考虑各个过程和各个环节。项目管理范围的演变如图 5.19 所示。

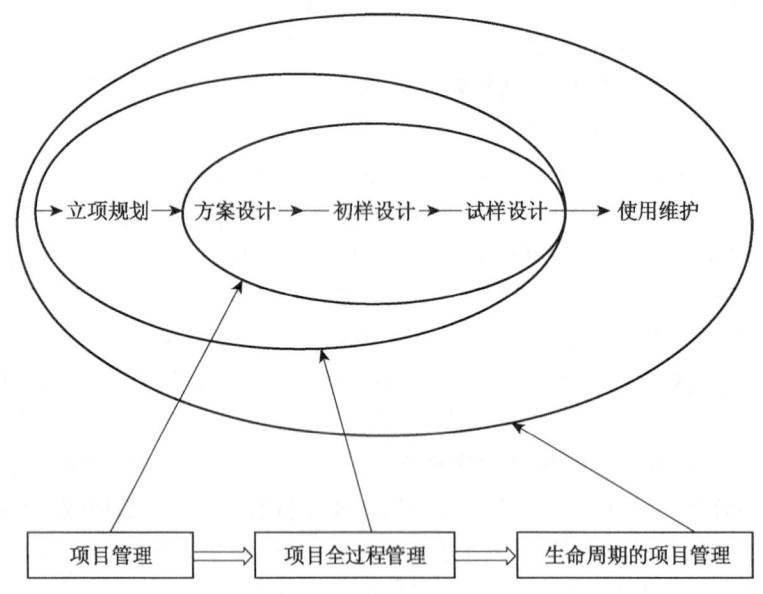

立项规划 → 方案设计 → 初样设计 → 试样设计 → 使用维护

项目管理 ⇒ 项目全过程管理 ⇒ 生命周期的项目管理

图 5.19 项目管理范围的演变

项目生命周期预算(life-cycle budgeting)正是基于全寿命周期的角度,从项目立项到运营交付全周期开展相对应的预算管理,强调将项目生命周期的各项活动,无论是事前、事中还是事后均纳入预算管理,强调过程控制和结果控制的均衡。

生命周期预算工作离不开各阶段、各环节业务部门的直接参与和业务活动本身的开展。项目战略规划以及计划分解是预算制定的前提,经费和合同管理是预算制定的制度保障,各类资源的收费标准、定额以及协作价格等是预算编制、计算的数据依据和基础支撑。

本部分以中国航天科技集团的航天型号项目全寿命周期预算管理为例说明项目生命周期预算。中国航天科技集团公司是我国高技术领域核心竞争力突出的国有特大型高科技企业,成立于 1999 年 7 月 1 日。其前身是 1956 年成立的国防部第五研究院,经历了第七机械工业部、航天工业部、航空航天工业部和中国航天工业总公司的历史沿革。

该企业集团是我国航天科技工业的主导力量,拥有中国运载火箭技术研究院、航天动力技术研究院、中国空间技术研究院、航天推进技术研究院、四川航天技术研究院、上海航天技术研究院、中国航天电子技术研究院、中国航天空气动力技术研究院等 8 个大型科研生产联合体,中国卫星通信集团有限公司和中国长城工业集团有限公司等 14 家专业公司,8 个区域性航天产业基地,8 家境内外上市公司以及若干直属单位(如图5.20

所示）。主要从事运载火箭、人造卫星、载人飞船和战略、战术导弹武器系统的研究、设计、生产和发射，专营国际商业卫星发射业务。

图 5.20　中国航天科技集团组织架构图[1]

一、项目全周期预算责任的划分

航天型号项目全周期预算是该企业集团全面预算的重要组成部分。型号项目全周期预算职责的划分情况如下：

（1）集团公司财务金融部、宇航部、武器部是航天型号项目预算管理的责任部门，其具体分工为：

财务金融部作为全面预算的归口管理部门，负责航天型号项目预算的综合平衡和汇总，配合对航天型号项目预算执行的监督、检查。

宇航部作为宇航项目预算的归口管理部门，负责集团公司宇航项目预算的审核及预算执行过程中的协调、监督、检查。

武器部作为武器项目预算的归口管理部门，负责集团公司武器项目预算的审核及预算执行过程中的协调、监督、检查。

（2）集团公司所属各单位根据集团公司各责任部门的职责以及本单位实际情况，明确航天型号项目预算的审批决策机构、主管部门及职责分工，并将其纳入本单位的全面预算管理。

（3）建立以型号两总为首的航天型号项目预算责任人制度。航天型号项目预算责任人作为型号项目预算的组织与执行者，在各单位实施综合管理的前提下，负责组织编制航天型号项目预算，并负责预算实施过程中的成本管理与控制。

（4）在各院级单位财务部门设置航天型号项目会计师岗位，负责协助编制航天型号项目预算，参与航天型号项目预算全过程管理，并提供航天型号项目预算执行情况的会计信息。

二、项目全周期预算的编制

型号项目全周期预算包括全周期预算说明书、全周期经费分配预算、全周期成本预算和年度经费预算。

1. 全周期预算说明书

项目全周期预算编制说明主要包括：用户单位名称、承包单位名称、项目名称与代号、合同类型、价款及支付方式、编制依据及原则等。研制型号项目还包括主要研究内容、项目研制周期及起止时间等；批生产型号项目还包括产品批次与数量、合同起止时间以及分批交付要求等。

2. 全周期经费分配及成本预算

项目立项后，在明确型号项目研制计划、制订全周期预分预控方案并进行各项成本费用预算的基础上，总承包单位应编制《航天型号项目全周期经费分配预算表》《航天型号项目全周期年度经费分配预算表》，随单位年度预算上报集团公司；总承包单位本级和各分承包单位应编制《航天型号项目全周期成本预算表》，随单位年度预算上报集团公司。

3. 年度经费预算

年度预算是项目全周期预算的重要内容，也是实现预算控制的重点。航天型号项目年度预算主要包括科研经费年度收款预算、年度收支结算预算、年度型号成本预算以及年度财政补助收入预算和年度期间费用预算等。

航天型号项目经费一般实行院属各单位与院本级（含各型号）两级全面预算管理，院级计划（经费）管理部门负责汇总院属各单位（包括型号项目管理部门）及院本级年度型号经费预算，根据科研生产计划安排、经济指标要求、型号项目工程实施策划报告、预计来款额度、型号产品价格和承研承制单位分合同（协议）或技术经济责任书等，进行综合平衡后编制院航天型号年度科研经费收支（结算）预算，经主管院领导审核后，列入院全面预算，根据全面预算审批流程，报院长办公会审定后实施。

型号总承包单位本级和各分承包单位编制的《航天型号项目年度收支结算预算表》《航天型号项目年度收款预算表》均随单位年度预算上报集团公司。

各单位根据年度科研生产计划，结合（阶段）目标成本，编制年度型号项目成本预算，指导当年型号成本的控制。成本预算应分解细化到具体的任务项目（产品、课题及试验）和责任主体。

院级型号成本管理部门（财务部）负责审核院属各单位年度成本预算并进行批复。经主管院领导审核后，列入院全面预算，根据全面预算审批流程，报院长办公会审定后实施。各单位应严格按照批复预算进行年度成本控制。

三、项目预算经费的拨付、使用和调整

1. 项目预算经费的拨付

航天型号项目经费的拨付总体上坚持年度预算及里程碑考核拨付款制度，即根据成本控制目标和合同经费总额，按照项目完成的工作量或阶段性成果实施投入拨付。里程碑控制方法体现了预算控制的原则，以一院为例，其主要流程如下：

第一，依据院对年度型号项目经费预算的批复，由各型号军品经费主管部门（如型号办、项目办）编制《型号年度科研经费里程碑付款指标计划》，报型号（项目）负责人审批后，交院型号综合计划及经费主管部门（如科研计划部）汇总编制《院年度科研经费里程碑付款指标计划》，经财务部会签，报院领导批准后印发。

第二，院型号综合计划及经费主管部门（如科研计划部）根据各单位里程碑计划的完成情况，按确定的周期（如月、双月、季度等）编制型号（项目）里程碑拨款计划，经财务部会签后，报院领导批准后实施。对于外协单位的（预）付款也参照办理相关手续。

第三，对于没有按里程碑计划要求完成的单位，在里程碑拨款时缓拨或减拨该单位经费，待里程碑计划完成后，再申报、履行拨款。

第四，拨付各单位里程碑款项应明确型号研制、生产阶段，细化到分系统，并详细注明拨款所依据的相关合同、文件或计划节点。

第五，没有院年度预算的军品经费项目原则上不能列入综合拨款计划，确需拨款时，应有增加年度预算、里程碑拨款计划的专题报告，并履行相应的预算调整手续。

随着航天型号项目研制的开展，对所发生的经费要进行实时控制，包括对各类经费的使用建立规定，并定期检查、分析。这是确保国有资产的安全性，确保经营活动的合法性，提高经济运行效率的重要保障。常用的经费控制措施主要包括：专项经费使用控制、经费目标控制、外协合同控制、经费使用情况报告制度和定期检查控制。

专项经费使用控制是对各类专项经费的使用建立相应的规章制度，专款专用、严格

使用规范。经费目标控制是院与院属各单位签订技术经济责任书后,实行超支不补、节余留用的政策。各单位制定目标成本,严格控制成本开支,提高经济效益。外协合同控制是对各单位外协合同实行统一定价、统一报价、统一竞标,对一定额度以上的横向合同进行院级审批鉴证等管理。经费使用情况报告制度是各单位建立定期(如按季度)型号项目经费使用情况报告制度。定期检查控制是院定期对院属各单位型号项目的经费使用情况进行检查。

2. 项目预算经费的使用

项目预算经费的使用需要基于过程监测的控制,包括对航天型号项目预算执行过程的监控,定期对航天型号项目预算执行情况进行检查、分析、预警,建立航天型号项目预算执行结果考核机制等。

(1)项目预算的审批控制。对航天型号项目的经费支出采用审批控制的方式达到事中控制的目的,审批控制可以分为预算内的审批控制,超预算审批控制和预算外审批控制,其授权审批程序按照各单位的预算管理办法执行。

(2)项目过程的成本监测。航天型号项目预算的过程控制是由不同节点控制构成的连续活动。其中,对型号项目成本的监控是预算过程控制的重要环节。在航天型号项目预算执行过程中,应注重型号项目的成本控制,严格按规定列支成本,合理分配费用,优化型号项目成本,提高成本效益。

(3)项目执行过程中的成本分析、预警。实际成本分析是过程控制的重要工作,通过实际成本与年度预算及阶段目标成本的对比分析,及时采取纠偏、改进措施,开展阶段评价,确定以后阶段成本管理与控制的重点。同时,在对项目实际成本进行实时监测(即项目实际成本核算)的基础上,建立预算报告制度和预算执行情况预警机制,定期报告预算执行情况,分析执行中发生的对预算目标产生重大影响的因素,选择预警指标,确定预警范围,及时向技术系统、经费及财务管理等部门发出预警信号,提出改进措施和建议。

(4)项目过程的预算考核。项目过程中的预算考核主要关注实际执行是否偏离预算目标,考察预算执行的进度和质量,并对预算责任单位发出不同性质的预警提示。航天型号项目的预算考核纳入单位的预算考核体系中,并与各责任人的绩效考核挂钩。

3. 项目预算经费的调整

预算是基于业务驱动的动态系统,航天型号项目研制工作的不确定性和风险性决定了航天型号项目预算必然是动态调整的。因某些技术指标变更,出现重大技术反复以及受国家重大政策性影响而增加的费用,在原定概算指标内确实无法消化的,可由国家主管部门组织审查,按规定上报国家批准后,相应调整科研项目的概(预)算,并依此修改合同价款(或经费计划指标)。

以申请载人航天二期超概算为例,其主要流程如图5.21所示。

最后,在型号(项目)研制任务完成或阶段完成,经费全部到位、结算或核销工作完成后,由项目负责人组织编写型号项目经营分析报告,完成航天型号项目预算执行情况分析评价,并上报集团公司[1]。

至此,中国航天科技集团建立了纵向以成员单位为主体,横向以航天型号项目为主体的矩阵式全面预算管理模式。

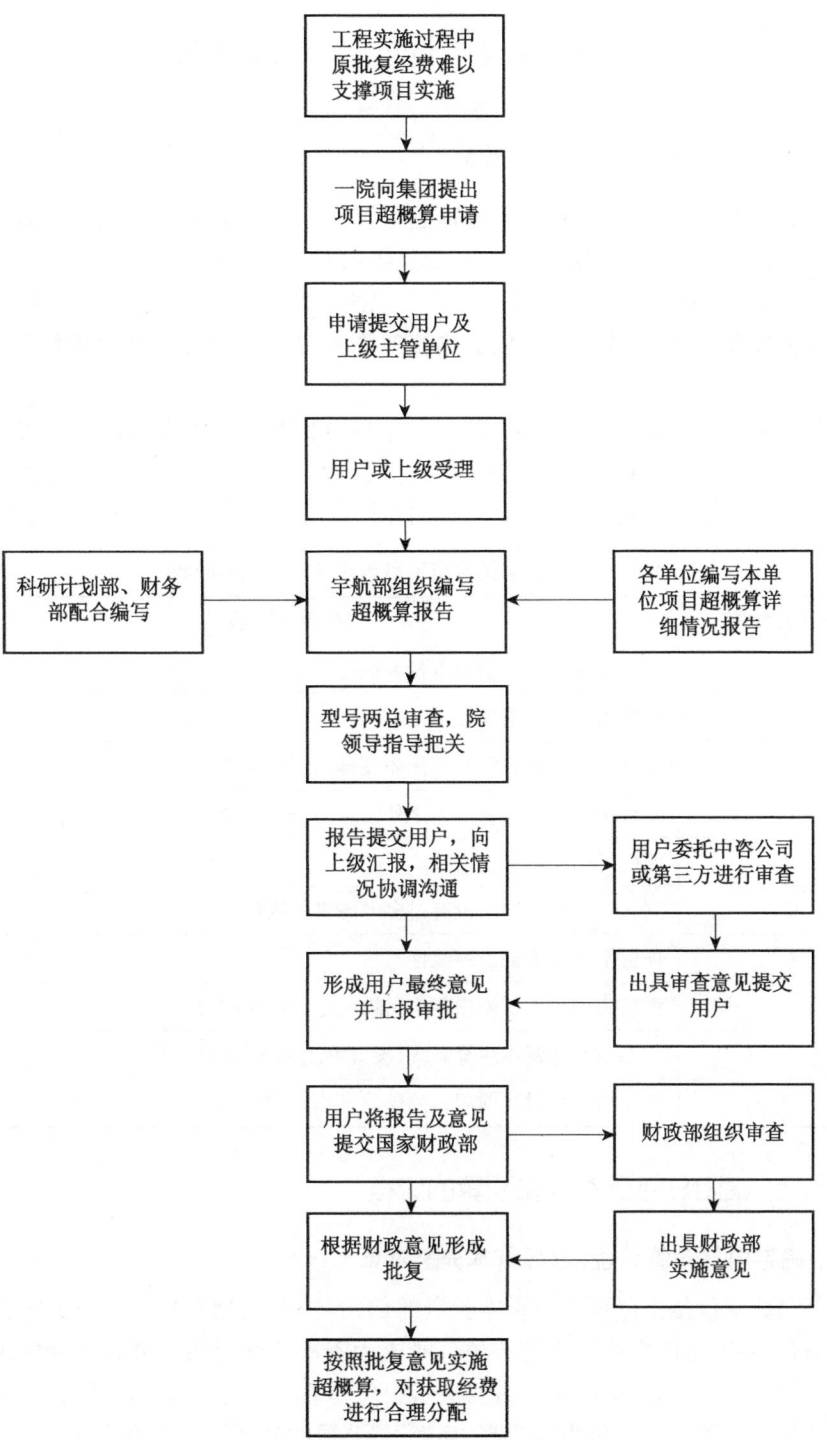

图 5.21　申请载人航天二期超概算流程

5.4 企业集团资本分配预算

5.4.1 集团总部的资本分配权

任何企业集团,不论采用何种管理体制与管理政策,集团母公司对其下属子公司的投资都具有最终决策权。资本资源在企业集团内部属于企业集团总部必须关注的重大决策事项[16],子公司一般不具有对这一事项的决策权。国外经验表明,集团总部集中进行资本分配及配置,不仅符合集团战略管理要求,而且有利于优化集团财务资源配置效率。

尤其对于产业型集团,其总部要确定产业布局和未来发展方向,因此,需要对集团整体投资及资本支出预算进行宏观调控与管理。表 5.11 是对国外企业集团资本分配及项目选择中常见问题的一个归纳,它也同样符合我国企业集团投资管理的现实。

表 5.11　企业集团投资项目选择中常出现的问题[5]

严重程度排序	常 见 问 题
1	不存在一致性的项目审批系统
2	许多人可以批准项目
3	没有多少证据表明总部优先安排的项目能得到下属成员企业很好的执行
4	项目优先是在命令体系之外设定的——多套审批系统同时存在
5	职能部门的山头主义
6	列入优先级的项目没有过多考虑集团战略
7	项目筛选标准缺乏一致性
8	强有力的个人偏爱项目容易被确定为优先项目
9	总部不存在资本预算系统,没有编制正式的项目预算
10	关于新项目对当前项目的影响,没有反馈性系统和评估

5.4.2 集团总部资本分配预算的流程

一、确定内部预算单位,选择资本分配对象

内部预算单位是指需要进行资本投资的部门,主要是相对独立经营的子公司和事业部。但是,并不是所有内部预算单位都能成为资本分配对象。能否成为资本分配对象需要进行筛选,其筛选标准主要有:第一,投资是否符合企业集团的经营战略;第二,投资是否能促进子公司竞争力的提高;第三,子公司的盈利能力和竞争实力。

根据上述选择标准,可将内部预算单位分为三类:正投资单位、维持型投资单位和负投资单位。那些在本行业中具有较高竞争地位且具有较强的自身经营实力的子公司或事业部,属于有前途的预算单位,总部需要从资本上进行大力支持。这类分部或子公

司称之为成长型的正投资单位。与之相对应,对于那些在本行业中不具有竞争地位且自身经营实力也较弱的分部或子公司,则定位为收缩型的负投资单位。这些子公司或分部的主要任务是为总部提供资金,而总部不再对其进行资本支持。介于两者之间的称为维持型的预算单位,将视公司状况而确定其为正投资单位或负投资单位。

二、确定资本分配形式

在确定了资本分配对象后,母公司需要对正投资预算单位或维持投资预算单位进行资本分配。资本分配形式有四种类型:指定优先级式、公开竞争式、公式化式及自由讨价还价式。究竟采用哪种资本分配形式,主要考虑两个因素:一是某项资本支出对战略的影响程度;二是企业集团总部对子公司或分部的集权或分权程度。资本分配形式和这两大因素之间的关系如表 5.12 所示。

表 5.12　企业集团资本分配形式

集权程度 ＼ 资本支出对战略的影响程度	高	低
高	指定优先级式	公式化式
低	公开竞争式	自由讨价还价式

当资本支出对企业集团战略的影响程度很大时,如果集团公司采用高度集权方式分配资源,则资本的分配主要取决于企业集团战略,相应采用指定优先级式的分配方式,优先分配资本。如果企业集团集权程度较低(或直接采用分权),则可以通过公开竞争式的分配方式。竞争的基础主要考虑项目效益的高低等因素。但在大多数情况下,往往采用"有约束的竞价"方式确定资本流向,即子公司和分部可以竞价要求总部追加资本投入,但要在集团总部制定的标准与约束范围内进行。

与此相反,当资本支出对战略的影响程度不是很高时(尤其是当企业集团处于成熟期时),集团公司在分配资本时一般分别采用"自由讨价还价"和"公式化"两种分配方式。其中"公式化"是指按照一定的分配公式作为分配资本的出发点。例如,按子公司的预期销售增长来确定其投资需要量的增长,从而确定资本追加投入额(公式化最典型的应用是费用预算,如广告费预算按销售的一定百分率计算)。但是不论是自由讨价还价式还是公式化式,分配方式的不足都集中表现在"过去存在即为合理"这一观念基础上。讨价还价的依据是认为过去做得不错从而过去的业绩就成为未来争夺预算的"资本"[16]。公式化则强调过去的存在当然地表现为未来的需要。因此在现代管理中零基预算针对这些问题提出了"各种预算的历史规模对未来资源利用和安排没有影响"这一观点,这对企业集团内部资本分配具有重要意义。

三、项目筛选、项目排序与正式列入集团资本支出预算

企业集团的财务资源总是有限的(在资产负债率控制下,企业集团某一时点的融资能力总是有限的),而下属成员单位为追求规模及增长,或多或少地都存在"投资冲动"。任何企业集团在任何给定的时点,都会同时进行许多项目。据国外数据统计,项目组合

中中小项目和大项目的数量几乎总是超过可用资源量（一般是可用资源量的 3～4 倍），这一问题在我国也非常突出。这种超载不可避免地会导致组织资源的无效率使用。

为实现集团战略目标，优化配置集团有限的财务资源，盘活或提高集团现有资产的使用效率和效果，集团总部将下属成员单位的重大投资项目决策权进行集中统一，不失为一种最佳的制度选择。但是，投资决策权的集中只是解决了项目决策权问题，并没有解决项目筛选、排序及正式列入集团总体预算等具体操作问题。

在实际选择项目中，一般利用矩阵法来筛选。矩阵法是用评分矩阵的方式来确定项目优先次序的方法，如表 5.13 所示。一般认为，达到如下标准的项目可以立项，这两项标准分别是财务标准和战略标准。

（1）财务标准。即从财务角度来看是否可行。一般有两种最常见的方法，即回收期法和净现值法。回收期是指收回项目投资所需的时间。收回期越短越好。决策者利用回收期法的主要目的是用它来清除异常风险项目（具有很长回收期的项目），对于高风险产业或集团新兴产业而言，利用回收期法进行财务评价可能更为稳健，也更加实用。净现值法则利用最低回报率（如 20%）来计算所有现金流入和流出的现值，净现值为正即意味着项目满足所期望的最低回报率，因此可以进一步考虑该项目是否可行。

（2）战略标准。项目选择时，财务标准本身并不能建立起集团战略与项目选择之间的明确关系，也就是说，战略标准才是项目选择的最主要标准。比如说，有些项目"必须"被选中，如新技术出现、公共形象需要、环境保护、核心能力和战略适合性等，这些都是一些战略要求[17]。

图 5.22 是集团总部进行项目筛选、排序及正式列入预算的基本流程图。

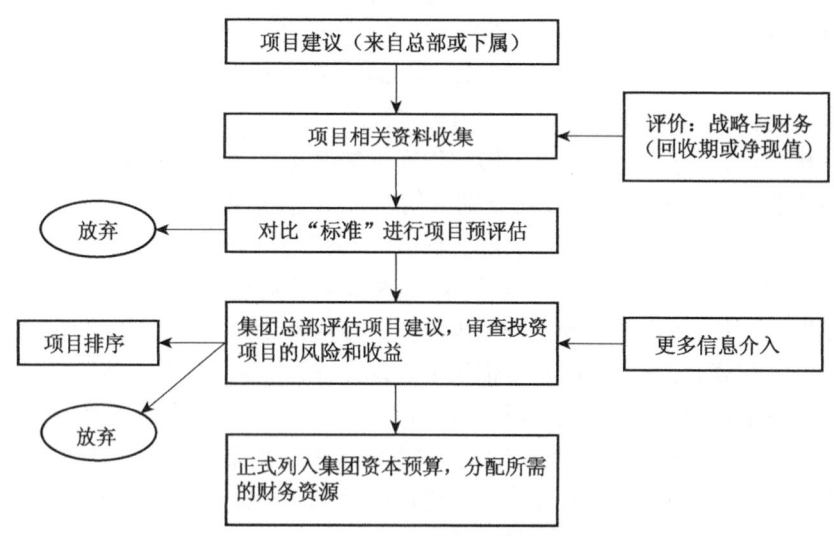

图 5.22　集团总部对下属成员单位项目筛选的流程

在这一过程中，集团总部作为资本分配权的拥有者，要对项目成员单位所提交的项目建议（已通过下属成员单位自我评估后的项目建议书）进行项目风险——收益评估和进一步筛选，并根据集团整体财务资源和能力，进行项目排序。

项目筛选及排序可以采用项目评价矩阵法,表 5.13 是项目筛选与评分矩阵的示例。

表 5.13 项目筛选与评分矩阵

标准 权重 项目	在核心能力所及的范围内	战略合适性	紧迫性	25%的销售收入来自于新产品	次品率降至1%以内	增加客户忠诚度	投资回报率在18%以上	加权平均和
	2.0	3.0	2.0	2.5	1.0	1.0	3.0	—
项目1	1	8	2	6	0	6	5	66
项目2	3	3	2	0	0	5	1	27
项目3	9	5	2	0	2	2	5	56
项目4	3	10	0	0	0	6	0	32
项目5	1	10	5	10	0	8	9	102
项目6	6	5	0	2	0	2	7	55
……								
项目N	5	5	7	0	10	10	8	83

在表 5.13 的示例中,所选择的筛选标准显示在矩阵上端(在核心能力力所能及的范围内,投资回报率为 18%),集团总部决策者要对每个标准根据其对集团目标、战略规划的重要性程度,赋予其权重(最低为 0,最高为 3)。

集团总部投资战略委员会或董事会要针对每个项目建议,根据每一个标准逐项进行评价打分(分值从最低的 0 到最高的 10 分)。如果项目 1 与组织战略适合良好,在此项上得到 8 分。以此类推。根据重要性赋予的权重和每项得分来进行加权。

最后,根据评分情况确定项目的优先次序(如本例中的项目 5 即为最优先安排项目),并在资源有限的条件下,将排在前面的项目正式列入集团总部资本支出预算[5]。

四、确定资本投资方式

企业集团总部筛选项目并决定正式列入集团总体资本预算后,需要解决的第二个问题是:由谁来对项目进行投资? 也就是说,在具体落实投资项目时,其资本来源主体如何确定。一般认为有两种方法:一种是直接分配资本;另一种是分配资本额度,即间接分配资本。

1. 直接分配法

在该方式下,集团总部(母公司)扮演资本直接提供者的角色,直接拨付资本进行项目投资。

2. 间接分配法

在大多数情况下,集团总部并不直接对下属成员单位进行项目投资,总部实施"集中决策、集团控制、分散投资"的管理模式。在这种情况下,集团总部负责项目的审批并将其列入集团总体预算,对于审批通过后的项目资本来源,由总部帮助成员单位解决

（如通过总部资金结算中心统一对外贷款、由母公司出面担保子公司对外贷款、在集团财务公司的运作下由财务公司对内部资本进行调剂分配等方式），但融资主体及还款责任归属于下属成员单位。

五、集团总部对下属成员单位资本支出预算的监控

项目决策通过后，项目执行单位应当编制项目投资预算并报集团总部备案，以备总部相关部门加强对项目投资预算的监控。集团总部战略投资部、审计部等负有对资本支出预算进行监督的责任。资本支出预算监督主要包括三项内容：

（1）监督预算超支及随意调整资本预算行为。

（2）强化资本预算支出反馈与事中评价，强化工程预决算管理，规范账户核算内容与程序，并建立工程用款进度、工程质量报告制度。

（3）对资本支出预算进行事后审计，落实资本支出的预算责任，总结预算实施效果[5]。

本 章 小 结

1. 与单体企业相比，企业集团预算管理的特征有：更为复杂的预算组织体系、更为综合的预算管理目标、更强的战略指导性、更强的系统性和权变性、更为综合和细化的绩效评价体系。

2. 预算管理模式可以从编制方法、预算内容、预算主体、管理对象、执行、员工参与等多个角度进行分类。

3. 预算管理模式必须契合企业集团的环境，每个集团面临的内、外部环境各不相同，集团自身也处于不断的发展变化之中，因此，预算管理模式也应当随之权变、不断创新。

4. 预算管理具有规划、整合、控制、考评四种职能。

5. 预算管理组织体系是预算管理实施的主体，它由两方面构成：一是预算的管理组织，如董事会；二是预算的执行组织，由预算责任中心构成。

6. 企业集团全面预算的编制有自上而下、自下而上和上下结合三种程序。

7. 全面预算的内容主要包括经营预算、长期投资预算、筹资预算、财务预算四大部分，企业集团应当按照先经营预算、长期投资预算、筹资预算，后财务预算的顺序编制全面预算。

8. 预算执行是指经企业集团程序审查和批准的预算的具体实施，是把预算由计划变为现实的具体实施步骤，它是企业集团预算目标实现与否的关键。

9. 预算考核是对预算目标执行和完成情况进行考核，并按预算执行优劣给予奖惩的管理制度。预算考核既是一种过程管理，也是一种结果管理，它包括期中考核与期末考核两种形式。

10. 预算考核是综合业绩评价的基础和重要组成部分，为综合业绩评价提供财务类关键考核指标，但不是全部。预算考核的侧重点在预算执行过程监控、财务预警与经营状况分析以及预算完成情况的评价；而业绩评价的侧重点在企业集团及成员单位综合业绩的结果，重在全方位的结果考核。

11. 项目生命周期预算基于全寿命周期的角度，从项目立项到运营交付全周期开展相对应的预算管理，强调将项目生命周期的各项活动，无论是事前事中还是事后均纳入预算管理中，强调过程控制和结果控制的均衡。

12. 基于战略管理的需要，集团总部大多拥有集团资本分配权，下属成员单位只拥有投资预算执行权。从投资角度看，集团内部预算单位分为三类：正投资单位、维持型投资单位和负投资单位。

13. 企业集团资本分配形式有四种类型：指定优先级式、公开竞争式、公式化式及自由讨价还价

式。究竟采用哪种资本分配形式,主要考虑两个因素:一是某项资本支出对战略的影响程度;二是企业集团总部对子公司或分部的集权或分权程度。

14. 集团总部资本投资方式有两种:一种是直接分配资本;另一种是分配资本额度,即间接分配资本。

关 键 概 念

预算管理　全面预算管理　预算目标　自上而下式　自下而上式　上下结合式　经营预算长期投资预算　筹资预算　财务预算　预算编制　预算执行　预算控制　预算分析　预算考核控制标准　认证标准　综合评价法　关键绩效指标法　平衡计分卡　项目生命周期预算　项目评价矩阵法

复 习 思 考 题

1. 简述企业集团预算决策权限与集团治理规则。
2. 简述企业集团全面预算的基本业务流程。
3. 简述预算控制的基本流程。
4. 平衡计分卡体现了什么样的分析思路?
5. 简述集团总部资本分配预算的流程。

本章参考文献

[1] 方世力.集团公司全面预算管理[M].北京:中国宇航出版社,2012.

[2] 陈永杰.SAP 计划与合并完全解决方案[M].北京:机械工业出版社,2012.

[3] 梁莹,乔栋良,刘建斌.企业集团预算管理的原理与应用[M].哈尔滨:黑龙江人民出版社,2007.

[4] 张谛.公司财务控制体系研究[D].西南财经大学,2007.

[5] 王斌.企业集团财务管理[M].北京:中央广播电视大学出版社,2011.

[6] 张长胜.企业全面预算管理[M].北京:北京大学出版社,2007.

[7] 王化成.全面预算管理[M].北京:中国人民大学出版社,2004.

[8] 章显中.企业预算控制[M].北京:中国人民大学出版社,2009.

[9] 杨信.石油销售企业全面预算管理[G].北京:中国财政经济出版社,2004.

[10] 肖青.企业全面预算管理实务[G].成都:西南财经大学出版社,2009.

[11] 莫运平.略论企业业绩评价体系与预算管理的结合运用[J].财经界(学术版).2009.

[12] 陈国庆,黄志,秦金城.全面预算管理[G].北京:经济科学出版社,2011.

[13] 刘俊勇.全面预算管理:战略的观点[G].北京:中国税务出版社,2006.

[14] 邬烈岚,余杰,闻剑.企业和谐人文环境管理的思考与探索——KHI 管理在中国移动上海公司的实践[J].中国人力资源开发.2015.

[15] 保罗·尼文.平衡计分卡实用指南[M].胡玉明等,译.北京:中国财政经济出版社,2003.

[16] 汤谷良.高级财务管理[G].中国财政经济出版社,2001.

[17] 邵鹏宇.企业集团预算管理研究[D].天津商业大学,2008.

第 6 章

企业集团的内部转移定价

🖝 本章学习目标

通过本章的学习，应当能够：

1. 掌握企业集团内部转移定价的概念、动因、目的和影响因素；
2. 了解内部转移定价的主要理论；
3. 了解内部转移定价的原则和制度；
4. 掌握内部转移定价的方法；
5. 了解跨国企业集团的预约定价安排。

引例

和路雪的内部转移定价策略

　　和路雪是全球冰淇淋市场的第一大供应商,也是中国冰淇淋市场的第一大品牌。其旗下的冰淇淋品牌多种多样,如可爱多、梦龙、百乐宝等,畅销全球 60 多个国家。和路雪从 1959 年开始生产冰淇淋,1994 年进入中国市场,2012 年在中国冰淇淋市场上的销售额大约是 2 000 亿元。

　　相对于在中国遥遥领先的市场占有率,和路雪的账面显示却是:自从进入中国市场以来连年亏损。和路雪(中国)有限公司成立 9 年,亏损额达 1.5 亿美元,折合成人民币 12 亿元左右。相比之下,国内冰淇淋品牌伊利尽管市场占有率和销售额不敌和路雪,在 2000 年的销售额只有 6 亿多元,但是与和路雪的巨额亏损相比,伊利的盈利却有好几千万。

　　和路雪的连年亏损,除了市场竞争日益激烈之外,更重要的原因是其可能使用了转移定价策略。和路雪采用的转移定价的形式主要是对有形资本进行转移定价。为了打开中国的冰淇淋市场,其经营的一大特点就是大量投放市场物资,如配送冰柜、阳伞等。如和路雪为了实现对中国市场的终端垄断,曾经投放了 6 万台进口冰柜,这些冰柜无一例外全部是从欧洲进口的,据统计,每台的单价大约在 6 000 元人民币,而仅此一固定成本的投资就高达 3.6 亿元人民币,这些冰柜的价格是国内同种产品价格的 3 倍以上。这背后很可能就是其通过加大成本,采取转移定价的方式,利用"高进低出"的内部贸易,使其账面利润为零甚至是亏损,以逃避税负,在全球范围内谋求最大利润[1]。

6.1　企业集团内部转移定价概述

6.1.1　企业集团内部转移定价的概念

一、企业集团内部转移定价的定义及其特点

　　企业集团内部转移价格又称内部转让价格,是指集团内部相关联的各方在交易过程中所采用的价格。内部转移价格的制定即为内部转移定价。内部转移价格的实施,既会影响集团企业的整体战略,也会影响集团企业内部各方的业绩和利益。[2]对转移定价的关注最早起源于国际税收,然而随着企业集团的发展,从全球来看它已不仅仅是一个税收问题,而是正在成为企业集团战略发展计划下的一个重要内部管理问题。一项对美国 400 家大型公司和医疗机构采用内部转移价格频度的研究表明,有 15% 的企业发生的内部转移超过了其总销售额的 10%。很显然,对于这些企业而言,转移定价对部门利润产生极大的影响。尽管在美国的大型企业中,内部转移销售在销售总额中比例不大,但转移定价问题仍然对企业内部的部分部门利润具有极大的影响力。[3]

　　企业集团内部转移定价的特点是只反映企业集团或公司内部各利润中心之间的经济联系,一般不直接与消费者发生联系;不作为各种差、比价的依据和计算基础。内部转移价格是"封闭市场价格"的一种形式,而"封闭市场价格"是指买卖双方在一定的约束条件下形成的价格。[4]

二、企业集团内部转移定价的具体表现形式

　　随着企业集团的不断壮大以及经营管理活动的逐渐成熟,越来越多的交易产生了

内部化的现象,内部转移价格也有了更多新的表现和形式,具体可分为以下四种[5]。

1. 商品交易中的表现

企业集团的内部交易形式多种多样,但其中最重要的内容就是商品交易,它主要包括关键原材料、燃料、低值易耗品、零部件、半成品、产成品等货物的购销。集团公司为达到避税的目的,根据具体情况对商品内部交易的价格相应运用高价或低价政策。

(1) 在商品交易中"高进低出"或"低进高出"方面。如果集团公司设立的子公司所在地有很优惠的税收政策或东道国有较宽松的外汇管制政策,而集团公司所在地的所得税率较高,那么集团公司就可能对该子公司实施"低进高出"的政策,即当企业集团内部关联企业之间转让商品时,抬高拨给高税率国关联企业商品的价格,压低产品的拨出价格将利润转移到税率低的国家去,以增加该子公司的盈利,从而使集团公司充分享受税收减免的好处。若以上条件正好相反,则集团公司应对该子公司实行"高进低出"的政策,以便减少子公司的盈利,将利润转移到集团公司所在地,从而保证收益安全。

【例 6.1】[6]　中石油、中石化的内部转让定价避税

2012 年中石油、中石化三季报中,石油巨头们的"应交税费"出现了大幅下降。其中中石化前 9 个月的应交税费为 212.7 亿元,平均每月 23.6 亿元,2011 年全年的应交税费为 396.22 亿元,平均每月 33 亿元;中石油前 9 个月的应交税费为 703.74 亿元,平均每月 78.2 亿元,2011 年全年应交税费为 1 197.4 亿元,平均每月 100 亿元。两巨头的营业收入继续增长。应交税费主要的构成是石油特别收益金,俗称"暴利税",根据原油价格实行累进税率,即原油价格越高,"暴利税"征收率也就越高。由于两巨头在 12 年年初调整了基准油价,中石化将基准油价由杜里改为迪拜,中石油由辛塔改为迪拜,按迪拜原油平均每桶价格比之前每桶降低 7 美元计算,中石化将减少 7 亿美元石油特别收益金,中石油减少 20 亿美元石油特别收益金。虽然选择了相对便宜的石油基准价,减少了自己的利润,但开采的原油主要是用来旗下炼油厂加工,基准油价实际上用来集团内部结算,降价不会影响集团的总收益。

可以看出,中石油和中石化的这一行为就是利用了转让定价的方法在关联企业之间的购销活动中采用"低进高出",一方面原油开采企业减少了石油特别收益金,另一方面在炼油企业及下游企业生产出来的成品油及其他产品的市场价格较高,而成本(即原油)较低,通过这一转变将利润转移到下游获利更多的企业。两巨头成功运用了转让定价避税手段减轻了税负。

(2) 在提供劳务支出的方面。例如,集团公司设立运输子公司,并规定企业集团所在公司的货物必须由自己的运输子公司来承运。在运输收费过程中,通过收取较高或较低的运费、装卸费及保险费等形式来调控子公司的销售成本。这种以费用方式转移子公司的利润通常采取高收费的方式,同时对企业集团内部交易采用来料加工的形式,通过压低子公司的加工费水平,以降低成本。

2. 内部资金交易中的表现

企业集团通过提供贷款利息的高低来影响产品的成本和费用。在公开市场上,资金交易的价格就是利息,而企业集团内部的资金借贷也是有偿的,其转移价格则是利息。由于贷款利息允许在税前列支,因此集团公司总部可利用公司的金融机构(如结算中心或财务公司)为子公司提供贷款,通过调整利率的高低或预付利息来调节子公司的经营成本。具体方法如下:当某一子公司预计当年将有较多会计利润时,该公司在纳税最后期限来临之前,可申请母公司安排举借一笔巨额借款,并在该笔贷款合同中注明利息须全额预付,如此一来该子公司可将此贷款的利息全部计入当期损益,以降低应纳税额,从而减轻税赋。然后,在纳税期限偿还该笔贷款。这是一种比较安全地避税方法,既合理又合法,且不易被审计部门查出。但如何正确使用这种方法,却是一个值得令人思考的问题。

【例 6.2】①　宝洁资金使用权的内部转移定价

自 1993 年以来,广州宝洁一直蝉联全国轻工行业向国家上缴税额最多的企业的名号。而正是这家缴税大户,在 2003 年上半年,被查出漏报了应纳税所得额共 5.96 亿元,并补缴企业所得税 8 149 万元。这是至 2003 年以来广州市反避税调整单个案件补缴税额最大的案例。广州宝洁是如何漏缴如此巨额的所得税税收呢?其根本原因就在于转让定价,通过人为控制的定价,关联方之间就有了转移正常利润以减少纳税的条件。

宝洁公司在境内的关联企业主要有该公司所属纸品有限公司、口腔保健用品有限公司、北京洗涤用品有限公司和成都、天津公司等。2002 年,在宝洁公司的关联企业中部分公司出现连续亏损,这些公司失去了向银行借贷的能力。于是宝洁公司以公司本部的名义向中国银行广东省分行寻求总金额高达 20 亿元左右的巨额贷款。但与正常企业行为相违背的是,宝洁公司又拨出巨资以无息借贷的方式借给其关联企业使用,这个举动造成避税行为产生。一方面,作为宝洁,其借贷给关联企业的巨额资金实际并不为自身所用,却承担着巨额的银行借贷利息,向银行大量借贷,借贷资金与随之产生的利息支付在账目上表现为负债。根据税法的规定,利息支出是在税前扣除,于是,随着其税前利润的相对减少,其应交所得税也相应地减少,所以宝洁公司利用税前列支利息从而达到了其漏缴所得税的目的。另一方面,作为其获得了巨额的无息贷款的关联企业,改善了资金运营状况,如其当年利润仍表现为亏损,则继续不用缴纳所得税,如其当年利润表现为赢利,根据税法规定,则可用税前利润弥补前五年的亏损。综合来看,宝洁将此次的资金使用权的转让定价即贷款利息定为零,减少了两个企业当年应缴纳的税收之和,规避了大量的所得税,形成了漏税。

3. 特许权及其他无形资产中的表现

目前,随着企业集团管理体制和组织结构日趋复杂,众多控股公司对实体公司进行管理、咨询等,提供这些服务后,各子公司可以将支付的管理费用分解为专有技术价格、技术培训费、工程服务费等成本费用,从而实现成本向免税项目的转移。例如,某企业集团公司在向其关联企业转让专有设备、专有技术时,在合同中规定专有技术费 18 万元,而图纸资料费竟然高达 120 万元。与此同时,集团公司还通过对提供的专利、非专利技术、商标、版权等无形资产索取高额的特许使用费,从而影响子公司的成本费用和利润额。

【例 6.3】②　广东某零售企业无形资产内部转让定价避税案

2013 年 2 月,经过两年多的调查,广东省国税局成功查处了一起涉案金额高达 2 亿元的某大型零售企业无形资产转让定价案件,涉及调增的企业应纳税所得额高达 1.98 亿元,补缴的企业所得税达 6 000 多万元。该案件为全国首个被查处的利用商誉、商标等无形资产避税的案件。在该案件的调查过程中,经税务机关的不懈努力,企业最终接受了税务机关提出的转让定价方案,对于向避税港关联方已支付的 1 亿元商誉不予税前列支,并放弃了在未来 5 年继续摊销列支余下的 1 亿元商誉的原计划。经测算,本次反避税调整共调减该零售企业关联交易额近 60%,调整后该零售企业利润水平比调整前大幅提高。

长期亏损或微利是引发本次纳税调整的导火索。2009 年,广州市国税局发现该零售企业经营规模不断扩大,销售收入逐年增加,但利润却没有相应增长,利润率一直徘徊在较低的水平。该不合常

---

① http://course.shufe.edu.cn/course/ssx/anli.htm,上海财经大学公共经济管理学院。
② http://tax.hexun.com/2013-02-27/151517745.html,和讯网。

规的现象引起了广州市国税局的注意。经进一步的调查发现,该零售企业的毛利率一直较为平稳,但管理费用却出现了大幅增长。2003 年以前,该零售企业的管理费用占销售收入的比重不到 1‰,然而自 2004 年起,该零售公司每年按照销售收入的 1‰向境外关联公司计提特许权使用费和咨询服务费,并在管理费用中列支商誉 2 000 多万元,因而导致管理费用大幅增长。

4. 固定资产购置和租赁中的表现

在企业集团内部,固定资产的购置权多由总部操纵,虚报现象时有发生。当企业集团内部各关联方发生财产租赁时,首先,总部往往抬高向高税率地区关联方出租的租赁费,以减少其利润,相应减少应纳税额;或改投资为租赁,一方面收取高额租赁费,增大成本费用,以减少利润,另一方面暗中分取利润。其次,总部通过低于市场价格的成本费用与关联方进行租赁交易,从而进行利润调节。

【例 6.4】① **苏垦农发土地承包费内部转移定价**

2011 年 12 月,江苏省农垦农业发展股份有限公司(简称"苏垦农发")与苏垦农发控股股东江苏省农垦集团有限公司(简称"苏垦集团")签订《土地承包协议》,约定 2011 年 11 月 1 日至 2041 年 10 月 31 日苏垦农发按 360 元/亩/年的单价(单价每五年调整一次)每年向苏垦集团缴付土地承包费,租用土地的总面积接近 100 万亩。2012—2014 年,苏垦农发每年向苏垦集团支付的土地承包费成本分别为 34 264.05 万元、35 815.79 万元及 35 454.62 万元。

相对于当地的土地流转市场,苏垦农发与苏垦集团关联交易的价格低于平均许多。在江苏省宿迁市、盐城市等区域,苏垦农发也积极流转原农户家庭承包经营耕地,共流转农村土地 16.41 万亩。苏垦农发招股书在披露其土地承包(或租赁)合同时透露了其通过土地流转方式获取的土地的租金,合同显示其流转土地的每亩的价格在 800~1 000 元。如宿迁市湖滨新区井头乡人民政府接受农户委托,将约 1.78 万亩农村土地承包经营权租赁给苏垦农发,第一年租金为 900 元/亩,以后每年根据国家当年中晚籼稻最低收购价进行调整,而苏垦农发与新沂市邵店镇人民政府签署的约 0.7 万亩农村土地承包合同显示,其租金前 3 年为 1 000 元/亩。

如果苏垦农发向控股股东承包的土地都按照市场化的价格机制,即便按照市场化最低 800 元/亩计算:

$$(800 - 360) \times 1\,000\,000 = 440\,000\,000(元)$$

每年近百万亩土地也将增加约 4.4 亿元成本。而苏垦农发 2012—2014 年实现归属于股东的净利润分别仅为 40 367.51 万元、41 906.18 万元和 48 909.51 万元,若扣除非经常性损益后净利润则更低。因此,苏垦农发存在通过关联承包虚增利润的嫌疑,其真实盈利能力也存在疑问。

6.1.2　企业集团内部转移定价产生的动因[7]

内部转移定价是在分权经营下产生的。分权是一个相对于集权的概念,是指集团总部授予其下属组织以一定的任务和决策自主权,形成企业集团内部的委托—代理关系。然而分权经营管理作为一种组织结构形式,其管理效率并不是完美无缺的。其中,企业集团内部"委托—代理"关系所产生的代理成本是其弊端的主要表现之一。这种代理成本不可避免地会造成企业集团效率的某种损失。正常情况下,在多分部式企业环境中,企业常常拥有一个总部作为委托人行动;拥有两个或两个以上分部,作为代理人

---

① http://dz.jjckb.cn/www/pages/webpage2009/html/2015-06/23/content_7070.htm,经济参考报。

行动。分部所生产的中间产品,可以直接对外销售,也可以由其他分部进一步处理后在市场中出售。由于企业集团总部常常不能准确了解各分部管理者工作的努力程度,对各分部的边际成本函数也不具有充分信息,而分部、总部之间在目标上往往又存在着经常性的冲突,分部往往以自身利益最大化为目标,总部则期望在扣除生产成本和对分部的补偿之后获取最大化整体利润。Amershi 和 Cheng(1990)指出,总部与分部目标及利益的不一致,使总部在信息不对称的情况下,难以保证分部能够遵循其生产和销售的指导,分部在自身利益驱动下也可能具有败德行为,两者间的非合作博弈状态必然降低企业集团的内部资源配置效率。资源配置效率需求是产生资源配置机制的重要原因。

因此,在信息不完备和不对称的条件下,实行分权经营管理的企业集团必须在分权的同时,在企业集团内部管理中引入相应配套的资源配置机制,以适当的契约来规定各种利益的索取和分配,充分发挥激励制度的作用,提高企业内部资源配置效率。

制度经济学认为,一般对于团队生产而言,生产过程中某一成员的活动和行为(如努力的程度)会影响到团队其他成员的活动和行为,专业化分工和合作要发挥其比较优势,就需要设立一种计量机制,建立一套协调行为的规则,以衡量团队成员的生产力投入,计算相应报酬并按劳付酬,使其报酬与投入的生产力相符合,从而激励其工作效率。

实践表明,对集团分部管理者的业绩评估、经营报酬和补偿计量具有重大影响的转移定价机制,能够满足多分部企业集团的这种资源配置机制的要求。在该机制下,通过合理运用某种转移定价方法,恰当制定和执行分部经营报酬契约和补偿计划,合理评估分部业绩,为分部提供内在动机,使其自利性地做出有利于企业集团整体利益最大化的决策,服从总部指导,达到两者目标的协调和利益的平衡。由于企业集团内部转移定价机制在处理分部与总部潜在利益冲突的过程中能够提供有效激励,引导分部管理者(代理人)的最佳生产经营决策,提高企业效率,因而是集团分权经营管理模式中必不可少的一种重要制度工具。

6.1.3 内部转移定价的目的

一般来说,企业集团转移定价的目的主要有三个方面,即:明确经济责任、实现内部资金调度和取得避税效应[2]。

首先,通过制定合理的转移价格,可以调节内部供求双方的利益,明确各方的经济责任,便于经济责任的落实。同时,经济责任的落实,也有助于集团企业的内部业绩评价。企业集团的整体经营目标,必须在内部进行分解,将责任落实到各个经营实体。但集团内部提供的某些产品、劳务或技术服务,可能缺乏外部竞争市场而具有一定的垄断性,如果完全采用市场化的交易方式,就可能会损害购买方的经济利益。因此,必须通过制定合理的转移价格来调节内部供求双方的利益,明确各方的经济责任,同时也便于内部绩效考评。

其次,企业集团可以根据整体的发展,以各种方式进行资金的内部调度,转移定价就是其中的主要方式之一。通过转移定价的方式,可以将资金配置到集团战略发展所要求的项目上,实现整体的战略目标。例如,集团内有一个子公司,目前盈利一般甚至亏损,发展资金不足,但处于朝阳产业,市场前景很好,那么集团为了使该子公司得到优先发展,就可以通过转移价格,让该子公司与其他集团成员企业进行交易时,以较低的转移价格买入或以较高的转移价格卖出,从而实现资金向该子公司汇集的目的[2]。再者,由于集团企业各成员企业的纳税地位并不完全相同,有些成员企业可能享有某些纳税优惠,或处于低税负国家或地区,而另外一些则不能享受税收优惠,或处于高税负国家或地区。因此通过制定相应的转移价格,可以将利润集中到享有纳税优惠或税负较低的成员企业,从而降低集团整体的税收负担,取得避税效应[2]。除了利用企业集团各成员企业所在国所得税率的差异之外,跨国企业还可以利用避税港,通过运用转移价格策略来降低税负总额。

【例6.5】 福特汽车利用中国香港地区子公司避税

位于美国密歇根州迪尔伯恩的美国福特汽车公司就为了利用中国香港地区对外资企业少征所得税、免征财产税以及不征资本利得税等特殊优惠,在中国香港设立子公司——福特汽车(香港)有限公司(在美国当地福特企业的所得税税率为34%,而它在中国香港的子公司的企业所得税税率为16.5%)。例如,福特公司把成本1 000万美元,原应按1 500万美元作价的一批汽车,压低按1 100万美元(有时可压低到无盈利甚至亏损程度)作价,销售给中国香港公司,中国香港公司最后以1 500万美元的价格出售这批汽车。

如果福特公司将这批产品放在美国出售,那么他们将缴纳的所得税为:

$$(1\,500 - 1\,000) \times 34\% = 170\,万(美元)$$

现在,福特公司将产品转到香港销售,则他们将缴纳的所得税为:

$$(1\,100 - 1\,000) \times 34\% + (1\,500 - 1\,100) \times 16.5\% = 100\,万(美元)$$

压低转移价格后,福特公司就把这批汽车的部分利润甚至全部所得税转移到中国香港,并全部体现在中国香港子公司的账上。因此,福特公司就表现为只取得小额利润甚至亏损,只需缴纳少量税款,甚至不用纳税。而中国香港子公司仍按照正常销售价格出售这批汽车,并取得巨额利润,所有利润只需按较低税率纳税甚至不用纳税。

许多跨国企业在避税港设立名义性的分支机构,有计划地制定转移价格,将各成员企业的利润转移至避税港,以避开东道国的税收,降低公司的总体纳税水平。同时,企业集团除了从减少所得税方面减少税负外,还可以从减少关税方面来降低税负,而减少关税常用的方法是:利用区域性关税同盟或某些双边的优惠协定或对设在高关税国家的子公司销售商品时,以较低的转移价格发货,从而降低从价进口税。但是一般情况下,存在着这样一个前提:使用转移价格对逃避关税和逃避所得税的影响正好相反,少纳进口关税就多纳所得税,而所得税负要高于进口关税税负,因此企业集团会常以逃避所得税作为优先考虑[8]。

除了以上三个主要目的之外,学者们认为企业集团转移定价还有着其他方面的动机:

其一,跨国企业集团可以利用转移价格来规避外汇风险和政治风险。可以在预测汇率变动趋向的基础上,利用转移价格,减少汇率波动导致的损失或获取汇率波动所导致的好处。例如[9]:总部位于中国的跨国公司甲,在美国有投资子公司乙,总部供应中间产品A到子公司进行深加工,最终产品B销售到美国市场。A的内部转移价格为10美元,数量100万,最终产品30美元,则有2 000万美元[(30-10)×100万]的利润。如果总部预测美元将进一步贬值10%,子公司利润由美元表示的2 000万将有200万美元(2 000×10％)的损失,因此,总部就会采取措施,将转移价格定为 30 美元,(30－30)×100 万＝0,这样子公司原利润提前转移到了总部,避免了由于美元贬值给公司带来的损失。如果某一成员企业的东道国存在政治风险,那么集团企业可以通过转移定价方法,对售往该成员企业的商品实行高转移价格而指令该成员企业向其他关联企业进行销售时采用低转移价格,或向该成员企业收取各种名目的高昂的管理费、技术服务费等,从而使投资能较快地从东道国转移出来[8]。

其二,跨国企业集团可以通过转移价格绕过东道国的外汇管制。如果某国对在该国经营的外国企业的利润汇出进行限制,那么跨国企业在向该国的分支机构转移产品时,可以将转移价格定得高些,或者产品从该国转移到其他国家时,将转移价格定得低一些,以降低在该国实现的利润,规避利润汇回时可能遇到的麻烦或产生的税负成本[10]。

其三,跨国企业可以通过转移价格获取竞争优势,主要体现为两方面:一是争夺市场,击败竞争对手。当子公司进入新市场时,如果遇到强大的竞争对手,企业便可发挥整体优势,集中力量,以转移低价向子公司供货,使子公司在市场上以较低的价格竞销,最终击败竞争对手;二是扶植新公司,增强新建公司的竞争力。企业可以向新设子公司高价收购,低价销售,使该子公司在当地市场呈现为盈利可观的良好形象,从而帮助子公司迅速在当地市场打开局面[8]。

其四,跨国企业还可以通过转移价格来调低子公司的账面利润水平,以掩盖真实的获利水平,不至于产生树大招风的现象,或者调高账面利润水平,为了使子公司在东道国树立良好的形象,以方便融资、获取投资机会或政府优惠条件等[7]。

因此,转移定价是企业集团明确经济责任、实现内部资金调度和取得避税效应的手段,也成为跨国企业集团克服东道国政策管制和降低经营风险、获得竞争优势以及转移利润的途径。

6.1.4　影响和制约内部转移定价的因素

企业集团是否及如何实施转移定价,除了以上所述的目的和动机之外,还要受到集团内部某些因素影响(如企业管理战略、管理过程和管理结果等方面特征)以及集团外部各种因素制约。

第一,企业管理战略的特征决定了实施转移定价的必要性。例如,相对于采取横向多元化战略的企业集团而言,采取纵向一体化战略的企业集团更有必要实施转移价格。这是因为,当采取纵向一体化战略时,各子公司或其他利润中心都是同一产业链上的一个环节,其利益都建立在集团整个产业链的整体利润的基础之上,因此,企业集团内部成员企业之间的交易以及定价就不应该简单地取决于交易双方的意愿,而是要考虑到内部交易以及定价对集团整体战略实施和集团整体利益的影响。这种战略下的转移定价,就不可能是完全市场化的协商定价,而是或多或少带有集团总部的强制性[2]。

第二,管理过程的特征决定了转移定价的可能性与可行性。管理过程的特征可以从主体因素和客体因素两个方面来看。

影响转移定价的主体因素主要包括企业集团的集权分权程度、分部组织形式和集团高级管理层的能力与权威。企业集团越是集权,分部的权力就越小,转移定价主要由集团高级管理层决策,分部管理者参与的程度低,转移定价的强制性就越高。分部的组织形式是否为法人也会对转移定价产生重大影响。如果分部是独立法人,其自主权就相对较大,集团内部交易及定价的自主性就较强,强制性就较弱;相反,如果分部为非法人机构,则内部交易及定价的强制性往往较强。当然,任何集团企业,如果要实施高度强制性的转移定价,那么集团总部高级管理层必须具有高度的权威性和足够强的管理与协调能力;否则,就很难平衡各分部之间的利益关系[2]。

客体因素对转移定价的影响主要是由客体的性质决定的,包括客体的形式和中间产品的外部市场状况等。一般来讲,货物的转移定价更多地依据市场价格,而劳务、资金和无形资产的内部交易则更多地依据成本。中间产品的外部市场状况对转移定价的影响也很显著。当中间产品完全没有外部市场时,其就没有市价可供参考,转移定价就只能以成本为基础;相反,当中间产品存在外部市场时,就有可能参考市价确定转移价格。在特殊情况下,如果企业分部是某一中间产品的唯一"买方"或唯一"卖方",则转移定价往往会更有利于这一方[2]。

第三,转移定价也要考虑其对各分部心理和行为可能产生的影响。转移定价会影响各分部的财务业绩,因而对分部不利的转移定价就会招致这些分部的抵制。如果集团强制性地实施对某些分部不利的转移定价,不仅可能导致这些分部的消极行为,而且也会引致分部之间的利益冲突以及由此导致的集团内部各成员企业之间的协调性的下降[5]。

第四,还有学者(李明辉,2003)认为以下一些方面也构成了影响内部转移定价的因素:

(1)利润最大化。安永1997年对澳大利亚、加拿大、法国、德国、意大利、日本、韩国、荷兰、瑞典、瑞士、英国和美国等12个国家的393家跨国母公司和76家外国拥有母公司的子公司的税务和财务董事进行了访谈。结果表明,在影响转移定价政策的因素中,经营业绩的最大化首当其冲。有45%的母公司把利润最大化看成是改变转移定价政策的优先选择。1999年,安永又对中国、阿根廷、澳大利亚、巴西、加拿大、法国、德国、中国香港、意大利、日本、韩国、马来西亚、墨西哥、荷兰、新加坡、西班牙、瑞士、英国和美国等31个国家和地区的582家跨国公司的母公司和124家子公司进行了专题调查,发现,跨国公司一直认为利润最大化,而不是最优的税负安排是制定公司转移定价的最重要因素。跨国公司的税务和财务主管认为,战略决策中的转移定价会有助于使公司的经营业绩最大化并减轻公司的全球税务。当然,利润最大化是一个笼统的概念。具体来说,企业集团通过转移定价实现集团整体利润最大化,主要途径有刺激子公司提高业绩、降低集团整体税负、提高企业的竞争能力、通过转移定价实施战略转移等。

(2)子公司业绩的合理衡量。考核子公司的经营业绩是企业集团管理当局选择转移定价政策必须考虑的一个重要方面。如前所述,不同的转移定价政策对子公司的经营成果将产生不同的影响。成本基础下各个子公司业绩衡量标准可能不一致,而市价基础的转移定价则可以使企业集团内部形成竞争性市场,比较客观地衡量各成员企业的业绩。协商价格基础的转移价格则有助于成员企业之间实现目标一致性。企业集团应当从明确各部门和子公司的责任,协调各部门或子公司的目标出发,选择适当的转移定价政策,以促进整个企业集团目标的实现。

第五,就我国具体国情而言,盈余管理和转移资金也是企业集团选择转移定价政策的重要考量。在我国资本市场,关联交易转移定价是上市公司盈余管理的一个重要手段。每到年底,上市公司往往进行大量的关联交易,特别是资产重组和资本运营类的关联交易,利用转移定价来粉饰会计报表,以满足监管部门规定的有关指标,取得配股、避免被 ST 或退市等。我国资本市场另一个现象就是控股股东利用不公平的关联交易转移定价从上市公司抽取资金。这两者甚至可能是中国企业集团转移定价政策选择最主要的考虑[11]。

第六,转移定价的制定和实施也需要考虑来自集团外部的各种制约因素。例如,国家的税收制度、外汇管制政策、通货膨胀和市场竞争状况等经济因素均会影响企业集团内部转移价格的制定[4]。其一,当国家的税收政策较为严格时,税务部门可能会开展广泛的反避税行动。企业存在通过转移定价实现避税的动机,而政府的税务部门则可以对企业转移定价的合理性展开调查,并对明显偏离市场价格标准的转移定价行为予以制裁。因此,此时企业集团的内部转移定价将更为谨慎。其二,外汇管制的存在会限制关联企业之间的资金调动,这种情况下,将外汇资金从外汇管制严格的国家通过转移定价转移至外汇管制宽松的国家是主要的应对措施。具体而言,子公司会以高价进口产品或劳务,以成本费用的名目将资金从该国转移出去,压低了子公司的税后利润,从而达到逃避外汇管制的目的。或者,子公司可采取低转移定价的手段向其他子公司或母公司提供产品或服务,间接调出利润,实现将子公司的资金转移到其他跨国关联企业的目的[12]。其三,当跨国子公司的所在地面临着严重的通货膨胀时,子公司应尽可能以高转移定价进口产品与劳务,调整货款结算期,尽早把发生通货膨胀的东道国资金转移出去,减少币值贬低的损失。跨国公司事先将资金转移至币值相对稳定的经营环境,避免货币购买力因通货膨胀降低[12]。其四,市场竞争状况越激烈,集团关联方之间就越要以低转移定价进行转让产品或劳务,以实现在竞争市场中占领一席之地的目的。

6.2　企业集团内部转移定价的研究进展

转移定价是"利润中心关系的核心"(Chosh,2000),在组织战略和经营决策中起着至关重要的作用,并具有行为和业绩评价的后果(van Helden 等,2001),多年来一直是学术界与实务界广泛关注的研究主题(van der Meer-Kooistra,1994)。

转移定价最早是作为管理层借以提高企业集团内部效率的一种工具出现的。该时期的转移定价研究集中在平衡集团利润与内部交易效率这两个方面。到了 20 世纪 60年代,由于跨国集团的兴起,各国对跨国集团的业务往来开始征税,税率的差异成为影响跨国集团税收负担的一个重要因素,此时对于转移定价的研究分为两个分支:一支研究不存在税收因素的转移定价决策问题,另一支研究在各贸易国税率存在差异的情况下跨国集团的转移定价决策问题。

6.2.1　不考虑税收的企业集团内部转移定价

这部分研究分为规范研究和经验研究两部分。在规范研究上,基本上分为四个发展阶段：以新古典经济学为基础的转移定价，以组织理论为基础的转移定价，以交易成本经济学为基础的转移定价，以权变理论为基础的转移定价。在经验研究上，基本上分为转移定价方法选择的影响因素和内部转移定价的组织后果两部分。（具体请扫二维码 6.1。）

二维码 6.1
不考虑税收的企业
集团内部转移定价

6.2.2　考虑税收的转移定价决策研究

转移定价的研究在国内和跨国的领域中有着较大的差异。一般而言，国内转移定价不太需要考虑税收因素（Borkowski，1990），而跨国公司转移定价必须特别地关注一系列的环境因素，诸如反倾销法案、外汇管制、通货膨胀、利润转移以及税收和关税的规避（Kim 和 Miller，1979；Plasschaert，1985；Emmanuel 和 Mehafdi，1994；Chan 和 Chow，1997a，1997b，2001；Chan 和 Lo，2004）。尤其是随着跨国公司的进一步发展，这些因素被更多的纳入研究中来[13]。考虑税收的转移定价研究从企业集团角度来看，同样可以分为规范研究和经验研究两部分。（具体请扫二维码 6.2。）

二维码 6.2
考虑税收的转移
定价决策研究

6.3　企业集团内部转移定价的原则、制度和方法

6.3.1　企业集团内部转移定价的原则

一般认为，企业集团制定转移定价政策的基本原则包括以下三条。

1. 集团整体利益最大化原则

建立企业集团的目的就是要实现资源的有效配置，提高集团的整体利益。集团与其成员企业是整体与部分的关系，因而在制定中间产品的转移价格时，应在协调各成员企业利益的条件下，发挥协同效应，使企业集团整体利益最大化。

2. 激励原则

在制定内部转移价格时，要充分考虑定价对各成员企业业绩的影响以及能否有效激励各成员企业。首先要能对经营进行合理的评估。制定的转移价格必须对双方都有利或者能够正确地体现双方的经营业绩状态，即卖方在将产品、劳务、服务等转移到买方时，内部转移价格要对卖方、买方的运营均不造成伤害，从而激励各成员企业的管理人员更有效地履行其职责，以促进企业集团整体利益的增长。其次，要使成员企业拥有相对自主性。内部转移价格应保证相对自主性，即买方和卖方的经理应独立自主地经营他们作为分权实体的责任中心。企业集团内的转移价格必须为双方所接收，若有一方不同意，则转移价格就不应该成立。

3. 相对稳定、定期调整的原则

转移价格的制定是企业集团内部各利润中心之间的一种利益分配方式，如果调整频繁，会使企业集团的政策缺乏一贯性，各责任中心之间的责任很难分清，降低对成员企业管理者的激励。因此，转移价格一旦制定，就要保持相对的稳定性。当然，若长期不调整，则不能有效地反应环境的变化，无法有效调节内部资源配置，从而影响企业集团利润最大化的目标。所以，必须定期进行调整[5]。另外，还有学者（王纯，2009）认为内部转移价格的制定要有利于分清各责任中心的成绩和不足，同时，内部转移价格的制定要公平合理，避免主观随意性[4]。把握好这些原则是制定好企业集团内部转移价格的基石。

6.3.2　企业集团内部转移定价的制度[5]

转移价格制度并不存在统一的模式。在实践中，根据各利益主体参与程度的不同，内部转移定价的方法一般有两种，即集团总部直接干预的转移定价方法和各分部自主协商的转移定价方法。

直接干预的转移定价制度是指集团总部根据集团整体战略的需要，直接规定上游子公司的产品生产计划，并按总部规定的转移价格将产品"销售"给下游子公司。这种转移定价的主要好处在于把集团企业中不经济的行为减小到最低程度，符合集团整体利益最大化目标的要求。但其弊端是会削弱分权的优势，子公司经理会失去在经营上的灵活性和独立决策的好处，使转移价格缺乏激励作用。而且，最高管理当局也会在解决价格争执方面应接不暇。因此，如果转移价格是非经常性发生的，则直接干预的转移定价制度具有更大的优越性；如果转移定价问题是经常性的，直接干预的代价就会比较高，采取这一制度可能不太适合。

自主协商的转移定价制度是指允许各子公司经理共同协商内部转让产品和劳务的价格，在协商的过程中，集团总部主要是起协调与信息沟通的作用，而不是采取直接命令的方式。这种转移定价制度有助于调动子公司经理参与管理的积极性，使得转移定价制度得到了真正的贯彻和实施，而这种制度也有不足之处：一是自主协商过程往往会耗费大量的管理精力，特别是在转移价格制定的基础、相关费用的确定的问题上，很难形成一致意见；二是最终形成的转移价格很大程度上依赖于各分部经理的协商能力，从而使转移价格偏离其战略目标，不利于实现企业集团整体利益的最大化。

6.3.3　企业集团内部转移定价的方法

企业集团内部转移定价采用的基本方法包括基于成本的转移定价、基于市价的转移定价，以及在此基础上发展起来的协商价格和双重价格。

一、基于成本的转移定价方法

用于制定转移价格的成本基础又可以分为实际成本、标准成本、完全成本、变动成本和边际成本五种，相应地有五种基于成本的转移定价方法。

1. 完全成本法

完全成本法是指集团公司内部交易的转移价格以提供产品的子公司的全部成本为依据加以确定。完全成本包括直接材料、直接人工和制造费用。在完全成本下，按照成本确定的方式不同又可分为完全实际成本法和完全标准成本法。

【例 6.6】　假定 XYZ 公司正在研究 A 产品的转移定价，该产品的实际成本如表 6.1 所示。

表 6.1　A 产品成本资料表　　　　　　　　　　　单位:元

成本项目	实际成本
直接材料	7
直接人工	5
制造费用	12
合　计	24

完全实际成本法:A 产品的转移价格 ＝ 7＋5＋12 ＝ 24(元)

采用完全成本法的最大优点是概念明确、易于实施。同时,它可以满足各子公司存在和发展的基本需要。但是,运用完全实际成本法存在以下问题:①如果供应方公司确信其全部生产成本可以通过转让定价转移到购买方公司中去时,那么供应方公司就失去了控制产品成本、提高生产效率的动力,从而对公司的整体利益造成损害;②如果供应方公司所提供的中间产品的全部实际生产成本高于市场价格,那么作为购买方公司在其权限范围内就会做出从外部市场购买该中间产品的决策,这样便会导致公司部分生产能力的闲置,长期下去也会损害公司的整体利益;③在完全实际成本法下,购买方公司将供应方公司生产中间产品所耗费的固定成本视为其变动成本。此时,购买方公司根据其会计信息所作出的决策不一定是集团整体的最优决策。

为了克服这些缺陷,有些企业集团制定合理的成本标准,采用完全标准生产成本法制定转移价格,这可以在一定程度上避免上述情况的出现。完全标准成本是指在正常和高效率的运转情况下制造产品的完全成本,同样也包括了直接材料、直接人工和制造费用,其中:直接材料成本按标准用量和标准单位成本计算;直接人工成本按标准用量和工资率(计时工资时)计算;制造费用分为变动制造费用和固定制造费用两部分,按标准用量和标准分配率来计算。完全标准生产成本法可以使上游企业主动控制所生产产品的成本,从而有利于降低成本。

【例 6.7】　假定 XYZ 公司正在研究 A 产品的转移定价,该产品的标准成本资料见表 6.2。

表 6.2　A 产品成本资料表

成本项目	用量标准	价格标准	标准成本	实际成本
直接材料	15 千克/件	8 元/千克	120 元	130 元
直接人工	20 小时/件	4 元/小时	80 元	85 元
变动制造费用	20 小时/件	3 元/小时	60 元	61 元
固定制造费用	20 小时/件	2 元/小时	40 元	45 元
合　计			300 元	321 元

完全标准成本法:A 产品的转移价格 ＝ 120＋80＋60＋40 ＝ 300(元)

标准成本法的优点是将管理和核算工作结合起来,鼓励上游子公司控制其成本,进而改善其经营业绩。同时当各生产部门能够制定准确的标准成本时,各分权部门和企业高层管理者能够及时地得到相关的决策信息,从而提高企业整体的决策效率。但标准成本法的缺点或者说难点在于制定准确的标准成本。

采用完全实际成本法的前提是企业集团的成本记录要很详尽,而采用完全标准成本法的前提则是企业集团要有合理、准确的成本标准。

2. 变动成本法

变动成本法是以变动成本作为内部转移价格的方法。变动成本是指在一定范围内,发生额随着业务量的变动而呈正比例变动的成本。变动成本包括直接材料、直接人工以及变动性的各项费用。

【例 6.8】　假定 XYZ 公司正在研究 A 产品的转移定价,该产品的成本资料如表 6.3 所示。

表 6.3　A 产品成本资料表　　　　　　　　　　单位:元

成本项目	金　额
直接材料	7
直接人工	5
变动制造费用	4
固定制造费用	8
变动性销售与管理费用	2
固定性销售与管理费用	1.5
合　计	27.5

变动成本法:A 产品的转移价格 $= 7 + 5 + 4 + 2 = 18$(元)

变动生产成本法又可分为变动实际成本法和变动标准成本法,一般来讲,后者优于前者。这种方法的优点是符合成本性态,能够明确揭示成本与产量的关系,使购买方所生产的最终产品的变动成本口径与整个企业集团的变动成本口径保持一致,便于考核各责任中心的工作业绩,有利于企业和各责任中心进行生产经营决策。但是,这种方法也存在一定的不足,由于产品成本中不包含固定成本,不能反映劳动生产率的变化对单位固定成本的影响,从而割裂了固定成本与产量之间的关系。同时,忽视了上游生产部门的固定成本和利润的存在,导致无法准确衡量上游生产部门对企业整体的贡献,从而使得这种机制无法起到对各责任中心的激励作用,也不利于调动各责任中心增加产量的积极性。以变动成本作为内部转移价格的方法适用于采用变动成本法计算产品成本的成本中心之间的往来结算[13]。

3. 成本加成定价法

成本加成定价法是指企业集团将供应方公司所提供的中间产品或服务的实际或标准的生产成本再加成一定利润作为内部转移价格的一种定价方法。成本加成定价法的基本公式为:

内部转移价格 = 单位产品成本 ×(1 + 成本加成率)　　　　(公式 6.1)

这里的单位产品成本既可以是完全成本(实际或标准),也可以是变动成本(实际或标准)。加成的部分一般是成本的一个统一比例,比如 10%。此外,也可以根据包含的产品成本项目不同,计算不同的成本加成率。

(1) 完全成本法下的加成定价法。在完全成本法下,单位产品成本包括全部生产成本,因此其成本加成的内容包括非生产成本与目标利润,该方法下的定价公式为:

$$内部转移价格 = 单位产品完全生产成本 \times (1 + 成本加成率) \qquad (公式 6.2)$$

其中:

$$成本加成率 = \frac{目标利润 + 完全非生产成本}{生产成本总额} \times 100\% \qquad (公式 6.3)$$

其中,完全非生产成本是指并非在生产过程中发生的成本,而是在销售和管理过程中发生的完全成本,包括:管理费用、销售费用和财务费用。

(2) 变动成本法下的加成定价法。在变动成本法下,单位产品成本指包括变动生产成本,因此其成本加成的内容包括固定成本、变动非生产成本及目标利润,该方法下的定价公式为:

$$内部转移价格 = 单位变动生产成本 \times (1 + 成本加成率) \qquad (公式 6.4)$$

其中:

$$成本加成率 = \frac{目标利润 + 固定成本 + 变动非生产成本}{变动生产成本} \times 100\% \qquad (公式 6.5)$$

其中,变动非生产成本在销售和管理过程中发生的变动性的费用,包括变动性的销售费用、管理费用以及财务费用。

【例 6.9】 假定 XYZ 公司正在研究 A 产品的定价,计划生产 10 000 件产品,该产品的估计成本资料见表 6.4。目标成本利润率为 20%。

表 6.4 A 产品估计成本资料表

成本项目	单价(元)	单位	总额(元)
直接材料	7	10 000	70 000
直接人工	5	10 000	50 000
变动制造费用	4	10 000	40 000
固定制造费用	8	10 000	80 000
变动性销售与管理费用	2	10 000	20 000
固定性销售与管理费用	1.5	10 000	15 000
合　计			275 000

要求:分别用完全成本法下的加成定价法和变动成本法下的加成定价法计算 A 产品的售价。

(1) 完全成本法下的加成定价。采用完全成本加成定价法,其"成本"基数是指单位产品的生产成本,"加成"内容包括非制造成本(如销售费用及管理费用)及目标利润。

单位产品生产成本 ＝ 7＋5＋4＋8 ＝ 24(元)

目标利润 ＝ 275 000×20% ＝ 55 000(元)

$$成本加成率 ＝ \frac{55\,000＋20\,000＋15\,000}{24×10\,000}×100\% ＝ 37.5\%$$

A 产品的价格 ＝ 24×(1＋37.5%) ＝ 33(元)

（2）变动成本法下的加成定价法，采用变动成本加成定价法，其"成本"基础是指单位产品的变动成本，"加成"内容包括全部的固定成本及目标利润。

单位变动生产成本 ＝ 7＋5＋4 ＝ 16(元)

目标利润 ＝ 275 000×20% ＝ 55 000(元)

$$成本加成率 ＝ \frac{55\,000＋(80\,000＋15\,000)＋20\,000}{16×10\,000}×100\% ＝ 106.25\%$$

A 产品的价格 ＝ 16×(1＋106.25%) ＝ 33(元)

在成本加成定价法下，无论是按完全成本法的数据，还是按变动成本法的数据，所计算出来的价格应当是一致的[4]。

成本加成定价法的优点在于其定价能近似于市场价格，特别是中间产品不存在外部市场时，显得更有意义。成本加成定价法在成本的基础上加上一定比例的利润，有利于业绩评价目标的实现。这种方法在实务中应用广泛。但成本加成法的缺点是加成比例是人为规定的，不可避免地带有主观色彩，难以保证符合客观的最优决策。

在半成品无外界市场，或者无法及时取得中间产品的市场价格的情况下，一般企业集团普遍采用成本加成的价格代替市场价格。

4. 边际成本法

边际成本法是指以边际成本为基础制定转移价格。边际成本指的是在任意产量水平上，增加一个单位产品所需要增加的人工成本、原材料以及燃料动力等变动成本。

【例 6.10】　生产 A 产品 10 个单位，总成本为 1 000 元，单位生产成本为 100 元。若生产第 11 个 A 产品时，其总成本为 1 090 元，则所增加一个单位产品的成本为 90 元，即边际成本为 90 元。在这种情况下 A 产品内部转移价格为边际成本 90 元。

边际成本法最大的优点是可以促使上游子公司的生产能力在短期内发挥最大的作用。但是它的一个弱点是在转移价格中不考虑固定成本，这从短期来看是可行的，但是从长期来看，只有当全部成本得到补偿之后，集团企业或者子公司才有利润可言。实践中，如果采取边际成本法，就可能导致上游子公司成本补偿不足，进而影响其积极性。为此，集团需要在对上游子公司进行业绩评价时进行业绩水平的调整计算或调整业绩评价的标准，以使该类子公司得到公正的评价和奖励。

一般认为，以成本为基础确定转移价格主要适用于以下两种情况：第一，在集团企业外部并没有同样的产品，因此就不存在可以竞争的市场价格；第二，如果采用市价，容易使各子公司的经理产生较大的利益冲突。

二、基于市价的转移定价方法

基于市价的转移定价方法就是在市场价格的基础上进行一些调整作为内部转移价格。通常认为，市价是转移定价的上限。实践中，在市价基础上打一折扣被认为是比较合理的做法,其主要理由是内部交易可以节省交易费用。这一节省下来的交易费用而产生的利润,可以采用一定的方法在各责任中心之间进行分配。如果集团企业采用市场价格作为转移价格的基础,通常必须遵循下列原则[2]:第一,当上游子公司愿意对内供应,且其要求的价格和市价相同时,下游子公司有内部购买的义务;第二,如果上游子公司要求的价格高于市场价格,则下游子公司有选择在市场采购的权利;第三,上游子公司如果选择对外供应,则其应当有不对内供应的权利;第四,集团企业内部应当设置一个仲裁部门,当子公司之间因为专一价格发生争执时,可以实施仲裁,明确责任。

基于市场价格的转移定价方法的优点有:第一,当以市场价格作为转移价格时,分权部门的盈利接近于该分权部门对整个企业的真实经济贡献,因而基于市场价格的转移定价机制与各分权部门是一个独立的利润中心这一观念相吻合,责任中心管理人员的决策能同时保持局部利益与整体利益的一致,不会出现责任中心之间互相侵吞利益的现象;第二,产生的内部转移价格非常客观。在完全竞争的市场里,销售方能接受的最低价格就是市场价格,同时购买方能接受的最高价格也是市场价,那么此时,内部转移价格是唯一的,也即市场价;第三,有利于发挥子公司的自主权,达到企业分权经营的目的[14];第四,有利于子公司管理人员充分利用市场增强其适应市场的能力[14]。

同时,基于市场价格的内部转移价格也有一定的缺点:第一,市场价格的可靠性较差。许多部门之间互相提供的中间产品往往很难找到它们的中间产品市场和公允价格,即使存在一个中间产品市场,它也不是理想的完全竞争的市场,因而难以获取一个公允的市场价格;第二,采用一定方法分配因节约交易费用而产生的利润时,这种方法显然较为主观,关于利润究竟如何分配,很大程度上取决于分部经理的职业判断。如果集团企业的中间产品或劳务市场是有竞争性的,且子公司的相互依赖又微不足道,在这种情况下,产品或劳务市场中的实际价格也就是最理想的转移价格,因为它一般可导致最优决策。因此,基于市价的转移定价方法主要为实行高度分权化管理的集团企业所采用。

三、协商定价法

现实生活中,中间产品的市场是不完全竞争的,在这种情况下,对其转移价格的确定通过购销双方进行协商确定的方法就是协商转移定价法。协商价格是以外部市场价格为起点,参考独立企业之间或企业与无关联的第三方之间发生类似交易时的价格,共同协商确定一个双方都愿意接受的价格作为内部转移价格。在这种方法下,同样可以按机会成本原则进行内部转移价格的协商。因为中间产品的内部结转相对于外部销售有节约销售费用、扩大产量等优势,所以对内部转移价格具有一定的影响。

【例 6.11】[15] 某企业集团是个家电生产企业集团,其成员企业甲子公司生产电路板,其市场价格为 20 元,该电路板销路非常好,能按市价销售所有的产品。目前,该电路板的成本情况为:变动性制造成本为 10 元,变动性销售费用为 2 元,每年的固定性制造费用为 1 000 000 元。成员企业乙公司生产游戏机,需要甲公司的电路板,乙公司的游戏机市价为 45 元,其变动性制造费用为 32 元,变动性销售费用为 3 元,固定性制造费用为 500 000 元。甲乙两公司的销售及成本情况如表 6.5 所示。

表 6.5　销售及成本数据情况表

	甲公司(电路板)	乙公司(游戏机)
销售量(个)：		
每日	1 000	350
每年(按 260 个工作日计算)	260 000	91 000
单位数据(元)：		
市场售价	20	45
变动性制造费用	10	32(其中电路板成本为 20)
变动性销售费用	2	3
每年的固定性制造费用	1 000 000	500 000

　　由于乙公司是最近才进入企业集团的,所以从未和甲公司发生中间产品的内部转移,双方进行协商定价。甲公司提出:愿意按市场价(20 元)销售给乙公司其所需的电路板。乙公司提出:我们希望价格可以更优惠些,因为产品在内部转移,你们可以省去销售、运输、包装等方面的开支,这些费用,我们询问过公司总部,大约是 2 元,因此希望能以低于市价 2 元的价格,也就是 18 元的价格购买,这样不影响甲公司的利润。最后双方达成协议,按 19 元的价格进行内部转移,这样一方面通过内部转移可以增加集团公司利润,另一方面双方的利润也得到了提高。协商前后的比较损益表如表 6.6 所示。

表 6.6　比较损益表　　　　　　　　　　　　　　　单位:元

	协商前:与外部进行交易		
	甲公司(电路板)	乙公司(游戏机)	合计
销售收入	20×260 000＝5 200 000	45×91 000＝4 095 000	9 295 000
减:变动性制造费用	10×260 000＝2 600 000	32×91 000＝2 912 000	5 512 000
变动性销售费用	2×260 000＝520 000	3×91 000＝273 000	793 000
贡献毛利	5 200 000－(2 600 000＋520 000)＝2 080 000	4 095 000－(2 912 000＋273 000)＝910 000	2 990 000
减:固定性制造费用	1 000 000	500 000	1 500 000
净利润	＝1 080 000	＝410 000	1 490 000
	协商后:以 19 元进行内部交易		
	甲公司(电路板)	乙公司(游戏机)	合计
销售收入	19×91 000＋20×(260 000－91 000)＝5 109 000	45×91 000＝4 095 000	9 204 000
减:变动性制造费用	10×260 000＝2 600 000	31×91 000＝2 821 000	5 421 000
变动性销售费用	2×(260 000－91 000)＝338 000	3×91 000＝273 000	611 000

（续表）

	协商前：与外部进行交易		
	甲公司（电路板）	乙公司（游戏机）	合计
贡献毛利	5 109 000－（2 600 000＋338 000）＝2 171 000	4 095 000－（2 821 000＋273 000）＝1 001 000	3 172 000
减：固定性制造费用	1 000 000	500 000	1 500 000
净利润	1 171 000	501 000	1 672 000
利润差额	91 000	91 000	182 000

由表6.6可知，内部交易使企业集团整体利润提高了182 000元，这部分新增利润在企业集团的两个成员企业间进行分配时：甲公司91 000元，乙公司91 000元，这个内部交易使企业整体利益与责任中心个体利益都得到了实现。

在一个完全竞争的市场中，销售方能以市价销售出其所有产品。而在一个不完全竞争的市场中，销售方可能无法销售其所有的产品，这就是生产过剩。生产过剩的情况下，按照低于完全成本的内部交易价格进行内部交易，以扩大其产量，分摊部分固定性费用，对于交易的双方都是有利的，对企业整体目标也是有益的。

【例 6.12】[15]　　仍以上面所说的家电企业集团为例，有关生产数据与上例相同，但甲公司的销售并不好，出现了生产过剩的情况。甲的年生产能力是260 000件，但实际只能对外销售160 000件。此时，甲乙两公司进行协商，乙公司提出，因为了解到甲公司生产能力过剩，提出按12元的单价向甲每年订购91 000件产品。甲公司提出，确实存在生产能力过剩，还可以提供100 000件的产品，所以能够完成乙公司的订单，但是对于乙公司的价格不能接受，因为电路板的变动成本就是12元，因此这个价格没有任何边际利润。最后，双方协商按照15元的单价成交。

协商前后的比较损益表如表6.7所示。

表 6.7　比较损益表　　　　　　　　　　单位：元

	协商前：与外部进行交易		
	甲公司（电路板）	乙公司（游戏机）	合计
销售收入	20×160 000＝3 200 000	45×91 000＝4 095 000	7 295 000
减：变动性制造费用	10×160 000＝1 600 000	32×91 000＝2 912 000	4 512 000
变动性销售费用	2×160 000＝320 000	3×91 000＝273 000	593 000
贡献毛利	1 280 000	910 000	2 190 000
减：固定性制造费用	1 000 000	500 000	1 500 000
净利润	280 000	410 000	690 000
	协商后：以15元进行内部交易		
	甲公司（电路板）	乙公司（游戏机）	合计
销售收入	20×160 000＋15×91 000＝4 565 000	45×91 000＝4 095 000	8 660 000

（续表）

	协商前：与外部进行交易		
	甲公司（电路板）	乙公司（游戏机）	合计
减：变动性制造费用	10×（160 000＋91 000）＝ 2 510 000	（32－5）×91 000＝2 457 000	4 967 000
变动性销售费用	2×160 000＝320 000	3×91 000＝273 000	593 000
贡献毛利	1 735 000	1 365 000	3 100 000
减：固定性制造费用	1 000 000	500 000	1 500 000
净利润	735 000	865 000	1 600 000
利润差额	455 000	455 000	910 000

由表 6.7 可知，内部交易使企业集团整体利润提高了 910 000 元，这部分新增利润在企业集团的两个公司间进行分配时：甲公司 455 000 元，乙公司 455 000 元。这个内部交易使企业集团整体利益与成员企业个体利益都得到了实现。

成功的协商价格取决于企业各方面的实际条件：首先，要有一个特定形式的外部市场，参与协商的双方可以自由地选择接受或是拒绝某一价格。如果根本没有可能从外部取得（或销售）中间产品，就会使一方或双方处于垄断状态，这样的谈判结果不是协商价格而是垄断价格。在垄断的情况下，最终价格的确定受谈判人员的实力和技巧的影响。其次，谈判者之间应掌握对称的信息。这个条件能使协商价格接近一方的机会成本。如果双方都接近机会成本，则更为理想。最后，最高管理层的必要干预。虽然尽可能让谈判双方自己来解决大多数问题，以发挥分散经营的优点，但是对于双方的谈判可能导致企业集团非最优决策时，最高管理层要进行干预，对于双方不能自行解决的争论有必要进行调节。当然，这种干预必须是有限的、得体的，不能使整个谈判变成由上级领导裁决一切问题[15]。

协商转移定价的优点是在各责任中心独立自主制定价格的基础上，充分考虑了企业集团的整体利益和供需双方的利益。这种方法使成员企业经理保留了自主权，如果运用恰当，将会发挥很大的作用[4]。

协商转移定价的缺点有：第一，责任中心的负责人可能会利用内部信息的优势从其他责任中心获得利益。如[例 6.12]中，如果乙公司不了解甲公司的变动销售费用的话，将处于谈判的劣势。对于这个问题，可以通过企业集团高层直接向各成员企业管理者提供其他成员企业的会计资料，以免由于信息不对称引起的不公平。第二，业绩评价可能会受到双方谈判技巧因素的影响。如果责任中心负责人的谈判技巧高，则容易获得更加有力的内部转移价格，从而无法真实地反映管理人员的管理能力。第三，双方的协商可能会耗费大量的时间与资源。过度的协商会影响管理人员的其他管理活动，这种情况下，有企业集团高层可能会参与调解。但是一旦协商达成，今后将一直执行，实现具体协调的一劳永逸，也是有利于企业整体利益的。第四，采用协商的转移定价可能发生公司最高管理当局直接干预转移价格的制定情况，这将使成员企业管理者丧失自主权,削弱分权管理的优势[4]。

有学者(Eccles,1985)认为把协商作为一种定价方法是有缺陷的,因为协商是决定转移定价的管理过程,它既可以以市场价格为基础,也可以以成本为基础。根据 Price Waterhouse(1984)的调查和 Eccles(1985)大规模的实地研究发现,在美国企业中,协商是一种广泛使用的转移定价设定机制(Luft 和 Lubby,1997)。我们也认为协商应该作为一种定价机制,因为它只是表明了定价的过程,却并未说明定价的基础是成本还是市场。

四、其他转移定价方法

1. 双重定价法

鉴于按成本法和市价法制定转移价格各有不足,如果集团企业认为没有最优的单一转移价格,就可以考虑采用双重定价法这种折中做法。在双重定价法下,集团总部通常根据不同的子公司制定不同的转移价格,即对产品的供应和耗用单位分别采用不同的内部转移价格的计价方法。例如,上游子公司的转出价格可以采取市场价格,而下游子公司的转入价格则可以采取标准成本。

【例 6.13】 假设某企业集团是个家电生产企业集团,其中成员企业—甲公司生产电路板,其市场价格为 20 元。目前,该电路板的标准成本情况为:直接材料 7 元,直接人工 5 元,制造费用 3 元,合计 15 元。成员企业乙公司生产游戏机,需要甲公司的电路板,则在双重定价法下,甲公司转出电路板时的转移价格为 20 元,而乙公司购入电路板的转移价格为 15 元。

转移价格主要运用于业绩评价和考核,因而双方采用的价格无需一致,当然,在计算企业的总成果时,应扣除由双重内部转移价格之差所形成的"内部利润"。

采取双重定价法的优点是既可以解决下游子公司被动承受上游子公司生产中的低效率难题,也可以使上游子公司感受到市场竞争的压力。这种方法为买方子公司留下成本数据,且通过转移价格向卖方子公司提供了利润,这就会鼓励内部交易活动。但是,实行双重定价法,上游子公司高价出售、下游子公司低价购买,就可能导致上下游子公司都忽视成本控制,因而这种转移定价方法虽然可能使所有子公司的积极性都得到充分调动,但其未必会带来集团整体利益的最大化。

2. 两部定价法

两部定价法是指在双方交易时,下游子企业转入中间产品时,除了缴纳变动成本或边际成本外,每个会计期还需要交付一笔固定费用以弥补总成本与变动成本之间的差额。这种定价方法的主要目的是为了实现上下游子企业间的风险分担,以及增加企业集团的整体利润。

3. 三度歧视定价法

三度歧视定价法是指如果上游子企业对中间产品具有完全的垄断能力,则可以针对中间产品的企业集团内子公司以及外部市场需求的不同分别采用三度价格歧视。这种定价方法通过实行差别定价会增加企业集团和各下属子公司的利润,达到子公司和集团公司双赢的目的。

4. 动态转移定价法

动态转移定价法主要强调转移定价系统应随着环境的变化而不断改变。Eccles 建议转移定价策略应该随着企业集团战略的改变而改变。这种定价方法不同于传统的静态定价模式,而是将企业集团的内部转移定价作为一个动态的系统去考虑。然而,这种系统的建立必然会花费大量的成本(时间、人力等)。

上述转移定价方法从理论上讲,具有很大的优势,并且很早就被一些专家学者提出并推荐。然而,从目前的实际调查来看,结果并不与理论研究相符,几乎没有企业采用这些转移定价方法[16]。对出现这种现象的原因进行解释的文章目前也比较少。

6.4 跨国企业集团的预约定价安排

随着经济全球化进程的加快,同时伴随着各国政府对外开放的不断深入,企业作为市场经济的主体,在全球化的发展道路上不断向前,企业集团因而形成了一种特殊的组织形式——跨国企业集团。跨国企业集团在全球范围内开展生产经营业务,通过重新分配和整合资源,以达到实现企业价值最大化的目的。跨国企业集团实现企业价值最大化的重要手段之一便是通过转移定价使得资金和利润在集团内部交易和流动起来。

由于税务当局对关联企业间交易价格进行一种事后性的调整,传统的转移定价制度使税企双方产生了很多矛盾。当运用到既面临多变的经济环境又拥有复杂内部交易环节的跨国企业集团身上时,这种事后调整的传统转移定价制度显得更为不合适。因此,在跨国企业集团的运营特点和国际税务环境的共同影响下,跨国企业集团较一般的企业集团在定价管理上又有着新的特点和要求,预约定价安排就是这样一个产物。

6.4.1 预约定价安排概述

一、预约定价安排的概念

预约定价安排(advance pricing arrangement,APA)是指在从事受控交易活动之前,集团企业事先就其未来年度关联交易的定价原则和计算方法,向税务机关报告,与税务机关按照独立交易原则协商、确认后达成协议,并以该协议作为未来年度计征所得税的依据。预约定价安排适用于自企业提交正式书面申请年度的次年起 3～5 个连续年度的关联交易。

预约定价的实质是把转移定价的事后调整改为预先约定[17]。它为税企双方增进理解、加强合作、减少对抗提供了有效途径。预约定价安排与传统定价管理模式最大的区别在于:在预约定价安排下,如果企业集团的内部交易所涉及国家的税务机关在事前审查中均认可某项交易的转移定价符合正常交易原则,它们便不会再怀疑该交易价格的合理性,从而避免了事后审查与纳税调整的麻烦。它为企业集团未来年度的转让定价问题提供了确定性,从而带来了经营及税收的确定性,有效避免了企业集团被税务机关转让定价调查的风险,降低了企业的税收遵从成本。因此,跨国企业集团在其定价管理过程中合理关注 APA 可以使其定价管理达到事半功倍的效果。

二、预约定价安排的分类[18]

预约定价安排按照参与的国家税务主管当局的数量,可以分为单边、双边和多边三种类型。

单边预约定价安排是指企业与一国税务机关签署的预约定价安排。单边预约定价安排只能为企业提供一国内关联交易定价原则和方法的确定性,而不能有效规避企业境外关联方被其所在国家的税务机关进行转让定价调查调整的风险,因此仍然无法避免国际重复征税。

双边(多边)预约定价安排是指企业与两个或两个以上国家税务主管当局签署的预约定价安排。双边或多边预约定价安排需要税务主管当局之间就企业跨境关联交易的定价原则和方法达成一致,可以有效避免国际重复征税,为企业转让定价问题提供确定性。

6.4.2 预约定价安排的国内外发展

预约定价安排为企业集团和税务机关提供了一个前瞻性地解决转让定价问题的管理方法,出于更有效地利用纳税人和税务机关的资源的考虑,世界上很多国家都建立和发展了本国的预约定价制度。

一、国外预约定价安排的发展[19]

日本早在1987年4月就确立和实施了一则与APA类似的处理方法——事先确认制度,而后又公布了《关于认定关联企业间价格的算定方法》及《关于处理相互协商申请》两个制度来指导APA相关事务,然后于2001年6月又颁布了《转让定价管理指南》以及《相互协商程序管理指南》,这两个指南重点对APA整套程序进行详细的说明和规定。

20世纪80年代开始,美国国内收入局就对APA进行了积极的研究与探索。1991年年初,美国在运用自身研究成果和借鉴日本实践经验的基础上,率先推出了预约定价相关程序和规则,是世界上第一个建立APA的国家。随之在国内大力推行APA,同时开始引领世界各国对APA的研究方向和发展轨道。

美国经过几年的实践积累,于1996年12月公布了APA程序(IRS 1996-53)。这次公布的APA程序得到了世界各国以及OECD的一致认可,被认为是对世界APA的发展具有划时代的意义。在经过了1998年增加专门针对小企业的特别预约定价和2004年对此制度的进一步修改并引入这么多年发展和实施的成功经验后,美国在2006年1月再一次公布了新的APA程序,原有程序全部作废,新程序于2006年2月1日起正式实施。

除了日本、美国作为预约定价安排的先驱外,英国、法国、澳大利亚等众多国家也不同程度地进行了许多预约定价安排的立法与实践:

英国也是较早正式引入APA制度的国家之一,但该国起步阶段发展较慢,直到1999年才正式有了关于APA方面的专门立法。在实践中,英国国家税务局与海关总署共同来管理APA项目。它们按照双边税收协定中的相互协商条款处理APA。

法国的APA制度是于1999年以《操作规程》的形式正式引进并建立的。事实上,该《操作规程》是以法国税收协定关于相互协商程序(MAP)的规定为基础的。该条款为协定国双方主管税务机关就消除双重征税措施达成一致创造了条件。因此,在当时,批准一项 APA 申请的权利并非基于法国国内法。2004 年《财政修改法》明确了 APA 的法律地位。

澳大利亚是 APA 发展较早且较发达的国家,其 APA 程序比较成熟而且实践中运行良好,完成整个 APA 过程所需时间也相当短。澳大利亚 APA 程序的法律基础是 1995 年 6 月颁布的税则(95 税则)中的规定 95/23。此税则的内容非常详尽和完整,提供了 APA 从申请到最终签约的详细操作指南。2011 年,澳大利亚引入并公布了其新的 APA 谈签机制,即根据风险和复杂程度不同,将 APA 协商分为三个层次,分别为简化、标准和复杂 APA,企业可以根据其交易的风险程度和需求进行不同层次的申请。这种以风险为基础的机制,使澳大利亚税务机关在加速处理简单案件的同时能将资源配置到风险更高的领域,从而提高了谈签效率[20]。

在加拿大,APA 于 1993 年始正式实行,该国第一个指导纳税人申请 APA 的文件是于 1994 年 12 月份发布的。在随后的运行过程中,加拿大国家税务局陆续公布了《APA 实施计划发展策略》和《APA 通知》第 94-4R 号,大大促进了本国 APA 的发展。荷兰最早关于规范 APA 的法律是于 2001 年 12 月由议会通过并颁布的。立法机构建立了以鹿特丹为基地的单独的 APA 项目,并授权 APA 小组向地区税务局提出具有约束力的建议。韩国从 1997 年 1 月 1 日开始采用 APA 制度,并在《国际税收调整法》中对 APA 的具体操作程序进行了规定。2005 年 12 月,越南财政部颁发了涉及 APA 的第 117 号文件。2006 年 2 月,新加坡国内收入局发布了第一个转让定价准则,对 APA 也作了规定。

二、国内预约定价安排发展[18]

中国自 20 世纪 90 年代末开始预约定价安排的实践。1998 年,预约定价安排作为"转让定价调整方法中的其他合理方法"写入《关联企业间业务往来税务管理规程(试行)》(国税发〔1998〕59 号)第二十八条。1998 年税务机关与企业达成首例单边预约定价安排。

2002 年,《中华人民共和国税收征收管理法实施细则》(国务院令第 362 号)第五十三条正式列入预约定价制度,预约定价由转让定价的调整方法上升为一种制度。

从 1998 年至 2004 年底,中国一些地方税务机关尝试与企业达成一些单边预约定价安排,在这一阶段,由于缺乏全国统一的具体操作规范,各地达成的预约定价安排普遍存在条款过于简化、功能风险分析和可比性分析不足等问题。2004 年,税务总局颁布了《关联企业间业务往来预约定价实施规则(试行)》(国税发〔2004〕118 号),对预约定价安排谈签步骤、要求及后续监控执行等具体操作程序作出详细规定,从而规范了中国的预约定价安排管理。

为了促进全国预约定价管理工作的规范统一,自 2005 年起,税务总局实施了预约定价监控管理制度,即各地税务机关在签署单边预约定价安排前必须逐级层报税务总局审核,同时要求各地税务机关要稳步推进预约定价工作,严格依据有关规定,提高预约定价安排的规范程度。中国的预约定价管理从此步入了规范发展的新阶段。

2005 年 4 月,中国与日本达成了中国历史上第一例双边预约定价安排。随后,中国与美国、韩国等国相继达成了双边预约定价安排。2005—2008 年 4 年间,税务机关与企业共达成预约定价安排 41 个,其中单边预约定价安排 36 个,双边预约定价安排 5 个。

2009 年年初,为了配合新《企业所得税法》及其实施条例的实施,税务总局颁布实施了《特别纳税调整实施办法(试行)》(国税发〔2009〕2 号),其中第六章进一步明确了中国预约定价安排制度及操作规范,并首次制定了双边预约定价安排的谈签程序及具体规定。2009 年,双边预约定价安排谈签工作有了较快的发展。2009—2014 年中国税务机关签署的预约定价安排如表 6.8 所示。

表 6.8　2009—2014 年中国税务机关签署的预约定价安排

时间	单边预约定价安排	双边预约定价安排	合计
2009	5	7	12
2010	4	4	8
2011	8	4	12
2012	3	9	12
2013	11	8	19
2014	3	6	9

根据《中国预约定价安排年度报告(2014)》统计,自 2005 年 1 月 1 日至 2014 年 12 月 31 日,中国税务机关累计收到 162 个双边预约定价安排的书面谈签意向和正式申请(其中 43 个已达成),涉及的国家(地区)达 16 个。

6.4.3　预约定价安排的原则

预约定价安排的基本原则是征纳双方在 APA 整个谈签过程中共同遵守和坚持的基本准则,是预约定价安排的基础。对 APA 的基本原则,各国法律都没有统一的界定,但学者们在实践中总结了运用比较普遍的以下几条原则[21]:

第一,公平交易原则。公平交易原则也称为独立交易原则,是指跨国公司在关联交易时完全遵循无关联性企业之间执行的公平成交价格和正常的商业活动程序进行,强调的是交易价格或者利润水平在可比情况下的比较结果。此原则被《联合国双重税收协定范本》所采用,经济合作与发展组织(Organization for Economic Cooperation and Development, OECD,简称经合组织)在 2010 年公布的最新转让定价指南中明确了公平交易原则在评估关联交易转让定价中的统治地位,目前也是各国转让定价实践中公认的、运用最广泛的原则。

第二,适当宽广原则。预约定价安排都是在一系列关键假设前提下订立的协议。在预约定价的协商过程中,关键假设是纳税人与税务机关谈判过程中出现分歧较多的地方。关键假设(也称为假设条件)属于客观的经营和经济的标准,是关于纳税人或第三方未来的行业状况、经济环境,或者与纳税人提出的转让定价方法密切相关的某些事实或状态,是对未来的一种预期判断[22]。关键假设通常会涉及纳税人的经营活动、功能和风险的证据,资产经营和会计或税务处理方法,所以关键假设的限定范围就显得尤为重要。而由于世界经济环境和企业的经营状况往往具有不确定性,所以适当宽广的假设可以使预约定价发挥更大的作用、体现更好的效果。如果关键假设的设定过于狭窄,一旦企业经营活动的实际情况超出了设定的区间,那么税企各方不得不进行重新协商,导致预约定价的效力大大降低,浪费了彼此先前的投入。另外,适当宽广的关键假设还可以减少纳税人为使关键假设失效而故意人为控制的情况出现。

第三,假设量化原则。在预约定价协议中,关键假设的变化是关注的重点,但往往在衡量是否符合假设的标准上存在分歧。税务机关最好能在充分了解纳税人的行业特征和实际经营情况下,对关键假设进行量化。如在进行关键假设的设定时,对于企业利润水平的变化指标可用具体下降的百分比来反映,而不是简单地用"利润水平大幅下降"等文字来表达,这样关键假设更加充分和明确。量化的假设将更加有利用于征纳双方更好地执行预约定价协议,减少双方因理解差异造成的分歧。

第四,自愿平等原则。纳税人"提出申请"作为一个预约定价开始启动的标志,而是否要进行预约定价的申请完全由纳税人自己决定,任何一级税务机关都无权强制企业进行。预约定价的磋商和签订过程其实是税企双方平等自愿、充分协商、达成一致的过程。在此过程中,双方的信息同样是共享和对等的,纳税人提供的信息和资料必须完整和真实,以便于税务机关对企业的转让定价行为作出正确的判断。

第五,成本最小化原则。纳税人从申请预约定价开始,就要投入大量的人力和物力。虽然提出预约定价安排申请不需要向税务机关缴纳任何费用,但由于受到自身各方面能力的限制,往往要借助于专业的机构来帮助其达成目标,同时必须支付较高的费用。实践中,企业在支付阶段性费用后最终未达成 APA 的案例也很多。谈签成本的居高不下也是目前很多中小型企业无法参与和享受预约定价优越性的重要因素之一。企业集团应当以最小的成本体现最佳的效果,实现税企双赢。

第六,保密原则。预约定价强调的是纳税人与税务机关的诚信合作,纳税人在预约定价申请过程中,有义务向税务机关提供与转让定价有关的各种资料,其中包括企业大量的资料文件、历史数据和的商业秘密;这些敏感信息对于纳税人来讲,具有排外性,所以一旦泄露将会被利益对立者特别是竞争对手所掌握,给本企业带来重大损失。所以OECD 的《转让定价指南》中规定,税务机关应对预约定价安排过程中获取的商业秘密、重要文件等负有保密义务。我国在《实施规则》中同样明确了税企双方对彼此所获信息均负有保密义务,并受到税法和保密法的保护和制约。只有这样才能解除纳税人的后顾之忧,提高企业集团参与 APA 的热情和积极性。

6.4.4　预约定价安排的应用[18]

一、申请资格

我国的预约定价安排一般适用于同时满足以下三个条件的企业:

(1) 年度发生的关联交易金额在 4 000 万元人民币以上。其中,关联交易主要包括以下类型:①有形资产的购销、转让和使用;②无形资产的转让和使用;③融通资金;④提供劳务。

(2) 依法履行关联申报义务。纳税人应在关联交易发生年度次年的 5 个月内,向税务机关报送年度企业所得税申报表的同时,附送《中华人民共和国企业年度关联业务往来报告表》。

(3) 按规定准备、保存和提供同期资料。同期资料是指纳税人关联交易发生时有关转让定价的相关资料和证明文件。同期资料主要包括企业组织结构、生产经营情况、关联交易情况、可比性分析以及转让定价方法的选择和使用等内容。纳税人应当按纳税年度准备、保存其关联交易的同期资料,并应税务机关要求提供。

二、具体流程

预约定价安排谈签和执行包括以下六个阶段。

1. 预备会谈

企业申请谈签预约定价安排前,应向税务机关书面提出谈签意向。其中,企业若申请双边(或多边)预约定价安排,应同时向税务总局和主管税务机关书面提出谈签意向。税务机关(双边和多边预约定价安排为税务总局)可以与企业就预约定价安排的相关内容及达成预约定价安排的可行性开展预备会谈,在预备会谈期间,税务机关根据企业申请预约定价安排类型与企业进行讨论。

2. 正式申请

企业应在接到税务机关正式会谈通知之日起 3 个月内,向税务机关提出预约定价安排书面申请报告,并报送《预约定价安排正式申请书》。其中,企业若申请双边或多边预约定价安排,应将《预约定价安排正式申请书》和《启动相互协商程序申请书》同时报送税务总局和主管税务机关。

企业提出双边(或多边)预约定价安排申请的,向两国(或多国)提交的申请报告内容必须保持一致。如果申请报告最初用外文准备,向中国税务机关提交的中文申请报告不应做任何删减,相关外文合同须附中文译本。

3. 审核和评估

税务机关自收到企业提交的预约定价安排正式书面申请及所需文件、资料之日起5 个月内,进行审核评估,形成审核评估结论,并可视审核和评估的具体情况要求企业补充提供相关资料。

4. 磋商

涉及单边预约定价安排的,税务机关形成审核评估结论后与企业进行预约定价安排磋商。双方磋商达成一致的,税务机关将预约定价安排草案和审核评估报告层报税务总局审定。

涉及双边或多边预约定价安排的,税务总局与税收协定(或安排)缔约对方税务主管当局分别形成审核评估结论后,开展双边或多边预约定价安排的磋商。磋商达成一致的,根据磋商备忘录拟定预约定价安排草案。

5. 签订

对于单边预约定价安排,主管税务机关与企业的法定代表人或法定代表人授权的代表正式签订《单边预约定价安排》。(参照文本请扫二维码 6.3。)

对于双边或多边预约定价安排,税务总局与税收协定(安排)缔约对方税务主管当局授权代表正式签订双边或多边预约定价安排。根据双边或多边预约定价安排,主管

二维码6.3
单边预约定价
安排参照文本

税务机关与企业的法定代表人或法定代表人授权的代表签订《双边（多边）预约定价安排执行协议书》。（参照文本请扫二维码6.4。）

6. 监控执行

企业应完整保存与安排有关的文件和资料（包括账簿和有关记录等），并在纳税年度终了后5个月内，向税务机关报送执行预约定价安排情况的年度报告。

在预约定价安排执行期内，税务机关应定期检查企业履行安排的情况。如果企业实际经营结果不在安排所预期的价格或利润区间之内，税务机关应将实际经营结果调整到安排所确定的价格或利润区间内。

在预约定价安排执行期内，当企业发生影响预约定价安排执行的实质性变化时，应在变化发生后30日内向税务机关作出书面报告，详细说明该变化对预约定价安排的影响。基于对于企业经营情况的审查，税务机关应与企业协商修订预约定价安排条款和相关条件，或根据变化影响程度修订或终止预约定价安排。

具体流程如图6.1所示。

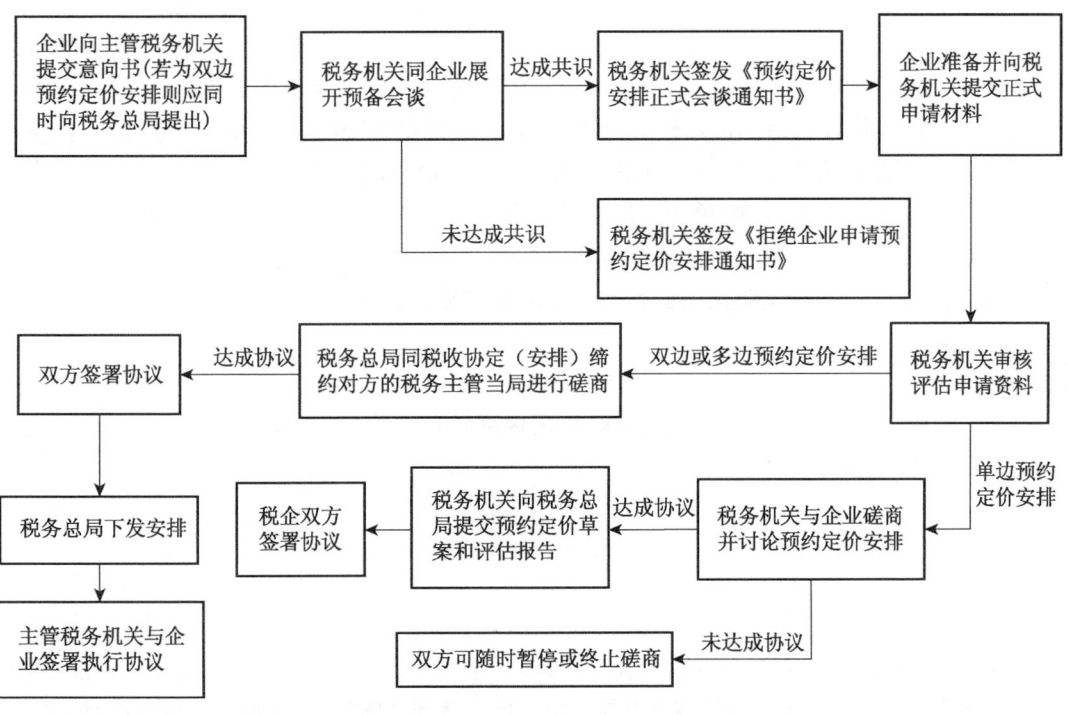

图 6.1　预约定价安排签谈流程[18]

6.4.5　预约定价安排的利弊

APA 是企业集团在内部交易发生之前，就交易所涉及的转移定价预先确定的一系列标准或范围的协议。跨国企业集团纳税人在决定申请 APA 之前，应该深入分析经营所在国的所得税法和转移定价管理政策法规，与传统的方法进行比较，确认与当地税务当局签署 APA 协议利大于弊。

APA 的优点有以下几点[23]:首先,跨国企业集团主动申请 APA,可以事先与税务当局谈判,将被动调查的不确定风险转变为对 APA 协议条款的确定性谈判,而且在协议随后的有效期内,免除了原先面临不知何时会受调查的不确定风险。其次,APA 协议的签约花费的成本远远小于随后的风险确定性和值域范围内的转移定价操控带来的经营收益。协议到期后,还可以以更低的成本续签,跨国企业集团纳税人只需提供简单,成本较低的年度报告和协议执行情况。再次,APA 协议的经济性,可以节约大量的财力、人力和时间。与此同时,会为企业集团纳税人和税务当局双方带来良好的声誉,形成良好的合作关系,双方在解决其他税收事务方面更容易采取合作的立场,共同寻求高效的解决方法。最后,企业集团纳税人在有效期内的经营活动符合 APA 协议的要求,其面临转移定价的惩罚几乎为零。由此,保持了企业集团经营的稳定。

同时,APA 也有一定的缺点[23]:首先,APA 协议应用于特定的案例,企业集团针对不同的子公司情况,可能遇上截然不同的 APA 待遇,可能会产生不同的 APA 申请成本。其次,APA 涉及跨国企业集团的商业秘密,如果泄露可能影响跨国企业集团在全球市场上的竞争地位。再次,APA 协议签署耗时较长,《中国预约定价安排年度报告(2013)》指出当年签署了 11 个单边预约定价安排和 8 个双边预约定价安排,签署的单边安排大部分在 2 年内完成,单边安排和双边安排在 1 年内完成的比例均为 63%。由此可见,APA 协议的时间成本较大,很可能滞后于瞬息万变的经济活动。最后,一旦签署 APA 协议,在有效期内,企业集团在调整转移定价方面缺乏灵活性。

综上所述,企业集团的预约定价安排有利于企业集团降低受调查的不确定性,节约纳税成本以及维护自身经营活动稳定有序的发展。因此,根据集团自身实际情况合理运用预约定价安排是企业集团面临的一个新的机遇和挑战。

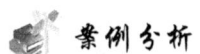 **案例分析**

东北制药集团内部转移定价

(请扫二维码 6.5。)

二维码 6.5
东北制药集团
内部转移定价

本 章 小 结

1. 企业集团内部转移价格又称内部转让价格,是指集团企业在与关联企业进行交易时所遵照的价格。企业集团内部转移定价指的是在同一企业集团内,为了实现企业集团利益最大化而对企业集团母公司与子公司、总部与分部或者分部与分部之间的一系列内部交易活动进行定价的手段和方法。

2. 内部转移定价是在分权经营下产生的。

3. 一般来说,企业集团转移定价的目的主要有三个方面,即明确经济责任、实现内部资金调度和取得避税效应。

4. 企业是否及如何实施转移定价,除了以上所述的一些动机之外,还要受到集团内部某些因素影响,如企业管理战略、管理过程和管理结果等方面特征以及来自集团外部的各种因素制约。

5. 税率的差异成为影响跨国集团税收负担的一个重要因素,此时对于转移定价的研究分为两个分支:一支研究不存在税收因素的转移定价决策问题,另一支研究在各贸易国税率存在差异的情况下跨国集团的转移定价决策问题。

6. 企业集团内部转移定价的原则有集团整体利润最大化原则、激励原则和相对稳定、定期调整的原则。

7. 根据各利益主体参与程度的不同,内部转移定价的方法一般有两种,即集团总部直接干预的转移定价方法和各分部自主协商的转移定价方法。

8. 企业集团内部转移定价采用的基本方法包括基于成本的转移定价、基于市价的转移定价,以及在此基础上发展起来的协商价格和双重价格。

9. 预约定价安排是指在从事受控交易活动之前,纳税人必须事先将其未来年度和境内外关联企业之间的内部交易所涉及的转移定价原则和方法,向税务机关报告,并与税务机关按照独立交易原则协商达成一致后的协议,该协议将作为计征所得税的依据。

10. 预约定价安排一般按照参与的国家税务主管当局的数量分类,可以分为单边、双边和多边三种类型。

11. 预约定价安排的基本原则有公平交易原则、适当宽广原则、假设量化原则、自愿平等原则、成本最小化原则以及保密原则。

关 键 概 念

内部转移价格　基于成本的转移定价　基于市价的转移定价　协商价格　双重价格　预约定价安排　同期资料

复 习 思 考 题

1. 企业集团为何要进行内部转移定价?

2. 内部转移定价的风险是什么?如何规避?

3. 比较基于成本的定价、基于市价的定价和协商定价法。

4. 搜索并阅读最新一期的《中国预约定价安排年度报告》,对中国的预约定价安排的发展提出建议。

本章参考文献

［1］邱渼惠.跨国公司内部转移定价分析[D].辽宁大学,2013.

［2］陆正飞,朱凯,童盼.高级财务管理[M].北京:北京大学出版社,2013.

［3］曲晓辉,傅元略.企业集团财务与会计问题研究[M].北京:中国财政经济出版社,2007.

［4］王纯.国际会计[M].上海:上海财经大学出版社,2009.

［5］曾蔚.高级财务管理[M].北京:清华大学出版社,2013.

［6］白思达.中石油、中石化转让定价案例研究[J].现代商业.2013(26):203.

［7］企业集团组建与运行中的财务与会计问题研究 课题组 曲晓辉 杨金忠 肖虹 肖华.论企业集团分权化管理及其内部转移定价机制的运用[J].会计研究.2001(05).

［8］杜文中.界限经济与市场主体行为——解读全球视野中的跨国现象[M].北京:经济科学出版社,2004.

［9］姚蕾蕾.基于转移定价的国际问题探讨[J].中国管理信息化.2014(14).

［10］刘文纲.国际营销管理[M].北京:经济科学出版社,2009.

［11］李明辉.论转移定价政策选择的影响因素和原则[J].四川会计.2003(4).

[12] 张辑. 跨国公司规避风险的转移定价策略——兼论我国企业跨国经营转移定价规避风险的策略[J]. 价格理论与实践. 2012(12).

[13] 周航, 宋海涛. 管理会计[M]. 哈尔滨: 哈尔滨工业大学出版社, 2012.

[14] 张双才, 于增彪, 刘强. 企业集团财务控制系统研究[M]. 北京: 中国财政经济出版社, 2006.

[15] 邱玉莲, 窦炜. 管理会计学[M]. 北京: 经济管理出版社, 2012.

[16] 慕银平, 唐小我, 刘英. 关联企业转移定价研究综述[J]. 管理科学学报. 2004(3).

[17] 张晓涛, 吴英. 我国推行跨国公司预约定价问题研究[J]. 中央财经大学学报. 2008(1).

[18] 国家税务总局. 中国预约定价安排年度报告(2013)[R]. 2014.

[19] 陈挺. 解读预约定价安排(APA): APA 在各国的立法进程[Z]. 2009.

[20] 池澄, 饶戈军, 朱翊侃. 预约定价安排的全球实践及其在中国的快速发展[J]. 国际税收. 2013(12).

[21] 吴敏晓. 跨国公司预约定价研究[J]. 广西师范大学.

[22] 秦凌, 华学成. 浅析预约定价之关键假设的设定[J]. 涉外税务. 2005(3).

[23] 厉敏. 跨国公司转移定价对税务的影响[J]. 华东理工大学. 2014.

第7章

企业集团的
税收筹划

通过本章的学习,应当能够:

1. 掌握企业集团税收筹划的含义与特点;

2. 了解企业集团税收筹划的优势;

3. 了解企业集团税收筹划的基本原则;

4. 掌握企业集团税收筹划的基本思路和基本方法;

5. 掌握企业集团筹资、投资、经营和利润分配中税收筹划的典型案例并针对集团具体情况设计筹划方案;

6. 掌握通过特殊重组进行企业集团税收筹划的方法。

引例

正原集团的税收筹划

正原集团拥有宏达公司和宏发公司两家全资子公司,宏达公司适用企业所得税税率为25%。2015年年底,宏达公司财务人员预计2016年应纳税所得额为1 000万元。宏发医药科技公司是高新技术企业,享受15%的低税率优惠,其财务人员预计2016年应纳税所得额为1 500万元。在其他业务不变的情况下,宏达公司在2016年年初将一条年盈利能力为800万元的生产线租赁给宏发公司,租赁费为200万元。

在进行该项税收筹划前,正原集团2016年预计企业所得税应纳税总额为475万元(1 000×25%＋1 500×15%);在进行该项税收筹划后正原集团的企业所得税应纳税总额为415万元(400×25%＋2100×15%),预计可以实现节税60万元。

2015年年底,宏发公司财务人员小王在整理资料时发现公司高新技术企业资格快过期了,公司马上派人去申请复审,可资格证书一时难以批下来。公司的高新技术企业证书显示的发证时间为2013年3月1日,资格有效期为自颁发证书之日起的3年,即2013年3月1日至2016年3月1日,而税收优惠资格有效期为自认定当年起的3年,即2013年1月1日至2015年12月31日,企业财务人员很焦急,在高新技术企业资格复审期内税收优惠是否有效呢? 这一问题关系到宏发公司2016年每月预缴企业所得税税率,决定通过租赁进行的税收筹划能否成功。正原集团针对这一问题咨询了相关税务专家。

税务专家认为,宏发公司首先是要赶紧去复审,根据规定,高新技术企业资格期满前3个月内企业应提出复审申请,不提出复审申请或复审不合格的,其高新技术企业资格到期自动失效。在复审期间,企业的税收优惠资格有效期实际上已过期,但根据高新技术企业资格复审期间预缴问题的公告(国家税务总局2011年第4号公告),高新技术企业在通过复审之前,在其高新技术企业资格有效期内,其当年企业所得税仍暂按15%税率预缴[1]。因此,2016年1月～3月,宏发公司仍旧按15%预缴企业所得税。有效期满后,如果企业不能通过严格的复审,也就无法继续保留高新技术企业享受减15%税率征收企业所得税资格。因此,只要宏发公司确保复审通过就行,该税收筹划方案就能成功。

相对于单个企业而言,企业集团由于组织结构灵活,涉足产业领域广,资金存量厚实、盘活、调度空间大,通常拥有更好的条件和更大的空间来实施税收筹划。企业集团只要筹划得当,申报程序合理合法,在税收筹划方面有着独立企业无可比拟的优势。

7.1 概　　述

7.1.1 企业集团税收筹划的含义

企业集团税收筹划是企业集团基于现行法制规范,从全局发展出发,通过对集团内部各成员企业的融资、投资、经营活动以及收益实现的进度、结构等的合理安排,尽可能减少不必要的纳税支出,以谋求最大的纳税利益,实现税后利润最大化的活动。企业集团的投资战略和融资政策自始至终都与税收相联系,日常的经营活动更是与税收息息相关。

税收筹划是纳税人在现行税制条件下,通过充分利用各种有利的税收政策合理安排涉税行为,在不违法的前提下,以实现税后利润最大化为目的的活动。税收筹划是一门纳税人在法律允许的范围内安排其自身经营活动从而减轻税负、增加税后收益的艺术。美国南加州梅格斯博士在与别人合著的已发行多版的《会计学》中,援引了知名法官汉德的一段话:"法院一再声称,人们安排自己的活动以达到降低税负的目的,是无可指责的。每个人都可以这样做,不论他是富翁,还是穷光蛋。而且这样做是完全正当的,因为他无须超过法律的规定来承担国家赋税;税收是强制课征的,而不是靠自愿捐献。以道德的名义要求税收,不过是侈谈空论而已。"

　　企业集团是以营利为目的的经济组织,其经营目的是利润最大化,在收入一定的情况下,如何使成本最小化,是企业集团营利的关键问题。企业集团的成本分成两大部分,一部分是非税成本,另一部分是税收成本,前者在狭义企业集团财务管理领域进行研究,而后者则在企业集团税收筹划领域进行研究。企业集团税收筹划与企业集团目标的关系如图 7.1 所示。广义的企业集团财务管理包括狭义企业集团财务管理和企业集团税收筹划,本书研究的为广义企业集团财务管理。税收筹划是企业集团经营战略的重要组成部分,是广义企业集团财务管理决策的重点之一,是集团发挥资源一体化整合优势与管理协同优势,实现整体资源配置的秩序化与高效性的重要保证[2]。

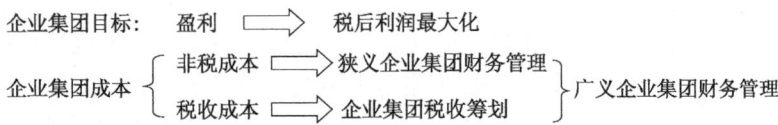

图 7.1　企业集团税收筹划与企业集团目标的关系

　　税收筹划的内涵可以概括为"一个前提""两个目的""三个手段"和"四个特点":

　　"一个前提"是指非违法,它体现在税收筹划行为是在尊重法律、不违反国家税收法规的前提下进行,这是税收筹划区别于逃避税收行为的基本标志。非违法不等于合法,法律规定了的应该按照法律规定的去做,这称为合法;法律没有规定的,也可以去做,称为非违法,这是由法律本身不完善造成的,并不是纳税人违法。在这一前提下,当存在多种可选择的纳税方案时,纳税人可以利用对税法专业知识的熟练掌握和实践技术,选择低税负方案。善于挖掘法律未提及的领域是税收筹划的特点之一。

　　"两个目的"是降低税负和涉税零风险。税收筹划的第一个目的是降低税负,少缴税款和递延缴纳税款,但这绝不是全部目的。涉税零风险是最全面的概括,既不多缴,也避免因少缴税而产生相关的风险。由于税收筹划是一种事前行为,具有长期性和预见性的特点,当税收筹划的基本条件发生变化,或筹划的方法选择不当,或筹划主体专业水准有限时,容易产生筹划风险。企业集团要在自己风险承受范围之内,选择筹划方案。

　　"三个手段"包括"利用优惠""规避政策"和"政策寻租"。"利用优惠"是指纳税人最大限度地利用现有税法中的优惠政策。税收优惠是税制设计中的一个要素,也是贯彻一定时期一国或地区税收政策的重要手段。国家为了实现税收调节功能,一般在税种设计时,都设有税收优惠条款,企业集团如果充分利用税收优惠条款,就可享受节税效益。因此,用好、用足税收优惠政策本身就是税收筹划的过程[3]。常用优惠利用方法有以下九种：地区利用法、行业利用法、产品利用法、规模利用法、性质利用法、机构利用法、环节利用法、项目利用法和方式利用法。

"规避政策"是指纳税人充分利用现有税收法规中的某些不足，利用其尚未修改的时间差，进行合理避税筹划。各国的税收法规完善程度各不相同，但大多数国家的税法不可避免地存在某些缺陷、不足和漏洞。我国的税收法律、法规、制度虽经不断完善，但在不同时期，仍可能存在覆盖面上的空白、衔接上的间隙处和掌握上的模糊处等，而且除了《中华人民共和国个人所得税法》《中华人民共和国税收征收管理法》《中华人民共和国企业所得税法》外，我国现在大多是用条例、暂行条例、办法、通知等规范税收，内容分散，不易把握，有时甚至会出现税收规定与民法通则、刑法等其他相关法律、法规不协调之处，因此存在使用规避政策的空间。常用的政策规避方法有五种：转让定价法、膨胀成本法、价格拆分法、价值替代法和临界利用法。

"政策寻租"是在政策还没有出台之前，对政策加以影响，使出台的政策有利于自己。这是税收筹划的最高境界[4]。企业集团的成员企业之间有着紧密的利益联系，与同行业的诸多合作伙伴之间也会存在荣辱与共的涉税利益，有动机、有实力组成寻租利益集团。这种方法主要是对税务机关的立法给予影响。其实我国税法在出台过程中也为纳税人提供了寻租的机会。我国的税收立法原则之一便是民主决策的原则，即税收立法过程中必须充分倾听群众的意见，严格按照法定程序进行，确保税收法律能体现广大群众的根本利益[4]。在实际生活中，或明或暗的利益集团以及寻租活动屡见不鲜，在税法诸条条例出台后一段时间内又连续出台一个个的补丁文件，这同某些行业或企业集团的不间断"上访"，申明自身立场和苦衷有很大关系[5]。政策寻租可以通过进行院外活动、争取"特许权"、提供适时的税收管理建议和交好税务官员几种途径进行[5]。政策寻租具体可分为三种方法：行业协会哭诉法、中介机构游说法和反倾销应诉法。（具体请扫二维码7.1。）

二维码7.1
政策寻租的方法

"四个特点"包括"超前性""目的性""综合性"和"多变性"。"超前性"是指税收筹划一般都是在应税行为发生之前进行谋划、设计、安排的。只有超前去做，才意味着是策划，是合理避税、合法节税。提前去做，将具体的纳税筹划方案转换成具体可以执行的实施措施，可以防患于未然，达到事半功倍的效果。在经济活动中，纳税义务通常具有滞后性。企业交易行为发生后，才会发生纳税义务，才可能缴纳有关流转税；收益实现或分配后，才可能缴纳所得税；财产取得或应税行为发生之后，才可能缴纳财产、行为税。这在客观上提供了在纳税前事先做出筹划的可能性。另外，经营、投资和融资活动是多方面的，税法规定也是有针对性的。纳税人和纳税对象的情况不同，税收待遇也往往不同，这为纳税人选择较低税负提供了机会。如果经营活动已经发生、应纳税款已经确定，再去"谋求"少缴税款，则不是税收筹划行为，而是税务违法行为。

"目的性"是指税务筹划具有很强的目的，就是要取得纳税人的税收利益。它有两层意思：一层意思是选择低税负。低税负意味着低的税收成本。低的税收成本则意味着高的资本回报率。另一层意思是滞延纳税时间（非指不按税法规定期限缴纳税款的欠税行为）。税款缴纳期的推后，除了可以获得资金时间价值外，还可能减轻税收负担（如避免高边际税率）。不管是哪一种，其结果都是税款支付的节约[6][7]。

　　"综合性"是指税收筹划应着眼于纳税人资本总收益的长期稳定的增长,而不是着眼于个别税种税负的高低。这是因为,一种税少纳了,另一种税有可能要多缴,整体税负不一定减轻。另外,纳税支出最小化的方案不一定等于资本收益最大化方案。进行投资、经营决策时,除了考虑税收因素外,还应该考虑其他多种因素,趋利避害,综合决策,以达到总收益最大化的目的[3]。另外,税收筹划涉及方方面面的调整,有许多事情不是一个部门能解决得了的,需要多部门沟通。一名优秀的企业集团财务人员要学会跟三种人沟通,一种是跟总裁沟通,一种是跟专家沟通,还有一种就是跟同行沟通。全方位沟通有助于对相关领域的全局性把握,有助于纳税筹划的实施。

　　"多变性":各国的税收政策,尤其是各税种的实施细则等,随着政治、经济形势的变化会经常发生变化,因此,税务筹划也就具有多变性。纳税人应随时关注涉税国家的税收法规变动,及时进行税务筹划的应变调整[7]。

7.1.2　企业集团进行税收筹划的优势

　　企业集团税收筹划的原理与单体企业基本相同,都是在法律允许的空间内,从集团的发展全局出发,为减轻集团总体税收负担,增加集团的税后利润而作出的一种战略性的筹划活动。相对于单体企业,由于企业集团组织结构相对复杂,集团内部分公司子公司众多,进行税收筹划的平台更大更广,企业集团有更好的条件,更多的资源和更大的空间来实施纳税筹划,降低集团税负水平,在税收筹划方面有着单体企业所无可比拟的优势[8]。

　　1. 筹划空间大

　　企业集团由于组织结构多层次、经营业务多元化,因而在税收筹划时空间要比单体企业更加广阔。企业集团可以通过集团的整体调控、战略发展和投资延伸、业务的分割和转移,充分利用各地政府间的税收竞争,以实现税负在企业集团内部各纳税企业之间的平衡和协调,实现 $1+1+1>3$ 的整体协同效应。相对于单体企业而言,企业集团涉及的产业领域广,资金盘活、调度空间大,可利用的投融资渠道以及利润分配的形式和手段都比单体企业要广得多,在战略选择、兼并重组、经营调整等方面优于独立企业,有更好的条件和更大的空间来实施税收筹划。

　　2. 筹划手段多样

　　企业集团有更多机会利用多种税收筹划手段,例如,利用国家优惠、进行政策寻租、实施关联交易以及运用转移定价等。在现代经济中,企业集团在刺激投资、增加需求、促进经济增长方面有着巨大潜力,各国均视财力和发展要求,在不危害公平竞争前提下,制定适应和鼓励企业集团发展的税收政策,至少是不限制和制约其发展[9]。因此,企业集团比单体企业有更多的税收优惠条件(如合并纳税)。相对单体企业,企业集团实力更强,对行业协会的影响更大,市场占有率更高,在进行税收政策的寻租上更有实力。另外,我国大型企业集团往往是国有企业改制而来,与政府的关系更密切,与税务机关的关系更为互信和友好,这对于其争取税收优惠、获取政策信息、进行政策寻租也更为有利。最后,企业集团可以从集团整体利益出发,使母、子公司及其他成员企业之间形成利益互动依存机制,运用转移定价等手段,在关联企业之间转移成本和利润,减轻集团整体税负,降低集团涉税风险,使税收筹划产生更好的效果。

3. 筹划效益显著

企业集团往往经营规模大,涉税事项多,涉税金额大,因此其税收筹划效益更加显著。从理论上讲,任何企业都有税收筹划的权利和机会。但是,税收筹划作为一种理财活动,与其他财务管理活动一样,风险与收益并存,成本与收益并存。如果企业规模过小,缴纳税种有限,经营业务比较简单,即使通过筹划获取了一定的收益,也可能因为筹划成本较高而显得得不偿失[3]。相反,企业集团缴纳税种繁多,经营业务和会计处理都比较复杂,资金存量厚实,现金流量大,盘活、调度效果明显,具备相当的收入规模,因此能产生显著的筹划效果。很多企业集团的财务机构中都设置"税务部",聘任"税务经理",专门从事税收筹划的实际操作。

对于企业集团而言,税收筹划是降低纳税成本的重要措施,是提高企业集团经济效益的有效途径,是规范企业集团设立模式的有力环节[10],是提升企业集团核心竞争力的需要,是发挥整体资源优势,能够产生 1+1+1>3 的整体协同效应,实现资源有效配置的重要手段。

7.1.3 企业集团税收筹划的基本原则

1. 守法原则

守法包括合法与不违法两层含义,这是企业集团进行税收筹划的前提条件。税收筹划一定不能违反税法。违反税法的行为不属于税收筹划范畴。以避税为名、行逃税之实的"筹划"根本不是税务筹划(当然也不是避税)[7]。企业集团进行税收筹划,应该以国家现行税法及相关法规等为法律依据,要在熟知税法规定的前提下,利用税制构成要素中的税负弹性尤其是税收优惠政策等进行税务筹划,从中选择最优的纳税方案。

2. 自我保护原则

自我保护原则也称账证完整原则,就企业集团税收筹划而言,保护账证完整是最基本且最重要的原则。税收筹划是否合法,首先必须通过纳税检查,而检查的依据就是企业会计凭证和记录。如果企业不能依法取得并保全会计凭证,或者记录不健全,税收筹划的结果可能无效或者打折扣。从财务管理的要求来讲,税收筹划也不仅仅是一种短期性的权宜之计,而是一种值得而且也应该不断总结、不断提高的理财手段[3]。因此,对税收筹划执行结果进行总结评价,分析执行结果与目标差异的原因,从而提高企业集团税收筹划的水平与能力,保持各种凭证与记录的完整性,也是十分必要的。

3. 集体利益原则

企业集团是作为一个整体而存在的,各个成员之间有着共同的战略目标以及利益追求,其建立的宗旨是最大限度地发挥集团资源一体化整合优势与管理协同优势,因而在税收筹划时,原则上要求母公司、子公司以及其他各成员企业在母公司的统一管理下树立纳税一体化的观念,统一筹划,协同运作,以集体利益为目标,遵循集团一体化的统一"规范",以实现集团整体纳税利益的最大化,同时也有利于实现各成员企业纳税利益的最大化[2],切忌因一时贪图眼前利益而损害整个集团的战略规划和长远利益[11]。

4. 税后利润最大化原则

在进行税收筹划时，要坚持税后利润最大化原则。这一原则是成本收益原则在税收筹划领域的具体体现。只有税收筹划所带来的收益大于其成本时，税收筹划才可行，否则需放弃。纳税筹划目标在于利润最大化而不是纳税最小化，纳税人从事经济活动最终的目的应定位于经济效益的最大化，而不应该是少缴税款。如果纳税人从事经济活动的最终目的仅定位在少缴税款上，那么该纳税人最好不从事任何经济活动，因为这样其应负担的税款数额就会很少，甚至没有。要彻底摈弃"纳税越多，既得利益损失越大"的观念。企业集团应该认识到：纳税越多意味着企业集团对社会的贡献越大、自身存在的社会价值越高，意味着企业经营的成功、在既定的税率下赚取的税后收益也就越多。这并不是要求忽视作为纳税主体的企业在依法纳税过程中的合法权利，片面强调税收的强制性、无偿性和固定性，而是强调税收筹划应作用于收益实现的基础与实现的过程[2]。如果片面地追求税负的降低，必然给企业集团带来不利的影响：①税收筹划的直接收益抵补不了相关的直接费用，形成收不抵支，得不偿失；②尽管税收筹划本身取得了一定的经济利益，但却低于与之相关的机会成本；③即便税收筹划取得了暂时的效益，但如果因此扰乱了企业集团内在的经营秩序，势必给未来经济效益的增长造成巨大的潜在损失。

任何税收筹划方案在降低一定税负的情况下，也会相应增加一定的成本。税收筹划成本包括隐性成本和显性成本。显性成本是指集团在进行税收筹划时实际发生的费用。隐性成本是指一种机会成本，它是集团在采用某个筹划方案时，相对于放弃的备选方案而丧失的可能收益，这种成本往往较容易被忽视。一般来说，一项成功的税收筹划要求筹划方案的总收益大于总成本。

5. 整体性原则

整体性原则是指在进行税收筹划时，眼睛不能只盯在个别税种的税负高低上，还要考虑与之有关的其他税种的税负效应。一种税少缴了，另一种税是否会因此而多缴？纳税是一个过程，企业集团税收筹划不能只注重于某一纳税环节中个别税种的税负高低，而要着眼于整体税负的轻重，认真衡量税收筹划中节税与增税的综合效果[3]，进行整体筹划、综合衡量，以求整体税负最轻、长期税负最轻，防止顾此失彼、前轻后重。

7.1.4 企业集团税收筹划的基本思路

企业集团税收筹划的原理与单体企业基本相同，都是在法律允许的空间内，通过精心使用免税技术、减税技术、税率差异技术、分割技术、扣除技术、抵免税技术、延期纳税技术、退税技术等手段来缩小税基、降低税率、合理归属收入和费用支出的纳税年度、延缓纳税期限，达到"经济纳税"的目标。但对集团企业来说，所不同的是企业集团有更好的条件、更多的资源和更大的空间来实施纳税筹划，降低集团税负水平[12]。

1. 合理缩小企业集团税基

税基是指一种税的课税依据。在适用税率一定的条件下，税额的大小与税基大小成正比。税基越小，纳税人负有的纳税义务越轻。例如，在税法允许扣除的限额内，企业集团可以按规定提足折旧费、福利费、教育费附加、工会经费等，另外，对一些可预计的损失和费用可以以预提的方式提前计入,以减少当期的应纳税所得额。

2. 使集团整体适用较低的税率

税率是税法的核心,它反映了税收负担的基本情况。在税法中除少数税种采用单一税率外,均有各种不同的税率,有的还采用累进税率。在税基一定的条件下,税率越低,应纳税额越小。

3. 合理归属企业集团的所得年度

所得归属的处理,可以通过收入、成本、损失、费用等项目之增减或分摊而达到,但需要正确预测销售的形成、各项费用的支付,了解集团获利的趋势,作出合理的安排,才能享受最大利益。

4. 集团整体延缓纳税期限

资金具有时间价值,企业集团通常可以通过延缓纳税期限,以达到享受类似无息贷款的利益。该思路主要是将某些纳税期的纳税义务递延到以后期间,从而取得递延纳税额的时间价值。一般而言,应纳税款延期越长,所获利益越大。当经济处于通货膨胀期间,延缓纳税的理财效益更为明显。

5. 平衡各纳税企业之间的税负

企业集团可以通过整体调控,主营业务的分割和转移以及投资延伸等方式,做到税收资源合理利用,进而降低集团整体税负。例如,当集团内部一个企业盈利,而另一个企业亏损时,盈利企业往往需要缴纳企业所得税,而亏损企业所得税税前弥补也仅有 5年,其亏损迟迟得不到弥补,在这种情况下,企业可以利用合并技术进行筹划,来减少缴纳企业所得税[13]。

7.1.5　企业集团税收筹划的基本方法

一、利用特定条款

税收政策是有弹性的,弹性主要表现在特定条款方面。特定条款往往蕴涵着特殊性,特殊性往往存在较大的筹划空间,寻找并运用税制结构及税收政策中的特定性、特殊性条款,可以降低企业税负。特定条款包括选择性条款、鼓励性条款和缺陷性条款三种。

选择性条款允许在一定环境下出现不同的纳税处理模式,如小规模纳税人与一般纳税人的选择权限、经营租赁与融资租赁的选择、合并分立中的选择性财税处理政策、异地销售模式的选择等。选择性条款在税制中普遍存在,分布广泛。

鼓励性条款是政府为了达到一定的政治、社会、经济目的,而对纳税人实行的税收鼓励,多表现为行业性、区域性政策或特定行为、特殊时期政策,如鼓励民政部门的福利企业减免税政策、小型微利企业减税、研究开发费加计扣除、创业投资企业优惠等。

缺陷性条款又称"税法漏洞",即所有导致税收失效、低效的政策条款。税法漏洞由于税制体系内部结构的不协调性或不完善性而难以避免,这些条款往往自身规定矛盾或在具体规定中忽视某个细小环节,抑或存在较大的弹性空间和不确定性。缺陷性条款多表现在法治程序、定额税、转让定价及税收管辖权等方面,在国际税收领域,因各国利益及税收制度的诸多差异而广泛存在。由于经济环境的多变和新生事物的出现,使得税制无法立即作出反应。纳税人在一定期间、特定条件下,可以主动规范和界定自己的行为,利用缺陷性条款规避税收。但是利用缺陷性条款避税是有一定风险的,需谨慎使用。因为大多数避税策略并不符合税制的立法宗旨,与违法犯罪往往只有一线之差[14]。

二、利用税制要素的节税空间

税制要素是对税负及税收筹划影响最大的因素。税制要素包括纳税主体、课税对象、税率、税基、纳税环节、纳税期限和纳税地点等。每个税制要素都会对企业应纳税额产生影响,因此有必要分析研究每个税种最基本的要素和规定,找出筹划节税的空间。税制要素筹划常用的技术包括纳税主体择定技术、非税范围筹划技术、税基筹划技术、税率筹划技术、递延纳税技术。(具体请扫二维码 7.2。)

二维码 7.2
税制要素筹划
常用的技术

三、寻求差异

现实经济生活中存在着各种差异性。税制也反映和认同这种差异性的存在,并规定各种差异性政策,从而在客观上造成了拥有相同性质征税对象的纳税主体税负存在高低差异。针对这一客观现象,纳税人可以主动寻求差异甚至选择差异避重就轻,降低自身的税负。差异性与特殊性紧密相连,差异性蕴藏着筹划空间。寻求差异,比较差异,利用差异,是一种大智慧的体现。寻求差异筹划主要集中于地域差异、行业差异、企业性质差异等方面[14]。(具体请扫二维码 7.3。)

二维码 7.3
地域差异、行业
差异、企业性质
差异筹划

四、转嫁税负

纳税人将其所缴纳的税款转移给他人负担的过程叫转嫁税负。纳税人是税法上规定的直接负有纳税义务的单位和个人。负税人是最终负担税款的单位和个人。税收的最初纳税人和税收的最后负担者往往并不一致,最初的纳税人可以把所纳税款部分或全部地转嫁给其他人负担。在税负转嫁的条件下,纳税人和真正的负税人是可以分离的,纳税人只是法律意义上的纳税主体,负税人是经济意义上的税负承担主体。转嫁税负有六种形式:税负前转、税负后转、税负消转、税负辗转、税负叠转和税收资本化[3]。(具体请扫二维码 7.4。)

二维码 7.4
转嫁税负的形式

五、寻找与利用临界点

在中国现行税制中,存在各种各样的临界点。税基存在临界点,税率分级存在临界点,优惠政策分级也存在临界点。当临界点突破时,由于适用的税率降低或优惠增多,企业集团可以获得税收利益。这种方法利用临界点"量"的积累而引起的"质"的突破,控制税负,在企业集团税收筹划中应用比较普遍。

税基临界点主要有起征点、扣除限额、税率跳跃临界点,如个人所得税的起征点,个人所得税的税率跳跃临界点,企业所得税的税前扣除限额等。税基相对于临界点的变化会引起税负的巨大差别,因此寻找和利用税基临界点,可以使企业集团降低税负。优惠政策临界点主要包括绝对数额临界点、相对比例临界点和时间期限临界点。优惠政策临界点筹划主要着眼于优惠政策所适用的前提条件,只有在满足前提条件的基础上才能适用于税收优惠政策。

六、选择与调整组织形式

组织形式的选择在很大程度上影响着企业集团的纳税,适时调整集团组织形式,适应税制变迁和税收政策变化,可以合理降低或免除税收负担。选择与调整组织形式的技术有延伸技术、合并技术和分立技术。这些技术在企业集团中拥有广阔的应用空间。

延伸技术是指企业集团通过设立分支机构向外扩张延伸时,选择合理的组织形式,从而达到节税的目的。分支机构的设立是采用总分机构的形式,还是母子公司的形式,在很大程度上会影响企业的税负。分公司不具备独立法人资格,可以与总部合并纳税,而子公司是独立法人,必须依法独立纳税。延伸技术的运用主要考虑三方面因素:一是分支机构初期经营盈亏情况,是否需要与总部合并纳税;二是分支机构税率的区域优势及税收待遇情况;三是分支机构的利润分配形式及风险责任划分。

合并技术是指企业集团利用并购,改变其组织形式及股权关系,实现税负降低的技术。不论企业的合并行为出于何种动机,合理的税收筹划不仅影响集团企业的并购成本与纳税,而且可能决定企业的兴衰存亡。合并技术一般应用于以下几个方面:一是并购后的企业集团可以进入新的领域、新的行业,享受不同的税收待遇;二是并购有大量亏损的企业,可以盈亏抵补,实现低成本扩张;三是合并可以实现关联性企业或上下游企业流通环节的减少,合理规避流转税和印花税;四是合并可能改变纳税主体性质(如企业可能因为合并而由小规模纳税人变为一般纳税人),进而改变税负。

分立技术是指企业集团利用分拆等手段,改变组织形式,有效降低整体税负。企业集团利用分立可以实现财产和所得在两个或多个纳税主体之间的分割,一方面可以发挥专业分工优势,促进生产能力的提高;另一方面可以有效开展税收筹划,减轻集团税负。分立筹划技术一般应用于以下方面:一是企业分立为多个纳税主体,可以形成有关联关系的企业群,实施集团化管理和系统化筹划;二是企业分立可以将兼营或混合销售中的低税率业务或零税率业务独立出来,合理节税;三是企业分立使适用累进税率的纳税主体分化成两个或多个适用低税率的纳税主体;四是企业分立可以增加一道流通环节,有利于流转税抵扣和转让定价策略的运用。

七、选择会计政策

会计政策是企业集团进行会计核算和编制会计报表时所采用的具体原则、方法和程序。只有在对同一经济业务所允许采用的会计处理方法存在多种选择时,会计政策才具有实际意义,因而会计政策存在一个"选择"问题。在存在多种可供选择的会计政策时,择定有利于税后收益最大化的会计政策组合模式,是税收筹划的一种基本方法。选择会计政策的技术有分摊(摊销)技术、估计技术和实现技术。(具体请扫二维码7.5。)

企业集团税收筹划是一种运作技巧,真正的大手笔、高境界的税收筹划都是经验的结晶、智慧的集成,其中往往融合了多种筹划方法和技术,可谓你中有我,我中有你,难以界定,难以区分。许多好的筹划方案源自于一种灵感,大气磅礴,浑然天成,看不到一丝雕琢的痕迹。因此,企业集团税收筹划应当采用创造性、变革性的思维方式去观察集团业务,尝试从多个视角开拓筹划空间,综合运用多种筹划方法,以巧取胜。

二维码7.5
选择会计
政策的技术

7.2　筹资的税收筹划

筹资在企业集团的经营过程中占据着非常重要的地位,是企业集团一系列生产经营活动的先决条件。筹资决策是任何企业集团都要考虑的问题,其优劣直接影响生产经营的业绩。企业集团可以从多种渠道以不同方式筹集所需的资金,不同的筹资渠道和筹资方式使企业承担不同的税收负担。一般而言,负债筹资时支付的借款利息、债券利息、租金等都可计入当期费用在税前列支,从而减少应税所得额,起到税盾的作用;而权益筹资时支付给股东的股息、红利是税后利润,不能作为当期费用列支,因而会比负债筹资多缴纳所得税。

【例 7.1】　某股份有限公司计划筹措 3 000 万元资金用于某高科技产品生产线的建设,相应制定了 A、B、C 三种筹资方案。假设该公司的资本结构(负债筹资与权益筹资的比例)如下:

方案 A:全部 3 000 万元资金都采用权益筹资方式,即向社会公开发行股票,每股计划发行价格为 2 元,共计 1 500 万股。

方案 B:采用负债筹资与权益筹资相结合的方式,向商业银行借款融资 1 000 万元,向社会公开发行股票 1 000 万股,每股计划发行价格为 2 元。

方案 C:采用负债筹资与权益筹资相结合的方式,但二者适当调整,向银行借款 2 000 万元,向社会发行股票 500 万股,每股计划发行价格为 2 元。

三种方案的借款年利率都为 10%(与商业银行同期贷款利率相同),企业所得税税率都为 25%,三种方案扣除利息和所得税前的年利润都为 1 000 万元。请分别计算每种筹资方案的每股税后收益。

答:各筹资方案的分析如表 7.1 所示:

表 7.1　不同筹资方式的税收筹划

方案	A	B	C
债务资本:权益资本	0:1	1:2	2:1
权益资本额(万元)	3 000	2 000	1 000
普通股股数	1 500	1 000	500
债务资本额(万元)	0	1 000	2 000
息税前利润(万元)	1 000	1 000	1 000
利息(万元)	0	100	200
税前利润(万元)	1 000	900	800
所得税税额(万元)	250	225	200
税后利润(万元)	750	675	600
每股税后收益	0.5	0.675	1.2

通过以上三种方案的对比可以看出,在息税前利润相同的条件下,企业的权益性筹资方式要比负债性筹资方式多缴纳企业所得税,随着债务筹资比例的提高每股税后收益不断提高,这表明债务筹资具有节税的作用。

7.2.1 向关联方借款的税收筹划

企业集团内部各成员企业间往往存在比较频繁的资金往来和拆借现象，向关联方借款是集团企业的重要资金来源。关联方是指与集团企业有下列关联关系之一的企业、其他组织和个人：①在资金、经营、购销等方面存在直接或间接的控制关系；②直接或间接地同为第三者控制；③在利益上具有相关联的其他关系。

《中华人民共和国企业所得税法实施条例》第三十八条规定："企业在生产、经营活动中发生的下列利息支出，准予扣除：（1）非金融企业向金融企业借款的利息支出……（2）非金融企业向非金融企业借款的利息支出，不超过按照金融企业同期同类贷款利率计算的数额的部分。"这说明企业在生产经营过程中向金融机构借款的利息支出准予按照实际发生数扣除，向非金融机构借款符合条件的利息支出也可以在税前冲减企业利润，从而减少企业所得税。这为集团内部各关联企业间的税收筹划提供了广阔的空间。

二维码7.6
权益性投资与
债权性投资

但是，由于我国《企业所得税法》中规定了防止资本弱化的内容，因此向关联方借款在筹资数量上有一定的限制。资本弱化是指在企业的资本结构安排中，债权资本大于股权资本的现象。企业资本是由权益资本和债权资本构成（具体请扫二维码7.6），但企业经营者和投资者为了自身利益最大化或其他目的，在融资和投资方式的选择上，提高贷款的比重，降低股本的比重，从而造成企业负债与所有者权益的比率超过一定的限额。根据经济合作与发展组织（OECD）的解释，企业权益资本与债务资本的比例应为1:1，当权益资本小于债务资本时，即为资本弱化。由于各国税法通常规定，债权资本所产生的利息可以在所得税前列支，而股息收入必须课税，因此，不少企业把资本弱化作为有效的避税手段，以实现企业价值最大化。我国《企业所得税法》中规定如果企业从其关联方接受的债权性投资与权益性投资的比例超过规定标准而发生的利息支出，不得在计算应纳税所得额时扣除。因此，企业债权性资本和权益性资本的比例必须符合国家的规定，以减少涉税风险。

2008年9月19日，财政部和国家税务总局发布了《关于企业关联方利息支出税前扣除标准有关税收政策问题的通知》（财税〔2008〕121号），规定企业在计算应纳税所得额时：企业实际支付给关联方的利息支出，不超过以下规定比例和税法及其实施条例有关规定计算的部分，准予扣除，超过的部分不得在发生当期和以后年度扣除。企业实际支付给关联方的利息支出，符合该通知第二条规定外，其接受关联方债权性投资与其权益性投资比例为：①金融企业，5:1；②其他企业，2:1。企业如果能够按照税法及其实施条例的有关规定提供相关资料，并证明相关交易活动符合独立交易原则的；或者该企业的实际税负不高于境内关联方的，其实际支付给境内关联方的利息支出，在计算应纳税所得额时准予扣除。按照上述标准，如果企业获得的债权性投资已经超过上述标准，企业可以考虑通过非关联企业获得债权性投资来进行税务筹划。

【例7.2】 某非金融企业接受的权益性投资总额为1 000万元，某年度计划从其关联企业借款5 000万元，借款利率为7%（不高于同期同类金融机构贷款利率）。该企业本年度息税前利润预计为1 000万元，企业所得税税率25%。请问：该企业应当如何进行税务筹划？

答：筹划前：

$$可扣除利息 = 1\,000 \times 2 \times 7\% = 140(万元)$$

$$应纳税所得额 = 1\,000 - 140 = 860(万元)$$

$$应纳企业所得税额 = 860 \times 25\% = 215(万元)$$

$$企业税后净利 = 1\,000 - 5\,000 \times 7\% - 215 = 1\,000 - 350 - 215$$
$$= 435(万元)$$

由于该企业接受的债权性投资与权益性投资的比例已经达到 $5(5\,000 \div 1\,000)$，超过了 2 倍的上限，超过部分的利息不能扣除。该企业当年应当支付的总利息为：350 万元（$5\,000 \times 7\%$），可以扣除的利息为：140 万元（$2\,000 \times 7\%$），不能扣除的利息为：210 万元（$3\,000 \times 7\%$）。因此，该企业当年应纳税所得额为：860 万元（$1\,000 - 140$），应纳税额为：215 万元（$860 \times 25\%$）。

筹划后：

如果该企业通过一个非关联企业进行借款，则：

$$可扣除利息 = 5\,000 \times 7\% = 350(万元)$$

$$应纳税所得额 = 1\,000 - 350 = 650(万元)$$

$$应纳企业所得税额 = 650 \times 25\% = 162.5(万元)$$

$$企业税后净利 = 1\,000 - 350 - 162.5 = 487.5(万元)$$

$$税后净利增加 = 487.5 - 435 = 52.5(万元)$$

由于上述 350 万元的利息都可以扣除，该企业可以减轻税收负担：$210 \times 25\% = 52.5$（万元），从而使税后利润增加 52.5 万元。

7.2.2　租赁的税收筹划

租赁是出租人以收取租金为条件，在合同规定的期限内，将资产出租给承租人使用的一种经济行为。租赁分为经营性租赁和融资性租赁。经营性租赁是在约定时间内将物品、设备等有形动产转让他人使用且租赁物所有权不变更的业务活动。融资租赁是出租人根据承租人所要求的规格、型号、性能等条件购入设备租赁给承租人，合同期内设备所有权属于出租人，承租人只拥有使用权，合同期满付清租金后，承租人有权按照残值购入设备，以拥有其所有权。集团企业租赁设备进行生产经营时，只要筹划得当，不论是对设备的承租方还是对出租方，都是可以节税的。

对承租方而言，企业获得生产经营设备，既可以用自有资金购买，也可以从银行贷款购买，或者用租赁方式获得。银行贷款购买设备，支付的贷款利息可以在税前扣除，企业对设备计提的折旧也可以抵税。租赁方式获得的设备，《中华人民共和国企业所得税法实施条例》规定："纳税人根据生产、经营需要租入固定资产所支付租金的扣除，分别按照下列规定处理：①以经营租赁方式租入固定资产而发生的租赁费，可据实扣除。②融资租赁发生的租赁费不得直接扣除。承租方支付的手续费，以及安装使用后支付的利息等可在支付时直接扣除。"由于企业可以对融资租入的设备计提折旧，这些折旧可以在税前扣除。集团企业应将这几种获得设备的方式进行比较，具体分析偿还贷款的时间、贷款利率、租赁期间、融资的利率等主要指标，考虑货币的时间价值，选择对集团企业最有利的方式。

【例 7.3】　某集团企业计划添置一项大型设备，需要资金 1 000 万元，预计设备使用寿命为 6 年①，

---

① 现行税法规定的最短折旧年限为 10 年，此处为简化计算，特假定使用寿命为 6 年。

净残值为 40 万元。采用平均年限法折旧，按 10% 的利率进行折现。企业有三种方式获取该项设备：第一，用自有资金购买；第二，用银行长期贷款购买；第三，融资租赁。贷款购买，银行提供 5 年期的长期贷款，每年偿还 200 万元本金及利息，利率为 10%。融资租赁，5 年后取得所有权，每年支付租赁费 200 万元，手续费为 1%，融资利率为 9%。企业所得税税率 25%。请问该集团企业应采用哪种方式获取该设备？

答：三种方案的节税额及税后现金流出量现值计算如下（有关净残值的处理不影响方案的选择，故在下述表格中没有列出净残值数据）：

方案一用自有资金购买（见表 7.2）：

表 7.2　自有资金购买方式的节税额及税后现金流出量现值计算表　单位：万元

年份	购买成本	折旧费	节税额	税后现金流出量	折现系数	税后现金流出量现值
①	②	③	④＝③×25%	⑤＝②－④	⑥	⑦＝⑤×⑥
第一年初	1 000	—	—	1 000	—	1 000
第一年末	—	160	40	－40	0.909 1	－36.36
第二年末	—	160	40	－40	0.826 4	－33.06
第三年末	—	160	40	－40	0.751 3	－30.05
第四年末	—	160	40	－40	0.683 0	－27.32
第五年末	—	160	40	－40	0.620 9	－24.84
第六年末	—	160	40	－40	0.564 5	－22.58
合计	1 000	960	240	760	—	825.79

方案二用银行长期贷款购买（见表 7.3）：

表 7.3　银行长期贷款购买方式的节税额及税后现金流出量现值计算表

单位：万元

年份	偿还本金	利息	本利和	折旧费	节税额	税后现金流出量	折现系数	税后现金流出量现值
①	②	③	④＝②＋③	⑤	⑥＝(③＋⑤)×25%	⑦＝④－⑥	⑧	⑨＝⑦×⑧
第一年末	200	100	300	160	65	235	0.909 1	213.64
第二年末	200	80	280	160	60	220	0.826 4	181.81
第三年末	200	60	260	160	55	205	0.751 3	154.02
第四年末	200	40	240	160	50	190	0.683 0	129.77
第五年末	200	20	220	160	45	175	0.620 9	108.66
第六年末	—	—	—	160	40	－40	0.564 5	－22.58
合计	1 000	300	1 300	960	315	985	—	765.32

方案三融资租赁（见表 7.4）：

表 7.4　融资租赁方式的节税额及税后现金流出量现值计算表　单位:万元

年份	租赁成本	手续费	融资利息	租赁总成本	折旧费	节税额	税后现金流出量	折现系数	税后现金流出量现值
①	②	③=②×1%	④	⑤=②+③+④	⑥	⑦=(③+④+⑥)×25%	⑧=⑤-⑦	⑨	⑩=⑧×⑨
第一年末	200	2	90	292	160	63	229	0.909 1	208.18
第二年末	200	2	72	274	160	58.5	215.5	0.826 4	178.09
第三年末	200	2	54	256	160	54	202	0.751 3	151.76
第四年末	200	2	36	238	160	49.5	188.5	0.683 0	128.75
第五年末	200	2	18	220	160	45	175	0.620 9	108.66
第六年末	—				160	40	-40	0.564 5	-22.58
合计	1 000	10	270	1 280	960	310	970	—	752.86

由此可见,从节税的角度看,贷款购买设备所享受的税收优惠最大,因为这部分资金的成本(贷款利息)和设备折旧额均可在税前扣除,而用自有资金购买设备的资金成本不能享受税前扣除的待遇,因而所获得的税收优惠是最小的。但是从税后现金流出量现值看,融资租赁所获得的利益最大,用贷款购买设备次之,用自有资金购买设备是最差。

对于出租方而言,在营改增试点改革之前,依据《国家税务总局关于融资租赁业务征收流转税问题的通知》规定,对经中国人民银行批准经营融资租赁业务的单位所从事的融资租赁业务,无论租赁货物的所有权是否转让给承租方,均按《中华人民共和国营业税暂行条例》的有关规定征收 5% 的营业税,其计税依据是其向承租人收取的全部价款和价外费用(包括残值)减去出租方承担的出租货物的实际成本后的余额。出租货物的实际成本包括出租方承担的货物购入价、关税、增值税、运杂费、安装费、保险费以及纳税人为购买出租货物而发生的境外外汇借款利息支出等费用。其他从事融资租赁业务的单位(指未经中国人民银行批准经营融资租赁业务的单位),租赁货物的所有权转让给承租方,征收增值税;租赁货物的所有权未转让给承租方,征收营业税。

【例 7.4】　由中国人民银行批准成立的某融资租赁公司,2007 年 1 月 1 日与 A 公司签订了一项融资租赁合同。合同规定:A 公司承租融资租赁公司一台设备,租赁期限为 5 年,租赁费总额为 125 000 元,含设备残值 5 000 元。融资租赁公司购入该设备发生的实际成本为 100 000 元。租赁期满后,承租人按残值购入。

要求:(1) 请计算该融资租赁公司应纳营业税。

(2) 若该公司不是中国人民银行批准成立的融资租赁公司,请计算其应当缴纳的增值税。

答:(1)
$$应纳营业税 = (125\,000 - 100\,000) \times 5\%$$
$$= 1\,250(元)$$

(2) 若该公司不是中国人民银行批准成立的融资租赁公司,承租人按残值购入设备,因此应当缴纳增值税。

$$应纳增值税 = 125\,000 \div (1 + 3\%) \times 3\% = 3\,641(元)$$

一般而言,出租方获得租金所缴的营业税往往比所缴的增值税低一些。

但在营改增试点改革之后,依据《交通运输业和部分现代服务业营业税改征增值税试点实施办法》(财税〔2013〕37号文)规定,自2013年8月1日起,在全国范围内开展交通运输业和部分现代服务业营改增试点。有形动产融资租赁不论出租人是否将有形动产残值销售给承租人,均定义为融资租赁。经中国人民银行、银监会或商务部批准从事融资租赁业务的试点纳税人,提供有形动产融资性售后回租服务,以收取的全部价款和价外费用,扣除向承租方收取有形动产价款本金,以及对外支付的借款利息(包括外汇借款和人民币借款利息)、发行债券利息后的余额为销售额;提供除融资性售后回租以外的有形动产融资租赁服务,以收取的全部价款和价外费用,扣除支付的借款利息(包括外汇借款和人民币借款利息)、发行债券利息、保险费、安装费和车辆购置税后的余额为销售额[15]。提供有形动产租赁服务,依17%的税率征收增值税。因此,无论是租是卖,出租方都应承担同等税率的增值税,两者之间无较明显的税率差异。但是两种方式在计税依据确认上存在口径差异(尤其是融资租赁营改增处于试点期,各地税务机构对计税依据的口径确认还存在明显差异),而且不同的融资租赁企业在租赁过程中发生的相关扣除项目内容和金额都会不同,融资租赁还采用即征即退政策,所以企业应该对这两种方式下的税收负担进行比较,选择较低税负的方式。

当出租人和承租人属于同一企业集团时,租赁可以使它们之间直接、公开地将资产从一个企业转给另一个企业。如果出租人和承租人所在地的所得税税率不同,就可以利用租赁将利润从高税率地区转移到低税率地区;如果税法对企业所得税采用累进税率,租赁可以使利润在不同集团成员公司之间平滑,避免撞上高税率的山头;如果集团成员企业有的盈利,有的亏损,租赁可以将利润从盈利企业转移至亏损企业,从而实现集团总体税负最低。

【例7.5】 某集团公司有若干下属子公司,其中预计甲子公司在当年盈利2 000万元,而乙子公司同年将亏损1 200万元。集团公司经过筹划,作了经营性调整,将甲公司的一个年盈利能力1 000万元的生产流水线(正好是一个独立的车间)出租给乙公司,并向乙公司收取300万元的租赁费,甲、乙公司的企业所得税税率均为25%。

在税务筹划前:

甲公司应纳所得税为:

$$2\,000 \times 25\% = 500(万元)$$

乙公司亏损1 200万元,不需要缴纳企业所得税。

在税务筹划后:

甲公司应纳所得税为:

$$(2\,000 - 1\,000 + 300) \times 25\% = 325(万元)$$

乙公司亏损500万元(-1 200+1 000-300),不需要缴纳企业所得税。

通过筹划,该集团利用这笔租赁业务,减轻税收负担175万元(500-325)。

【例7.6】 某企业集团有若干下属子公司,其中预计甲子公司在当年盈利1 600万元,而乙子公司同年盈利150万元。如果其所在国税法规定:年盈利1 000万元以下(含1 000万元),企业所得税税率是20%;年盈利1 000万元以上,企业所得税税率30%。集团公司经过筹划,作了经营性调整,将甲公司的一个年盈利能力 1 000 万元的生产流水线(正好是一个独立的车间)出租给乙公司,并向乙公司收取 200 万元的租赁费。

在税务筹划前:

甲公司应纳所得税为:

$$1\ 000 \times 20\% + (1\ 600 - 1\ 000) \times 30\%$$
$$= 200 + 180$$
$$= 380(万元)$$

乙公司应纳所得税为:

$$150 \times 20\% = 30(万元)$$

甲、乙两公司合计纳税:

$$380 + 30 = 410(万元)$$

在税务筹划后:

甲公司应纳所得税为:

$$(1\ 600 - 1\ 000 + 200) \times 20\%$$
$$= 800 \times 20\%$$
$$= 160(万元)$$

乙公司应纳所得税为:

$$(150 + 1\ 000 - 200) \times 20\%$$
$$= 950 \times 20\%$$
$$= 190(万元)$$

甲、乙两公司合计纳税:

$$160 + 190 = 350(万元)$$

通过筹划,该集团利用这笔租赁业务,减轻税收负担 60 万元(350-410)。在累进税率下,通过这样的租赁安排,集团的整体税负将大大降低。

7.3 投资的税收筹划

投资是企业为了获得收益或实现资本增值而向被投资单位投入资金、物质、土地、劳动力、技术及其他生产要素的经济行为。企业集团成员企业间往往相互投资,某一成员企业通过权益投资方式投资于另一成员企业,形成交互持股现象。

7.3.1 股息、红利所得的税收筹划

对于权益投资获得的股息、红利所得,我国《企业所得税法》第二十六条第二项规定,符合条件的居民企业之间的股息、红利等权益性投资收益,为免税收入。第三项规定,在中国境内设立机构、场所的非居民企业从居民企业取得与该机构、场所有实际联系的股息、红利等权益性投资收益,也为免税收入。我国《企业所得税法实施条例》第八十三

条规定,所称符合条件的居民企业之间的股息、红利等权益性投资收益,是指居民企业直接投资于其他居民企业取得的投资收益。其所称的股息、红利等权益性投资收益,不包括连续持有居民企业公开发行并上市流通的股票不足12个月取得的投资收益。

由此可见,根据我国《企业所得税法》及其实施条例规定,集团居民企业直接投资于其他集团居民企业取得的股息红利,免征企业所得税。股息、红利等权益性投资收益,不包括连续持有居民企业公开发行并上市流通的不足12个月股票取得的投资收益。换言之,集团企业投资于非上市公司获得的股息和红利,均免征企业所得税;集团企业购买上市公司股票获得的股息和红利分两种情况:第一种情况是股票持有时间超过12个月,第二种情况是股票持有时间不满12个月。前者享受免税待遇,后者则需要缴纳企业所得税。

【例7.7】 企业集团中的甲企业2015年取得集团内乙上市公司的投资分红50万元,其中,持有公开发行并上市流通的股票不足12个月的分红20万元,而超过12个月的分红30万元。那么甲企业取得超过12个月的股票分红30万元为免税收入,不需要缴税。但持有不足12个月的股票取得分红20万元应按规定缴纳企业所得税,适用税率25%,即应缴纳企业所得税5万元(20×25%)。

直接投资方式下,股息红利所得是被投资企业的税后所得,因此,根据税不重征的原则,企业所得税法规定了符合条件的居民企业之间的股息红利所得免征企业所得税。间接投资也称证券投资,是指投资者以其资本购买公司债券、金融债券或公司股票等各种有价证券,以预期获取一定收益的投资。间接投资中,除购买股票投资外,其他投资取得的收益,均属于被投资企业税前支付的成本或费用项目,因此应缴企业所得税。而对于购买股票投资取得的股息、红利所得,是被投资企业的税后所得,不应重复纳税,因此企业所得税法规定持有时间超过12个月的,免征企业所得税;但为了抑制企业的过度股票投机,税法特别规定持有时间不满12个月的,应当缴纳企业所得税,即免税所得"不包括持有公开上市流通不超过12个月股票所得"。

居民企业"持有公开上市流通不超过12个月股票所得"分为两种情形。一种情形是,居民企业持有公开上市流通的股票,在持有12个月内取得了股息红利所得,并在持有12个月内转让了该股票。这种所得,应征收企业所得税。另一种情形是,居民企业持有公开上市流通的股票,在持有12个月内取得了股息红利所得,取得时,按规定预缴了企业所得税。但继续持有超过12个月以后,其再次取得的股息红利所得应免征企业所得税。但此居民企业在进行年度汇算清缴时,持有已经超过了12个月,对于持有期间已经预缴的企业所得税,在进行汇算清缴时应作免税处理[16]。

【例7.8】 集团成员A企业2014年11月份购入同一集团B上市公司股票100万股,2015年4月收到该上市公司分红派息5万元,到2015年12月,A企业仍持有股票100万股。根据税法规定,在2015年4月A企业持有B公司股票不足12个月,需要就5万元股息红利预缴企业所得税1.25万元(5×25%)。但在2015年年终预算清缴时,由于产生这笔股息红利的股票,已经连续持有超过12个月,因此在年度预算清缴时,已预缴的1.25万元企业所得税可以申请进行免税处理。

7.3.2 长期股权投资的税收筹划

根据《企业会计准则第2号——长期股权投资》的规定,下列范围内的投资属于长期股权投资：

（1）企业持有的能够对被投资单位实施控制的权益性投资，即对子公司投资。

（2）企业持有的能够与其他合营方一同对被投资单位实施共同控制的权益性投资，即对合营企业投资。

（3）企业持有的能够对被投资单位施加重大影响的权益性投资，即对联营企业投资。

（4）企业对被投资单位不具有控制、共同控制或重大影响，且在活跃市场中没有报价、公允价值不能可靠计量的权益性投资。

长期股权投资的投资方获得股权，对被投资方的生产经营活动具有投票权，并参与被投资方的利润分配，其实质是权益性投资。长期股权投资的持有收益核算方法有成本法和权益法两种。成本法是指长期股权投资按投资成本计价的方法，其适用范围包括：①投资企业能够对被投资单位实施控制的长期股权投资；②投资企业对被投资单位不具有共同控制或重大影响，并且在活跃市场中没有报价、公允价值不能可靠计量的长期股权投资。权益法是指投资最初以初始投资成本计价，以后根据投资企业享有被投资单位所有者权益份额的变动对投资的账面价值进行调整的方法。其适用范围包括：①投资企业对被投资单位具有共同控制的长期股权投资，即投资企业对合营企业的投资；②投资企业对被投资单位具有重大影响的长期股权投资，即投资企业对联营企业的投资。

若被投资企业实现净利润，选择成本法无论是规避还是延缓纳税对企业都较为有利。因为只有在利润宣告分派后，投资企业才能确认收益，将其计入应纳税所得额（投资企业所得税率高于被投资企业按差额补税）。如果被投资企业账面上保留一部分未宣告分配的利润，投资企业可以把这一部分已实现收益但未分回的部分作为将来追加投资或挪作他用继续保留在被投资企业的账面上，以规避或延缓这部分投资收益应缴纳的所得税。

长期股权投资取得的股息、红利所得是投资方从被投资单位获得的税后利润，属于已缴纳过企业所得税的税后所得，原则上不需要重复纳税；资本利得是投资企业处理股权的收益，即企业收回、转让或清算处置股权投资所获得的收入，减除股权投资成本后的余额，这种收益应全额并入企业的应纳税所得，依法缴纳企业所得税。因此，正确的做法是被投资企业保留利润暂不分配，待企业股权欲转让时，在转让之前将未分配利润进行分配。

【例 7.9】 甲公司于第 1 年 2 月 20 日以银行存款 900 万元投资于乙公司，占乙公司股本总额的 70%，乙公司当年获得税后利润 500 万元。甲公司所得税税率为 25%，乙公司所得税税率为 15%。乙公司未分配利润的处理有以下两个方案：

方案 1：第 2 年 3 月，乙公司董事会决定将税后利润的 30% 用于分配，甲公司分得利润 105 万元（$500 \times 30\% \times 70\%$）。第 2 年 9 月，甲公司将其拥有的乙公司 70% 的股权全部转让给丙公司，转让价为 1 000 万元，转让过程中发生税费 0.5 万元。

方案 2：乙公司保留盈余不分配。第 2 年 9 月，甲公司将其拥有的乙公司 70% 的股权全部转让给丙公司，转让价为 1 105 万元，转让过程中发生税费 0.7 万元。

假设甲公司第 2 年生产、经营所得为 100 万元。则第 2 年甲公司应纳企业所得税计算如下：

方案 1：生产、经营所得应纳企业所得税 $= 100 \times 25\% = 25$（万元）

股息收益应补企业所得税 $= 105 \div (1 - 15\%) \times (25\% - 15\%) = 12.35$（万元）

股权转让所得应纳企业所得税 $= (1\ 000 - 900 - 0.5) \times 25\% = 24.875$（万元）

合计应纳企业所得税额 $= 25 + 12.35 + 24.875 = 62.225$（万元）

方案 2：生产、经营所得应纳企业所得税＝100×25％＝25(万元)

股权转让所得应纳企业所得税＝(1 105－900－0.7)×25％＝204.3×25％＝51.075(万元)

合计应纳企业所得税额＝25＋51.075＝76.075(万元)

方案 1 应纳企业所得税－方案 2 应纳企业所得税＝62.225－76.075＝－13.85(万元)

因此，方案 1 比方案 2 少负担企业所得税 13.85 万元，前者明显优于后者。

若甲公司、乙公司企业所得税税率相同，均为 25％，则方案 1 分回股息无须补税，第 2 年应纳所得税额仅为 49.875 万元(25＋24.875)，方案 1 比方案 2 减轻税负更多。其原因在于，甲公司在股权转让之前进行了股息分配，有效地避免了重复征税。

7.3.3　分、子公司选择的税收筹划

企业集团在扩张过程中，往往需要增设分支机构。分支机构的形式不同，其税收负担也不同。一般而言，作为独立法人的子公司在税收筹划中具有如下优点：

(1) 子公司可享有东道国给予其居民公司同等的优惠待遇，单独享受税收的减免、退税等权利。

(2) 东道国适用税率低于居住国时，子公司的累积利润可得到递延纳税的好处。

(3) 许多国家允许在境内企业集团内部公司之间的盈亏互抵，子公司可以加入某一集团以实现整体利益上的税务筹划。

(4) 子公司向母公司支付的诸如特许权使用费、利息、其他间接费等，容易得到税务当局的认可。

(5) 子公司利润汇回母公司方式灵活，在母公司所在国允许推迟课税的条件下，母公司的投资所得、资本利得可以保留在子公司，或者可以选择税负较轻的时间汇回，得到额外的税收利益。

(6) 母公司转售境外子公司的股票利得，通常可享有免税照顾。

(7) 境外子公司之间的转让资本一般不征税。

(8) 许多国家对子公司向母公司支付的股息，规定减征或免征预提所得税。

(9) 某些国家子公司适用的所得税税率较低。

由于母、子公司分别是两个资产相互独立的法人，除特殊情况可合并纳税，一般情况下各项税收的计算、缴纳，子公司均独立于母公司，这样，子公司的亏损是不能冲抵母公司利润的，在进行税务筹划时，这一点是设立子公司的不利之处[17]。

相对而言，如果设立的分支机构为分公司，则其在税收筹划中具有如下优点：

(1) 设立分公司的手续相对比较简单，许多国家一般不要求分公司在从事业务活动前缴纳注册登记资金，总公司拥有分公司的资本，在东道国通常也不必缴纳资本税或印花税。

(2) 分公司交付给总公司的利润通常不必缴纳预提所得税。

(3) 在经营初期，企业往往出现亏损，分公司的亏损在汇总纳税时，可以冲抵总公司的利润，减轻税收负担。

(4) 分公司与总公司之间的资本转移因不涉及所有权变动，不必缴纳税款。

但是，分公司在向总公司支付利息、特许权使用费，或汇回利润时，税务当局一般设

有严格的限制条件,在进行税务筹划时空间较小。

综上所述,子公司和分公司各有利弊,不可简单比较其优劣。企业集团在选择分支机构的形式时,要综合考虑分支机构的经营情况以及总机构与分支机构所享受的税收优惠的差异等各项因素。

【例7.10】　江苏省一家公司在北京和上海分别设有一销售代表处,这两个代表处均不具备独立纳税人条件,年所得额应汇总到江苏公司总部集中纳税。2010年上海代表处盈利100万元,北京代表处亏损50万元,公司总部盈利150万元,适用税率25%,请计算其应纳所得税。

$$应纳所得税 = (100 - 50 + 150) \times 25\% = 50(万元)$$

若上海和北京的分支机构为独立纳税人,实行单独纳税,则应纳所得税为:

$$应纳所得税 = (150 + 100) \times 25\% = 62.5(万元)$$

比合并缴纳多缴了12.5万元。

【例7.11】　长江公司今年实现盈利2 000万元,准备在上海设立分支机构A。预计分支机构在设立之后最初两年会亏损,第1年为−200万元,第2年为−50万元,以后每年盈利300万元,有效期5年,所得税税率25%,折现率10%。

方案1:设立非独立核算的分公司,可以实现汇总纳税。

方案2:设立子公司,不可以汇总纳税。

假设长江公司今后每年可实现应纳税所得额2 000万元。企业集团应纳税额计算如表7.5所示。

表7.5　应纳税额计算表　　　　　　　　　　单位:万元

		第1年	第2年	第3年	第4年	第5年	合计
长江公司应纳税所得额		2 000	2 000	2 000	2 000	2 000	10 000
A公司应纳税所得额		−200	−50	300	300	300	650
A公司为分公司	企业集团应纳税所得额	1 800	1 950	2 300	2 300	2 300	10 650
	企业集团应纳税额	450	487.5	575	575	575	2 662.5
	折现系数	0.909 1	0.826 4	0.751 3	0.683 0	0.620 9	—
	企业集团应纳税额现值	409.10	402.87	432	392.73	357.02	1 993.72
A公司为子公司	A公司应纳税额	0	0	12.5	75	75	162.5
	企业集团应纳税额	500	500	512.5	575	575	2 662.5
	折现系数	0.909 1	0.826 4	0.751 3	0.683 0	0.620 9	—
	企业集团应纳税额现值	454.55	413.2	385.04	392.73	357.02	2 002.54

比较两个方案可以看出:在不考虑资金时间价值的情况下两个方案的企业集团应纳税额合计均为2 662.5万元,但是在考虑货币时间价值的情况下,企业集团应纳税额现值方案1比方案2少8.82

万元。这是因为A公司为分公司(方案1)时,前两年的亏损当期就为企业集团所吸收,企业集团应纳税额前期较少,后期应纳税额较多,故而实现了税收的递延。由此可见,在这种情况下,非独立核算的分公司对企业集团更有利。

【例7.12】 A公司为中国居民企业,某年实现盈利1 000万元,企业所得税税率为25%,现在正在考虑设立B分公司(子公司)。假定分公司在设立之后第1年盈利100万元。

方案1:在中国境内设立B分公司,可以汇总纳税,已知B公司所在地税率为20%。

方案2:在中国境外设立B分公司,已知东道国企业所得税税率为20%。

方案3:在中国境内设立全资B子公司,税后利润全部分配,已知B公司所在地企业所得税税率为20%。

方案4:在中国境外设立全资B子公司,税后利润全部分配,已知东道国企业所得税税率为20%,预提所得税税率为5%。

A、B公司税负情况如表7.6所示。

表7.6　A、B公司税负情况表　　　　　　　单位:万元

	B公司应纳税额	允许抵免税额	A公司应纳税额	A、B公司总税负
1.境内设B分公司	A公司汇总纳税	—	$1\,000 \times 25\% + 100 \times 20\% = 270$	270
2.境外设B分公司	$100 \times 20\% = 20$	20	$1\,100 \times 25\% - 20 = 255$	275
3.境内设B子公司	$100 \times 20\% = 20$	—	$1\,000 \times 25\% + 100 \times (25\% - 20\%) = 255$	275
4.境外设B子公司	$100 \times 20\% + (100 - 20) \times 5\% = 24$	24	$1\,100 \times 25\% - 24 = 251$	275

可以进一步分析:

(1) 分公司分设在境内和境外,比较方案1和方案2,由于我国对境内分公司实行汇总纳税,如果总分公司税率不同,则按各自的税率计算应纳税额后加总计算出汇总企业的应纳所得税总额(国家税务总局公告2012年第57号文)。对从境外分公司取得的所得实行限额抵免法,不管境外税率的高低,纳税人总是承担较高税收负担。A、B两公司总体税负,方案1低于方案2,且B公司所在地税率越低,选择方案1对纳税人越有利。

(2) 子公司分设在境内和境外,比较方案3和方案4,由于我国对从境内和境外企业取得的股息红利等权益投资收益采取不同的消除双重征税方法,对从境内企业取得的股息实行免税法,但是当低税率地区子公司利润以股息红利形式分回时,母公司需要对母、子公司税率差部分进行补税。我国对从境外企业取得的股息实行限额抵免法,A公司在中国境内的应纳税额和A、B两公司总体税负,方案3和方案4相同。

(3) 分支机构设在境内,当母公司所在地税率高于子公司所在地税率时,若分支机构利润全额汇回,则设立分公司的整体税负低于设立子公司的整体税负,设立分公司比较有利;但当子公司的利润不汇回时,由母、子公司税率差异形成的补税暂时免于缴纳,可以进行一段时间的递延。

(4) 分支机构设在境外,比较方案2和方案4,A公司在中国境内的应纳税额方案4低于方案2,纳税人还可以通过推迟境外子公司利润分配的时间来延迟纳税义务发生时间,纳税人选择设立子公

司有利,但若境外子公司设在税率低于 25% 一半以上的国家或地区除外[17]。

另外,一般企业适用的通过选择组织形式(独资、合伙、公司制)、选择注册地点(避税地)、选择投资方向(行业)、选择投资规模等方式进行税收筹划,对于企业集团也同样适用。

7.4　经营的税收筹划

7.4.1　销售价格的税务筹划

在销售价格方面,企业集团可以通过集团内关联企业间合作定价,利用转让定价技术,减轻集团的整体税负。转让定价是有经济联系的各方为转移利润而在产品交换或买卖活动过程中,不按照市场买卖规则和市场价格进行交易,而是根据它们的共同利益,或者为了最大限度地维护它们之间的收入而进行的产品或非产品转让。在这种转让过程中,产品的价格根据双方的意愿,可适当高于或低于市场上由供求关系决定的价格,从而达到降低集团整体税收负担的目的。

【例 7.13】　A 香水生产企业生产了 1 000 瓶香水,对外销售时香水的定价会根据销售对象的不同而不同。若出售给同一集团内部的 B 销售公司,每瓶价格为 350 元,B 销售公司再对外销售给 C 公司时,每瓶价格为 400 元;若直接对外销售给 C 公司,每瓶价格为 400 元。假定 A 公司本期准予抵扣的进项税额为 0。

A 公司在确定销售对象时可选择的方案有两种:

方案 1:该企业全部产品直接对外销售;

方案 2:该企业全部产品对内销售。

方案 1:A 公司本期应纳增值税=400×1 000÷(1+17%)×17%=58 119.66(元)

A 公司本期应纳消费税=400×1 000÷(1+17%)×30%=102 564.10(元)

合计税金=58 119.66+102 564.10=160 683.76(元)

方案 2:A 企业本期应纳增值税=350×1 000÷(1+17%)×17%=50 854.70(元)

A 企业本期应纳消费税=350×1 000÷(1+17%)×30%=89 743.59(元)

B 公司本期应纳增值税=400×1 000÷(1+17%)×17%−50 854.70=7 264.96(元)

企业集团合计税金=50 854.70+89 743.59+7 264.96=147 863.25(元)

两个方案对比,企业集团少纳税 12 820.51 元(160 683.76−147 863.25)。这是由于消费税是一次性征收的税种,其纳税环节销售价格的降低,直接减少了税基,进而减少了应纳税额。

需要指出的是,集团企业在关联企业间销售产品确定价格时,只能适度压低价格。不正常地抬高或压低价格可能被税务机关认定为避税行为,并导致对价格进行调整。按照《税收征管法》的规定:"企业或者外国企业在中国境内设立的从事生产经营的机构、场所与其关联企业之间的业务往来,应当按照独立企业之间的业务往来收取或者支付价款、费用;不按照独立企业之间的业务往来收取或者支付价款、费用,而减少其应纳税收入或者所得额的,税务机关有权进行合理调整"。因此,转让定价在具体操作时,应该确保调整后的价格与市场交易价格相差不远,以降低税收遵从成本。如果压价幅度过大,就属于税法所称"价格明显偏低",此时,税务机关就可以行使对价格的调整权。

7.4.2 销售地点的税务筹划

企业集团发展到一定规模以后,基于稳定供货渠道、开辟新市场或方便客户服务的考虑,不可避免地需要在销售业务相对集中的地区设立业务联络点。联络点的形式大致有两种:一是办事处,二是分公司。分公司可以从事经营活动,而办事处一般只能从事总公司营业范围内的业务联络活动。分公司、办事处的税收待遇不同,主要体现在流转税和企业所得税上。

从增值税上看,办事处由于不从事经营活动,所以在当地无需缴纳增值税,而分公司的经营活动必须在当地缴纳增值税。从企业所得税看,办事处由于不能从事经营活动,没有业务收入,不存在利润,也就没有应纳税所得额,无需缴纳企业所得税。对于分公司而言,企业所得税可以在分公司所在地税务机关缴纳,也可以汇总后由总公司集中缴纳。对于由总公司汇总缴纳的,由总公司所在地国税局开具企业所得税已在总机构汇总缴纳的证明,分公司凭此证明到所在地国税局办理相关手续。一般来说,汇总纳税优于独立纳税,因为总公司和分公司的盈亏可以互相弥补。

同时,也必须看到,国家为了鼓励某些地区的发展,在税法上体现出地区倾斜政策而导致的地区性税负差别,以及不同国家之间税收政策的差异,这也是销售地点筹划的存在依据。在低税率地区设立分支机构,在一般情况下,不仅能够享受到税收上的优惠,而且能享受到当地政府有关规费减免或者财政返还上的优惠。特别是设立具有独立生产经营职能的分公司。国税发〔2008〕28号文件第十条规定:"总机构设立具有独立生产经营职能部门,且具有独立生产经营职能部门的经营收入、职工工资和资产总额与管理职能部门分开核算的,可将具有独立生产经营职能的部门视同一个分支机构,就地预缴企业所得税。具有独立生产经营职能部门与管理职能部门的经营收入、职工工资和资产总额不能分开核算的,具有独立生产经营职能的部门不得视同一个分支机构,不就地预缴企业所得税。"

【例7.14】 某油品销售公司是经营原油及油品的企业,为增值税一般纳税人,某年1~6月该公司在某市设置了临时办事处,经营公司发来的油品及原油。根据办事处灵活多变的特点及现行税收法规,有以下三种经营方式及涉税处理方法:

方案1:办事处作为固定业户外出经营活动的办事机构,向其机构所在地主管税务机关申请开具《外出经营活动税收管理证明》,持税务登记证副本、《外出经营活动税收管理证明》第二、三、四联,连同运抵货物或经营项目,一并向销售地税务机关申请报验。

销售地税务机关对其运抵的货物应对照《外出经营活动税收管理证明》载明的起运货进行查验、核对。纳税人在批准有效期结束后,应向销售地税务机关进行报告。

销售地税务机关查明销售情况后,填明销售经营情况的有关栏次,并将报验联留存。

办事处向销售地税务机关申请领购发票,并按月向销售地税务机关办理申报手续,最后由办事处凭《外出经营活动税收管理证明》向机构所在地主管税务机关申报纳税。

方案2:办事处作为常设分支机构向经营地工商管理部门办理营业执照,向经营地税务机关办理税务登记(被认定为增值税一般纳税人),按规定在经营地申请领购发票,在经营地申报纳税,销售收入全额上缴总机构。

　　方案 3：办事处作为独立核算机构，在经营地工商管理部门办理营业执照，向经营地主管税务机关申请办理税务登记（被认定为增值税一般纳税人），自主经营，实行独立核算，独立处理全部涉税及有关经济事宜。

　　该办事处在 1～6 月接到总公司拨来货物 500 吨，取得销售收入 200 万元，拨入价 160 万元，在经营地就地采购原油 1 万吨，购进价 900 万元，取得销售收入 1 000 万元，1～6 月盈利 100 万元。假定总公司所在地适用的企业所得税税率为 25%，办事处所在地适用的企业所得税税率为 15%（注：总公司上年度会计核算亏损 200 万元；上述进价及销售收入均为不含税价格）。

　　分析：应该优选哪种方案？

　　方案 1：办事处为固定业户外出经营活动办事机构。

　　（1）总公司拨来货物有合法经营手续，增值税应回总机构所在地纳税。

$$(200 - 160) \times 17\% = 6.8（万元）（总机构所在地缴纳）$$

　　（2）办事处在经营地所采购的货物超出《外出经营活动管理证明》的范围，增值税应在经营地纳税。分别计算如下：

$$(1\,000 - 900) \times 17\% = 17（万元）（经营地缴纳）$$

　　若不按期纳税，则回机构所在地后缴纳一定数额的罚款，但目前税法无具体的比例限定。

　　（3）100 万元汇回总公司弥补亏损，补完后总公司应纳税所得为负，无需缴纳企业所得税。

　　（4）共计纳税＝6.8＋17＋0＝23.8（万元）

　　方案 2：按分支机构缴税——在经营地纳税。

$$应纳增值税 = [(1\,000 - 900) + (200 - 160)] \times 17\% = 23.8（万元）$$

　　100 万元利润可弥补总公司上一年度亏损，补完后总公司应纳税所得为负，无需缴纳企业所得税。

$$共计纳税 = 23.8 + 0 = 23.8（万元）$$

　　方案 3：按独立核算企业。

$$应纳增值税 = [(1\,000 - 900) + (200 - 160)] \times 17\% = 23.8（万元）$$
$$应纳企业所得税 = 100 \times 15\% = 15（万元）$$
$$共计纳税 = 23.8 + 15 = 38.8（万元）$$

　　由此可见，上述三个方案中，方案 2 最佳。

　　若总公司上年度并非亏损，而是盈利，则方案的选择就会有所变化。

　　《跨地区经营汇总纳税企业所得税征收管理办法》（国家税务总局公告 2012 年第 57 号）规定：居民企业在中国境内跨地区设立不具有法人资格分支机构的，该居民企业为跨地区经营汇总纳税企业（以下简称汇总纳税企业），实行"统一计算、分级管理、就地预缴、汇总清算、财政调库"的企业所得税征收管理办法：

　　（1）统一计算是指总机构统一计算包括汇总纳税企业所属各个不具有法人资格分支机构在内的全部应纳税所得额、应纳税额。这里的分支机构是指二级分支机构，即汇总纳税企业依法设立并领取非法人营业执照（登记证书），且总机构对其财务、业务、人员等直接进行统一核算和管理的分支机构，即通常所说的二级分公司。不具有主体生产经营职能，且在当地不缴纳增值税、营业税的产品售后服务、内部研发、仓储等汇总纳税企业内部辅助性的二级分支机构，不适用该管理办法。

（2）分级管理是指总机构、分支机构所在地的主管税务机关都有对当地机构进行企业所得税管理的责任，总机构和分支机构应分别接受机构所在地主管税务机关的管理。

（3）就地预缴是指总机构、分支机构分月或分季分别向所在地主管税务机关申报预缴企业所得税。汇总纳税企业汇总计算的企业所得税，50％由总机构分摊缴纳，50％在各分支机构间分摊，各分支机构根据分摊税款就地办理缴库。汇总纳税企业应根据当期实际利润额就地预缴；在规定期限内按实际利润额预缴有困难的，也可以按照上一年度应纳税所得额的 1/12 或 1/4 就地预缴。分支机构按以下公式计算分摊税款：

所有分支机构分摊税款总额 ＝ 汇总纳税企业当期应纳所得税额×50％

某分支机构分摊税款 ＝ 所有分支机构分摊税款总额×该分支机构分摊比例

某分支机构分摊比例 ＝（该分支机构营业收入／各分支机构营业收入之和）

　　　　　　　　　×0.35＋（该分支机构职工薪酬／各分支机构职工薪酬之和）×0.35

　　　　　　　　　＋（该分支机构资产总额／各分支机构资产总额之和）×0.30

分支机构分摊比例按上述方法一经确定后，一般情况当年不作调整。

（4）汇总清算是指在年度终了后，总机构统一计算汇总纳税企业的年度应纳税所得额、应纳所得税额，抵减总机构、分支机构当年已就地分期预缴的企业所得税款后，多退少补。

（5）财政调库是指财政部定期将缴入中央国库的汇总纳税企业所得税待分配收入，按照核定的系数调整至地方国库。

【例7.15】 位于甲市的A公司是一家大型玩具生产企业，分别在乙市设立B分公司，在丙市设立C分公司。2015年A总公司、B分公司和C分公司四个季度的利润如表7.7所示（假定没有纳税调整事项）。

表7.7　2015年A总公司、B分公司和C分公司的利润　　单位：万元

	1季度	2季度	3季度	4季度	合计
A总公司	1 000	1 200	1 100	1 200	4 500
B分公司	−500	−300	−100	100	−800
C分公司	−200	−400	−500	−200	−1 300
合计	300	500	500	1 100	2 400

2014年A总公司、B分公司和C分公司全年的营业收入、职工薪酬和资产总额如表7.8所示。

表7.8　2014年A总公司、B分公司和C分公司的营业收入、职工薪酬和资产总额

单位：万元

	营业收入	职工薪酬	资产总额
A总公司	9 500	870	125 000
B分公司	3 000	600	15 000
C分公司	2 000	400	10 000
合计	14 500	1 870	150 000

企业所得税税率甲市为 25%，乙市为 20%，丙市为 15%。请计算 A 总公司、B 分公司和 C 分公司 2015 年每季度预缴的企业所得税。

答：

(1) 计算 A 总公司、B 分公司和 C 分公司预缴税款的分摊比例。

A 总公司的分摊比例 ＝ 50%

B 分公司的分摊比例

$$= 50\% \times \left(\frac{3\ 000}{3\ 000 + 2\ 000} \times 0.35 + \frac{600}{600 + 400} \times 0.35 + \frac{15\ 000}{15\ 000 + 10\ 000} \times 0.3 \right)$$

$$= 50\% \times (0.21 + 0.21 + 0.18)$$

$$= 30\%$$

C 分公司的分摊比例

$$= 50\% \times \left(\frac{2\ 000}{3\ 000 + 2\ 000} \times 0.35 + \frac{400}{600 + 400} \times 0.35 + \frac{10\ 000}{15\ 000 + 10\ 000} \times 0.3 \right)$$

$$= 50\% \times (0.14 + 0.0.14 + 0.12)$$

$$= 20\%$$

(2) 计算 A 总公司、B 分公司和 C 分公司分摊的应纳税所得额。

表 7.9　A 总公司、B 分公司和 C 分公司分摊的应纳税所得额　单位：万元

	1 季度	2 季度	3 季度	4 季度	合计
A 总公司	150	250	250	550	1 200
B 分公司	90	150	150	330	720
C 分公司	60	100	100	220	480
合计	300	500	500	1 100	2 400

(3) 计算 A 总公司、B 分公司和 C 分公司应当就地预缴的企业所得税。

表 7.10　A 总公司、B 分公司和 C 分公司就地预缴的企业所得税　单位：万元

	1 季度	2 季度	3 季度	4 季度	合计
A 总公司(25%)	37.5	62.5	62.5	137.5	300
B 分公司(20%)	18	30	30	66	144
C 分公司(15%)	9	15	15	33	72
合计	64.5	107.5	107.5	236.5	516

如果 B 分支机构、C 分支机构设为办事处，则其所得与 A 总公司合并在 A 公司所在地缴纳企业所得税，其各季度预缴企业所得税如表 7.11 所示。

表 7.11　A 公司应纳企业所得税　单位：万元

		1 季度	2 季度	3 季度	4 季度	合计
利润	A 总公司	1 000	1 200	1 100	1 200	4 500
	B 办事处	−500	−300	−100	100	−800
	C 办事处	−200	−400	−500	−200	−1 300

(续表)

	1季度	2季度	3季度	4季度	合计
A公司应纳税所得额	300	500	500	1 100	2 400
A公司应纳企业所得税	75	125	125	275	600

与B、C设为分公司相比,设为办事处1年多预缴企业所得税84万元(600—516),原因是B、C分支机构无法享受所在地的低税率优惠。

如果B分支机构、C分支机构设为子公司,则其所得在所在地独立纳税,各季度预缴企业所得税如表7.12所示。

表7.12 A、B、C公司应纳企业所得税 单位:万元

		1季度	2季度	3季度	4季度	合计
应纳税所得额	A母公司	1 000	1 200	1 100	1 200	4 500
	B子公司	−500	−300	−100	100	−800
	C子公司	−200	−400	−500	−200	−1 300
应纳企业所得税	A母公司	250	300	275	300	1 125
	B子公司	0	0	0	0	0
	C子公司	0	0	0	0	0
	合计	250	300	275	300	1 125

与B、C设为分公司相比,设为子公司该企业集团1年多缴纳企业所得税609万元(1 125—516),原因是B、C子公司虽然可以享受所在地的低税率优惠,但是其亏损无法与母公司的盈利互抵,从而增加了企业集团企业所得税的缴纳。

由此可见,将B、C设为分公司,对该企业集团最为有利。

7.5 利润分配的税收筹划

利润分配是集团企业对一定时期内的生产要素所带来的利润总额在企业内外各利益主体之间的分割过程。企业收益主要以工资薪金、劳务报酬(稿酬)、筹资利息、股息红利等形式进行分配。企业集团所适用的工资薪金和劳务报酬(稿酬)的税务筹划方法与单体企业并无二致,筹资利息和租赁租金也是收益分配的形式之一,这在本章第二节中已经讲述,因此本节重点介绍企业集团股息红利的筹划方法。

对于股息、红利,我国长期以来一直实行独立课征的制度。在企业所得税环节,对利润总额(包括分配利润和保留利润)征收企业所得税。对企业集团而言,如果集团内投资方企业适用的所得税率高于被投资方企业,投资方企业就需要对分回的利润补缴企业所得税。在这一条件下,集团内的被投资方可以结合投资方的实际情况来确定合理的股利支付额和支付时间,使投资者获得更多的税后净收益,降低集团整体税负。

【例 7.16】 集团内一企业——A 公司成立第一年发生巨额亏损,虽其后几年均有盈利,但到第五年年末,该公司用自营业务利润弥补后,累计仍有 200 万元的亏损额。第五、第六年,A 公司从集团内的联营方 B 公司分回的股利额均为 120 万元。A 公司适用 25%的企业所得税税率,B 公司适用 15%的企业所得税税率,且不处于法定减免税期间。请计算 A 公司就这两笔股利需要缴纳的企业所得税? 该公司如何进行税务筹划?

答:按照规定,如果投资方企业发生亏损,其分回的税后利润可直接用于弥补亏损。因此,A 公司第五年年末分回的 120 万元,可以直接用于弥补亏损而无需缴纳企业所得税。第五年分回股利补亏后,A 公司第五年年末反映的未弥补亏损额应为 80 万元。由于税法规定的亏损弥补期限不能超过 5 年,因此,这笔尚未完全弥补的亏损额只能用该企业以后年度的自营税后利润弥补。

A 公司第六年分回的股利额需要补缴企业所得税为:

$$120 \div (1 - 15\%) \times (25\% - 15\%) = 14.12(万元)$$

企业分得的投资收益总额为:

$$120 + 120 - 14.12 = 225.88(万元)$$

如果 B 公司能够早做筹划,适当调剂股利支付额,就能帮助 A 公司减少所得税支出。假设 B 公司在其他条件允许的情况下,可以把第五年的股利分配额定为 200 万元,将第六年支付的股利额调低为 40 万元,那么,A 公司第五年分回的税后利润弥补亏损后的数额为 0,故无须补缴企业所得税。

第六年对其分回的税后利润应补缴企业所得税:

$$40 \div (1 - 15\%) \times (25\% - 15\%) = 4.71(万元)$$

企业分得的投资收益总额为:

$$200 + 40 - 4.71 = 235.29(万元)$$

两者相比,该筹划方案使 A 公司节省税金 9.41 万元,投资收益总额增加 9.41 万元,从而降低了企业集团的整体税负。

另外,被投资方的利润分配,就是投资方的投资所得,这是一个问题的两个方面。如果投资方和被投资方同属于一个企业集团,则其税收筹划方案可参见本章第二节的相关内容。

7.6　企业重组的税收筹划

企业重组是集团企业在日常经营活动以外发生的法律结构或经济结构重大改变的交易,包括股权收购、资产收购、合并、分立、企业法律形式改变等。企业集团中企业重组发生的概率、频率较一般单体企业更大,甚至有些企业集团就是企业重组的自然后果。企业重组是集团在生存和发展中遇到的重大机遇和挑战,重组各方不仅要考虑关于资源上的整合和发展方向,还应充分关注重组的相关税务问题,有时税务本身就是重组的主要目的之一。

7.6.1　集团企业重组的相关税收因素

集团企业重组要考虑的税收因素包括重组后的目标架构的税收筹划和重组过程中

的税收筹划。税收筹划应该使目标架构的税负最轻、重组过程中的税收成本最低。

1. 目标架构的税收筹划

目标架构是企业重组后的结果,也是企业重组的目的所在。目标架构的税收筹划应该考虑:

第一,整个经营模式税负是否最优。这是指企业重组后的组织架构和业务流程在税务上是否有利,如是否将集团的主要利润集中在实际税负较低的成员企业实现。

第二,是否充分利用了税收优惠政策。我国为了促进特定地区、项目或行业的发展,对一些特定地区、项目或行业给予税收优惠政策,如企业从事国家重点扶持的公共基础设施项目投资经营的所得,从事符合条件的环境保护、节能节水项目的所得,享受三免三减半的企业所得税优惠。如果重组后的集团企业符合税收优惠的条件,可以享受税收优惠政策,则对企业集团的后续发展更为有利。

第三,纳税身份是否有利。所得税的纳税身份可以划分为一般企业和小型微利企业(如集团企业分立后可能构成小型微利企业);增值税的纳税身份可划分为一般纳税人和小规模纳税人。每种纳税身份的税收待遇是不同的,要针对每个企业的具体情况经过测算比较,才能择定税负较轻的纳税身份。

2. 重组过程中的税收筹划

根据我国税法规定,重组过程中采用不同的重组方式和支付方式,其税收待遇是不同的。

(1) 重组方式。重组方式包括资产收购、股权收购、合并、分立等,如重组方希望取得被重组方的主要经营资产,可以采用合并方式,也可以采用资产收购的方式,但不同的重组方式适用的税收待遇可能不同。一般情况下,股权收购和资产收购企业所得税涉税问题比较如表 7.13 所示。

表 7.13 股权收购和资产收购企业所得税涉税问题比较

项　目	股权收购	资产收购
是否会继承被转让方的原有税务风险	是	否
是否能延续被转让方的税务待遇	是	否
是否能对获得的资产在税务上重新计价	否	是
是否会涉及较多的转让交易税收问题	否	是

除企业所得税外,股权收购和资产收购涉及的其他税种的比较如表 7.14 所示。

表 7.14 股权收购和资产收购其他税种的涉税问题比较[17]

税目	税率	征收范围	承担方
股权转让			
印花税	0.5‰/1‰(1‰仅适用于转让 A 股和 B 股公司股权)	相关合同的签订	买卖双方(A 股和 B 股公司股权转让仅由卖方承担)

（续表）

税目	税率	征收范围	承担方
		资产转让	
契税	3%～5%	土地使用权及房屋产权的受让	买方
土地增值税	30%～60%	土地使用权及房屋的处置收益	卖方
增值税	17%或 13%，	转让存货	卖方
	固定资产按 2%（不抵扣进项）或 17%征收（若已抵扣进项税额）	转让固定资产（设备）	卖方
	6%	转让无形资产（技术、商标、著作权、商誉和其他权益性无形资产）	卖方
	11%	转让无形资产（自然资源使用权）	卖方
	11%	销售不动产	卖方
进口关税和进口增值税	增值税税率 17%或 13%，关税税率依关税代码而定	处置尚在海关监管期内的减免税进口货物	卖方
印花税	0.3‰ 0.5‰	货物合同文件 其他合同文件	买卖双方

一般而言，股权收购的税收负担比资产转让轻，但收购方需要承担被收购方潜在的债务风险和其他法律风险，而资产收购则不需要承担这些风险。

（2）支付方式。支付方式有股权支付，也有非股权支付。股权支付是指重组中购买、换取资产的一方支付的对价中，以本企业或由本企业直接持有股份的企业的股权、股份作为支付的形式。非股权支付是指以现金、银行存款、应收款项、本企业或其控股企业股权和股份以外的有价证券、存货、固定资产、其他资产以及承担债务等作为支付的形式。

如果从资产买卖的一般税收原则出发，企业的各项重组业务中涉及的全部资产交换都应当确认转让所得或转让损失。但由于企业重组涉及的交易量实在太大，有时甚至是一个或几个企业的全部经营性资产，而且主要是非货币性交易，企业或其投资者实际上并没有实现对资产的变现，因此如果要就此确认资产转让所得并纳税，需要筹资大量的资金，这会对企业正常的投资和重组行为造成阻碍。另外，与普通资产买卖交易不同，企业重组对企业的投资者而言，只不过是以不同的形式继续他们的投资。因此，我国《企业所得税法》针对重组交易对价中股权支付金额符合税法规定比例的企业重组采用特殊税收规则，从而降低企业重组的税务成本，促进企业重组的发生和成功。

7.6.2　普通重组与特殊重组的企业所得税处理

普通重组与特殊重组的企业所得税处理的不同主要体现在资产处置、税收待遇结转和资产计税基础确定三个方面。

1. 资产处置

在普通重组中,转让企业应视为按公允价值销售、处置资产和进行投资或清算两项经济业务,计算确认资产的转让所得或损失,并作所得税纳税处理。但符合特殊重组条件的,转让企业暂不确认计算资产转让所得或损失。需要注意的是,特殊重组的税收政策并不是真正意义上的免税,它只是暂时不纳税。虽然转让资产的企业对资产增值部分不纳税,但接受资产的企业只能按资产的原账面价值作为计税基础。也就是说,资产隐含的增值转移到了接受企业。当接受企业处置资产时,其增值部分将会体现出来,需要缴纳所得税。因此,特殊重组实际上只是起到递延纳税的作用。

2. 税收待遇的结转

税收待遇的结转包括尚未确认的资产损失、分期确认收入的处理以及尚未享受期满的税收优惠政策承继处理问题等。在普通重组中,被合并或被分立企业的税收待遇,不得结转到合并或分立企业。但在特殊重组条件下,被合并企业合并以前的全部企业所得税纳税事项,及被分立企业已分离资产相对应的纳税事项,分别由合并企业及接受资产的分立企业承继,相关的尚未超过法定弥补期限的以前年度亏损,也可以由合并企业及分立企业按规定用以后年度实现的与被合并或被分立资产相关的所得弥补。

3. 资产计税基础的确定

普通重组时,接受企业按公允价值确认受让资产的计税价值。但在特殊重组中,接受企业所受让资产的计税基础一般以其在原企业的计税基础为基础确定,接受企业再次转让之前受让的资产,可以扣除的也是资产的原计税基础。

在企业集团的股权收购、资产收购、企业合并、企业分立中均有普通重组和特殊重组之分,其在所得税处理上的差异分别如表 7.15 所示。

表 7.15 普通重组与特殊重组的企业所得税处理差异

		普通重组	特殊重组
股权收购	买方入账价值	卖方股权的公允价值	卖方股权的原计税基础
	卖方入账价值	买方股权的公允价值	卖方股权的原计税基础－非股权支付部分对应的原计税基础
	卖方应纳税所得额	卖方所转让股权的公允价值－账面价值	取得的非股权支付部分对应的所得＝非股权支付部分－其对应的原计税基础＝(被转让股份的公允价值－被转让股份的计税基础)×(现金÷被转让股份的公允价值)
资产收购	买方入账价值	卖方资产的公允价值	被转让资产的原计税基础
	卖方入账价值	买方股权的公允价值	被转让资产的原计税基础－非股权支付部分对应的计税基础
	卖方应纳税所得额	被转让资产的公允价值－账面价值	取得的非股权支付部分对应的所得＝非股权支付部分－其对应的计税基础＝(被转让资产的公允价值－被转让资产的计税基础)×(收到的现金补价÷被转让资产的公允价值)

（续表）

		普通重组	特殊重组
合并	合并企业入账价值	接受净资产的公允价值	被合并企业资产和负债的原计税基础
	被合并企业股东获得股权的计税基础	合并企业股权的公允价值	被合并企业股权原计税基础－（非股权支付额－其应纳税所得额）
	被合并企业应纳税所得额	被合并企业净资产公允价值－被合并企业净资产原计税基础	—
	被合并企业股东应纳税所得额	—	取得的非股权支付部分对应的所得＝（被合并企业净资产公允价值－被合并企业净资产原计税基础）×（收到的非股权支付部分÷卖方净资产公允价值）
	被合并企业亏损可否由合并企业弥补	否	可以,但有限额*
分立	分立企业的入账价值	接受资产的公允价值	接受净资产在被分立企业中的原计税基础
	被分立企业股东获得的支付对价	视为被分立企业的分配	以放弃"旧股"的原计税基础确定或零
	被分立企业股东的应纳税所得额	被分立资产的公允价值－该资产的原计税基础	非股权支付对应的资产转让所得或损失＝（被分立资产的公允价值－被分立资产的计税基础）×（非股权支付金额÷被分立资产的公允价值）
	被分立企业亏损可否由分立企业弥补	否	可以按被分立资产占总资产的百分比弥补
	被分立企业的税收优惠是否可以由分立企业继承	否	可以

* 可由合并企业弥补的被合并企业亏损的限额＝被合并企业净资产公允价值×截至合并业务发生当年年末国家发行的最长期限的国债利率。

【例7.17】 A公司股东持有A公司股权的计税基础为6 000万元,公允价值为1亿元。B公司持有的子公司——C公司股权的计税基础为5 000万元,公允价值为8 000万元。A公司将从B公司手中购得其子公司C公司75%的股权。如图7.2所示。交易价格为6 000万元（公允价值8 000万元的75%）,假定C公司在该并购前没有未分配利润和盈余公积。

（1）如果A公司拟用1 200万元现金和4 800万元买方股权来支付。该收购方案下各方的企业所得税处理如下：

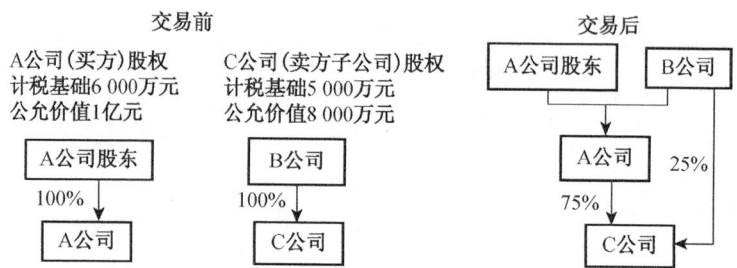

图 7.2　股权收购图

股权支付金额低于交易支付总额的 85%,所以该交易采用一般性税务处理。

A 公司(买方)取得的 C 公司股权的计税基础为 6 000 万元(现金和股权支付总额)。

B 公司(卖方)取得的 A 公司股权的计税基础为 4 800 万元(即取得的 A 公司股权的公允价值)。

B 公司(卖方)转让 C 公司 75% 股权的应纳税所得额 = 股权的公允价值 — 股权的初始计税基础
$$= 6\ 000 - (5\ 000 \times 75\%) = 2\ 250(万元)$$

(2) 如果 A 公司拟用 600 万现金和 5 400 万元 A 公司股权来支付,则该收购案下各方企业所得税的处理如下:

由于所转让的股权不低于卖方 B 公司的子公司——C 公司全部股权的 75%,且股权支付金额不低于交易支付总额的 85%,因此该交易可选用特殊性税务处理。

A 公司(买方)取得的 B 公司(卖方)的子公司 C 公司股权的计税基础为 3 750 万元(按 C 公司 75% 股权的原计税基础)。

B 公司(卖方)就取得的现金确认相应的股权转让所得
= (被转让股份的公允价值 — 被转让股份的计税基础) × (现金 ÷ 被转让股份的公允价值)
$$= (8\ 000 - 5\ 000) \times (600 \div 8\ 000) = 225(万元)。$$

B 公司(卖方)取得的 A 公司(买方)股权的计税基础
= 被转让股份的初始计税基础 — (非股权支付金额 — 股权转让所得)
$$= 3\ 750 - (600 - 225)$$
$$= 3\ 375(万元)。$$

【例 7.18】　A 公司股东持有的 A 公司股权的计税基础为 10 000 万元,公允价值为 30 000 万元。A 公司计划向 B 公司收购资产。B 公司被转让的资产的计税基础为 4 000 万元,公允价值为 8 000 万元,占 B 公司总资产的 75%,双方拟定的交易价格为 8 000 万元,如图 7.3 所示。

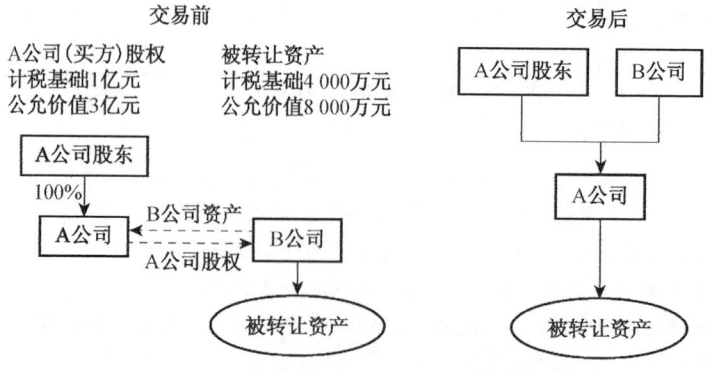

图 7.3　资产收购图

（1）如果支付方式为 1 600 万元的现金和 6 400 万元的买方股权，则该收购方案下各方的企业所得税处理如下（暂不考虑增值税）：

由于股权支付金额低于交易支付总额的 85%，该项交易应采用一般性税务处理。

A 公司（买方）从 B 公司（卖方）取得资产的计税基础为 8 000 万元（现金和股权支付总额为公允价值）。

B 公司取得的 A 公司股权的计税基础为 6 400 万元（收到股权的公允价值）。

B 公司销售资产的应纳税所得额
＝ 被转让资产的公允价值 － 被转让资产的初始计税基础
＝ 8 000 － 4 000 ＝ 4 000（万元）。

（2）如果支付方式为 1 200 万元的现金和 6 800 万元的买方股权，则该收购方案下各方的企业所得税处理如下（暂不考虑增值税）：

由于被转让的资产不低于转让方资产总额的 75%，且股权支付额不低于交易总额的 85%，所以该交易可以选择特殊性税务处理。

A 公司取得的资产的计税基础为 4 000 万元（初始成本）。

B 公司根据收到的现金对价确认资产转让所得
$$= \left(\begin{array}{c}\text{被转让资产的}\\\text{公允价值}\end{array} - \begin{array}{c}\text{被转让资产的}\\\text{计税基础}\end{array}\right) \times \left(\begin{array}{c}\text{收到的}\\\text{现金补价}\end{array} \div \begin{array}{c}\text{被转让资产}\\\text{的公允价值}\end{array}\right)$$
$$= (8\ 000 - 4\ 000) \times (1\ 200 \div 8\ 000)$$
$$= 600（万元）$$

B 公司取得的 A 公司股权的计税基础
＝ 被转让资产的原计税基础 － （非股权支付金额 － 资产转让所得）
＝ 4 000 － （1 200 － 600）
＝ 3 400（万元）

【例 7.19】 B 企业将被 A 企业合并，合并后 A 企业存续，B 企业将被解散。B 企业股权的计税基础是 10 000 万元，公允价值是 20 000 万元。B 企业净资产的计税基础是 10 000 万元，公允价值是 20 000 万元，如图 7.4 所示。

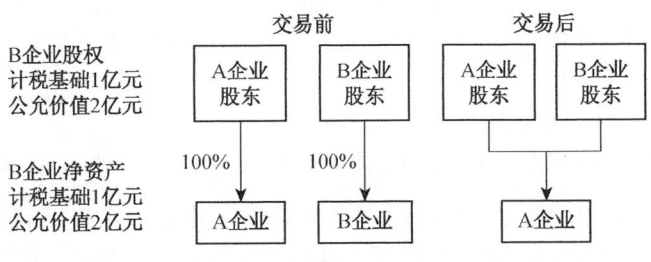

图 7.4　企业合并图

（1）如果在合并交易中，支付方式为 4 000 万元现金和 16 000 万元的 A 企业股权，则该合并案各方的企业所得税处理如下：

由于股权支付额低于交易支付总额的 85%，此项交易应按照普通合并进行税务处理。

A 企业从 B 企业接受的净资产的计税基础为 20 000 万元（公允价值）。

B 企业股东取得 A 企业股权的计税基础为 16 000 万元（公允价值）。

B企业实现的应纳税所得额

＝B企业净资产的公允价值－B企业净资产的原计税基础

＝20 000－10 000

＝10 000（万元）

B企业的亏损不能由A企业结转弥补。A企业和B企业涉及享受《企业所得税法》第五十七条规定中就企业整体（即全部生产经营所得）享受的税收优惠过渡政策尚未期满的，如果合并后的A企业性质及适用税收优惠的条件未发生改变的，仅就A企业未享受完的税收优惠，继续享受合并前A企业剩余期限的税收优惠，其优惠金额按A企业合并前一年的应纳税所得额（亏损计为零）计算。注销的B企业未享受完的税收优惠，不再由A企业承继。A企业和B企业按照《企业所得税法》的税收优惠规定中就企业有关生产经营项目的所得享受的税收优惠，可以在剩余期限内享受规定的减免税优惠。

（2）如果在合并交易中，支付方式为2 000万元现金和18 000万元的A企业股权，则该合并案各方的企业所得税处理如下：

由于股权支付金额不低于交易支付总额的85%，此项交易可选用特殊性税务处理。

B企业股东应就收到的现金部分确认转让所得

＝（B企业资产的公允价值－B企业资产的初始计税基础）×（收到的现金÷B企业资产的公允价值）

＝（20 000－10 000）×（2 000÷20 000）

＝1 000（万元）

B企业股东取得A企业股权的计税基础

＝被合并企业股权的初始计税基础－（非股权支付额－应纳税所得额）

＝10 000－（2 000－1 000）

＝9 000（万元）

B企业合并前的相关所得税事项均由A企业承继，这些事项包括尚未确认的资产损失、分期确认收入的处理以及尚未享受期满的税收优惠政策承继处理问题等。其中，凡属于依照《企业所得税法》第五十七条规定中就企业整体（即全部生产经营所得）享受税收优惠过渡政策的，A企业性质及适用税收优惠条件未发生改变的，可以继续享受合并前各企业剩余期限的税收优惠。合并前各企业剩余的税收优惠年限不一致的，合并后企业每年度的应纳税所得额，统一按合并日各合并前企业资产占合并后企业总资产的比例进行划分，再分别按相应的剩余优惠计算应纳税额。合并前各企业按照《企业所得税法》的税收优惠规定中就有关生产经营项目所得享受的税收优惠承继处理问题，可以在剩余期限内享受规定的减免税优惠。

可由A企业弥补B企业亏损的限额

＝B企业净资产公允价值×截至合并业务发生当年年末国家发行的最长期限的国债利率

【例7.20】 A企业的股东持有的A公司股权的计税基础是8 000万元，公允价值是20 000万元。A企业净资产总额的计税基础是8 000万元，公允价值是20 000万元。A企业股东将A企业平均分立为A企业和B企业两家企业，如图7.5所示。

（1）如果在分立交易中，A企业股东获得2 000万元现金和8 000万元B企业的股权，则该分立方案下各方的企业所得税处理如下：

由于股权支付金额低于其交易支付总额的85%，本项交易应按照普通分立进行税务处理。

A企业被分立给B企业的资产的应纳税所得额＝公允价值－A企业净资产的原计税基础

＝10 000－4 000

＝6 000（万元）

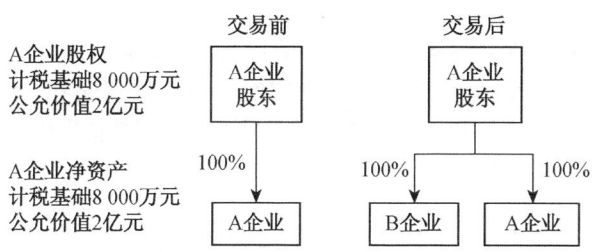

图 7.5　企业分立图

B 企业接受 A 企业资产的计税基础(公允价值)为 10 000 万元。

A 企业股东取得的 10 000 万元支付对价应当视为 A 企业的分配。

A 企业的亏损不得结转给 B 企业。

(2) 如果在分立交易中,A 企业股东获得 10 000 万元 B 企业的股权,则该分立方案下各方的企业所得税处理如下:

由于股权支付金额等于其交易支付总额的 100%,不低于其交易支付总额的 85%,因此本项交易可选用特殊性税务处理。

B 企业取得的净资产的计税基础(A 企业的原计税基础)为 4 000 万元。

A 企业股东取得的 B 企业股权的计税基础可以确定为零。

A 企业可以结转到 B 企业的未弥补亏损的比例＝B 企业取得的资产÷原 A 企业原有的全部资产

7.6.3　普通重组与特殊重组其他税种的处理

不论普通重组还是特殊重组,其他税种的税务处理如下。

1. 增值税

《关于纳税人资产重组有关增值税问题的公告》(国家税务总局公告 2011 年第 13 号)规定,纳税人在资产重组过程中,通过合并、分立、出售、置换等方式,将全部或者部分实物资产以及与其相关联的债权、负债和劳动力一并转让给其他单位和个人,不属于增值税的征税范围,其中涉及的货物转让,不征收增值税。《财政部、国家税务总局关于全面推开营业税改征增值税试点的通知》(财税〔2016〕36 号)规定:在资产重组过程中,通过合并、分立、出售、置换等方式,将全部或部分实物资产以及与其相关联的债权、债务和劳动力一并转让给其他单位和个人,其中涉及的不动产、土地使用权转让行为,不征收增值税。

2. 土地增值税

在企业重组中,对被兼并企业将房地产转让到兼并企业中的,暂免征收土地增值税。《中华人民共和国土地增值税暂行条例实施细则》第二条规定,转让国有土地使用权、地上的建筑物及其附着物并取得收入,是指以出售或者其他方式有偿转让房地产的行为,不包括以继承、赠予方式无偿转让房地产的行为。第五条规定,条例第二条所称的收入,包括转让房地产的全部价款及有关的经济收益。因此如果在企业重组过程中,没有对价支付情况,对房产、土地的分割不缴纳土地增值税。

3. 印花税

以合并或分立方式成立的新企业，其新启用的资金账簿记载的资金，凡原已贴花的部分可不再贴花，未贴花的部分和以后新增加的资金按规定贴花。分立后的两家企业实收资本和资本公积之和与原被分立企业的实收资本与资本公积之和相比，新增金额由新设企业贴花。

4. 契税

两个或两个以上的企业依据法律规定、合同约定，合并改建为一个企业，且原投资主体存续的，对其合并后的企业承受原合并各方的土地、房屋权属，免征契税。企业依照法律规定、合同约定分设为两个或两个以上投资主体相同的企业，对派生方、新设方承受原企业土地、房屋权属，不征收契税。

7.6.4 特殊重组的条件

从普通重组与特殊重组的税务处理可以看出，特殊重组减少了各方在重组当期的现金流出，有利于重组资金的保证。但是，特殊重组必须符合一定的条件。

特殊重组的必要条件之一是"经营的连续性"，即重组中企业转让资产后，受让企业应将资产继续用于同样目的的经营业务。法律形式被改变、资本结构被调整、被收购、被合并或被分立企业在重组后的连续 12 个月内，不改变原来的实质经营活动。

特殊重组的必要条件之二是"权益的连续性"，即重组中转让资产的企业或其股东应通过持有接受资产企业的股权，继续保持对有关资产的控制。重组交易中取得股权的当事方不得在随后的 12 个月内转让该股权。

特殊重组的必要条件之三是重组中涉及的现金流量很少，企业"缺乏纳税必要资金"。重组交易对价中涉及股权支付金额符合税法规定的比例。具体规定如下：第一，在股权收购时，收购企业在该股权收购发生时的股权支付金额不低于其交易支付总额的 85％。第二，在资产收购时，受让企业在该资产收购时的股权支付金额不低于其交易支付总额的 85％。第三，在企业合并时，企业股东在该企业合并时取得的股权支付金额不低于其交易支付总额的 85％，以及同一控制下且不需要支付对价。通常情况下，同一控制下的企业合并是指发生在同一企业集团内部企业之间的合并。第四，在企业分立时，被分立企业股东在该企业分立发生时取得的股权支付金额不低于其交易支付总额的 85％。

特殊重组的必要条件之四是重组涉及大规模的资产交易。从经济行为分析，企业重组业务实际上由当事各方之间的一系列资产转让、股份交换和资产置换业务构成。普通的资产买卖是单项资产的交易，而企业重组实质上是大规模资产交易的组合。如果仅仅是少量资产的转让，可以按所得税的一般规定进行处理，没有必要将其纳入企业重组的范围。而且即使是企业重组的股权收购、资产收购等，也不一定涉及企业 100％的资产转让，因为企业总会有一小部分资产是没有转让价值的。因此，被收购、合并或分立部分的资产或股权比例必须符合税法规定的比例。具体规定如下：第一，在股权收购时，收购企业购买的股权不低于被收购企业全部股权的 75％。第二，在资产收购时，受让企业收购的资产不低于转让企业全部资产的 75％。第三，在企业分立时，被分立企业所有股东按原比例取得分立企业的股权。另外,对整个重组计划中所涉及多个关联步骤的交易在税收上会予以合并看待,这是实质重于形式原则的具体体现。税法规定,企业应将连续 12 个月内发生的互为条件的交易,作为一项企业重组交易分多步骤进行处理。

特殊重组的必要条件之五是具有合理的商业目的,且不以减少、免除或者推迟缴纳税款为主要目的。税法对特殊重组给予不同的税务待遇,主要是为了鼓励重组行为的正常进行,促进资源配置效率的提高。因此出于避税目的而不是正常经营目的的重组行为,并不是政策鼓励的对象。特殊重组应当不以减少、免除或者推迟缴纳税款为主要目的。重组各方在重组业务完成当年进行企业所得税年度申报时,应当向主管税务机关提交书面备案资料特别从以下方面说明企业重组具有合理的商业目的:第一,重组活动的交易方式,即重组活动采取的具体形式、交易背景、交易时间、在交易之前和之后的运作方式和有关的商业常规。第二,该项交易的形式及实质,即形式上交易所产生的法律权利和责任(法律后果)以及交易实际上或商业上产生的最终结果。第三,重组活动给交易各方税务状况带来的可能变化。第四,重组各方从交易中获得的财务状况变化。第五,重组活动是否给交易各方带来了在市场原则下不会产生的异常经济利益或潜在义务。第六,非居民企业参与重组活动的情况。

企业发生涉及中国境内与境外(包括港澳台地区)之间的股权和资产收购交易,除了要同时符合特殊重组的五个必要条件,还应符合特定条件,才可选择采用特殊重组的税务处理规定:

第一,当股权转让的转让方与受让方均为境外企业时,只有在非居民企业向其100%直接控股的另一非居民企业转让其拥有的居民企业股权,没有因此造成以后该项股权转让所得预提税负担变化,且转让方非居民企业向主管税务机关书面承诺在 3 年(含 3 年)内不转让其拥有受让方非居民企业的股权时,才可选择采用特殊重组的税务处理,如图 7.6 所示。

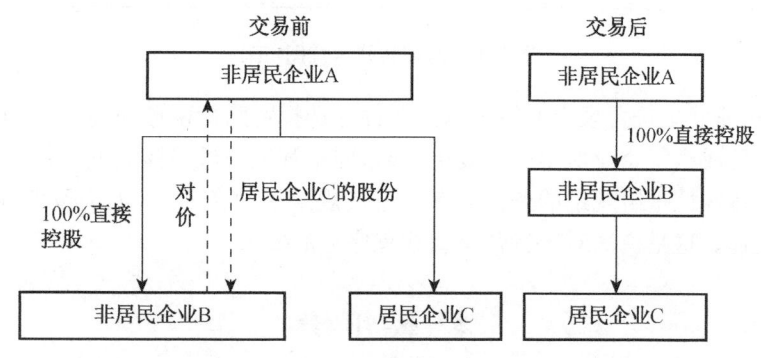

图 7.6　跨境转让示意图(一)

第二,当股权转让的转让方为境外企业、受让方为境内企业时,只有在非居民企业向与其具有 100%直接控股关系的居民企业转让其拥有的另一居民企业股权时,才可选择采用特殊重组税务处理,如图 7.7 所示。

第三,当股权转让的转让方为境内企业、受让方为境外企业时,只有在居民企业以

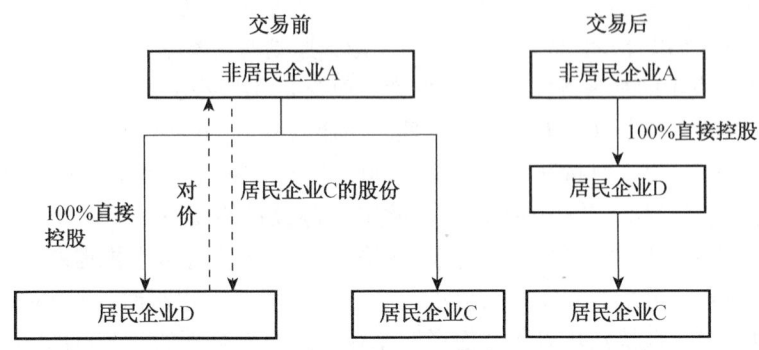

图 7.7　跨境转让示意图(二)

其拥有的资产或股权向其100％直接控股的非居民企业进行投资时,才可选择采用特殊重组税务处理,如图7.8所示。居民企业以其拥有的资产或股权向其100％直接控股的非居民企业进行投资,资产或股权转让收益如选择特殊重组税务处理,可以在10个纳税年度内均匀计入年度应纳税所得额[17]。

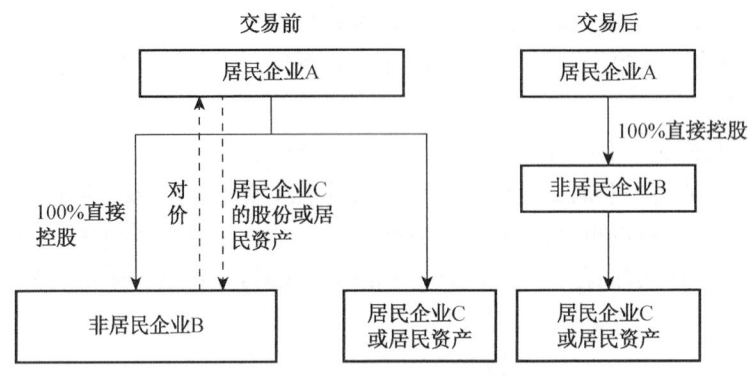

图 7.8　跨境转让示意图(三)

　　此外,企业发生符合规定的特殊重组条件并选择特殊性税务处理的,当事各方应在该重组业务完成当年企业所得税年度申报时,向主管税务机关提交书面备案资料,证明其符合各类特殊性重组规定的条件。企业未按规定书面备案的,无法按特殊重组业务进行税务处理。这是税法对于特殊重组在程序上的要求。

本 章 小 结

　　1. 税收筹划是纳税人在现行税制条件下,通过充分利用各种有利的税收政策合理安排涉税行为,在不违法的前提下,以实现税后利润最大化或税负相对最小化为目的的活动。税收筹划的内涵可以概括为"一个前提""两个目的""三个手段"和"四个特点"。

　　2. 企业集团税收筹划是企业集团基于现行法制规范,从全局发展出发通过对集团内部各成员企业的融资、投资、经营活动以及收益实现的进度、结构等的合理安排,尽可能减少不必要的纳税支出,以谋求最大的纳税利益,实现税后利润的最大化的活动。

3. 相对于单体企业,企业集团在税收筹划方面筹划空间大、筹划手段多样、筹划效益显著,有着单个企业所无可比拟的优势。

4. 企业集团税收筹划的基本原则有守法原则、自我保护原则、集体利益原则、税后利润最大化原则、整体性原则。

5. 企业集团税收筹划的基本思路有:合理缩小企业集团税基、使集团整体适用较低的税率、合理归属企业集团的所得年度、集团整体延缓纳税期限、平衡各纳税企业之间的税负。

6. 企业集团税收筹划的基本方法有:利用特定条款、利用税制要素的节税空间、寻求差异、转嫁税负、寻找与利用临界点、选择与调整组织形式以及选择会计政策。

7. 企业在计算应纳税所得额时:企业实际支付给关联方的利息支出,不超过以下规定比例和税法及其实施条例有关规定计算的部分,准予扣除,超过的部分不得在发生当期和以后年度扣除。企业实际支付给关联方的利息支出,其接受关联方债权性投资与其权益性投资比例为:①金融企业,5∶1;②其他企业,2∶1。

8. 集团企业租赁设备进行生产经营时,只要筹划得当,不论是对设备的承租方还是对出租方,都是可以节税的。

9. 集团企业投资于非上市公司获得的股息和红利,均免征企业所得税;集团企业购买上市公司股票获得的股息和红利分两种情况:第一种情况是股票持有时间超过12个月,第二种情况是股票持有时间不满12个月。前者享受免税待遇,后者则需要缴纳企业所得税。

10. 长期股权投资取得的股息、红利所得是投资方从被投资单位获得的税后利润,属于已缴纳过企业所得税的税后所得,原则上不需要重复纳税;资本利得是投资企业处理股权的收益,即企业收回、转让或清算处置股权投资所获得的收入,减除股权投资成本后的余额,这种收益应全额并入企业的应纳税所得,依法缴纳企业所得税。

11. 在销售价格方面,企业集团可以通过集团内关联企业间合作定价,利用转让定价技术,减轻集团的整体税负。

12. 集团内的被投资方可以结合投资方的实际情况来确定合理的股利支付额和支付时间,使投资者获得更多的税后净收益,降低集团整体税负。

13. 企业重组是集团在生存和发展中遇到的重大机遇和挑战,重组各方不仅要考虑关于资源上的整合和发展方向,还应充分关注重组的相关税务问题,有时税务本身就是重组的主要目的之一。

14. 集团企业重组的相关税收因素有目标架构的税收筹划和重组过程中的税收筹划两方面。

15. 特殊重组的必要条件有:经营的连续性、权益的连续性、缺乏纳税必要资金、重组涉及大规模的资产交易和具有合理的商业目的。

关 键 概 念

企业集团税收筹划　守法原则　自我保护原则　集体利益原则　税后利润最大化原则　整体性原则　关联方　资本弱化　权益性投资　债权性投资　融资租赁　经营性租赁　有形动产融资性售后回租　交互持股　长期股权投资　利润分配　企业重组　股权收购　资产收购　股权支付　非股权支付

复 习 思 考 题

1. 企业集团税收筹划的含义及其优势是什么?
2. 企业集团税收筹划的基本方法有哪些?

3. 从税收筹划的角度看,集团内的被投资企业如何向集团内的投资企业进行利润分配?

4. 企业集团特殊重组的必要条件是什么?

5. 比较企业集团普通重组与特殊重组的企业所得税处理差异。

本章参考文献

[1] 叶韧. 最新税收优惠 49 问:案例精解与操作指南[M]. 石家庄:河北科学技术出版社,2015.

[2] 董海霞. 关于企业集团税收筹划问题的探讨[J]. 会计之友. 2006(9):30-31.

[3] 计金标. 税收筹划[G]. 5 版. 北京:中国人民大学出版社,2014.

[4] 张中秀. 纳税筹划宝典[M]. 北京:机械工业出版社,2002.

[5] 徐润华. 税剑[M]. 北京:企业管理出版社,2007.

[6] 王明虎. 企业集团财务管理教程[M]. 上海:立信会计出版社,2009.

[7] 盖地. 企业税务筹划理论与实务[G]. 大连:东北财经大学出版社,2012.

[8] 廖汉钢,杜海炎,张淑艳,等. 论企业集团平台的税收筹划[J]. 当代经济. 2005(S1):50-61.

[9] 付广军,靳万军. 企业集团税收调查[M]. 北京:中国税务出版社,2008.

[10] 吉云. 企业集团税收筹划研究[J]. 现代商业. 2011(17):235-236.

[11] 朱丹. 企业集团税收筹划的基本原则及实施建议[J]. 财会研究. 2008(18):14-16.

[12] 周宇. 现代企业集团的财务战略与选择[J]. 财会月刊. 2005(8).

[13] 耿岩. 浅析企业集团的税收筹划[J]. 辽宁经济. 2008(7):31.

[14] 蔡昌. 税收筹划八大规律规则·规律·技术·案例[M]. 北京:中国财政经济出版社,2005.

[15] 中国注册会计师协会. 税法——2015 年度注册会计师全国统一考试辅导教材[M]. 北京:经济科学出版社,2015.

[16] 肖宏伟. 企业股息、红利免税:准确理解相关规定[N]. 中国税务报,2012.

[17] 盖地. 税务筹划学[G]. 3 版. 北京:中国人民大学出版社,2013.

第 8 章

企业集团的资本运营

☞ 本章学习目标

通过本章的学习,应当能够:

1. 掌握企业集团资本运营的概念、特点、原则和内容;
2. 掌握并购的概念和类型;
3. 理解并购的动因;
4. 了解企业并购的一般步骤;
5. 掌握目标公司估值方法;
6. 了解杠杆并购、管理层并购和反并购;
7. 掌握资本收缩的各种形式。

引例[1]

阿里巴巴资本运营之路

阿里巴巴集团是马云带领其他17人于1999年所创立的,现已发展成为国际化的互联网企业集团,在大中华地区、印度、日本、韩国、英国及美国70多个城市共有20 400多名员工,向超过240个国家和地区的互联网用户提供服务经营多元化的互联网业务,致力为全球所有人创造便捷的交易渠道。阿里巴巴集团在十几年的时间里,迅速发展成为国际化的企业集团,其成功离不开成熟的资本运作。

(具体请扫二维码8.1。)

8.1 企业集团资本运营的基本理论

8.1.1 企业集团资本运营的概念

企业集团资本运营也称资本经营、资本运作、企业重组等,是指企业集团以集团资本为基础,通过资本扩张和资本收缩等运营方式,进行资本的流动、裂变、组合、优化配置,以实现资本增值最大化的一种财务管理活动。

关于资本运营的含义可以从狭义和广义两个角度来理解。狭义的资本运营是指价值化、证券化资本或者可以按价值化、证券化操作的物化资本为基础,通过兼并、收购、资产重组等途径,实现资本最大限度增值的运营管理。狭义的资本运营是从企业的层面来讨论资本运营的,与企业的生产经营相对,主要是指企业的外部交易型战略的运用,其核心战略是兼并与收购。而广义的资本运营概念可以理解为以利润最大化和资本增值为目标,以价值管理为核心,通过对资本结构的动态调整和生产要素的优化重组,实现对企业资产有效运营的一种经营方式[2]。

本书主要讨论狭义的资本运营。资本运营与生产经营是一个既有区别又有联系的概念,它们的区别如表8.1所示。

表8.1 资本运营与生产经营的对比

对比内容	资本运营	生产经营
运营对象	资本	产品
运营领域	资本市场	生产资料市场、劳动力市场、商品市场等
运营的方式	资本的筹集与配置、收购重组等,开放性运营	技术研发、产品创新等,内向型运作
运营风险	多样化的投资组合 分散风险	单一的主导产品 风险集中

(具体请扫二维码8.2。)

同时,资本运营与生产经营也是有着密切的联系的,两者的目的一致,最终都追求资本的增值,另外,资本运营与生产经营相互依存,资本运营离不开生产经营,生产经营的活动是资本运营实现价值增值的基础,而资本运营的成功又会反过来推动生产经营的进步。因此,资本运营与生产经营既有联系又有区别[2][3][4]。

8.1.2　企业集团资本运营的特点

与一般的生产经营活动相比,资本运营有着自身的特点:首先,资本运营是以资本导向为中心的企业运作机制。其次,资本运营以价值形态为管理核心。再次,资本运营注重资本的流动性。另外,资本运营是一种开放式运营,是一种结构优化式运营,是一种以人为本的运营。最后,资本运营通过资本组合分散经营风险,资本增值速度快[3][4][5]。(具体请扫二维码 8.3。)

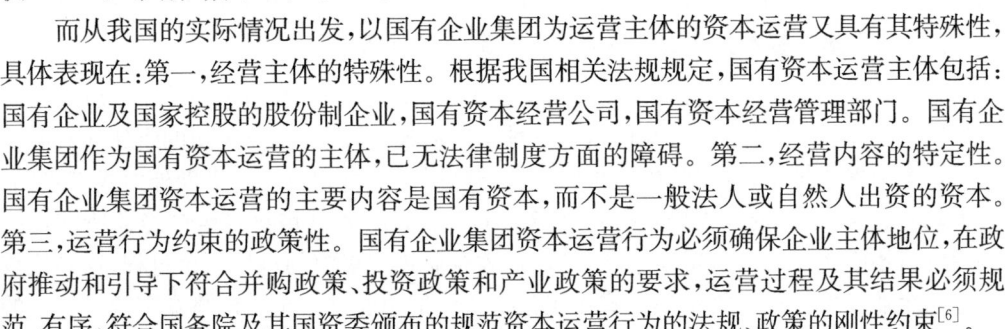

二维码 8.3
企业集团资本
运营的特点

而从我国的实际情况出发,以国有企业集团为运营主体的资本运营又具有其特殊性,具体表现在:第一,经营主体的特殊性。根据我国相关法规规定,国有资本运营主体包括:国有企业及国家控股的股份制企业,国有资本经营公司,国有资本经营管理部门。国有企业集团作为国有资本运营的主体,已无法律制度方面的障碍。第二,经营内容的特定性。国有企业集团资本运营的主要内容是国有资本,而不是一般法人或自然人出资的资本。第三,运营行为约束的政策性。国有企业集团资本运营行为必须确保企业主体地位,在政府推动和引导下符合并购政策、投资政策和产业政策的要求,运营过程及其结果必须规范、有序,符合国务院及其国资委颁布的规范资本运营行为的法规、政策的刚性约束[6]。

8.1.3　企业集团资本运营的原则

资本经营可以使企业集团实现快速资本扩张和资本收缩的目的。良好的资本运营能够给企业集团的效益带来明显的提升,不当的资本运营则将使企业集团的绩效滑坡加速。企业集团在资本运营时应当把握以下原则[7]。

一、企业集团资本经营必须与生产经营相结合

由于企业集团是企业的联合体,利用资本运营扩张时必然要求不但要看其速度,还要看其目的性,不是为了追求资本运营而置生产经营于不顾、为扩张而扩张。资本运营最终要达到与生产经营相互协调、相互促进的目标。从总体上说,企业集团的扩张目标不外乎生产目标、原材料目标、市场目标等,利用资本运营进行扩张时要注意与这些目标的有效配合。

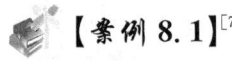

【案例 8.1】[7]

山东菱花集团的资本运营

山东菱花集团在 3 年之内兼并 8 家中型国有企业,一跃成为国家级大型集团。菱花集团利用资本经营进行扩张的目的性非常明显:租赁郓城味精厂——使生产能力提高一倍;控股静海味精厂——利用这个厂靠近京津唐三大城市的地利,大大降低运输成本,供货时间从原来的十几天缩短到 24 小时以内;购买济宁第二化肥厂——形成年产 15 000 吨合成氨的生产能力,缓解了液氨供应不足的矛盾;控股长春味精厂和呼和浩特市糖厂——除占领东北和山西的市场外,长春和内蒙古的玉米价格低,电价、水费、煤价均较菱花集团所在地济宁要低,仅此一项就可使每吨味精的生产成本降低1 200元;控股镇江味精厂——利用镇江地处长江口岸的市场优势,味精既可打入上海,又可沿江而上,占领长江腹地的广大市场。

二、企业集团资本经营要充分考虑剩余资源

经营资源剩余是企业利用资本经营进行资本扩张的前提,从企业集团成长可利用的资源来看,可以分为内部资源和外部资源。内部资源包括企业现有的生产能力、资金、技术、管理等;外部资源包括银企关系、股票市场、债券市场、与其他企业的合同协议等。由于资源的不可分割性,集团总会存在未利用和未完全利用的资源,未利用资源还可分为可用于现有产业的和可用于其他产业的资源,这些都为集团的扩张提供了可能。同时,经营资源剩余也是企业进行规模扩张的约束边界。由于企业集团具有复杂的多法人主体和多重组织结构,更要求集团在利用并购等资本运营方式实现扩张时,充分了解自身冗余资源。

三、企业集团资本经营要充分考虑企业联合的特点

企业集团的多企业联合特征也使得集团的扩张可以以调整企业数量的形式进行,这是单体企业没有的,也是资本运营的一种主要形式。而且,企业集团的组建和发展包括了资本集聚式扩张、资本集中式扩张以及与高层次经营相对应的借助外力式扩张(如技术、契约、合同)。资本集聚式扩张是指单个企业集团通过将自身生产经营所获得的剩余价值不断转化为自身资本集聚下来,扩大企业集团规模的这样一个过程,这是比较传统的企业发展方式。资本集中式扩张是指企业集团通过一定手段将众多规模较小的资本联合起来,实现资本大融合的这样一个过程。一般情况下,资本集聚式扩张速度比较缓慢,而资本集中式扩张则可以快速地联结起企业集团所需要的资本,从而达到将企业做大、做强的目的。此外,就借助外力式扩张而言,一般来说,企业集团的核心层与紧密层、半紧密层需要用股份制扩张来形成与约束,对于松散层和一般关联企业,则依靠契约与合同方式扩张,这样形成一个内紧外松、相互配合又相对稳定的企业群体组织。

四、企业集团资本扩张要考虑核心企业的承受能力

核心企业的规模和资本实力直接制约着企业集团的状况。如果不注重核心企业的能力,盲目利用资本运营进行扩张,就会造成小马拉大车的情况,最终必然导致整个集团瘫痪。

 【案例8.2】[7]

马胜利的并购扩张

马胜利是我国第一个将承包引入国有企业的人。在承包石家庄造纸厂成功之后,他推出了一个在短期内兼并省外100家企业,组建"中国马胜利造纸企业集团"的宏伟计划,开始的3个月内就兼并了省内外36家企业。由于石家庄造纸厂的实力远没有达到能够在如此大的企业集团中起核心企业的作用,再加上要处理被兼并企业的种种难题,弄得马胜利力不从心。最终36家企业一一陷入经营惨淡的困境,马胜利当初的创业地石家庄造纸厂也因资不抵债而申请破产。

五、企业集团资本运营应当注意资本控制的层次限制

从资本层次体系的角度来说,母公司与各类子公司、孙公司的体系是由母公司对子公司的投资控股和子公司对孙公司的投资控股形成的。在这样一个层次体系中,子公

司采用各种方式的投入获得孙公司的股权后,可以通过进入孙公司的董事会对孙公司进行控制,但这一层次的控制作为企业集团的母公司而言是间接的,控制力度必然大大减小。以此类推,母公司无法对各孙公司的总体股本结构加以考虑,也无法直接下达指令让孙公司董事会接受母公司要求的资本利润率和负债比例等控制指标。因此,母公司应该对其投资的资本层次进行控制,以避免管理的失控和资本的流失。

母公司对下属子公司发展各自的子公司应当进行限制。从资本控制的角度讲,限制的方式是规定子公司的投资额上限、投资最高比例等。这种限制的出发点是控制子公司过分发展所属孙公司的行为,以免失去有效控制,或者说资本失去约束力。母公司的资本层次控制好了,可以有效地减少管理幅度,提高控制的效率。为了进行资本层次控制,可以将某一层级以下的子公司的股本结构进行调整,使其变为同级或高一级的子公司,如将孙公司以下级别的公司都变为孙公司甚至子公司。国家经贸委发布的研究报告指出,我国相当多的企业集团各业务之间缺乏有机联系,不利于核心竞争力的形成。企业集团内部重组,要把突出主业与抓住市场机会有机结合起来,通过专业化分工和社会化协作,综合运用多种方式加快核心竞争力的形成和发展,要优化组织结构,使集团管理层次控制在三层以内。

8.1.4　企业集团资本运营的内容

资本运营的内容以不同的分类标准有着不同的内涵:按资本运营的形态,可以将资本运营划分为实业资本运营、产权资本运营、金融资本运营和无形资本运营四种。按照资本运动的状态,资本运营的内容可分为存量资本运营和增量资本运营两种。按照资本运动的过程,可以将资本运营的内容划分为资本筹集、资本投资、资本运动与增值和资本收益分配四个环节[2][3][6]。(具体请扫二维码8.4。)企业集团资本运营的内容按资本运营目的划分,可分为资本扩张和资本收缩两个方面。其中,资本扩张主要包括并购、股份制改制与上市;资本收缩主要包括资产剥离、分立等[7]。

二维码8.4
企业集团资本
运营的内容

一、以资本扩张为目标的资本运营

资本扩张是投资者的普遍要求,只有资本扩张,才能使企业形成一定的规模、具有更强的生存能力,从而在市场中具备更多的竞争优势,获得良好快速的发展。资本扩张一般可通过两种方式实现:一是通过企业内部的自我积累;二是通过外部的并购与重组,其主要形式是并购。同时,基于我国的特殊情况,王化成提出了股份制改制与上市也是资本扩张的一个重要途径。

并购是企业实现资本扩张的主要方式,本章的第二节将详细地介绍并购的一系列内容。

股份制改制是将原有企业经过分立、合并等方式,对股权、资产和组合合理划分、重新组合设置,改组为股份有限公司或有限责任公司。股份制改制是资本运营的重要方式,控股方只要取得了控制权,实际上就取得了对所有参股资本的支配权,从而在事实上以自己的控股资本占有了其他的参股资本,使自己的资本得到了扩张。

股份制改制已经成为我国国有企业改革的重要内容。2006年12月,国资委发布《关于推进国有资本调整和国有企业重组的指导意见》,明确指出:加快国有企业的股份制改革,除了涉及国家安全的企业、必须由国家垄断经营的企业和专门从事国有资产经营管理的公司外,国有大型企业都要逐步改制成为多元股东的公司……大力推进改制上市,提高上市公司质量。积极支持资产或主营业务资产优良的企业实现整体上市,鼓励已经上市的国有控股公司通过增资扩股、收购资产等方式,把主营业务资产全部注入上市公司。股份制改制有利于企业增加筹资渠道,通过发行股票能够在短期内迅速为企业提供大量的长期资金,有利于改善企业资本结构,降低企业财务风险;同时,股份制改制还有利于减少内部管理层次,优化内部劳动组合,提高运营效率[7]。

　　国有企业改制上市模式是指按照国有企业改制的具体形式对被改制国有企业的改制内容进行程序设计的大体框架。一般来说,有六种模式[7]:原整体续存改组模式、并列分解改组模式、串联分解改组模式、合并整体改组模式、买壳上市改组模式、资产注入、资产置换改组模式。(具体请扫二维码8.5。)

二维码8.5
国有企业改制
上市的模式

二、以资本收缩为目标的资本运营

　　资本收缩是指将所控制的资产转移给可以对其进行更有利管理的所有者,收缩对其原有资产的控制权。资本收缩一般包括资产剥离、公司分拆、分立、股份回购四种形式[7]。

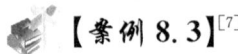

【案例 8.3】[7]

AT&T 的分拆

　　美国电话电报公司(AT&T)的分拆(分立)行动是上市公司运用收缩战略的典型案例。AT&T是美国第五大企业,也是美国最大的电信企业,按照股票市值计算的资产总值超过 1 010 亿美元,在全球 20 多个国家设有分公司。1995 年 9 月,该公司推出了"战略性重组计划",公司自我分解成三家相互独立的全球性公司,公司的业务也作出了相应的调整:现有的 AT&T 主营长途电话、移动电话及信用卡业务,年营业额达 490 亿美元;电信设备公司主营电信网络交换机、光纤电缆和公用电话系统等通信设备,年营业额达到 200 亿美元;环球资讯公司的业务调整方向是停产个人电脑,改为专门负责电脑运算业务,重点是开发金融、零售和通信行业的科技产品。AT&T 的分拆行动收到了三重效果:一是达到了公司"消肿"的目的,强化和协调了各部门、子公司之间的协作分工关系,提高了工作效率;二是实现了资产重组;三是有利于适应全球电话业联合作战的趋势,密切了与其他公司的合作。由于投资者对主业突出的上市公司的偏好,公司分拆一般会得到市场的普遍认同。AT&T 宣布"一分为三"的消息后,其股价迅速上涨了 11%。

　　资本收缩并非企业失败的标志;相反,与企业资本扩张战略一样,它也是一种重要的公司战略选择。一个公司通过剥离或分立不合适于公司长期战略、没有成长潜力或影响公司整体业务发展的子公司、部门或产品生产线,可以使自己更集中于某些经营重点,从而更具竞争力。与此同时,通过收缩还可以使公司所拥有的资产实现更为有效的配置,提高公司的资产质量和资本的市场价值[7]。

　　本书将按照此种分类,从资本扩张和资本收缩两方面来具体介绍企业集团的资本运营。

8.2　资本扩张—并购

　　并购是企业集团最常见的一种资本运营形式。诺贝尔经济学奖得主、著名的经济学家乔治·斯蒂格勒(George Stigler,1982)通过对美国兼并收购历史考察后指出:"每一个美国大公司都是通过某种程度、某种方式的兼并收购而成长起来的,几乎没有一家大公司主要是靠内部扩张成长起来的。"因此,并购成了企业集团实现快速扩张、迅速地实现集团战略发展目标的重要途径。

【案例 8.4】[8]

东航上航并购案

中国东方航空是我国三大航空运输集团之一,在进入 21 世纪最初几年,其经营不善,以致效益剧烈下滑,在 2008 年已经亏损 139.8 亿。上海航空公司为地方国有企业,从 2007 至 2008 年,连续两年亏损,当时,面临着退市的风险。于是 2008 年 12 月东航提出希望与上航并购重组。其并购过程分为三个阶段,2008 年 12 月到 2009 年 6 月两家公司正式公告并购重组为并购的准备阶段;2009 年 6 月到 12 月东航收购上航完成为并购的交易阶段;2010 年初到 2011 年 6 月东上两公司进行资源整合为并购的整合阶段。

新东航实现了价值增值,促进了我国航空运输业竞争结构的优化,新东航在文化、组织结构和市场竞争能力等方面都得到了提升,积极响应国家号召,推进了上海国际航运中心的建设。此外,东方航空是在亏损严重的情况下收购一家也是严重亏损的公司,这反映了其对自身竞争优势和发展潜力的信心,它对上市公司以及亏损企业间并购重组等具有较大的可参考性。

8.2.1　并购的概念

并购一词来源于英文 Merger and Acquisition(M&A),其中,Merger 一般是指合并、兼并,Acquisition 则是收购。企业并购概念通常有狭义和广义之分,狭义的并购概念是指我国《公司法》所定义的吸收合并与新设合并,而广义的并购西方学者通常用收购(Acquisition)或接管(takeover)来表述除了狭义并购以外的为取得控制权或重大影响的股权或资产的企业收购活动。具体如图 8.1 所示。

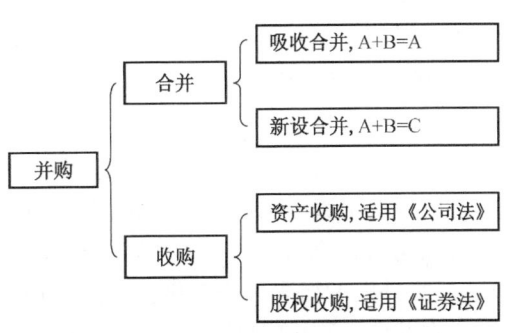

图 8.1　并购释义图

一、合并

合并可以分为吸收合并和新设合并:

(1) 吸收合并是指合并方 A 在合并中取得被合并方 B 的全部净资产,合并完成后注销被并方 B 的法人资格,被合并方 B 原来持有的资产和负债在合并完成后成为合并方 A 的资产和负债,合并方 A 在新的基础上继续经营。

【案例 8.5】[9]

美的集团吸收合并美的电器

2013 年 4 月 1 日,美的集团(股票代码:000333)通过换股方式吸收合并美的电器(股票代码:000527),美的集团为吸收合并方和吸收合并完成后的存续方,美的电器为被吸收合并方。美的集团的发行价格为 44.56 元/股,美的电器换股价格为 15.96 元/股,以该次吸收合并董事会决议公告日前

20个交易日的交易均价9.46元/股为基准,给予美的电器参与换股的股东68.71%的溢价确定,换股比例为0.358 2:1,即每1股美的电器股份可换取0.358 2股美的集团发行股份。该次吸收合并完成后,美的电器的法人资格注销,美的集团作为存续公司继承及承接美的电器的全部资产、负债、业务、人员、合同及其他一切权利及义务。

（2）新设合并,或称创立合并,是指两家或两家以上企业合并组成一个新的企业,参与合并的各企业在企业合并后法人资格均被注销不复存在。新注册成立的企业持有参与合并各企业的资产、负债在新的基础上经营。如A公司和B公司合并组成一个新的公司C,A和B均被注销。

二、收购

收购是指一家企业以产权交易方式来获得其他企业一定程度的控制权的经济行为。收购可以进一步分为资产收购和股权收购。资产收购是指一家公司以有偿对价取得另外一家公司的全部或部分资产的民事法律行为,收购方可以通过收购目标公司资产的方式,取得对目标公司的控制权。这种形式的收购适用于《公司法》。股权收购是指直接或间接购买目标公司部分或全部的股权,使目标公司成为收购者的投资事业,收购者需承受目标公司一切的权利与义务、资产与负债的收购行为[10]。我国2006年1月1日起实施的《证券法》第八十五条规定的:"投资者可以采取要约收购、协议收购及其他合法方式收购上市公司。"因此,购买股权的行为适用的是《证券法》。值得注意的是,这里的收购行为通常不是为了取得被并方的全部股权或资产,而是为了实施控制或重大影响。例如,2011年6月,中国建设银行通过收购太平洋安泰人寿保险公司51%的股权,成为其控股股东。

广义并购概念与狭义并购概念的主要区别在于:狭义的并购概念反映了公司实现资本集中的特定模式,其结果可能会形成一家新的经济实体;而广义的并购概念则涵盖了公司所有借助外力成长的模式,即利用其他公司现有的生产能力以扩张营运,其结果是被收购公司成为收购方的附属公司,没有新的经济实体的出现[11]。在资本运营过程中,广义并购的概念更为多见,因此我们把合并、兼并、收购统称为"并购"。

在并购过程中,通常,我们把主兼并或主收购的企业称为兼并企业、收购企业、主并企业、进攻企业、出价企业、标购企业或接管企业等;把被兼并或被收购的企业称为被兼并企业、被收购企业、目标企业、标的企业、被标购企业、被出价企业或被接管企业等[7]。

8.2.2 并购的动因理论分析

企业发起并购的动因各有不同,理论界对此有着许多不同的观点,国内外学者试图从不同角度和层面揭示企业进行并购背后的真正动因。大致可以分为效率理论、委托代理理论和税收优惠理论三大派别。

效率理论认为,并购活动产生的主要原因是并购后企业集团整体经营效率会得到大幅提高,从而获得良好的经济效益,实现双赢的局面。它包括协同效应理论、多元化经营理论和战略重组理论。协同效应是指并购双方通过合并使得两家企业的资源相互融合使用,整体盈利能力高于原先两家企业各自的盈利能力之和,即$1+1>2$。协同效应理论认为企业并购的动因主要是为了通过并购达到双方资源的共享以及能力和知识的转移来获取协同效应。协同效应理论可分为经营协同效应理论、财务协同效应理论和管理协同效应理论三个方面。多元化经营理论认为企业通过并购其他行业中的企业实行多样化的经营有助于分散管理者和其他雇员工作风险,保护组织资本和声誉资本以及有利于获得财务和税收方面的好处。战略重组理论认为,公司的战略重组强调时机选择问题,进行并购的主要动机是为了迅速获取外部企业的竞争优势,从而快速占领市场。除了以上三种理论外,学者们还提出了无效管理者替代理论、价值低估理论等。无效管理者替代理论本质上与管理协同效应相同,而价值低估理论的阐述也依赖于上述的效率理论。(具体请扫二维码 8.6。)

委托代理理论对企业并购动因的解释表现为以下四个方面[11]:一是并购可以降低代理成本。二是自由现金流量假说。三是管理主义动机。四是管理层自负假说。(具体请扫二维码 8.6。)

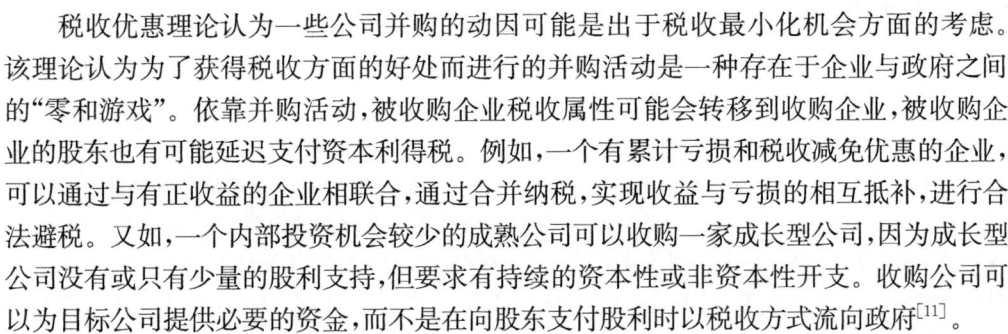

二维码 8.6
并购的动因
理论分析

税收优惠理论认为一些公司并购的动因可能是出于税收最小化机会方面的考虑。该理论认为为了获得税收方面的好处而进行的并购活动是一种存在于企业与政府之间的"零和游戏"。依靠并购活动,被收购企业税收属性可能会转移到收购企业,被收购企业的股东也有可能延迟支付资本利得税。例如,一个有累计亏损和税收减免优惠的企业,可以通过与有正收益的企业相联合,通过合并纳税,实现收益与亏损的相互抵补,进行合法避税。又如,一个内部投资机会较少的成熟公司可以收购一家成长型公司,因为成长型公司没有或只有少量的股利支持,但要求有持续的资本性或非资本性开支。收购公司可以为目标公司提供必要的资金,而不是在向股东支付股利时以税收方式流向政府[11]。

8.2.3　并购的类型

对于企业并购的分类,按照不同的分类标准,可以将企业并购行为分为不同的类型。

一、按照行业间的相互关系分类

按照并购企业与目标企业行业间的相互关系,企业并购可以分为横向并购、纵向并购和混合并购三种(请扫二维码 8.7)。

二、按并购支付方式分类

按并购支付方式的不同,并购可以分为出资购买资产式、出资购买股票式、以股票换取资产式和以股票换取股票式四种类型[11]。具体如表 8.2 所示。

二维码 8.7
并购的类型

表 8.2　各种并购支付方式一览表

	购买目标公司资产	购买目标公司股票
收购方以资产支付	购买方通过使用现金购买目标公司的财产,目标公司按购买法或权益合并法计算价值并入收购公司,主要适用于非上市公司的收购	收购方通过使用现金、债券等方式在股票市场上收购目标公司的股票以实现控制权,负有信息披露义务
收购方以股票支付	指收购方向目标公司发行自己的股票以换取目标公司的资产,目标公司需自我清算同时将并购公司股票分配给自己的股东,并购公司可优化目标方控制权结构,避免过于集中	收购方直接向目标公司股东发行收购公司发行的股票以交换目标公司的股票,交换的数量应至少达到收购公司能控制目标公司的足够表决权数

1. **出资购买资产式**

出资购买资产式是指并购公司使用现金购买目标公司全部或绝大部分资产以实现并购。在这种形式下,按购买法或权益合并法计算目标公司的价值,并入收购公司后目标公司原有法人地位及纳税户头消失。对于产权关系、债权债务清楚的公司,这种并购方式能做到交割清楚,没有后遗症或遗留纠纷,资产定价较为合理。这种并购方式主要适用于非上市公司。并购方的出资从现金支付的资金来源来看,既可以采取内源融资,又可以采取外源融资。内源融资是指企业通过销售商品或劳务获得的盈利资金,通常是指自由现金流或留存收益;外源融资是指从企业外部获得的资金,包括银行贷款、向公众发行债券或股票等[12]。

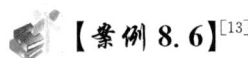 **【案例 8.6】**[13]

中国五矿收购澳大利亚 OZ 矿业

中国五矿集团公司成立于 1950 年,是以金属、矿产品的开发、生产、贸易和综合服务为主,兼营金融、房地产、物流业务,进行全球化经营的大型企业集团。2009 年 6 月 11 日,中国五矿集团宣布,其旗下的五矿有色金属股份有限公司收购澳大利亚 OZ Minerals 公司部分资产的交易取得成功。OZ Minerals 公司是澳大利亚大型矿业集团之一,并且是全球第二大锌矿开采商。中国五矿以 13.86 亿美元的价格收购 OZ Minerals 公司主要资产——车帮(Sepon)铜金矿、戈登格罗夫(Golden Grove)铜锌矿、世纪(Century)铅锌矿、罗斯贝里(Rosebery)铅锌矿、埃夫伯里(Avebury)镍矿区、杜尔加德河(Dugald River)锌铅银矿、艾卓克湖(IZOK Lake)锌铜矿以及其他处于勘探和开发阶段的资产。该次交易全部以现金方式完成。交易完成后,一家由中国五矿全资拥有的,在澳大利亚注册的新公司——Mineralsand Mining Group Limited("MMG"),将负责管理这些资产。

2. **出资购买股票式**

出资购买股票式并购是指并购公司使用现金、债券等方式购买目标公司一部分股票,以实现控制目标公司资产及经营权的目的。出资购买股票可以通过一级市场进行,也可以通过二级市场进行。随着证券市场的发展,出资购买股票式并购是一种简便易行的方法。但同时,这种方法亦受到信息披露原则的制约,当购进目标公司股份达到一定比例时,或达到该比例后持股情况再有变化都需要履行相关的信息披露义务,在持有目标公司股份达到相当比例时,更需要向目标公司股东发出公开收购要约。而通过发行债券的方式进行筹资并购,并购方极易承担巨大的债务负担,导致财务危机。

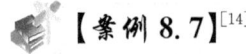 **【案例 8.7】**[14]

蒙牛乳业要约收购雅士利

2013 年 6 月 18 日,蒙牛乳业和雅士利联合宣布,蒙牛乳业向雅士利所有股东发出要约收购,并获得控股股东张氏国际投资有限公司和第二大股东凯雷亚洲基金全资子公司 CA Dairy Holdings 接受要约的不可撤销承诺,承诺出售合计约 75.3% 的股权。

根据股份要约,雅士利股东可选择行使两种方案:其一现金方案,以雅士利每股 3.5 港元作价;其二为"现金+股权"要约方案,即以雅士利每股 2.82 港元作价加 0.681 股中国蒙牛国际有限公司的股份的形式。其中,现金收购方案相对于在最后交易日在联交所报出的每股股份 3.2 港元收盘价大约溢价 9.4%。

根据蒙牛公告,雅士利大股东张氏国际接纳现金+股份方案,凯雷亚洲接受现金收购方案。根据股份要约,蒙牛收购张氏国际持有雅士利 51.3% 股份的总代价为 51.52 亿港元及 12.44 亿股股份,收购凯雷亚洲持有雅士利 24.0% 股份的总代价为 29.87 亿港元。

3. 以股票换取资产式

以股票换取资产式并购是指并购方向目标公司发行自己的股票以交换目标公司的大部分资产,同时在有选择的情况下承担目标公司的全部或部分债务责任。在这种方式的并购中,目标公司要承担两项义务:一是同意自我清算;二是把所有的并购公司的股票分配给自己的股东。这样,并购方可以防止新发的大量股份集中在极少数股东手中,对现有的控制权结构产生不利影响。

4. 以股票换取股票式

以股票换取股票式,即换股并购,是指并购方直接向目标公司股东发行自己公司的股票,以换取目标公司的大部分或全部股票以达到控制目标公司的目的。一般而言,交换的股票数量应至少达到并购公司能控制目标公司的足够表决权数。通过这种方式并购,目标公司或者成为并购公司的子公司,或者通过解散并入并购公司。但无论如何,目标公司的资产都会在收购公司的直接控制之下。

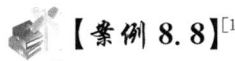

【案例 8.8】[15]

中国铝业换股吸收合并兰州铝业

2007 年 2 月,中国铝业以新增 A 股股份换股吸收合并兰州铝业,中国铝业换股价格为 6.60 元/股,兰州铝业 A 股流通股换股价格为 11.88 元/股,换股比例为 6.6∶11.88=1∶1.8,即每一股兰州铝业 A 股流通股获付 1.8 股中国铝业股份;兰州铝业 A 股非流通股换股价格为 6.6 元/股,换股比例为 6.6∶6.6=1∶1,即每一股兰州铝业 A 股非流通股获付 1 股中国铝业股份。换股完成后,兰州铝业将终止上市并注销,成为中国铝业持股 100% 的子公司,以中国铝业为合并完成后存续公司,中国铝业新增 A 股股份于 2007 年 4 月 30 日在上海证券交易所上市。

三、按收购目标公司股份是否经过公开市场分类

目前,我国现行的并购按照是否通过证券交易所内的股票集中竞价交易或大宗股权交易等公开市场操作可分为协议收购和集中竞价收购。

1. 协议收购

协议收购是指并购方与被并方通过谈判达成股权转让的协议,这一股权转让又导致公司控股权转移的情况[16]。我国现行的协议收购通常是收购方不通过在证券交易所内的股票集中竞价交易或大宗股权交易,而是在证券交易所之外,与股权出让方就股份转让数量、转让价格、付款方式、交割时间及过户手续等因素达成一致,通过签订股权转让协议的方式受让其所持有的目标公司国有股或社会法人股,以取得目标公司控制权。协议收购是我国公司上市后并购的主要形式,一般也是善意收购的形式,容易获得被并购企业的支持和同意,从而降低并购的成本和风险,但协商过程中的成本往往较高。

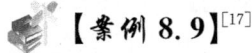

【案例 8.9】[17]

中国重汽协议收购小鸭电器

山东小鸭电器股份有限公司成立于 1998 年 9 月 28 日,于 1999 年 11 月 25 日在深圳证券交易所

上市交易。小鸭电器上市后，家电行业日趋成熟，竞争日益激烈，出现了亏损，面临退市的可能。经山东省和济南市政府有关部门商议，同意由中国重汽对小鸭电器进行协议收购，小鸭电器与中国重汽进行资产置换，将家电类获利能力弱的整体资产（包括全部资产和大部分负债）置出，同时置入重型汽车整车生产及销售类优质资产。

2003年9月22日中国重汽与小鸭电器的控股股东山东小鸭电器集团有限公司签订了《股份转让协议》，中国重汽以现金收购小鸭集团持有的小鸭电器国家股120 590 000股，占小鸭电器总股本的47.48%，取得了小鸭电器的控制权。中国重汽重组小鸭电器进入证券市场，不仅可以在证券市场募集资金，还挽救了小鸭电器的退市危机，实现双方共赢。

2. 集中竞价收购

集中竞价收购是指通过在股票二级市场购买上市公司的流通股股票的方法获得上市公司控制权的方式。之所以叫集中竞价，是因为二级市场股票交易的方式是集中竞价方式。如果说协议收购往往意味着并购双方的友好协商，那么，集中竞价就常常是收购方对被并公司出其不意的袭击。因此，如果可以将前者称为善意的收购，那么后者就可能是敌意收购。确实，一般的敌意收购都是从二级市场开始出击，但是，我们不能说所有的通过集中竞价方式进行的并购都是敌意并购。

有一种与集中竞价方式紧密相连的收购方式是标购。标购是指收购人确定收购目标后直接在市场中提出对流通股的收购数量和价格，以达到控制目标公司的目的。标购的出价通常比市场当时的交易价格要高，这样才能吸引股东将股份卖给出价人。标购与集中竞价的区别是：前者是公开向市场出价，征求目标公司股票的出售者；后者是在市场中随行就市，按当前价买入目标公司的股票，通常是秘密的，至少是人们事先并不知晓的。标购通常发生在与第三者争夺股权或对目标公司进行敌意收购时。通常集中竞价收购是序幕，尽可能在不为人知的情况下购买更多目标公司股份，以降低收购成本，一旦目的暴露，就提出标购，如包玉刚收购会德丰案。

标购与协议收购也有联系，一般的协议收购可以看成是出价人向特定的股东（持有国有股或法人股的大股东）提出收购的数量与价格，并被对方所接受的结果。当然，这里与一般的标购不同，不是一方出价，对手接受或者不接受，而是双方不断互动，最后形成协议。

3. 要约收购

严格地说只有协议收购和集中竞价收购两种收购方式。但是，根据2014年11月23日生效的《上市公司收购管理办法》的规定，无论协议收购还是集中竞价收购，当收购方持有的上市公司股份达到该公司已发行股份的30%时，继续增持股份的，应当采用要约方式进行，发出全面要约或部分要约。

要约收购是指收购人以收购要约人的身份，向目标公司全体股东发出收购要约，表明将以一定的价格在某一有效期内买入全部或一定比例的目标公司股票的意思而进行的收购[18]。要约收购包括部分自愿要约和全面强制要约两种类型。（具体请扫二维码8.8。）

二维码8.8
部分自愿要约和
全面强制要约

要约收购的实质是保护上市公司原股东。要约收购可以防止收购方私下与大股东交易，以较高的价格从大股东手中买走股票，获得公司的控制权，剥夺小股东获得股票溢价的机会。小股东如果认为可以获得很高的溢价，他可以有机会出售手中的股票；如果认为公司控股方的变化会使公司未来的业绩下滑、股价下跌,也可以有机会逃脱。因此,它对小股东的保护特别明显。

在这种形式下,收购方直接在市场上收购股权,不需要事先获得目标公司董事会同意,因此被认为是敌意并购。在发生敌意并购时,被并购方通常会采取一系列的反并购举措来对抗并购方的敌意并购,如收购发行在外的股票或发行新股分散股权。

【案例 8.10】[19]

南京钢铁股份有限公司要约收购

(请扫二维码 8.9。)

二维码 8.9
南京钢铁股份有限
公司要约收购

要约收购的规定增加了收购方的并购难度,使收购需要更多的资金,大大增加了收购的成本。《上市公司收购管理办法》针对这一问题,给出了具体的豁免条件。(具体请扫二维码 8.10。)除对收购财务困难公司可以给予豁免的优惠外,凡是主动要收购、控制被并公司的,都不能豁免,都要履行要约收购义务。

二维码 8.10
要约收购的豁免条件

四、根据收购企业的资金来源分类

1. 杠杆收购

杠杆收购(leveraged buy-out,LBO)是指收购企业主要利用被收购方未来的资产经营收入来支付并购金或以此作为担保的一种收购行为。在这种收购形式下,并购方只需支付较少的流动资金,一般仅占收购总价格的 10%～15%,这也使一些规模较大的企业被列入收购目标。

【案例 8.11】[19]

太平洋联合集团(PAG)杠杆收购好孩子集团

(请扫二维码 8.11。)

二维码 8.11
太平洋联合
集团(PAG)杠杆
收购好孩子集团

在杠杆收购中,收购方除投资非常有限的金额(自有资金)外,不负担进一步投资的义务贷出绝大部分并购资金的债权人,只能向目标公司求偿,而无法向真正的借款方——收购公司求偿。事实上,债权人往往在被收购公司资产上设有担保,以确保优先受偿地位。

2. 非杠杆收购

非杠杆收购是指收购方不以目标企业未来的资产经营收入来支付并购金或担保支付收购价款的一种收购行为,但这并不意味着收购方不通过借款形式就可以承担收购价款,事实上,绝大部分收购都是通过负债形式实现的,在企业并购初期大多数企业采取非杠杆收购。

五、按照并购双方是否友好协商划分

1. 善意并购

善意并购又称友好并购,是指并购方事先与目标企业协商征得其同意,通过对购买条件、购买价格、支付方式、收购后企业的地位以及人员安排等一系列并购条件的磋商同时达成一致意见,进而签订收购要约的行为。善意收购一般具有主动性、协商性和互利性,比较容易并购成功。

2. 敌意并购

敌意并购是指并购方事先不与目标企业协商,突然直接向目标企业股东发出收购要约,或者在收购目标企业股权时,即使遭到目标企业股东反对也依然进行收购的活动。在这种情况下,并购双方会展开一系列的攻防策略,强烈的对抗性是这一并购的最大的特点,如宝能系收购万科。目标公司的资产质量优良,股份的自由流动性高并且流通股权较分散的话,很容易成为敌意并购的对象。

六、其他特殊的公司并购形式[11]

二维码 8.12
承担债务式并购和
无偿划拨式并购

除了以上划分标准外,并购方式还有承担债务式并购和无偿划拨式并购。(具体请扫二维码8.12。)

8.2.4 企业并购的一般步骤

企业并购是一项纷繁复杂的运作过程,并购的成功实施离不开各个阶段的完美配合。一次成功的并购必然要经过一系列完整的流程,并购企业通过制定恰当的并购战略,选择合适的并购目标,组建有效的并购小组,聘请各方中介对并购目标进行良好的尽职调查,评估并购的各项风险和价值,制定系统的并购方案,进行良好的双方谈判达成一致的并购意见,签署并购协议并完成目标公司的交割和整合,最终完成一项成功的并购。如表8.3所示,一般来说,企业并购会经历以下几个步骤。

表 8.3 并购的一般步骤

阶段	步骤
前期准备	制定并购战略 筛选并购目标
方案设计	根据评价结果、限定条件(最高支付成本,支付方式等)及目标企业意图,进行尽职调查并设计出数种并购方案,确定并购范围(资产,债务,契约,客户等)考虑并购程序,支付方式,融资方式,税务安排,会计处理等
谈判签约	确定具体的并购方案 制成收购建议书或意向书,作为与收购目标方的谈判基础 谈判签约或重回并购起点
交割与整合	进行产权交割,并自业务、人员、技术等方面对企业进行整合

二维码 8.13
企业并购的
一般步骤

(具体请扫二维码8.13。)

8.2.5 尽职调查

一、尽职调查的概念及作用

尽职调查是并购交易实务中的一个重要环节。尽职调查(due diligence)也称审慎性调查,是指在公司收购过程中,调查机构对目标公司的财务情况、商务技术状况、法律状况、经营管理状况等各方面的风险和价值进行调查,并提供专业意见和建议的活动[20]。尽职调查概念来自英美法。最早是用于对证券市场上投资人(股东)的保护,后来被移植到企业并购等交易中来。根据美国《1933 年证券法》关于尽职调查的规定,如果证券承销商没有进行尽职调查,尽到合理审慎义务,作出了虚假或者不符合事实的陈述,则有可能要对第三人(投资者)承担民事损害赔偿责任。而在并购交易中,如果并购方没有进行或没有做好尽职调查,则要自己承担未彻底了解企业状况所产生的风险。按照英美并购交易的法律实践,如果没有对企业状况的特别担保,出卖人只有义务交付一个符合"所看到的"或者"所检查的"情形的企业,从而迫使购买人在购买企业之前采取相应的调查措施以避免遭受损害。到目前为止,尽职调查这项操作已经广泛地应用在世界各地的并购交易实践中[10]。

对目标公司进行尽职调查具有重要作用:

首先,尽职调查的结果可能与目标公司预先提供的资料所反映的情况相吻合,也可能不一致,通过并购前的尽职调查可以详细了解目标公司各方面的情况,发现潜在的漏洞和重大问题,降低和避免并购风险。

其次,通过专业人员的调查和提供的尽职调查报告以及相关的建议,为并购方案的最终制定与修改、合同条款的确定、并购价格的商定、支付方式的选择等提供依据。

最后,尽职调查的结果文件是资本运营实施者最终决策的重要依据,一份完整详尽的尽职调查报告能够帮助决策人最后作出肯定或否定的决定。

因此,为了确保并购活动的顺利实施,在实施并购之前对目标公司进行必要的尽职调查是非常关键的一步。有效的尽职调查不仅能减少或避免并购可能带来的风险,而且还能为协商交易条件和确定并购价格提供依据。

二、尽职调查的主体

在并购活动中,尽职调查可能涉及收购方和被收购方两个方面。因此,根据执行主体的不同,可以将尽职调查分为由收购方进行的尽职调查和由被收购方进行的尽职调查[10]。

这两种尽职调查的区别除了执行主体不同以外,并购双方尽职调查的最终目的也不同。就收购方而言,主要是为了解并购风险,借以制定防范风险的措施,以及估计收购价格。就被并购方而言,一方面,被收购方为了了解自身企业的现状,由此自觉地控制向收购方提交信息的进度、内容及形式,但有时被收购方也会对自己的企业加以修饰,提高出售价格;另一方面,被收购方还可能对收购方进行尽职调查,以确定是否接受收购方的收购请求[20]。

三、尽职调查的内容

尽职调查的具体内容如表 8.4 所示。

表 8.4　尽职调查的具体内容

主要方面	具体内容
企业经营的历史、现状与发展潜力方面	1. 目标公司概况调查 2. 市场环境调查 3. 竞争环境调查 4. 经营状况调查 5. 商业计划分析

(续表)

主要方面	具 体 内 容
财务、税务等方面	1. 从财务报表中，了解资产负债表、损益表、现金流量表或财务状况变动表、附表、附注和审计报告，查看科目明细及清单 2. 税务调查主要调查目标公司的国家及地方税务证、税务账目的明细账、税务机关的税务审查报告、税收减免或优惠的相关证明等
法律方面	1. 主要财产和财产权利情况 2. 公司规章制度 3. 人员状况 4. 是否承担或有负债及其风险
股东和经营团队方面	1. 股东和经营团队个人信用状况、学识、经验和行事作风等 2. 企业经理的前瞻性、管理组织能力、信用水平等 3. 整个高层管理团队的情况

二维码 8.14
尽职调查的内容

如上表所示，尽职调查包括了一系列与并购活动密切相关的内容[21]。（具体请扫二维码 8.14。）

四、尽职调查的评判标准[20]

尽职调查的标准不是完全客观的，但其认定需要遵循一定的标准，何以"尽职"，站在不同主体的立场是不同的，在不同的具体情境下也是不同的。从理论上来说，尽职标准可以从实体和程序两个方面判断。从实体上看，是否有损害发生，损害的发生是否是没有进行尽职调查或者尽职调查不适合所引起的，尽职调查的主体是否负有法定或者约定义务尽职调查，能够保证该损害不会发生。从程序上看，调查主体是否遵循了业界一般人应当遵循的程序进行了调查，程序或者源于法律规定，或者源于约定义务。以上两方面即是从理论上来判断尽职与否的关键。

而就法律上而言，尽职调查的法定标准目前在我国基本处于缺失状态，个别规定散见于部门规章中。例如，《上市公司收购管理办法》第六条规定了收购人的主体资格问题，有下列情形之一的，不得收购上市公司：①收购人负有数额较大债务，到期未清偿，且处于持续状态；②收购人最近 3 年有重大违法行为或者涉嫌有重大违法行为；③收购人最近 3 年有严重的证券市场失信行为；④收购人为自然人的，存在《公司法》第一百四十六条规定情形；⑤法律、行政法规规定以及中国证监会认定的不得收购上市公司的其他情形。如果被收购企业的董事在进行尽职调查时应该查出收购人不符合第六条的规定而没有查出，此时就可以认为被收购企业的董事没有尽到尽职义务，将因自己的过失对企业负相应的责任。

8.2.6　目标公司并购估值

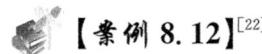**【案例 8.12】**[22]

二维码 8.15
"最昂贵的并购"
——上海莱士
并购邦和药业

最昂贵的并购——上海莱士并购邦和药业

（请扫二维码 8.15。）

一直以来，目标公司的估值问题在公司的并购行为中占据着核心地位。尽管并购的动因不尽相同,但在收购方报价之前,对目标公司进行准确且合理的估价却是必不可少的关键一环,可以说能否确定合理的收购价格影响着并购的成败与否。就上市公司而言,并购中需要确定的交易价格的实质是确定目标公司股票的内在价值,如果是采用换股的方式实现的并购就需要确定并购双方股票的内在价值。内在价值是公司资产未来预期现金流的现值,是一个客观存在、动态变化的价值,主要取决于公司资产负债表以外的价值驱动因素。实际上,并不存在一个能够精确计算公司内在价值的公式,也没有人能准确得到一家公司真实的内在价值。人们往往通过各种具体估价方法和模型来衡量内在价值。

一、估值的方法和模型

1. 现金流量折现法

现金流量折现法(discount cash flow model,DCF),是通过估算目标企业未来预期的现金流量,再用某个选定的折现率将未来预期的每一期现金流量折为现值,从而对目标企业进行估值的一种方法。从理论上来看,现金流量折现法较为科学和成熟,在实务中也被广泛地采用,1998 年的奔驰与克莱斯勒的合并案[23]、1999 年的福特收购沃尔沃案[24]和2012 年的大华农收购佛山正典生物技术有限公司的收购案[25]都是采用这种方法。

现金流量折现法基本估值公式为:

$$V = \sum_{t=1}^{n} \frac{CF_t}{(1+r)^t} \tag{8.1}$$

其中:V 为目标企业价值;

CF_t(Cash Flow)为预期的目标企业第 t 年的现金流量;

r 为折现率;

n 为折现期。

并购中现金流量折现方法通常有三种:第一种是以企业分配给股权投资人的现金流量即股利现金流量为折现对象,以股权资本成本为折现率的估值模型;第二种是以股权资本现金流为折现对象,以股权资本要求的收益率为折现率的估值模型,其评估结果就是公司股权的折现价值,如果把股权现金流量全部作为股利分配,则两种模型相同;第三种是以全资本现金流为折现对象,以加权平均资本成本(WACC)为折现率的估值模型,为了最终得到股权价值,要从这一评估结果中减去付息债务的价值。在数据假设相同的情况下,三种模型的评估结果是相同的。由于股利分配政策有较大变动,股利现金流量很难预计,而且中国的上市公司很少发放现金股利,所以股利现金流量模型在实务中很少被使用。如果企业不保留多余的现金,而将股权现金全部作为股利发放,则股权现金流量等于股利现金流量,股权现金流量模型可以取代股利现金流量模型,避免了对股利政策进行估计的麻烦。因此,大多数的企业估值使用股权现金流量模型或全资本现金流量模型[26]。

在使用现金流量折现法时,需要考虑两个重要因素:一是对企业未来收入流的预测;二是折现率的选择。

1) 未来收入流的预测

企业的寿命是不确定的,通常采用持续经营假设,即假设企业将无限期地持续下去,预测无限期的现金流量数据是很困难的,时间越长,远期的预测越不可靠。为了避免预测无限期的现金流量,一般将预测时间分为两个阶段。第一阶段是有限的、明确的预测期,一般称"预测期",在此期间需要对每年的现金流量进行详细预测,并根据现金流量模型计算其预测期价值;第二阶段是预测期以后的无限时期,称"后续期"或"永续期"。

(1)"预测期"收入流的测算。企业收入流可以采用自由现金流量。自由现金流量是指公司收入在做了各项扣除之后,公司股东可以完全支配的现金流。简单地说,它等于企业税后利润加上折旧减去企业的新投资。如果一家企业的税后利润是 3 200 万元,折旧额是 500 万元,企业新投资时 700 万元,则该企业的自由现金流量为:

$$FCF = 3\,200 + 500 - 700 = 3\,000(万元)$$

当然,收入不仅可以使用自由现金流量,也可以用分析时定义的其他收入。需要说明的是,在对目标企业未来现金流量的判断上,着眼的不是目标企业的"独立自由现金流量"(即如果不实施并购的话,目标企业未来的自由现金流量),而是其"增量自由现金流量"(并购整合后较之并购前给并购方带来的自由现金净流量增量)。用公式表示为:

$$FCF = FCF_{ab} - FCF_a = FCF_b + \Delta FCF \tag{8.2}$$

其中:FCF 为目标企业增量自由现金流量;

$\quad\quad FCF_a$ 为并购前并购方独立的自由现金流量;

$\quad\quad FCF_b$ 为并购前目标企业独立的自由现金流量;

$\quad\quad FCF_{ab}$ 为并购后并购方与目标企业的自由现金流量总额;

$\quad\quad \Delta FCF$ 为并购的协同效应产生的增量现金流量。

由此可见,测算目标公司的增量自由现金流量的方法有两种:一是倒挤法,即 $FCF_{ab} - FCF_a$,一般在吸收合并的情况下使用,由于目标公司不复存在,所以从并购方的视角来估算目标公司的价值;二是相加法,即 $FCF_b + \Delta FCF$,一般在收购的情况下使用,由于目标公司独立存在,仍旧可以站在目标公司的角度来估值,但是应充分考虑并购方对目标公司采取"重组"措施而产生的效应,预测未来各年彼此间资源整合所产生的协同效应。

(2)"永续期"收入流的测算。由于预测时间越久准确性就越差,因此行业惯例及相关的法规决定了并购目标公司"预测期"收入流的预测期限一般为 5～10 年。在此之后的"永续期"收入流的预测一般建立在假设的基础之上,即假定"预测期"最后一年的收入流保持不变或按一个固定的比率增长。"永续期"收入流的现值在企业总折现值中通常占有超过 60% 的比例,因此估算时需十分严谨。

竞争均衡理论认为,一个企业不可能永远以高于宏观经济增长的速度发展下去。如果这样,它迟早会超过宏观经济总规模。竞争均衡理论得到了实证研究的有力支持,各企业收入流的增长率往往趋于恢复到正常水平。拥有高于或低于正常水平的企业,通常在 3～10 年中恢复到正常水平[26]。因此,实务中"预测期"通常为 5～10 年,企业增长的不稳定时期有多长,"预测期"就应有多长,"预测期"结束后即为"永续期"。判断企业进入"永续期"稳定状态的主要标志有两个:第一,具有稳定的销售增长率,它大约等于宏观经济的名义增长率;第二,具有稳定的投资资本回报率,它与资本成本接近。

【例8.1】 A公司计划于2017年对B公司进行并购,考虑协同因素后,B公司的自由现金流量预计在前5年处于高速增长阶段,2018年、2019年的增长率均为14%,2020年开始逐步下降,2020年、2021年、2022年每年下降2个百分点,2023下降1个百分点,即增长率为7%,2024年及以后各年均按7%的比率持续增长,如表8.5所示:

表8.5　B公司现金流量增长率

年份	2018	2019	2020	2021	2022	2023	2024	2025	⋯
增长率	14%	14%	12%	10%	8%	7%	7%	7%	7%

在此情况下,"预测期"是2018年至2022年,"永续期"是2023年至以后所有年度。

2)折现率的选择

在确定企业未来收入流之后,还必须确定合理的折现率,这样才能通过现金流量折现法进行估值。折现率的选择是个关键,折现率越高,现值越小,反之则反。折现率的选择应当基于对公司风险的判断,经营风险越高,选择的折现率也应当越高。但无论如何,折现率不应低于公司的加权平均资本成本(WACC)。如果以公司的加权平均资本成本作为折现率对未来收入流进行折现,即意味着由此得到的现值至少是公司盈利可以抵偿资本成本时的现值;如果现值大于公司的投资额或收购额,则这一投资或收购大体上是可行的。

在实践中,折现率的确定有三种方式:一是财务顾问聘请职业评估师进行估计;二是财务顾问自行估计;三是由评估对象公司的管理层进行估计。当然,财务顾问也可以通过参考职业评估师和管理层的估计结果,来修改自行评估得出的结果,即将以上几种方法综合运用[16]。

【例8.2】 假定2010年士兰公司成为一并购的目标公司,预计该公司各年的财务数据如表8.6所示。公司的营业收入在2011—2015年间每年增长10%,公司的税前利润占营业收入的6%,追加固定资产投资的增长率为8%,追加流动资金的增长率为4%,收购方的加权平均资本成本为10%,企业所得税税率为25%,每年折旧的增长率为8%。5年后不用再追加固定资产和流动资金,第6年起每年的营业收入同第5年,折旧也同第5年。

表8.6　士兰公司2011—2016年预期财务数据　　　　　单位:万元

	2011年	2012年	2013年	2014年	2015年	2016年
营业收入	5 676.00	6 243.60	6 867.96	7 554.76	8 310.23	8 310.23
税前利润	340.56	374.62	412.08	453.29	498.61	498.61
企业所得税	85.14	93.65	103.02	113.32	124.65	124.65
税后利润	255.42	280.96	309.06	339.96	373.96	373.96
折旧	116.52	125.84	135.91	146.78	158.52	158.52
追加固定资产投资	85.14	91.95	99.31	107.25	115.83	0.00
追加流动资金	28.38	29.52	30.70	31.92	33.20	0.00
自由现金流量	258.42	285.34	314.96	347.57	383.45	532.48

第一步:计算2011—2015年自由现金流量现值,即预测期收入流的折现:

$$V_1 = \frac{258.42}{1+10\%} + \frac{285.34}{(1+10\%)^2} + \frac{314.96}{(1+10\%)^3} + \frac{347.57}{(1+10\%)^4} + \frac{383.45}{(1+10\%)^5}$$

$$= 234.93 + 235.82 + 236.63 + 237.39 + 238.09$$

$$= 1\,182.86(万元)$$

第二步:计算士兰公司自第 6 年起的以后各年自由现金流量的现值,即永续期收入流的折现:

$$V_2 = \frac{532.48}{10\%} \times \frac{1}{(1+10\%)^5} = 3\,306.28(万元)$$

第三步:将第一步和第二部的结果相加,得到的就是士兰公司的自由现金流量现值:

$$V = V_1 + V_2 = 1\,182.86 + 3\,306.28$$

$$= 4\,489.14(万元)$$

如果没有其他的资产需要调整,需要减去的只有士兰公司的付息债务。如果付息债务是 2 000 万元,则士兰公司价值就是 2 489.14 万元。如果收购价格是 2 100 万元,则收购方就有 389.14 万元的收购溢价。

2. 市盈率法

市盈率法是一种根据公司收益评估公司价值的方法,是公司评估收益法的一种。市盈率法的基本原理是在预测公司收益的基础上,根据一定市盈率来评估企业的价值,其计算公式为:

$$目标公司价值 = 目标公司预期收益 \times 市盈率 \tag{8.3}$$

对目标公司收益的初步预测通常是由目标公司管理层在商业计划书中作出,但这种预测是建立在通过一系列预测假设得出的企业业务计划的基础上,因此并购方通常需要对盈利预测进行审核。一般而言,预期收益往往以目标企业最近一年的税后利润为基础。为了消除每年利润波动的影响,也可以用目标企业最近几年税后利润的平均值。同时,预测每年收益时不仅要基于目标公司目前的盈利水平,也要考虑并购后的整合效应,如果目标企业能在收购方有效的管理下提高经营效率,那么更乐观的税后利润预期对企业并购决策更具有指导意义。

市盈率(price-earnings ratio,P/E)是指普通股每股市价与每股收益的比值,如果 P 为股价,E 为每股收益,市盈率则等于 P/E。在选择市盈率时一般遵循下列原则:①根据一家或多家具有相似的发展前景和风险特征的公司为参照,不同的发展前景与风险水平可能导致全然不同的市盈率,选择类似的公司可以增强可比性,增强估值的有效性;②考虑并购方自身的市盈率,这是因为并购整合后的目标企业可能会得到与并购方相同或相近的市场评价,从而获得与并购方相同的市盈率,因此需要将并购方自身的市盈率合理考虑在内;③以最近 10 个或 20 个交易日的市盈率进行加权平均,考虑到股票市场会受到无效性因素的干扰影响,个别股票市盈率可能会有一些非正常的异动,这种情况下加权平均可以减少市盈率大幅波动引起的标准异常,合理保证市盈率的有效性。

【例 8.3】[16] 假定有一家主要生产沐浴露的甲公司,准备收购另一家主要生产肥皂的乙公司。两家合并后可以由更多种类的产品和更大的市场份额,通过机构整合和人员精简,可以较大幅度地降低管理费用和销售成本,从而获得更多的协同效应。乙公司作为目标公司,它在并购当年预期的利润表和资产负债表如表 8.7、表 8.8 所示。

表 8.7　目标公司并购当年预期利润表　　　　单位:万元

营业额	45 000
减:销售成本	(41 400)
毛利润	3 600
减:管理费用	(2 250)
附属公司亏损	(150)
经营利润	1 200
减:应付利息	(300)
利润总额	900
减:企业所得税(税率为 25%)	(225)
税后利润	675

表 8.8　目标公司并购当年预期的资产负债表　　　　单位:万元

流动资产	6 900	流动负债	5 400
股票	3 600	短期借款	4 800
债权	3 300	应付账款	600
非流动资产	9 900	非流动负债	2 700
厂房	5 000	长期借款	2 700
总部办公楼	1 800		
机器设备	2 200	所有者权益	8 700
对附属公司的投资	900		
总资产	16 800	负债及所有者权益	16 800

上述两表中的数据是收购方根据目标公司以往的财务报表和并购前公司管理层对目标公司的计划测算出来的。收购方认为通过收购可以提高目标公司的销售量和销售额,预计目标公司的每年收入增长率为 8%,并购可以降低目标公司的销售成本,预计目标公司并购后毛利率为 9%,而目前的毛利率为 8%,收购方在收购后准备以账面价值出售亏损的附属企业,出售目标公司的总部办公楼。收购前目标公司的未来市盈率为 10,其直接竞争对手的平均市盈率为 12,行业平均市盈率为 9。收购方在仔细权衡后认为,目标公司的风险和增长前景比行业内一般水平的公司要好。收购方还自信收购后,有能力将其业绩提高到竞争对手的水平,因此选择的市盈率为 12。为达预期的收益水平,收购方估计要投资兴建新产品陈列室和新的仓储控制系统,这需要投资 2 700 万元。为提高销售额要增加 600 万元流动资金,因此需要新增投资 3 300 万元。表 8.9 为在收购方的管理下,目标公司预期的利润表。

表 8.9　目标公司并购前后预期利润表　　　　　　单位:万元

	并购前预期值	并购后的预期值
营业额	45 000	48 600
减:销售成本	(41 400)	(44 226)
毛利润	3 600	4 374
减:管理费用	(2 250)	(2 430)
附属公司亏损	(150)	0
经营利润	1 200	1 944
减:应付利息	(300)	(300)
企业所得税(25%)	(225)	(411)
普通股股东收益	675	1 233

　　收购方在预期收益的基础上运用市盈率法对目标公司的价值进行了评估,其内容如表 8.10 所示。

表 8.10　目标公司估值的过程与结果　　　　　　单位:万元

未来收益:1 233×12	14 796
加上:出售附属公司	900
出售目标公司总部办公楼	1 800
减去:新增固定资产	(2 700)
新增流动资金	(600)
目标公司的价值	14 196

　　目标公司的收购前价值为 6 750 万元,即收购前预期收益 675 万元乘以 10 倍的市盈率。因此从收购方的观点看,此次收购的潜在增值为 7 446 万元。收购方只要将支付的收购溢价控制在这个金额以内,就可以从收购中获益。

　　3. 市场比较法[16]

　　市场比较法也称相对价值法或同类公司参照法,它是利用一组与目标公司相同或相似的企业或类似并购交易的实际价格为基础对并购中的公司进行估价的方法,一般可包括可比公司法、可比交易法和可比行业法。

　　(1)可比公司法。这一方法很简明,就是寻找与目标公司极为相似或相近的公司,以这些相似或相近公司的股票市值来估计目标公司的价值。这一方法虽然看似简单,但很有用。在实际的并购过程中,并购中介在征求收购方公司股东对并购的意见时常常采用根据这种方法提出的收购价格来说服股东同意它们提出的并购方案。由于这一方法通常被认为比其他方法确定的并购价格更公平,所以在法律诉讼中亦有广泛运用。

使用这种方法的难点在于在现实中其实很难找到完全一样的公司。而看起来差不多的公司可比性很可能并没有那么好,或者在不同时期的业绩表现可能很不同。因此,该方法得出的并购价格只具有一般的参考意义。

(2) 可比交易法。这是一个十分类似于可比公司法的方法。它的基本做法是:首先,计算近期发生的类似并购交易的一系列比率,比如,目标公司的收购价格与收益比(市盈率)、收购价格与销售收入比(市销率)、收购价格与现金流比、收购价格与账面价值比等。其次,将拟收购的目标公司的收益、销售收入、现金流和账面价值乘以这些比率,以此来估计目标公司的市场价值。

这个方法也是一个比较简单的方法,但是运用它有两个难点:一是计算这些比率得出的结果可能差异很大,难以取舍。二是如何选择近期的相似交易仍然是一件很有难度的事情。

(3) 可比行业法。这一方法是从上述两种方法发展出来的。在可比公司方法和可比交易方法中,如何选择合适的可对比的公司和具体的可比较的交易案例是一件很困难的事情。为了提高准确性,更有说服力,可以使用可比行业法。此时的估计方法是:首先,寻找影响企业价值的关键变量(如净利润、销售收入、现金流或账面价值)。其次,估计目标公司所在行业的公司市值与这些关键变量的平均比值。再次,用目标公司的关键变量(净利润、销售收入、现金流和账面价值)乘以相应的比率,得出目标公司的估计价值。最后,将根据不同关键变量得到的目标公司估计价值进行加权平均。

【例 8.4】[11]　假定需要对目标公司甲公司的价值进行评估,财务人员认为,影响甲公司股票市场价值的主要因素是销售收入、股东权益和净利润。财务人员发现,同行业中存在三个代表性的公司:A、B、C 公司,其相关情况如表 8.11 所示。

表 8.11　A、B、C 公司的基本情况

估价指标	A 公司	B 公司	C 公司	平均
市销率(市场价值/销售额)	1.4	1.2	0.7	1.1
市净率(市场价值/股东权益账面价值)	1.3	1.2	2.0	1.5
市盈率(市场价值/净利润)	22.0	15.0	26.0	21.0

假定 A、B、C 公司在主要特征上与目标公司甲基本一致,就可以计算各个公司股票市场价值分别与销售额、股东权益账面价值和净利润之间的比例(即市销率、市净率和市盈率),然后对三家公司的相关指标进行平均,作为评价甲公司市场价值的基础。在表 8.11 中,三个公司的相关指标是比较接近的,离散程度并不是很大,因此,以这三个公司的相关指标的平均数作为股价的基础是可行的。如果三个公司的相关指标之间差异很大,那么平均数就会失去其应用的作用。重新选择相似的公司或相关指标是可能的解决方案。

财务人员假定在未来的决策期间内,甲公司的相关情况如表 8.12 所示,即预期销售收入为 1 000 万元,股东权益账面价值为 600 万元,净利润为 50 万元,结合相似公司的平均市销率、市净率和市盈率指标,就可以从三个角度对甲公司的价值进行估计。

表 8.12　甲公司的估价

指标名称	数据(单位:万元)	平均比例(单位:倍)	估计的公司价值(单位:万元)
销售收入	1 000	1.1	1 100
股东权益账面价值	600	1.5	900
净利润	50	21	1 050
平均值			1 017

在表 8.12 中,根据不同的计算基础,甲公司股票价值预计分别为 1 100 万元(市销率)、900 万元(市净率)和 1 050 万元(市盈率),这三个结果是比较接近的,因此可以将这些结果进行平均以计算甲公司的价值约为 1 017 万元[11]。

采用这一方法需要在确定行业平均比率时应选取多少公司及选取哪些公司。如果选取的公司数量不同,或选取的是不同公司,得出的结果可能会存在较大的差异。另外一个会影响评估结果的是,这一方法实际是假定目标公司是行业的平均水平,如果目标公司的业绩与行业平均水平有差异,评估结果就会有误差,差异越大,误差就越大[16]。

市场比较法的优点之一就是除了对上市公司进行估值外还可以用来计算没有公开上市公司的公司价值,其计算简单方便。但实际运用中,市场比较法却存在着一定的缺陷,估值的准确性有待商榷。寻找条件大致相同的企业是市场比较法的关键同时也是难点,用于比较的公司尽管处于同一行业,公司规模相近,也会因营业收入增长率、现金流增长率、公司风险(β值)等的不同造成一定的差异。这些局限影响了市场比较法的准确性。

4. 换股合并法

如果并购的支付方式是用并购方的股票换取目标公司的股票,那么对目标公司的估值主要是确定一个换股比例,即为换取 1 股目标公司的股票而需付出的并购方公司的股票数量。对股东而言,股票市场价值最大化是其追求目标,只有并购后的股票价格高于并购前并购方和目标公司的股票价格,那么并购方和目标公司的股东才能接受,并购才可以进行。

假设 a 公司计划并购 b 公司,并购前 a、b 两公司的股票价格分别为 P_a 和 P_b,并购后 a 公司的市盈率为 β,那么并购后 a 公司的股价为:

$$P_{ab} = \beta \cdot (Y_a + Y_b + \Delta Y) \cdot \frac{1}{S_a + ER \cdot S_b} \tag{8.4}$$

其中: Y_a 为并购前 a 公司的总盈余;

Y_b 为并购前 b 公司的总盈余;

ΔY 为由于协同效应产生的协同盈余 S_a 为并购前 a 公司普通股的流通数量;

S_b 为并购前 b 公司普通股的流通数量;

ER 为换股比率(每一股 b 公司股票可以换取多少 a 公司股票)。

对于并购方 a 公司的股东来说,需满足的条件是 $P_{ab} \geqslant P_a$,即并购后 a 公司股票市场价格大于等于并购前 a 公司股票的市场价格。对于 b 公司的股东来说,又必须满足 $P_{ab} \cdot ER \geqslant P_b$,即并购后拥有 a 公司的股票价值总额大于等于并购前拥有 b 公司的股票价值总额。

因此,由 $P_{ab} \geqslant P_a$ 可以得出换股比率 ER 的范围为:

$$ER \leqslant \frac{\beta \cdot (Y_a + Y_b + \Delta Y) - P_a \cdot S_a}{P_a \cdot S_b} \qquad (8.5)$$

由 $P_{ab} \cdot ER \geqslant P_b$ 可以得出换股比率 ER 的范围为:

$$ER \geqslant \frac{P_b \cdot S_a}{\beta \cdot (Y_a + Y_b + \Delta Y) - P_b \cdot S_b} \qquad (8.6)$$

从理论上来讲,换股比例应当同时满足上述两个条件,介于两者之间。实际工作中,换股比例的确定还取决于双方谈判的过程。

【例 8.5】[7]　假设 a 公司计划并购 b 公司,两公司的有关资料如下:并购后 a 公司的市盈率为 20 倍,a 公司的税后净利为 800 万元,b 公司的税后净利为 400 万元,预计合并产生的协同盈余为 200 万元,a 公司发行在外的普通股为 1 000 万股,b 公司发行在外的普通股为 800 万股,目前 a 公司的股价是 16 元,b 公司的股价是 10 元,请问换股比例应当如何确定?

$$\because ER \leqslant \frac{\beta \cdot (Y_a + Y_b + \Delta Y) - P_a \cdot S_a}{P_a \cdot S_b}$$

$$\therefore ER \leqslant \frac{20 \times (800 + 400 + 200) - 16 \times 1\ 000}{16 \times 800}$$

$$\therefore ER \leqslant 0.937\ 5$$

此时 P_{ab} 为:

$$P_{ab} = 20 \times (800 + 400 + 200) \times \frac{1}{1\ 000 + 0.937\ 5 \times 800} = 16(元)$$

$$\because ER \geqslant \frac{P_b \cdot S_a}{\beta \cdot (Y_a + Y_b + \Delta Y) - P_b \cdot S_b}$$

$$\therefore ER \geqslant \frac{10 \times 1\ 000}{20 \times (800 + 400 + 200) - 10 \times 800}$$

$$\therefore ER \geqslant 0.5$$

此时 P_{ab} 为:

$$P_{ab} = 20 \times (800 + 400 + 200) \times \frac{1}{1\ 000 + 0.5 \times 800} = 20(元)$$

换股比例应在 0.5～0.937 5 之间,如果换股比例低于 0.5,则 b 公司的股东财富受损,如果换股比例高于 0.937 5,则 a 公司的股东财富受损。

另外,常用的估值方法和模型还有重置成本评估法(二维码 8.16)、资产价值法(二维码 8.17)、CAPM 模型估值法(二维码 8.18)、历史价格法与混合评估法(二维码 8.19)。

二、非上市公司估值

在并购实践中,一半以上的目标公司都是非上市公司,对其进行估值是一件很困难

二维码 8.16
重置成本评估
法和托宾 Q 值

二维码 8.17
资产价值法

二维码 8.18
CAPM 模型估值法

二维码 8.19
历史价格法与
混合评估法

的事情。从理论上说,估值是艺术,而不是科学,企业的价值很难估算,无法完全准确,需要用心体会,需要很多的经验和悟性,同时还需要评估师的良知。非上市公司由于不需要每年披露经 CPA 审计的年报,没有投资者每天买卖公司股票所形成的价值变化的数据或图表,缺乏政府证券监管部门的压力,没有媒体时刻的追踪,更没有众多的专业分析人员对公司各方面进行研究,因此估值缺乏充分可靠的数据,估值比上市公司更加困难。

对非上市公司的估值,需要注意以下几方面的问题。

1. 评估方法的选择

就具体评估方法而言,非上市公司并没有前面没有提到过的专用方法。无论是上市公司还是非上市公司,可用的方法无非是现金流量折现法、市盈率法、市场比较法、重置成本法等。就非上市公司而言,最常用的方法分为两大类:成本法和收益法。

成本法的基本原理是:净资产评估价=资产评估价-负债评估价。因为"资产-负债=净资产",所以成本法是符合资产负债表的概念的。但是,这种方法的问题也很明显:认为企业净资产的价值是可以辨识的资产价值减去负债的价值,完全忽略了大量的表外资源。盈利能力越强,历史越悠久,表外资源越丰富的企业,净资产被低估的可能性越大。成本法虽然不那么科学,但可操作性强,所以应用得很广泛。

收益法的基本原理是:不关心企业现在怎么样,历史怎么样,只关心未来能够创造的价值,把未来企业股东权益能够提供的价值折合成现在(折现)的价值,作为企业股权的价值。那么未来的价值是什么? 显然,企业未来价值的财务表现是每年的净利润(在数据处理上使用的是现金流量),还有企业最终卖出股份时能收回的部分——实际上是未来可回收资源的折现价值。这种方法既考虑了表内资源,也考虑了表外资源;既考虑了历史,也考虑了未来;同时也符合对资产的定义。对于有较强盈利能力的企业,收益法能更好地反映其价值。但是,收益法的可操作性较差。

在一些盈利能力较强的股权价值评估过程中,收益法评估出来的价值远远大于成本法评估出来的价值。有学者认为:既然是对同一个企业的股权价值的评估,用不同评估方法得到的评估结果不应有差别或差别不应太大。如果评估价值差别过大,那么一定是这个评估师的评估有问题——在评估方法的选用、假设参数的设定等方面可能有问题。但也有学者认为并非如此,而是这两种方法本来就不适用于同一个企业。成本法考虑了企业资源的历史沉积,忽略了大量的表外资源。收益法考虑了表内和表外的资源整合,考虑了企业的未来发展。因此,方法本身的特点就决定了方法的适用范围[27]。成本法既然忽略了大量的表外资源,就只能适用于表外资源较少或者表外资源虽然丰富但不能为企业的盈利作出贡献的企业,如处于初创期和衰退期的企业。收益法既然考虑了表内和表外的资源整合,考虑了企业的未来发展,就适用于盈利能力较强,发展状况较好的企业,如成长期和成熟期的企业。

2. 收益的调整

由于非上市公司财务数据不容易得到,而且即使得到也不太准确,因此非上市公司估值首先需要在获得财务报表的基础上,对表中数据进行调整,对收入、成本、费用项目进行逐一检查,将不符合常理的成本、费用还原,揭示收入的真实情况。根据经验,需要还原的项目主要有七种[16]。(请扫二维码 8.20。)

二维码 8.20
收益调整需要
还原的项目

另外,在目标企业估价时,不能忽视小金库。小金库是指应该入账而没有入账的账外资源,在一些企业又被称为账外账。比如,在制造企业,普遍存在边角料。一般来说,企业的边角料成本都计入主营业务成本,在账上,边角料没有成本。因此,边角料的销售净收入就是利润。一些单位没有将边角料卖掉后的收入计入自己的会计系统,而是形成了账外账,这就是小金库。小金库的实质是一个单位的核心管理层为了局部利益而组织的违法账外存在。小金库的存在如果达到一定规模,会影响对存在小金库的单位的绩效评价。如果有小金库的企业发生并购,还会影响对其价值的评价,造成企业价值低估。识别小金库,要从它的基本特征入手。如果有小金库,一定会恶化表内业绩和表内资源。因此,可以从三个方面的迹象对小金库的规模进行判断。(请扫二维码8.21。)

二维码 8.21
小金库的识别

3. 立场与交易价值[27]

很多靠产品经营或者劳务经营起家的企业家,对于如何给自己的产品定价十分在行,但在并购中对企业整体价值进行估计时,就不那么在行了。目标企业的企业家站在卖方立场上,往往用销售产品的思维方式去考虑出售企业的股权,这是很容易吃亏的。在股权交易的过程中,卖方应该更多地站在买方的立场去思考问题。

【案例 8.13】[27]

二千五百万是赢是亏

几年前的一天,一个企业家找到专家,向专家咨询一件事情。他说他3年前来北京,办了一家企业,注册资本是1 000万元。这3年运气不错,每年的净利润是1 000万元,3年间也没分红,利润全部在所有者权益的"未分配利润"里,账面上的所有者权益已经有4 000万元。企业所有者权益的评估价4 500万元。他打算卖掉企业51%的股权,问专家应该卖多少钱。

盈利能力如此不错的一个企业的评估增值仅为500万元,采用的是什么方法呢? 显然是成本法,而且一定是买方找人评估的。

专家提出的基本思路是:首先,把公司所有者权益的整体价值确定下来。其次,按照比例确定51%的股权价值。再次,因为涉及控制权转移,所以应该考虑一定幅度的控制权转移的增值问题。最后,要解决的关键问题是买方是谁,买方的持有动机是什么。需要注意的是,"买方是谁"以及"买方的持有动机"对于最终的交易价格至关重要。

关注"买方是谁"也就是关注买方的股权流通状况。如果买方是上市公司,被收购公司的股权就间接地与证券市场有了联系,就可以借鉴证券市场市盈率法来考虑交易价格。如果买方是非上市公司,股权交易的市场不大,一般只能以评估价为基础并考虑企业未来的盈利状况来进行交易。

准备收购企业家的公司是香港的一家上市公司,当时香港证券市场的市盈率为8~12倍,按照最低的市盈率8倍计算,鉴于公司每年的净利润为1 000万元,所有者权益整体的价值应该是8 000万元,如果控股按51%计算就是4 000多万元,如果再考虑控制权溢价,则可能更高。

企业家一听,说:"按照你的说法,我亏了。我看到评估价是4 500万元,已经超过了我的所有者权益的账面价值,挺高兴。报价的时候想先开价3 000万元,等着对方跟我还价。底价只要不低于2 500万元就行。"

从他自己的预期看,他是赚了,但是从他出售的公司股权带给对方的价值以及对方证券市场的放大效应看,他亏了。这是因为他站在自己卖方的立场看自己的股权出售,完全没有考虑他的股权对于买方的价值。另外,买方的有压低估价嫌疑的资产评估报告也误导了他。

关注"买方的持有动机",首先是关注买方是短期持有还是长期持有。如果买方的持有动机是短期持有,卖方就可以把交易价格往上抬。比如,股市中买股票的投资人,敢在很高的价位上买进股票,一定是预计他持有的股票未来会继续往高位走,自己可以赚取差价,即使他认为股票根本不值那么高的价格。

如果买方的持有动机是长期持有,则买方持有股权后的收益主要来自相关股权投资的回报。如果是控制性投资,这个回报就是未来每年的净利润。买方会有一个基本的底线,那就是未来的回报与现在的投资间的关系,或者说是最基本的投资回报率。因此,应以目标企业未来的盈利能力为基础,再考虑买方的最低投资回报预期来确定企业股东权益的整体价值。例如,目标企业现在每年的净利润是 1 000 万元,假设未来估计的年度净利润至少是 1 000 万元,在整体出售企业时,如果买方的投资回报率最低为10%,则买方认可的目标企业最高价值是 1 亿元(1 000 万元除以 10%)。如果买方的投资回报率最低为 20%,则买方认可的目标企业最高价值是 5 000 万元(1 000 万元除以 20%)。同样,如果把企业股权的 51% 卖给对方,这 51% 股权的盈利能力与买方出价之间也存在类似的关系。

还有一种情况,买方的持有目的是实现更大的战略布局,如消除竞争、取得资源等。这就要考虑很多非货币因素。当然,股权交易中的对价支付方式、有无对赌协议等均对交易定价有重要影响。简言之,并购中的股权交易一定要追求双赢,而不是谋求一方利益最大化。

三、各种估值方法在集团层面的应用[28]

1. 现金流量折现法在集团层面的应用

有的财务人员在采用现金流量折现法对集团进行估值时,可能倾向于直接由集团合并报表得出集团合并的自由现金流量,再用集团的资本成本对其折现。这种估值只考虑了分公司和子公司,忽略了合营公司、联营公司和一般参股公司,从而导致集团估值丧失了完整性和一致性。下面将分别介绍现金流量折现法对子公司、合营公司、联营公司和一般参股公司的应用。

(1)现金流量折现法对子公司的应用。子公司的资产、负债和利润类科目是完全合并到集团的合并报表中的,所以由集团合并报表得出的集团合并的现金流量完全包括了子公司的现金流量,但由此计算出的估值结果应减去少数股东占有的子公司的那部分价值,计算方法为子公司按现金流量折现法的估值结果乘以少数股东的持股比例。

少数股东占有的子公司价值 = 子公司的估值结果 × 少数股东的持股比例　　　(8.7)

(2)现金流量折现法对合营公司的应用。对合营公司估值可以采取按比例合并的方法,或按联营公司的方式处理。这里的合营公司是会计上所指的合营公司,是针对某特定的被投资企业而言的。如果一个企业的所有重大财务和经营政策都必须由其所有的投资方共同决定,任何一方都不能单独决定该公司的财务和经营政策,则称该公司为其投资各方的合营公司[29]。合营公司的任何投资方均不能单独对合营企业实施控制,而必须且只能与其他投资方一起对合营企业实施共同控制。

如果在集团财务报表合并时对合营公司按国际财务报告准则(International Financial Reporting Standards，IFRS)进行了比例合并，则在集团合并的自由现金流量中已经按母公司的持股比例包括了合营公司的自由现金流量。这种方法体现了合营公司对集团价值的影响，无需再作额外的调整。

如果没有对合营公司采用比例合并，而是与联营公司一样，在合并时只是进行权益法调整，则估值时的处理与联营公司的处理一致。

(3) 现金流量折现法对联营公司的应用。联营公司是指投资企业对其具有重大影响，但不是投资企业的子公司或合营企业的被投资企业。这里的重大影响是指对一个企业的财务和经营政策有参与决策的权力，但并不能够决定这些政策的制定。当某一公司拥有另一公司 20% 或以上至 50% 表决权资本时，通常被认为投资者对被投资企业具有重大影响，则该被投资企业可视为投资者的联营企业。在确定能否对被投资单位实施控制或者具有重大影响时，应当考虑投资企业和其他方持有的被投资单位当期可转换公司债券、当期可执行认股权证等潜在表决权因素。

集团合并报表时对联营公司只做权益法调整，所以集团合并的自由现金流量中不包括联营公司的自由现金流量。因此，集团合并估值中应增加一个调整项：

$$对联营公司的估值调整 = 联营公司的估值结果 × 投资方公司的持股比例$$

(4) 现金流量折现法对一般参股公司的应用。集团合并报表时对一般参股公司(即集团对该公司的持股比例低于 20%，不构成重大影响)不作任何处理，仍然按照母公司单户报表中的成本法核算，所以集团合并的自由现金流量中不包括一般参股公司的自由现金流量。因此，集团合并估值中应增加一个调整项：

$$对一般参股公司的估值调整项 = 一般参股公司的估值结果 × 投资方公司的持股比例$$

对一般参股公司的估值可以参照联营公司的方法，对其进行现金流量折现法的估值后再乘以投资方公司的持股比例，从而得到集团一般参股公司拥有的价值。但是，如果不能及时得到一般参股公司较为完整的财务报表数据，也可用可比法对一般参股公司估值，比如按某一行业平均市盈率或者市净率。

综上所述，现金流量折现法在集团估值中的应用可概括为(在不考虑有价证券投资和其他非经营性资产的价值情况下)以下两个集团价值计算公式：

集团价值(现金流量折现法，比例合并合营公司)
$$= 按集团合并自由现金流量折现所得的估值结果 - 少数股东占有的子公司价值 \quad (8.8)$$
$$+ 对联营公司的估值调整对一般参股公司的估值调整$$

集团价值(现金流量折现法，按权益法核算对合营公司投资)
$$= 按集团合并自由现金流量折现所得的估值结果 - 少数股东占有的子公司价值 \quad (8.9)$$
$$+ 对合营公司的估值调整 + 对联营公司的估值调整$$
$$+ 对一般参股公司的估值调整$$

【例 8.6】[28]　某投资公司 A 持有子公司 B 80% 的股权，持有联营公司 C 20% 的股权，持有一般参股公司 D 5% 的股权，如图 8.2 所示。

假设 A 公司按合并自由现金流量折现法所的估值结果以及 B，C，D 按照自由现金流量折现法所得的估值结果如表 8.13 所示。

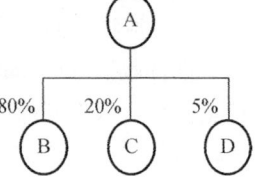

图 8.2　股权结构图

表 8.13　A 公司、B 公司、C 公司、D 公司的自由现金流量折现法估值结果表　　单位:元

A 公司(合并)	B	C	D
150 000 000	60 000 000	10 000 000	12 000 000

由上述公式可计算出:

集团价值 = 150 000 000 − 60 000 000 × (1 − 80%) + 10 000 000 × 20% + 12 000 000 × 5%
= 140 600 000(元)

2. 集团的可比法估值应用

对于多元化经营的集团公司,由于不同的业务板块有不同的特性,在用可比法估值时很难找到一个能与该集团的业务性质和风险完全匹配的市场比率,所以用集团合并后的数据乘以市场比率进行估值的办法显然是不可取的。因此,我们可以采用类似于前文对联营公司、合营公司、一般参股公司的估值调整方法,进行集团的可比法估值。

集团本部、子公司、合营公司、联营公司和一般参股公司首先按照与自身业务相匹配的市场比率进行估值,再按照下面的公式计算集团公司的价值:

可比法集团价值 = 可比法集团母公司价值 + ∑(各子公司可比法价值 × 母公司的持股比例) +

∑(各合营公司可比法价值 × 投资方公司的持股比例) +

∑(各联营公司可比法价值 × 投资方公司的持股比例) +

∑(各一般参股公司可比法价值 × 投资方公司的持股比例)

(8.10)

【例 8.7】　沿用例 8.6 中 A, B, C, D 公司的股权投资关系,并假设 A, B, C, D 公司按照可比法的估值结果如表 8.14 所示。

表 8.14　A, B, C, D 公司按照可比法的估值结果　　单位:元

A	B	C	D
50 000 000	60 000 000	10 000 000	12 000 000

由前述公式可计算出:

集团价值 = 50 000 000 + 60 000 000 × 80% + 10 000 000 × 20% + 12 000 000 × 5%
= 100 600 000(元)

8.2.7　杠杆收购

一、杠杆收购的含义

杠杆收购(leveraged buy-out, LBO)是公司并购的一种特殊形式,它有两个突出的特点:第一,收购资金主要来自市场融资,而不是自有资金。这里的"主要"是指绝大部分,甚至是 90% 或 95% 的意思,即运用了很高的财务杠杆。第二,收购的目的不是一般意义上的战略收购,也不是传统意义上的横向联合、纵向联合或多元化,而是为了以更

高的价格出售收购的公司或公司的股票。也就是说用人家的钱购买公司,购买的目的是以更高的价格售出。第三,收购方一般是专门从事杠杆收购的投资银行或投资基金,它们拥有许多经验丰富的专业人士,十分擅长对市场的观察、公司的经营和资产的重组与交易[16]。

在杠杆收购中的并购方也被称为金融买家,因为他们主要关注中短期的投资收益,通常计划持有5~10年,很少会超过10年。为了支付大量的债务本息,并购方将注意力集中在能够迅速提供目标公司现金流量的决策中,并利用财务杠杆的作用,提高权益资本的收益率。表8.15说明了财务杠杆对股东收益的影响[11]。

表 8.15　财务杠杆与股东收益的关系[11]　　　　　　单位:万元

	经济状况好			经济状况差		
	全部现金收购	现金50%/债务50%	现金20%/债务80%	全部现金收购	现金50%/债务50%	现金20%/债务80%
收购成本	100	100	100	100	100	100
股东权益	100	50	20	100	50	20
债务(利率10%)	0	50	80	0	50	80
息税前利润	20	20	20	5	5	5
利息支出	0	5	8	0	5	8
税前利润	20	15	12	5	0	−3
所得税(税率25%)	5	3.75	3	1.25	0	0
净利润	15	11.25	9	3.75	0	−3
净资产收益率	15%	22.5%	45%	3.75%	0%	−15%

在公司的息税前利润超过利息费用的情况下,负债比例越高,净资产收益率越高。但是,如果息税前利润低于利息费用,负债比例越高,净资产收益率就越低。当息税前利润从20下降为5时,负债比例越高的方案,净资产收益率下降幅度越大,在没有负债的情况下,净资产收益率从15%下降为3.75%,与息税前利润的下降幅度相同;在50%负债的情况下,净资产收益率从22.5%下降为0,下降幅度大于息税前利润下降幅度;80%负债的收购决策中,净资产收益率则从45%下降为−15%,从高额盈利变成了巨额亏损。正是因为负债具有杠杆作用,杠杆收购也就因此而得名[11]。

二、杠杆收购的特点[11]

杠杆收购与一般收购的不同之处主要体现在偿债基础和融资结构两方面。

1. 偿债基础

一般收购中的负债主要是由并购公司的现有的资产或者预期的现金流量作为偿债基础,并购方不会以尚未取得控制权的目标公司资产作为抵押。而在杠杆收购中引起的负债,则主要依靠目标公司未来的经营效益,并结合目标公司部分资产出售的方式进行偿还。

由于目标公司的资产是获得贷款的担保品,无论是并购方还是贷款方,都会非常关注目标公司资产的抵押价值,资产的抵押价值越高,并购方越容易获得贷款,因此,资本密集型行业中的公司更容易成为杠杆收购的目标。当然,在服务业中,公司即使没有充足的资产可以作为担保品,如果公司未来的现金流量足以偿付债务本息,并购方也会考虑采用杠杆收购的方式进行并购。

2. 融资结构

与一般并购相比,杠杆收购的融资结构表现为非常高的负债比例。在整个融资结构中,并购公司提供的资金只在其中占很小的部分,通常为 10%～30%,其余的部分都是通过债务的方式进行筹资。在典型的杠杆收购中,商业银行提供的短期和中期优先级债务比例通常为 5%～20%;由机构投资者、银行和杠杆收购基金提供的长期债务或次级债务的比例高达 40%～80%。因此,杠杆收购实际上是并购方采用激进型融资策略,以高负债、高财务风险来期望获得高收益的并购策略。

三、杠杆收购成功的条件

选择何种企业作为并购的目标是保证杠杆收购成功的重要条件。杠杆收购的高负债、高风险特征使得杠杆收购的对象选择与一般并购对象选择存在不同之处。为了保证收购后的企业正常经营和按期还本付息,杠杆收购对目标公司在经营特征与财务特征上都有一定的要求[11]:

从目标公司的经营特征看:首先,要具备成本削减的空间。其次,要求并购方管理层要具有较高的管理技能。再次,要具有良好的经营前景与升值空间[30]。

从目标公司的财务特征看:首先,要有稳定的现金流量。其次,目标公司的债务水平要适当。再次,目标公司的资产变现能力要强。另外,以技术为基础的知识、智力密集型企业,进行杠杆收购比较困难,因为企业只拥有无形资产和智力财富,未来收益和现金流量难以预测,并且难以变卖获得现金。但这也不是绝对的,如果债权人认为这些企业的管理水平高、无形资产能够变卖、企业现金流量稳健,也同样能给予贷款[7]。(具体请扫二维码 8.22。)

二维码 8.22
杠杆收购目标公司
的经营特征和财务
特征

四、杠杆收购的流程

在杠杆收购的实际操作中,常见的流程是:第一步,并购企业先成立一家专门用于收购的"纸上公司"。第二步,由投资银行、私募股权基金(PE)、信托公司等向"纸上公司"提供一笔"过渡性贷款"(过桥贷款)用于购买目标企业的股权。第三步,"纸上公司"举债、发行债券。这些债券由于信用等级不高,收益相对较高,因而被称为垃圾债券或高收益债券,其主要功能是偿还过桥贷款。第四步,"纸上公司"与目标公司合并,将"纸上公司"的负债转移到目标公司名下。第五步,通过经营目标公司偿还债务、获利。

五、杠杆收购的效益与风险

二维码 8.23
杠杆收购的
效益与风险

杠杆收购普遍给目标公司的股东带来了收益。杠杆收购的风险主要有两种:经营风险和利率风险。(具体请扫二维码 8.23。)

8.2.8　管理层收购

一、管理层收购的含义

管理层收购(management buy-out，MBO)是指在那些所有权与经营权相分离的公司中，管理层(即少数几位公司高管)通过融资的方式收购公司的股权，从而改变公司所有权结构、获得公司控制权的一种并购方式[16]。管理层收购是杠杆收购的一种形式，即目标公司管理层采取杠杆并购的形式通过大量举债融资，收购目标企业的股票，以取得目标企业的控制权[31]。许多投资者认为由一个管理者直接控股的公司更值得信赖。

MBO起源于美国，早在20世纪60年代就已出现，美国的KKR公司(Kohlberg Kravis Roberts & Co. L. P.)是全世界第一个从事MBO的公司。1979年出现第一例超过1亿美元的管理层收购交易，美国仅1984年上半年管理层收购交易额就已达到100亿美元。后来这种方式逐步从美国向欧洲大陆、澳大利亚、中国等地扩张延伸。对于MBO思路，极端的情况是这样的：一家所有股份都上市的公司，CEO想把它的股份买下来，但是又没有资金，他就借钱买回所有上市流通的股票。CEO自己没有那么多钱，他需要借助其他投资者的股本金，再用这些股本金借贷[31]。如果股本金为30%，借款为70%，握有这30%股权的人占有公司百分之百的股权。

二维码8.24
管理层收购的动因

二、管理层收购的动因

管理层收购的动因可归结为以下几点：第一，国有资产私有化。第二，管理层获得公司的控制权。第三，多元化经营的企业集团出售部分业绩不佳或不再需要的子公司或分支机构。第四，降低企业代理成本[7]。(具体请扫二维码8.24。)

【案例8.14】[32]

宇通客车的管理层收购

(请扫二维码8.25。)

二维码8.25
宇通客车的
管理层收购

三、管理层收购的形式

管理层收购的方式主要有三种[31]：收购上市公司、收购集团的子公司或分支机构和公营部门私有化。(具体请扫二维码8.26。)

四、管理层收购的参与方[16]

参与管理层收购的有目标公司、公司管理层、中介机构，还可能有战略投资者和贷款机构。

二维码8.26
管理层收
购的形式

目标公司是MBO的对象，一般是具有独立经营及盈利能力的企业单位。这些公司的股东或主管部门有意愿出让是收购的先决条件。MBO的对象不一定都是经营差的企业，相反，它往往是具有巨大资产潜力和拥有稳定现金流的成熟企业。

管理层是收购的主体。MBO可以由一个人发动，可以由几位高管共同发动，也可以包括更多的员工，往往是资深的员工。他们的收购意识可能源于自发，可能被迫，也可能源于财务顾问的策动。

中介机构是指策划、安排、参与整合MBO过程的顾问机构或个人，其成员主要是投行或投资咨询公司的投资银行家和律师、会计师、管理顾问、资产评估师等。

战略投资者是 MBO 的支持者，通常是一些以获得资本增值为主要目的的机构投资者或个人。他们以专业判断为依据，在市场上选择有高增长潜力的企业和可信赖的管理者，在相对价值较低的阶段，投入股本金支持企业以求得一定时期后超常的利润增长和资本增长。战略投资者的预期收益率较高，一般预期 3～5 年内套现。

贷款人是 MBO 的另一个重要的支持者，通常是提供信贷支持的金融机构、投资机构或个人。

二维码 8.27
管理层收购在
中国的实践

五、管理层收购在中国的实践

（请扫二维码 8.27。）

二维码 8.28
新浪管理层
收购案

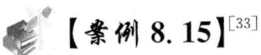 【案例 8.15】[33]

新浪管理层收购案

（请扫二维码 8.28。）

8.2.9 反并购

反并购是指被并方，特别是被并方的管理层面对收购方的敌意收购，为了维护其自身的利益——有时也是公司利益，为防止公司的控制权落入收购方手中而采取的各种措施。在美国敌意收购，特别是对大公司的敌意收购是从 1974 年加拿大镍铬公司收购电子蓄电池公司开始的，因此可以说，反并购的历史也就那么长[16]。20 世纪 80 年代以来，企业之间的敌意并购达到了新的高度，并购技巧和攻击性都得到了很大程度的增强。虽然最初目标企业的反并购手段发展缓慢，但是随着对各种金融工具和经济手段的充分利用，目标企业的反并购措施逐渐变得相当精细，越来越难以突破。20 世纪 80 年代末期，通过与投资银行以及法律顾问的密切合作，企业的反并购措施达到了非常完善的程度。到了 90 年代，美国大多数企业都不同形式地建立起了反并购体系[11]。

一、反并购的方法

当发生敌意并购时，被并购方一般可以采取预防型和反应型两种对策来抵抗并购方的敌意并购。预防型对策是指企业还未陷入被并购的困境时，事先采取了一系列的举措，以期提高并购者并购的难度，加大并购成本，打消并购方的并购意图。常见的预防型对策有：建立"合理"的股权结构、修订公司章程和实施"降落伞"策略。反应型对策是指企业已经陷入了被并购的困境时采取的一系列的补救措施。比较常见的反应型对策有：毒丸计划（poison pills）、绿色邮件（greenmail）、帕克曼式反收购策略（pac-man defense）、"白衣骑士"策略（white knight）、出售冠珠（Sell Crown Jewels）、焦土战术（Scorched earth tactics）、回购股票（Stock Repurchase）和诉讼（Litigation）。（具体请扫二维码 8.29。）

二维码 8.29
反并购的方法

当然，一家公司的反并购可以同时使用多种方法，而且，随着时代的进步，反并购的方式和方法也与时俱进,不断创新。例如,最近在宝能系并购万科的案例中,万科通过停牌拖延时间,加大宝能系收购的资金成本,从而寻求并购案的转机。

二、反并购的成本

反并购可能耗费不菲的资金,因此目标公司在做出并购防御决策前,必须对反并购的成本予以足够的重视。反并购的成本包括显性成本和隐形成本两大类,其中显性成本又可以分为直接成本和间接成本。

第一,直接成本和间接成本。并购防御并不是没有代价的,防御措施包括直接与间接两种成本(Sudersanam,1998)。直接成本是付给专业顾问的费用及其他成本,包括商业银行费用、证券商费用、会计师费用、律师费用、公共关系费用、印刷费用等;间接成本是专用于防御的管理时间与企业资源的价值或机会成本。简单地说,在反并购中直接制约目标公司的成本是支付给中介机构的巨额开支。表8.16是英国估值为3 000万英镑的目标公司反并购的直接成本估计。

表8.16　英国公司反并购直接成本[34]　　　　　　　　单位:万英镑

项目	金额	项目	金额	项目	金额
商业银行费用	32	律师费	3.5	杂项	0.1
证券商费用	7.5	公关	0.5		
会计费用	3.5	印刷	0.2	总计	47.3

第二,隐形成本。隐性成本首先反映在反并购策略引起的财务风险上。部分反并购策略可有效阻止外来敌意收购的"入侵",但也可能给目标公司带来不可估量的损失。以焦土战术为例,隐性成本反并购策略是通过在并购前将企业核心资产部分或并购企业想要得到的优质资产剥离或出卖出去的方式,从而阻碍收购者的并购行为。如果目标公司选择购置大量与经营无关或盈利能力差的资产,令其资产质量下降,恶化了财务指标,加大了公司的运营风险,即使公司并未被并购,但由此可能产生强大的自我杀伤力。

反并购的隐性成本还体现在并购防御中各方当事人之间的利益冲突,其中股东和管理层之间的利益冲突尤为突出。国外学者尤其是控制权市场发达的英美国家对目标公司控制权转移的实证研究表明,发生控制权转移的目标公司股东可以获得巨大的超常收益(Jensen和Ruback,1983)。然而,对于管理层而言,为维护自身利益所采取的防御措施,特别是多数破坏性的措施,如焦土战术,可能造成与股东的矛盾和冲突[35]。

8.3　资 本 收 缩

企业集团资本收缩是指把集团所属企业拥有的一部分资产、子公司、分公司或其他分支机构转移到企业或集团之外,从而缩小企业规模,使集团变小的经济活动。资本收缩并不总是意味着企业经营的失败,它与资本扩张有许多共通点。首先,企业资本扩张和资本紧缩的最终目的相同,都是为了获得更大的利益。资本扩张的根本目的是获得更大的收益,所有为了更多的市场份额、更低的经营成本、进入新的更有活力的领域,甚至包括为了获得上市公司地位更方便地融资的并购,归根结底都是为了获得更多的利润。但是如果发现企业的现有结构不能产生符合市场或管理层预期的价值时,企业的某一部分不再符合管理层的计划时,先前某次收购的结果未能达到管理层预期的水平时,企业就会进行资本收缩。比如,通过出售利润低或不盈利甚至亏损的部分以改善或增加企业的盈利,或将部分业务和资产独立出去以获得更大的发展空间等。其次,两者之间有着很紧密的关系。成功的并购之后进行整合时可能会将一些非核心的资产剥离出去,不成功的并购之后可能需要将没有带来预期效益的资产重新售出。对于资产交易的双方来说,买方是收购资产,实施的是一次资本扩张;卖方就是一次资产的剥离,进行的是一次资本收缩。资本收缩包括资产剥离、公司分立、分拆上市、股份回购这几种形式。

8.3.1 资产剥离

一、资产剥离的含义及特点

资产剥离(divestiture)是指企业将其现有的一部分资产出售给外部的第三方,并取得现金或与之相当的报酬。被剥离的资产可能是:①无法人地位的部门、分公司、生产线等。②有法人地位的子公司。如果出售的是固定资产、房产、土地使用权、生产线,则仅出售资产;如果出售一个部门或子公司,则不仅要将相关资产售出,而且要将相关的部门人员一起剥离。如果剥离的方式是出售子公司的一部分股权,则称作股权出售(equity carve-out),出售后母公司可能继续控制子公司,也可能放弃控制权。资产剥离的交易结构如图8.3所示。

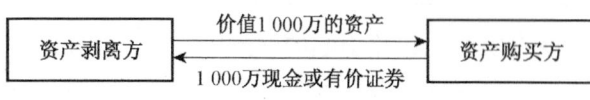

图8.3 资产剥离的交易结构

二、资产剥离的类型

二维码8.30
资产剥离的类型

剥离按照是否符合公司的意愿可分为自愿剥离(voluntary divestiture)和非自愿剥离或被迫剥离(involuntary or forced divestiture)。按照剥离业务中所出售资产的形式,剥离可分为出售资产、出售产品生产线、出售子公司等具体形式。按购买方类型可分为向非关联公司出售资产、管理层收购和员工持股计划等方式[36][22]。(具体请扫二维码8.30。)

三、资产剥离的动因

二维码8.31
资产剥离的动因

企业采用资产剥离的原因主要有:①资产剥离可以增加企业的收益。②资产剥离是企业适应环境变化,调整战略的一种方式。③资产剥离能够有效提高资产的流动性。④资产剥离可以降低企业集团风险。(具体请扫二维码8.31。)

以上四点是资产剥离动机的通用解释,而基于我国资本市场的特点,在我国,资产剥离还有以下两点动因。

1. 资产剥离是上市资格的需要

2006年1月1日实施的《中华人民共和国证券法(修订)》第五十五条规定:"公司最近三年连续亏损,由证券交易所决定暂停其股票上市交易。"第五十六条规定:"公司最近三年连续亏损,在其后一个年度内未能恢复盈利,由证券交易所决定终止其股票上市交易。"由于在我国上市公司资格是稀缺资源,上市公司往往会采取资产剥离的方式,迅速改变其亏损局面,从而保住其上市资格。1999 年诞生的四大金融资产管理公司,肩负着剥离银行不良贷款、降低金融系统风险、最大限度回收国有资产的重任,当年一开张就从工农中建四大国有银行剥离出 1.4 万亿元人民币的不良贷款。到了 2004 年,为了中行与建行的海外上市,又从两家银行剥离出 1 970 亿元人民币的不良贷款,同时动用外汇储备,为两家银行进行巨额注资,使得两家银行拥有了上市的资格。

2. 资产剥离是买壳上市的需要

一些企业为达到快速上市的目的,采取买壳上市方式实现间接上市。由于我国主板市场的上市条件较为严格,且时间过长,对于许多企业来说直接上市并不是理想的选择。因此,企业会选择通过对上市公司原有业务进行剥离,转换主业实现间接上市。买壳上市方式下的资产剥离主要有两种:在买壳前对壳公司进行资产剥离,一般将资产剥离给原大股东;在买壳后对壳公司进行资产剥离,一般是将资产剥离给新入主公司的控股公司[2]。

四、资产剥离的主要步骤

资产剥离既可以由企业集团自己发起,也可以由买方发起。在第一种情况下,企业集团确定要出售的资产,然后邀请潜在的投标人,而在第二种情况下,一般先由有兴趣的买方企业联系发出购买某个部门或资产的要约。虽然买方不能强迫对方剥离资产,但如果出价足够高也可以引起企业的兴趣,双方协商价格,最终完成资产剥离的活动。资产剥离的具体操作如图 8.4 所示。

(具体请扫二维码 8.32。)

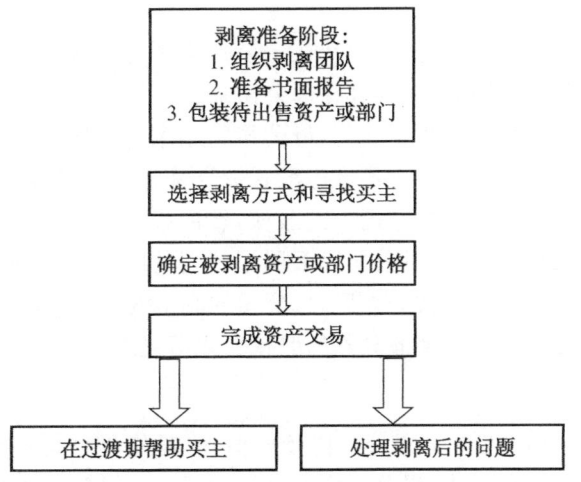

二维码 8.32
资产剥离的具体操作过程

图 8.4 资产剥离过程

8.3.2 公司分立

公司分立主要有三种类型:标准式公司分立、换股分立和解散分立,其中换股分立和解散分立是标准式分立的两种衍生形式。

一、标准式公司分立

标准式公司分立(spin-off)是指一个母公司将其在某子公司中所拥有的股份,按母公司股东在母公司中的持股比例分配给现有母公司的股东,从而在法律上和组织上将子公司的经营从母公司的经营中分离出去。这会形成一个与母公司有着相同股东和持股结构的新公司。在分立过程中,不存在股权和控制权向母公司和其股东之外的第三者转移的情况,因为现有股东对母公司和分立出来的子公司同样保持着它们的权利[37]。图8.5列示了标准式分立的股权变化情况。

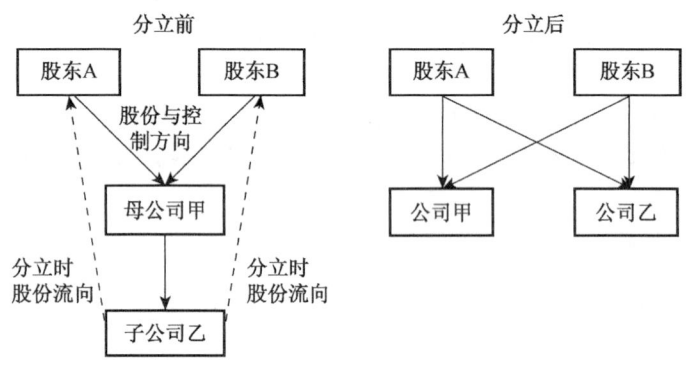

图 8.5　标准式分立

其中分立出来的子公司可以是原来就存在的子公司,也可以是为了分立临时组建的子公司,母公司可以根据自身需要对子公司进行分立行为的选择。

二、换股分立

换股分立(split-off)是指母公司把其在子公司中占有的股份分配给母公司的一些股东(而不是全部母公司股东),交换其在母公司中的股份。它不同于标准式分立,在并股中两个公司的所有权比例发生了变化,母公司的股东在换股分立以后甚至不能对子公司行使间接的控制权。换股分立不像标准式分立那样会经常发生,因为它需要一部分母公司的股东愿意放弃其在母公司中的股权,转向投资于子公司。实际上换股分立也可以看成是一种股份回购,即母公司以下属子公司的股份向部分母公司股东回购其持有的母公司的股份。在标准式分立后,母公司的股本没有变化,而在换股分立后母公司的股本减少。图8.6列示了换股分立的股权变化情况。

三、解散分立

解散分立(split-up),与标准式分立比较相似,它是指母公司将子公司的控制权移交给它的股东。在解散分立中,母公司所拥有的全部子公司都分立出来,因此原母公司不复存在。在解散分立后,除管理队伍会发生变化外,所有权比例也可能发生变化,这取决于母公司选择怎样的方式向股东提供子公司的股票[37]。图8.7列示了解散分立的股权变化情况。

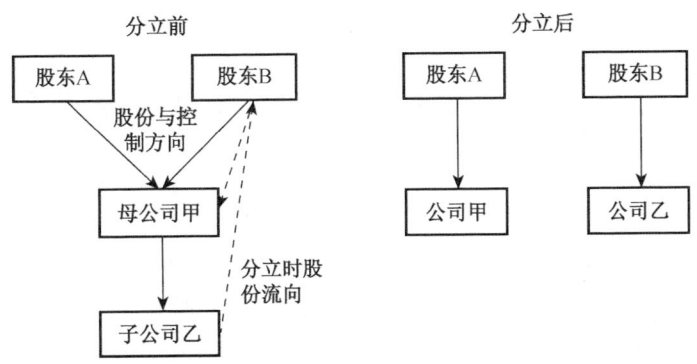

图 8.6　换股分立

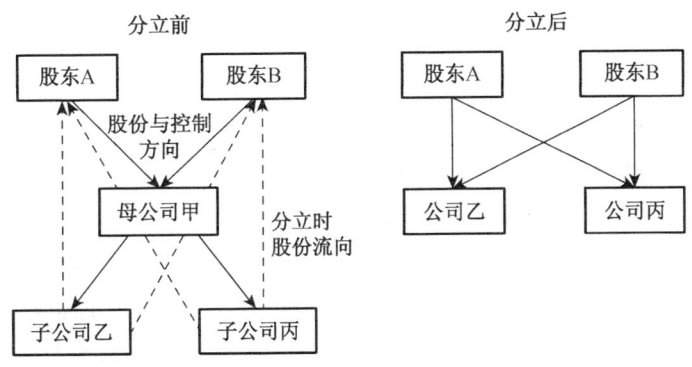

图 8.7　解散式分立

8.3.3　分拆上市

分拆上市(equity carve-out)是美国 20 世纪 80 年代流行的融资工具之一,也是最早被国内公司使用的资本运营手段之一,它既具备了公司分立的特点,又能以股票发行的方式从资本市场取得资金。

一、分拆上市的定义

分拆上市(equity carve-out),也称股权出售,有广义和狭义之分。广义的分拆包括已上市公司或者尚未上市的集团公司将部分业务从母公司独立出来单独上市;狭义的分拆指的是已上市公司将其部分业务或者是某个子公司独立出来,另行公开招股上市。在美国,由于税收上的优惠考虑(美国税法规定,公司分拆后母公司的持股比例在 80%以上就可以享受一些免税政策),子公司分拆的比例一般不到 20%。即母公司在子公司分拆后仍然保留 80%以上的股份[37]。我国企业分拆上市近年来发展较快,广义分拆上市典型案例是拥有中国绝大多数主干电网和近 50%发电能力的国家电网公司把旗下的发电资产剥离出去,成为中国唯一的电网运营商,并寻求海外上市。狭义分拆上市的典型案例则有同仁堂股份有限公司旗下同仁堂科技的分拆上市,以及联想集团(香港)旗下神州数码在香港创业板的分拆上市等。

二维码8.33
分拆上市的优点

二、分拆上市优缺点

分拆上市的优点有以下几点:第一,获得子公司的市场评估价值,提高股东权益。第二,缓解代理成本问题,激励子公司管理层的积极性。第三,集中优势,发展核心竞争力。(具体请扫二维码8.33。)

而分拆上市的缺点也显而易见:第一,分拆上市会导致一定程度的股权稀释,这些原先被母公司完全控制的单位分拆成子公司后会导致控制权分散,增大了子公司被其他公司并购的风险。第二,分拆后的子公司受到证监会和市场的压力,将会导致信息的披露的要求更严格,披露的成本也相应地增大。第三,分拆上市实质上是资产重组的一种方式,分拆之后的母公司和子公司的现金流量不平衡,公司的结构会更加复杂,不便于管理。第四,如将核心业务都分拆出去,会导致母公司的资产运作质量和运营效率降低,从而不利于母公司的发展。

【案例8.16】[36]

同仁堂科技分拆上市

(请扫二维码8.34。)

二维码8.34
同仁堂科技
分拆上市

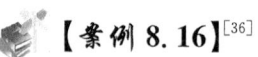

三、分拆上市与分立的区别与联系[36]

分拆上市和企业分立是两种不同的公司资本运作手段。两者的主要区别在于:企业分立中,子公司的股份是被当作一种股票福利被按比例分至母公司的股东手中,而分拆上市中,在二级市场上发行子公司的股权所得归母公司所有。在企业分立中,一般母公司对被拆出公司不再有控制权,而在分拆上市中因为母公司此举只把子公司小部分股权拿出来上市,因而仍然对其有控制经营权。企业分立没有使子公司获得新的资金,而分拆上市使企业集团可以获得新的资金流入。

分拆上市与企业分立之间也有比较密切的联系。在美国,许多公司选择了先分拆上市,再把所持有的股份分立的做法。这种做法比之直接分立有一些好处,即对于母公司的股东而言,公司要把其下属某子公司分立给他们,但它们往往不是很了解该子公司的价值,有些股东不愿意接受分立,而是先把该子公司的部分股权分拆上市,就可以使该子公司的价值在资本市场上被充分挖掘,有了自己的独立交易的股票。在这种情况下,如果该子公司的股票表现出色,母公司再把其剩余的股权分立给母公司的股东就很容易得到股东的支持。

8.3.4　股份回购

股份回购是指上市公司利用现金等方式,从股票市场上购回本公司发行在外的一定数额的股票的行为。公司在股票回购完成后可以将所回购的股票注销。但在绝大多数情况下,公司将回购的股票作为"库存股"保留,不再属于发行在外的股票,且不参与每股收益的计算和分配,因此可以提升每股收益指标[38]。库存股日后可用于可转换债券转股、员工激励计划等,也可在需要资金或有利可图时将其出售。

二维码8.35
股份回购的沿革

一、股份回购的沿革

(请扫二维码8.35。)

二、股份回购的动机

股份回购在我国上市公司中越来越普遍,归纳起来其动机主要有:①提升公司股价。②减持国有股,优化资本结构。③争夺公司控股权,进行反并购。④实行股权激励计划。⑤配合股权分置改革,实施"以股抵债"。(具体请扫二维码 8.36。)

三、股份回购对股价的影响

回购股票会引起股价的变化,这种变化主要来自两个方面:第一,股票回购通过影响每股收益和每股净资产,进而影响股价。如果市盈率或市净率不变,每股收益、每股净资产的变化,会引起股票市价同方向的变化。其次,股票回购通过影响投资者的心理预期,发挥信号传递功能,促使市场看好该股,从而对股价有积极的影响。这一正面的信号传递功能已被实证研究所证实[39]。

1. 股份回购通过每股收益对股价的影响

每股收益是净利润与发行在外普通股的股数之间的比值,即每股收益=净利润/发行在外普通股的股数。这是反映公司盈利能力的财务指标,在证券市场上,也是投资者判断公司财务状况最常用的指标之一。每股收益同股价有密切联系,在市盈率一定的条件下,每股收益越大,股价就越高。每股收益要受两个因素的影响:一是净利润,二是发行在外普通股的股数。

根据美国股市的经验,股价有一个合理的分布区间,在这一区间内可使股票交易最为活跃,股票价格高于或低于这一区间都会使交易量减少。在净利润不变情况下,为使股价处于合理的价格区间,公司可以调整发行在外普通股的股数,进而改变每股收益的大小,使股价趋于合理。如果发行在外普通股股数偏少,可用拆股的方式扩张股本以降低每股收益和股价;如果发行在外普通股股数过大,则可用股份回购的方式缩减发行在外普通股,以提高每股收益和股价。

2. 股份回购通过每股净资产对股价的影响

每股净资产表示每股普通股拥有的股东权益,即每股净资产=净资产/发行在外普通股的股数。若净资产不变,则每股净资产和发行在外普通股的股数呈反比变化。股份回购通过每股净资产对股价的影响要分两种情况来讨论。

第一种情况是用自有资金回购,回购后公司的所有者权益将减少,同时总资产也减少。每股净资产的变化要视回购价格而定。

【例 8.8】 假设 A 公司发行在外普通股为 6 000 万股,每股净资产为 8 元,并且公司的市净率保持不变,且不考虑股票回购对投资者的信号传递效应。分别分析下列三种情况下股票回购对公司股价产生的影响:

(1) 股票价格低于每股净资产。假设该股票市价为 7 元,若回购股票 20% 即 1 200 万股,回购后公司净资产值为 39 600 万元(8×6 000-7×1 200),回购后发行在外普通股的股数为 4 800 万股(6 000-1 200),则每股净资产上升为 8.25 元,在市净率不变的情况下,这将引起股价的上升。

(2) 股票价格高于每股净资产。假设该股票市价为 9 元,若回购股票 20% 即 1 200 万股流通股,回购后公司净资产值为 37 200 万元(8×6 000-9×1 200),回购后发行在外普通股的股数为 48 00 万股(6 000-1 200),则每股净资产下降为 7.75 元,比原每股净资产 8 元降低了 0.25 元,在市净率不变的情况下,这将引起公司股价下跌。

（3）股票价格等于每股净资产。假设该股票市价为 8 元。若股票回购 20％即 1 200 万股流通股，回购后公司净资产值为 38 400 万元（8×6 000－8×1 200），回购后发行在外普通股股数为 4 800 万元，则每股净资产为 8 元，与原每股净资产数值一致，对公司股价不产生影响。

由此可见，回购股数确定后，回购价格越高，所有者权益的减少额就越大，回购后的每股净资产就越小；反之亦然。因此，在某些情况下回购股票会降低每股净资产，损害公司股东（指回购后的剩余股东）的利益。所以，股票回购可以作为股市大跌时稳定股价、增强投资者信心的手段，也可以作为反收购战中消耗公司剩余资金的"焦土战术"。

第二种情况是通过增发新股回购国有股，此时回购金额等于增发金额，公司的所有者权益数额不变，只是股东身份的转变，国有股东退出，社会公众股东进驻。首先，就回购价格而言，回购价格越低，每股净资产提高越多。由于发行在外普通股股数减少而所有者权益不变，因此无论回购价格是多少，每股净资产都会提高。在回购股数确定的条件下，降低回购价格可以减少增发股数（在增发价格一定的情况下），回购后的发行在外普通股股数也相应减少，因而每股净资产就提高得就多一些。反之则反。其次，就增发价格而言，增发价格越低，每股净资产提高越少。

【例 8.9】 设公司总资产为 25 000 万元，净资产为 22 500 万元；公司总股本为 4 500 万股，其中国有股为 3 600 万股，社会公众股为 900 万股；计划回购 1 000 万股国有股，回购价格每股 5 元，回购金额 5 000 万元（1 000×5）。公司可按 10 元和 20 元两种价格增发新股。有关数据见表 8.17。

表 8.17 不同增发价格对每股净资产的影响

项目	回购前	增发价格 10 元	增发价格 20 元
增发股数/万股	—	500	250
社会公众股/万股	900	1 400	1 150
国有股/万股	3 600	2 600	2 600
总股份/万股	4 500	4 000	3 750
净资产/万元	22 500	22 500	22 500
每股净资产/元	5.00	5.63	6.00

由此可见，增发价格从 10 元增至 20 元，每股净资产提高了 0.37 元[40]。在增发价格大于回购价格的情况下，增发价格越高，每股净资产提高得越多。在市净率不变的情况下，市价也越高。

本 章 小 结

1. 企业集团资本运营也称资本经营、资本运作、企业重组等，是指企业集团以集团资本为基础，通过资本扩张和资本收缩等运营方式，进行资本的流动、裂变、组合、优化配置，以实现资本增值最大化的一种财务管理活动。

2. 企业集团资本运营的特点是以资本导向为中心的企业运作机制、以价值形态为管理核心、注重资本的流动性、是一种开放式运营、是一种结构优化式运营、是以人为本的运营、通过资本组合分散经营风险以及资本增值速度快。

3. 资本运营的内容以不同的分类标准有着不同的内涵:按资本运营的形态,可分为实业资本运营、产权资本运营、金融资本运营和无形资本运营;按照资本运动的状态,分为存量资本运营和增量资本运营;按照资本运动的过程,可分为资本筹集、资本投资、资本运动与增值和资本收益分配;企业集团资本运营的内容按资本运营目的划分,可分为资本扩张和资本收缩。

4. 企业并购概念通常有狭义和广义之分,狭义的并购概念是指我国《公司法》所定义的吸收合并与新设合并,而广义的并购西方学者通常用收购(acquisition)或接管(takeover)来表述除了狭义并购以外的为取得控制权或重大影响的股权或资产的企业收购活动。

5. 并购的动因可以分为:效率理论、代理理论和税收优惠理论。

6. 按照并购企业与目标企业行业间的相互关系,企业并购可以分为横向并购、纵向并购和混合并购三种;按并购支付方式的不同,并购可以分为出资购买资产式、出资购买股票式、以股票换取资产式和以股票换取股票式四种类型;按收购目标公司股份是否经过公开市场分类,并购可以分为要约收购和协议收购;根据收购企业的资金来源分类可分为杠杆收购和非杠杆收购;按照并购双方是否友好协商划分为善意收购和敌意收购;除了以上划分标准外,并购方式还有承担债务式并购和无偿划拨式并购。

7. 一般来说,企业并购会经历前期准备、方案设计、谈判签约以及交割与整合四个阶段。

8. 尽职调查(due diligence)也称审慎性调查,是指在公司收购过程中,调查机构对目标公司的财务情况、商务技术状况、法律状况、经营管理状况等各方面的风险和价值进行调查,并提供专业意见和建议的活动。

9. 目标公司的估值问题在公司的并购行为中占据着核心地位,一般有现金流量折现法、市盈率法、市场比较法、重置成本评估法和托宾 Q 值、资产价值法、CAPM 模型估值法、换股合并法、历史价格法与混合评估法。对于目标企业为企业集团来说,现金流量折现法和市场比较法又有特殊性。

10. 杠杆收购(leveraged buy-out, LBO)是公司并购的一种特殊形式,它有三个突出的特点:第一,收购资金主要来自市场融资,而不是自有资金。第二,收购的目的不是一般意义上的战略收购,也不是传统意义上的横向联合、纵向联合或多元化,而是为了以更高的价格出售收购的公司或公司的股票。也就是说用人家的钱购买公司,购买的目的是以更高的价格售出。第三,收购方一般是专门从事杠杆收购的投资银行或投资基金,它们拥有许多经验丰富的专业人士,十分擅长对市场的观察、公司的经营和资产的重组与交易。

11. 杠杆收购与一般收购的不同之处主要体现在偿债基础和融资结构两方面。

12. 管理层收购(management buy-out, MBO)是指在那些所有权与经营权相分离的公司中,管理层(即少数几位公司高管)通过融资的方式收购公司的股权,从而改变公司所有权结构、获得公司控制权的一种并购方式。

13. 反并购是指被并方,特别是被并方的管理层面对收购方的敌意收购,为了维护其自身的利益——有时也是公司利益,为防止公司的控制权落入收购方手中而采取的各种措施。被并购方一般可以采取预防型和反应型两种对策来抵抗并购方的敌意并购。

14. 企业集团资本收缩是指把集团所属企业拥有的一部分资产、子公司、分公司或其他分支机构转移到企业或集团之外,从而缩小企业规模,使集团变小的经济活动。资本收缩包括资产剥离、公司分立、分拆上市、股份回购这几种形式。

关 键 概 念

资本运营　并购　协议收购　要约收购　杠杆收购　敌意收购　尽职调查　现金流量折现法
市盈率法　市场比较法　重置成本评估法和托宾 Q 值　资产价值法　CAPM 模型估值法　换股合

并法　历史价格法　混合评估法　反收购　管理层收购　资产剥离　标准式公司分立　换股分立　解散分立　分拆上市　股份回购

复习思考题

1. 什么是企业并购? 主要形式有哪些?

2. 举例说明协同效应?

3. 企业并购的估值方法有哪些? 各有何优缺点? 在集团层面又有何特殊性?

4. 管理层收购的参与者有哪些? 他们在并购中各自扮演什么样的角色?

5. 企业集团反并购策略有哪些? 各有何适用性?

6. 万科在反击宝能系的并购时采用了哪些反并购方法? 反并购效果如何?

7. 试比较企业分立和分拆上市的异同点。

本章参考文献

[1] 财富创业板. 阿里巴巴家族到底有多大? [Z]. 2014;2017.

[2] 曹永峰. 资本运营概论[M]. 北京:清华大学出版社,2013.

[3] 邓明然,叶建木,方明等. 资本运营管理[M]. 北京:高等教育出版社,2006.

[4] 马学玲,刘志芳. 资本经营理论与案例分析[M]. 北京:中国人民大学出版社,2009.

[5] 沈东燮王燕. 企业集团资本运营的几个基本问题[J]. 黑龙江对外经贸. 2005(4).

[6] 陈月明. 企业集团财务问题研究[M]. 大连:东北财经大学出版社,2007.

[7] 王化成. 高级财务管理学[M]. 北京:中国人民大学出版社,2011.

[8] 刘格张云. 论企业并购价值创造——基于东航上航并购案例[J]. 改革与开放,2015(12).

[9] 网易财经. 美的集团整体上市启幕吸收合并美的电器[Z]. 2013;2017.

[10] 许德风. 并购交易中的尽职调查[J]. 法学杂志,2006(4).

[11] 陆正飞,朱凯,童盼. 高级财务管理[M]. 北京:北京大学出版社,2013.

[12] 史红燕. 企业并购的支付方式述评[J]. 财经问题研究,2003(4).

[13] 新浪财经. 中国五矿收购澳大利亚OZ矿业[Z]. 2009;2017.

[14] 李星慧,林志吟. 蒙牛超百亿港元鲸吞雅士利[N]. 信息时报.

[15] 周明,林浩祥. 中国铝业换股吸收合并兰州铝业、山东铝业方案述评[Z]. 2006;2017.

[16] 朱宝宪. 公司并购与重组[M]. 北京:清华大学出版社,2006.

[17] 山东小鸭电器股份有限公司. 山东小鸭电器股份有限公司重大资产置换报告书[R]. 2003.

[18] 程兴华. 我国上市公司协议收购与要约收购制度比较:基于公平与效率的视角[J]. 财经论丛(浙江财经学院学报),2005(4).

[19] 布尔古德. 复星巧避规则收购南钢——中国首例要约收购案例分析[J]. 中国投资,2004(6).

[20] 李双梅. 公司并购中尽职调查问题研究[J]. 中国社会科学院研究生院.

[21] 秦米源. 并购前的尽职调查与风险防范[J]. 广西社会科学,2013(2).

[22] 医药观察家. "最昂贵的并购"——上海莱士并购邦和药业案例解析[Z]. 2013;2017.

[23] 德帕姆菲利斯唐纳德. 兼并、收购和重组:过程、工具、案例和解决方案综合指南[M]. 北京:机械工业出版社,2004.

[24] 陈明键. 并购革命[M]. 北京:北京理工大学出版社,2002.

[25] 北京中天衡国际资产评估有限公司. 大华农:拟收购佛山市正典生物技术有限公司部分股权涉

及该公司股东全部权益评估项目资产评估报告[R].2012.

[26] 中国注册会计师协会.财务成本管理[M].北京:中国财政经济出版社,2014.

[27] 张新民.从报表看企业:数字背后的秘密[M].2版.北京:中国人民大学出版社,2014.

[28] 丘创,蔡剑.资本运营和战略财务决策[M].北京:中国人民大学出版社,2011.

[29] 郑海英.合并财务报表若干问题研究[M].大连:东北财经大学出版社,2008.

[30] 陈游.杠杆收购原理及其应用[J].财会月刊,2007(29).

[31] 梅君,李悦,胡松.上市公司并购与重组[M].北京:中国人民大学出版社,2008.

[32] 宇通客车——开国企 MBO 之先河[J].企业技术开发,2003(1).

[33] 凤凰网财经.新浪管理层收购[Z].2009:2017.

[34] 萨德沙纳姆.兼并与收购[M].北京:中信出版社;西蒙与舒斯特国际出版公司,1998.

[35] 贾立.目标公司反并购的成本与收益分析[J].商业时代,2006(13):70-71.

[36] 汤谷良.高级财务管理[M].北京:中信出版社,2006.

[37] 杨雄胜,陈丽花.集团公司财务管理[M].北京:人民出版社,2007.

[38] 张艳琦.中国上市公司的股票回购研究[M].西南财经大学,2014.

[39] 黄虹,刘佳.我国上市公司股票回购行为对股价的影响分析[J].价格理论与实践,2007(11).

[40] 胡庆平.有关股份回购若干问题的探讨[J].西安工程科技学院学报,2002(4).